U0938604

本书由首都师范大学历史学院、上海宝山明心讲堂书院提供出版资助
主办：中华炎黄文化研究会童蒙文化专业委员会

首都师范大学史学丛书编委会
主任：郝春文
委员（按姓氏音序排列）：
金寿福　李华瑞　梁景和　梁占军　刘　城　刘乐贤
史桂芳　宋　杰　郗志群　徐　蓝　晏绍祥　袁广阔
张金龙　赵亚夫

同盟文化研究

（第二卷）

TONGMENG WENHUA YANJIU

主　编　金滢坤
副主编　施克灿　张平仁

人民出版社

《童蒙文化研究》编委会

顾　问（按音序排列）李学勤　张希清

编委会主任　徐　勇

编委会委员（按音序排列）

陈　来　　清华大学国学研究院院长、清华大学哲学系教授

杜成宪　　华东师范大学教育学系系主任、教授

[日]高田时雄　日本京都大学人文研教授、复旦大学历史系特聘教授

郭　娅　　湖北大学历史文化学院副院长、教授

韩　昇　　复旦大学历史系教授

[日]荒见泰史　日本广岛大学综合科教授

金滢坤　　首都师范大学历史学院教授

[美]李弘祺　美国纽约市立大学历史系教授

刘海峰　　厦门大学高等教育研究院院长、教授

王凌皓　　东北师范大学教育科学学院教授

王子今　　中国人民大学国学院教授

王三庆　　台湾成功大学文学院教授

徐　勇　　北京师范大学教育学部教授

杨秀清　　敦煌研究院研究员

郑阿财　　四川大学中国俗文化研究所长江学者讲座教授、南华大学文学系

郑千山　　《云南日报》文艺部主任编辑

朱凤玉　　台湾嘉义大学中文系教授

中华炎黄文化研究会童蒙文化专业委员会成立大会暨第一届国际学术研讨会会议合影

2015年中华炎黄文化研究会童蒙文化专业委员会委员郝春文、李学勤、张希清、李世愉、金滢坤（自右起）在成立大会上

2016 年 8 月中华炎黄文化研究会童蒙文化专业委员会第二届国际学术研讨会合影

2017 年 4 月童蒙文化专业委员会名誉会长张希清教授（中）与徐勇会长（左）和金滢坤秘书长合

目　录

论　文

博士生论坛

书　评

综述与咨讯

论　文

从秦汉的墓葬资料看“以吏为师”制度*

陈中龙　杜思慧**

摘要：秦汉墓葬常出土法律文书，此类文书与一般的个人著作有其不同处，最大不同点在于法律都是由官府制定，所以即使是随葬的法律文书，其抄录的原件也是从政府单位而来。在秦汉墓葬中常出现法律文书，似乎表示若墓主本身是基层官吏，则基层官吏有权或在政府的许可下，将自己使用或抄录备用的律令文书带回家中；若墓主不是官吏，则表示秦汉政府的律令文书，可供一般民间抄录并携回家中。随着墓葬不断出土，法律类文书也陆续增加，本文的目的为尝试解释秦汉墓葬中的法律文书和“以吏为师”制度的关系为何，通过统计与分析，说明二者之间存在的可能联系。

就考古的发掘而论，遗址与古井出土者多属官署档案，出土数据丰富且多元，不局限于法律类而已。墓葬中的出土资料，可再以墓主的社会地位区分之，目前所见贵族阶层的陪葬物多为古籍佚书，少有法律类文书，但秦汉律令之出土，却多集中于基层官吏的墓葬。墓葬之随葬品当与墓主生前的职务、社会地位、喜好有关，因此基层官吏将其日常使用之律令文书随葬，应容易理解。只是基层官吏除了将律令置于身旁以备办公需求外，在“欲学法令，以吏为师”的制度下，这些律令或许还在此制度下作为教材，供“学室”中学童的学习之用。

* 本文为2016年度国家社科基金重大项目“童蒙文化史研究”（16ZDA121）阶段性成果之一。

** 作者简介：陈中龙，台湾朝阳科技大学通识教育中心副教授；杜思慧，台湾苗栗县明仁国中教师兼辅导主任。

关键词：秦汉；以吏为师；墓葬

一、问题缘起

秦汉墓葬常出土法律文书，如著名的湖北云梦睡虎地第 11 号墓与湖北江陵张家山 247 号墓，都伴随出土秦汉时期的律令资料，这类法律文书是从政府单位而来，不是墓主的私人著作，亦非社会中的一般书籍，因此在中国历代墓葬的陪葬物品中是一项特色。法律类文书与一般的个人著作有其不同处，最大不同点在于法律都是由政府制定，所以即使是随葬的法律文书，其抄录的原件也是从政府单位而来。既然法律文书的来源在政府单位，则在秦汉墓葬中常出现此类文书，似乎表示若墓主本身是基层官吏，则基层官吏有权或在政府的许可下，将自己使用或抄录备用的律令文书带回家中；若墓主不是官吏，则表示秦汉政府的律令文书，可供一般民间抄录并携回家中，否则无法解释为何目前所见秦汉墓葬常出土法律类文书。

1975 年睡虎地秦简出土后，对于墓葬中法律文书的性质，引发不少讨论，其中张金光的《论秦汉的学吏制度》一文，[①] 认为此类文书都是秦时"以吏为师"下的"训吏教材"，甚至其中的《日书》也是官吏"民间庶务应酬知识"的学习材料，张文颇发人深省。随着墓葬不断出土，法律类文书也陆续增加，本文的目的为尝试解释秦汉墓葬中的法律文书和"以吏为师"制度的关系为何，通过统计与分析，说明二者之间存在的可能联系。

---

① 张金光：《论秦汉的学吏制度》，《文史哲》1984 年第 2 期。后收入其《秦制研究》第十章《学吏制度——兼与汉比较》，上海古籍出版社 2004 年版，第 709—742 页。另外，黄留珠《"史子"、"学室"与"喜揄史"——读云梦秦简札记》（《人文杂志》1983 年第 2 期）也指出墓主喜与史子、学室有密切关系。

二、“学室”之设立

西周之学出自王官，已为学者所证，章学诚《校雠通义》云：

> 古无文字，结绳之治，易之书契，圣人明其用曰：“百官以治，万民以察。”理大物博，不可殚也，圣人为之立官分守，而文字亦从而纪焉。有官斯有法，故法具于官。有法斯有书，故官守其书。有书斯有学，故师传其学。有学斯有业，故弟子习其业。官守学业，皆出于一。故私门无著述文字。[①]

章炳麟《检论·订孔》云：

> 古者世禄，子就父学为畴官。宦于大夫谓之宦御事师。(《曲礼》“宦学事师”，学亦作御。) 言仕者又与学同。(《说文》：“仕，学也。”明不仕则无所受书。)[②]

钱穆《国学概论》云：“古者治教未分，官师合一，学术本诸王官，民间未有著述，此在周时犹然。”[③] 钱穆更谓王官之学衰而诸子兴，开诸子之先河者为孔子，[④] 其后遂有九流十家之学。春秋中后期始，诸子学逐渐兴起，但春秋时官方自有其收藏文献之传统与机构。《左传·定公四年》载，卫国大夫子鱼在追述周初封建时的情况，罗列及描述鲁、晋等诸侯国分得

① （清）章学诚著，王重民通解，傅杰导读，田映曦补注：《校雠通义通解》卷一《原道第一》，上海古籍出版社 2009 年版，第 1 页；（清）章学诚著：《文史通义》（附校雠通义）卷一《原道第一》，上海书店 1988 年版，第 52—53 页。

② 章炳麟撰：《检论》卷三《订孔上》，收入《章氏丛书》，据民国六年至八年（1917—1919）浙江图书馆校刊本影印，第 538 页。

③ 钱穆：《国学概论》，（台北）商务印书馆 1989 年版，第 29 页。

④ 钱穆：《国学概论》，第 34 页。

之田土疆域、殷民六族七族姓氏、礼器、备物、典策、官司彝器等，如数家珍。详细叙述一千余年前的事件，必有可靠之文献依据。《墨子·明鬼》叙述齐地用神羊裁判的故事，并说此事“著在齐之《春秋》”。此《春秋》应是经过整理的文献资料。故虽诸子百家兴起，官方仍有典藏与整理文献之机构。

晚周之学术分类，尚有三种，《庄子·天下》篇论古之道术散于天下曰：

> 其明而在数度者，旧法世传之史，尚多有之。其在《诗》、《书》、《礼》、《乐》者，邹鲁之士，缙绅先生，多能明之。其数散于天下，而设于中国者，百家之学，时或称而道之。①

则周季之学，类别为三：官史一系。《诗》《书》《礼》《乐》，即鲁人儒书为一系。诸子百家为一系也。《诗》《书》《礼》《乐》，亦古代官书传统，与官史同为古文。诸子百家，则多晚出今文。②

爰至秦统一六国后，为禁议论而塞私学，遂有“焚书令”之出。秦始皇三十四年（前213），李斯建议云：

> 臣请史官非秦记皆烧之。非博士官所职，天下敢有藏《诗》、《书》、百家语者，悉诣守、尉杂烧之。有敢偶语《诗》、《书》者弃市。以古非今者族。吏见知不举者与同罪。令下三十日不烧，黥为城旦。所不去者，医药、卜筮、种树之书。若欲有学法令，以吏为师。制曰：“可。”③

焚书令之主旨在禁止“鲁人儒书”及“诸子百家”于民间活动之可能性，但对于治理国家不可或缺，且为商鞅以来建立之法家传统，并不在禁止之内。为延续法家传统，遂有“欲学法令，以吏为师”之规定；学的内容为

---

① （清）郭庆藩辑，王孝鱼整理：《庄子集释》，中华书局1961年版，第1067页。

② 钱穆：《国学概论》，第74页。

③ 《史记》卷6《秦始皇本纪》，中华书局1959年版，第255页。

“法令”，学习的对象是“吏”。“以吏为师”的学习内容，似乎限于“法令”一项，法令之外，不在“以吏为师”的学习范围。“以吏为师”学“法令”若自始皇三十四年开始执行，则应有其配套做法以推行，其中设立“学室”是为重要措施。

秦时中央与地方皆设有“学室”，作为培养与教授专业知识的场所。睡虎地秦墓竹简《秦律十八种·内史杂》云：

> 非史子殹（也），毋敢学学室，犯令者有罪。[①]

秦时规定只有史的儿子可以到专门培养的学室中去学习，学室的学童是史的儿子，使之看似并非学习法令的场所。但此条规定于《内史杂律》，因其为“内史之杂律”，并非内史的专属法规，而是内史必须遵守的共同规定，[②]因此学室虽可能设于内史之中，[③]但史子可能只是其中的一种学童，其他专业知识的学童也应于学室中学习。《二年律令·史律》云：

> 史、卜子年十七岁学。史、卜、祝学童学三岁，学佴将诣大（太）史、大（太）卜、大（太）祝，郡史学童诣其守，皆会八月朔日试之。[④]

此条规定中的“史”“卜”“祝”三种学童，应都在学室中学习。《史律》的规定只见学童，不见学室，故李学勤以为：“施行专业培养的‘学室’制度已不复存在，而是由对学童的一般教育来取代了。”[⑤]但《说文》及《艺文

---

① 《秦律十八种·内史杂》第191简，释文第64页。

② 陈中龙：《从古籍中的“杂篇”看秦汉〈杂律〉的篇目问题》，《止善》第20期。

③ 游逸飞：《太史、内史、郡——张家山〈二年律令·史律〉所见汉初政区关系》，《历史地理》2012年第26辑，上海人民出版社2012年版，第256—258页。

④ 《二年律令·史律》，载彭浩、陈伟、[日]工藤元男主编：《〈二年律令〉与〈奏谳书〉》第474简，上海古籍出版社2007年版，第296页。

⑤ 李学勤：《试说张家山汉简〈史律〉》，载《张家山汉简〈二年律令〉研究文集》，广西师范大学出版社2007年版，第56—57页。

志》所引汉律都记有“学童”，[①]《艺文志》更直言“萧何草律”，[②]因此在秦汉之际若对史、卜学室进行改变，似乎不符当时的政治局势。所以《说文》《艺文志》及《史律》所见之“学童”，应指“学室”中之学童，称“学室”中的学习者为“学童”，在解释上并无不妥之处。

秦时地方政府亦设学室，里耶秦简 14—18 正：

廿六年七月庚辰朔乙未，迁陵拔谓学佴：学童拾有鞫，与狱史畸徼执，其亡，不得。上奔牒而定名事里。它坐亡年月日，论云何，[何]辜，赦或覆问之，毋有。与狱史畸以律封守上牒。

14—18 反：

七月乙未牢臣分戳以来 / 亭手。畸手。

15—172 正：

廿六年七月庚辰朔乙未，学佴亭敢言之：令曰童拾▨史畸执定言。今问之，毋学童拾。敢言之。▨

15—172 反：

即令守□行▨[③]

① 《说文解字·序》云：“《尉律》：学童十七已上始试，讽籀书九千字乃得为吏（史），又以八体试之，郡移太史。并课最者，以为尚书史。书或不正，辄举劾之。”

② 《汉书》卷三〇《艺文志》小学家云：“汉兴，萧何草律，亦著其法，曰：‘太史试学童，能讽书九千以上，乃得为史。又以六体试之，课最者以为尚书、御史史书令史。吏民上书，字或不正，辄举劾。’”（中华书局 1975 年版，第 1720—1721 页）

③ 张春龙：《里耶秦简中迁陵县学官和相关记录》，载清华大学出土文献研究与保护中心编《出土文献》第 1 辑，中西书局 2010 年版，第 232—234 页。

里耶秦简揭示秦朝统一天下之际，原为楚国旧地、僻处边陲的洞庭郡迁陵县便已设有学室，学室可能普遍设置于秦三十六郡的属县之内。① 在学室中学习者，亦称为学童，与中央无异。

秦时中央与地方皆设有学室，其中之学童以学习专业知识为主，史、卜及祝学童可能只是学童中的一类。史、卜之子17岁始入学室学习，在其进入学室前，因其家学之渊源，应具备史、卜之基础知识。

以“史”为例，史学童经过三年的学习，试以“十五篇，能风（讽）书五千字以上”，乃得为史。此为任史的基本门槛，为史后，可再经由考课升迁，最优者可任至县令史与尚书卒史。② 睡虎地第11号秦墓出土《编年记》中，记有“喜揄史”，整理小组认为是“进用为史之意”，可见“喜”当出身为“史子”，系经过“学室”培训，通过考试合格，③ 且八体测试为第一者，故其可任县令史。《商君书·定分》云：“为法令，置官吏，朴足以知法令之谓者，以为天下正。”④ 臧知非以为《定分》所云“为法官”所置之“官吏”，即为法官法吏，此辈法官法吏由专门机构培养，称之为“学室”，即《内史杂》所言之“学室”。⑤

《秦始皇本纪》所云之“欲学法令者，以吏为师”，其中“法令”之范围，若从广义解释之，凡国家之政制、官制、法律，甚至礼仪制度都可纳入其中，并不限于狭义之律令而已。设于中央与地方之学室，虽目前所见只收史、卜、祝学童，但在这些专业知识的培养外，学室若作为“欲学法令”者的学习场所，则教学内容自不应只限于史、卜、祝而已。

---

① 游逸飞：《太史、内史、郡——张家山〈二年律令·史律〉所见汉初政区关系》，《历史地理》第26辑，上海人民出版社2012年版，第256—258页。

② 《二年律令·史律》简475—476云：“试史学童以十五篇，能风（讽）书五千字以上，乃得为史。有又以八（体）试之，郡移其八（体）课大史，大史诵课，取（最）一人以为其县令史，殿者勿以为史。三岁壹并课，取（最）一人为尚书卒史。”

③ 黄留珠：《“史子”、“学室”与“喜揄史”——读云梦秦简札记》，《人文杂志》1983年第2期。

④ 《商君书·第二十六定分》，《诸子集成》第5册，上海书店出版社1986年版，第41—42页。

⑤ 臧知非：《秦“以吏为师”、“以法为教”的渊源和流变》，《江苏行政学院学报》2008年第4期。

三、墓葬中的律令资料及其意义

秦汉墓葬出土资料中，常见法律文书一类，此为中国古代墓葬陪葬物品的特色之一，在简牍时代以后，法律文书少见于墓葬之中。就考古而言，墓葬之外，秦汉考古主要还有两类，一是古井，二是遗址。这三类考古资料的特性略有不同，从其中的出土资料种类也可大概推知其特性。以下略举重要者说明之。

（一）遗址类

1. 甘肃居延甲渠候官（破城子）遗址

1972—1974 年，在额济纳河流域的居延汉代遗址甲渠侯官、甲渠塞第四隧及肩水金关试掘，其中对甲渠候官之障、坞、烽台、坞东灰堆共开 68 个探方，共得 7933 枚木简，遗物 881 件，另外还有弓、箭、铜箭头、铁甲、滑车、货币、铁制农具等。甲渠侯官 F22 保存完整册书最多，简册内容包括诏书、律令、科别、品约、牒书、推辟书、爰书、劾状、各类簿籍，另有九九术、干支表、历谱、医药方、《仓颉篇》《急就篇》等等，内容丰富。F22 中的简册绝大多数是废弃前还在使用的文书，出土时被堆储在一起，或与杂草混合堆成积薪，或当作垃圾抛在各地。① 因甲渠候官为边塞防卫组织，所以出土资料绝大部分为当时之官署档案，内容庞杂，法律资料只是其中的一项。

2. 甘肃敦煌悬泉置遗址

1992 年再对悬泉置进行考古发掘，出土汉代简牍 5000 余枚，其他各类遗物 600 多件，简牍内容有诏书、律令、科品、檄记、簿籍、爰书、劾状、符传、历谱、术数及医方、相马等。尤其是大量的邮驿文书、簿籍的出土，

① 骈宇骞、段书安：《本世纪以来出土简帛概述》，（台北）万卷楼图书有限公司 1999 年版，第 37 页。

对于理解汉代的邮驿制度有很大的贡献。① 悬泉置本身就是汉代西陲的邮驿组织，因此在此处发掘的简牍亦属官署档案，是当时悬泉置官吏使用后遗留下来的产物。

（二）墓葬类

1. 贵族墓之陪葬物

（1）湖南长沙马王堆 3 号汉墓

贵族墓之陪葬物少有律令资料，反而多为古籍，例如 1973 年湖南长沙马王堆 1—3 号汉墓，其中 1 号墓墓主是辛追，为西汉长沙国丞相利苍之妻，2 号墓墓主是利苍，汉初因功升任为长沙国丞相，3 号墓墓主虽有不同的主张，但也属利苍家族无疑，故 1—3 号墓都可视为贵族墓葬。

3 号墓的下葬年代在汉文帝前元十二年（前 168），墓中的陪葬物有竹简与帛书，其中竹简有 600 余枚，包含医书 220 枚，其余皆为记录随葬器物的清单。帛书大致上可分为 15 大类，包括《老子》《周易》《战国纵横家书》等古佚书，以及天文星占、相马、医经、刑德、阴阳五行、导引图、地图、驻军图等古代资料，未见法律资料。

（2）河北定县 40 号汉墓

河北定县 40 号汉墓为西汉中山怀王刘脩的墓葬，1980 年后陆续整理其中出土的竹简，发现内容多为先秦古籍，包含有《论语》《儒家者言》《哀公问五义》《保傅传》《太公》《文子》《六安王朝五凤二年正月起居记》以及日书、占卜等残简。其内容皆为古籍佚书，未见法律资料。

2. 基层官吏墓之陪葬物

(1) 1975 年湖北云梦睡虎地秦墓

1975 年底至 1976 年，在湖北省云梦睡虎地发掘 12 座战国末至秦代的墓葬，其中的第 11 号墓出土 1155 枚秦代竹简，另有残片 80 片，11 号墓是小型的木椁墓，除了原藏于棺内的竹简外，随葬品还有青铜器、漆器、陶器等 70 余件。推测墓主名“喜”，生于秦昭王四十五年（前 262），卒于秦

① 骈宇骞、段书安：《本世纪以来出土简帛概述》，第 83 页。

始皇三十年（前217）。竹简经拼复后，内容计有：《编年记》《语书》《秦律十八种》《效律》《秦律杂抄》《法律答问》《封诊式》《为吏之道》《日书》甲种与《日书》乙种。其中的《语书》《效律》《封诊式》和《日书》乙种四种，原简上就写有书题，其他的《编年记》《秦律十八种》《秦律杂抄》《法律答问》《为吏之道》及《日书》甲种，书题则是由整理小组拟定。① 一般认为喜是地方的基层官员，陪葬之物是日常使用到的法律文书，若从“以吏为师”的角度出发，也可将这些法律文书（或部分文书）视为喜平常教导百姓时的教材。

（2）湖北江陵张家山M247号汉墓（M247、M249、M258）

1983年12月至1984年1月，荆州地区博物馆配合砖瓦厂取土工程，清理出三座西汉初年的古墓，编号M247、M249、M258。这三座汉墓均为长方形土坑竖穴，无墓道，属于中小型墓葬。其中M247即出土著名之《二年律令》之所，M249则有日书出土，原书无题。M258则被严重破坏过，棺椁结构已不清，棺内仅存陶器与漆木器残片，竹简放在头箱东北角底部，分散于淤泥中，无一定排列顺序，数量少，均残断。② 从M247葬具和随葬品判断，墓主人身份并不高，随葬的各种古书也暗示墓主人生前是一名低级官吏，通晓法律，能计算，好医术、导引。③

（3）湖北江陵张家山M127、M136出土竹简④

1985年秋和1988年初，荆州地区博物馆先后清理了M127和M136两座汉墓，墓中出土了汉代竹简。两座汉墓发现的竹简保存良好，数量大，内容比M247、M249及M258三座的竹简更为丰富。M127出土竹简300余支，竹简置于边箱底部，但简已散乱，失去编次，其中残断的有130余支，形制分窄长及短长形两种。内容全为日书，分为若干小标题，如“祠日”“八者

① 睡虎地秦墓竹简整理小组：《睡虎地秦墓竹简》“出版说明”，文物出版社1978年版，第1页。

② 荆州地区博物馆：《江陵张家山三座汉墓出土大批竹简》，《文物》1985年第1期。

③ 张家山汉墓竹简整理小组：《张家山汉墓竹简〔二四七号墓〕》，文物出版社2001年版，第1页。

④ 荆州地区博物馆：《江陵张家山两座汉墓出土大批竹简》，《文物》1992年第9期。

八风”等，与云梦睡虎地出土日书大致相同。

M136出土竹简829支，保存基本良好，竹简放置在头箱南端的一个长方形竹笥中，并用麻织品包裹。但《遣册》出于边箱西端底部，简已散乱，外无包裹。根据竹简出土时的包裹情况、竹简的形制及竹简所载内容，可将其分为7组，其中：

A组184支，自题篇名“功令”，内容为西汉初期戍边杀敌立功的具体记功方式和详细规定，以及官序的递补序列，部分简头有编册序号。

B组93支，简头仅少量有字，无书名，内容为养生之道类的食气却谷之法，与马王堆的《却谷去病》篇相同，内容更为完整。

C组77支，自题篇名“盗跖”，此篇即《庄子·外篇·盗跖》，内容完整，与现存版本文字基本一致。

D组10支，无书名，内容记载宴享及饮食器皿等，缺简较多，内容不全。

E组70支，自书简名“七年质日”，考订年代为汉文帝前元七年（前173）。该书以干支编排日历，形式和排列方式与银雀山汉墓竹简历谱相似。

F组372支，内容为汉律十五种，各篇皆有篇名，与M247出土竹简的律令大致相同，但缺简较多，内容不全。

G组56支，内容为《遣册》。

张家山M127和M136两墓，葬具均为一椁一棺，随葬一定数量的漆木器，尤其是木车马、侍俑和大量竹简，两墓都属西汉早期的中型墓，其中的M136墓葬形制在江陵张家山西汉墓中属规模较大者，规模与江陵凤凰山168墓等级相当，推测墓主可能也有五大夫以上爵位。从墓中出土的大量汉简律令分析，墓主生前可能为吏，与M247墓墓主相同，是江陵或南郡府中从事文书类的属吏。

M127的墓葬规模略小于M136，随葬器也有所不及，墓主身份等级可能比M136略低一等，但墓中随葬有日书，推测墓主生前可能也有爵位。

大致上而言，秦汉时期的贵族墓与基层官吏墓葬之陪葬物有明显差异，贵族墓多以古籍为主，少见法律资料，基层官吏则常见法律资料。这种差别应与其在世之职务有密切关系，基层官吏之陪葬物之所以多见法律资料，显然是因日常办公所需，故将平日接触的资料随葬于墓中。

（三）古井类

1. 湖南龙山里耶秦简

2002 年 6—7 月，在湖南龙山县里耶镇古城的 1 号古井出土 36000 余枚简牍，简牍内容丰富，涉及户口、土地开垦、田租赋税、劳役徭役、仓储钱粮、兵甲物资、道路里程、奴隶及刑徒管理、医药、教育等资料，在时间上属于秦王政二十五年（前 222）至秦二世元年（前 209）。1 号古井出土资料为秦代洞庭郡迁陵县的公文文书，① 应是县廷过期文书的废弃堆积。因古井资料为官府文书，因此内容涉及的层面广泛，足以反映当时县廷日常办公的情况。出土简牍中包含法律资料，但古井中的法律资料与墓葬有别，因前者为官府文书，故而不局限于律令一门，但基层官吏的墓葬资料，则以其生前接触之法律资料为主，故多见律令一类。

2. 湖南省长沙市市中心五一广场东南侧东牌楼古井群（2004.C.W.DJ）

整个东牌楼湘浙汇商业大厦工地，先后发现西汉到明清的古井 35 口，就古井的时代而言，初判西汉 13 口，东汉 3 口，三国 1 口，唐代 3 口，宋代 2 口，明代 2 口，清代 2 口，时代不明 9 口。从古井形制与出土物判断，基本均为生活用井，而且时代愈晚，古井向四周辐射的范围愈大；结合文献记载，可认定长沙市五一广场周围从战国至明清时期，历来都是城市的中心区域和官署所在地。②

（1）1996 年 7—12 月，在五一广场东南侧湖南平和堂商厦工地的 J22 发现大批孙吴时代简牍，学界称为“走马楼吴简”。计有 14 万枚左右，属于官府档案及私人信札的性质。③

（2）1997 年 5 月，在五一广场西北侧科文大厦工地，发现数百枚东汉时

① 游逸飞：《评陈伟主编〈里耶秦简牍校释〉第一卷》，《新史学》卷 246 第 2 期，2013 年 6 月。

② 长沙市文物考古研究所、中国文物研究所编：《长沙东牌楼东汉简牍》，文物出版社 2006 年版，第 3—6 页。

③ 汪力工：《略谈长沙三国吴简的清理与保护》，《中国文物报》2002 年 12 月 13 日第 8 版。

代简牍，属于官府文书及私人信札。[①]

（3）2003 年 10—11 月，在五一广场东侧省供销社综合楼工地，发现 1 万余枚西汉简牍，属于官府文书性质。[②]

（4）长沙东牌楼东汉简牍（2004.C.W.DJ7，简称 J7）。

2004 年 4—6 月间，在长沙市东牌楼建筑工地第七号古井发掘出东汉简牍 426 枚，经整理后清理出有文字及墨迹者 206 枚，是为灵帝建宁、熹平、光和、中平年间的简牍。因简牍中出现封缄、封匣、封检、木牍、木简、名刺、签牌等形制，推测这批简牍主要是属于邮亭文书，而且可以断定是长沙郡和临湘县的邮亭文书。其内容可分为五大类：第一类为公文，主要包括各级官曹之间的行文，以及地方下级官吏对上级官吏的上言；第二类为私信，主要包括地方官吏的家书，以及地方官吏之间的书信；第三类为杂文书，主要内容为事目、名籍、名刺、券书、签牌与杂账等；第四类为习字，可能是当地小吏将长久废弃不用的简牍拿来习字之用；第五类为残简。[③]

长沙市市中心五一广场东南侧东牌楼古井群所在地，自西汉以来一直是当地政府官署之地，故古井所出资料多以公文书为主，亦即多为废弃之官文书，故而内容涉及层面广泛，不局限于律令一类，尤其是簿籍类资料颇多，此与私人墓葬有极大差异。

四、结　语

本文尝试解释秦汉时期私人墓葬中为何常出土法律资料的问题。就考古的发掘而论，遗址与古井出土者多属官署档案，为当时官府日常办公所遗留之物，因此出土资料相当丰富且多元，不局限于法律类而已。墓葬中的出土资料，可再以墓主的社会地位区分之，目前所见贵族阶层的陪葬物多为古

① 《东汉简牍重见天日》，《人民日报》1997 年 8 月 2 日。

② 曹砚农、宋少华、邱东联：《万余枚西汉简牍惊现长沙走马楼》，《中国文物报》2004 年 2 月 18 日第 1 版。

③ 长沙市文物考古研究所、中国文物研究所编：《长沙东牌楼东汉简牍》，第 69—77 页。

籍佚书，少有法律类资料，但秦汉律令之出土，却多集中于基层官吏的墓葬。墓葬之随葬品当与墓主生前的职务、社会地位、喜好有关，因此基层官吏将其日常使用之律令资料随葬，应容易理解。只是基层官吏除了将律令置于身旁以备办公需求外，在“欲学法令，以吏为师”的制度下，这些律令或许还在此制度下作为教材，供作学室中学童的学习之用。

本文乃对秦汉基层官吏之墓葬屡次出土律令资料的推测，虽无直接史料可证明这些基层官吏负有教授法令的职责，但出土的律令资料除了是官吏日常办公使用者外，在“以吏为师”的制度下，基层官吏也可能因吏民学习法令之需要而备妥当时的律令资料，待过世后而将这些资料一起陪葬。

唐代家学与童蒙教育*

金滢坤**

摘要：家学是唐代童蒙教育的一个重要特点，教学形式主要有父兄教授和母亲教授两种，教授的对象以本家和亲族未成年的子弟为主，以童蒙教育为内容。唐代科举制度的快速发展，推动了教育的下移，“家学”也从士族之家逐渐向寒素等社会底层下移。开元以后，村学、坊学、寺学、社学和书院等私学兴起，打破了家学主要面向本家宗亲子弟局限，转而面向百姓子弟，私学的招生范围也从“家”扩大到乡、村、里、坊等同一地域。唐代家学与家风、家法和家规紧密相关，士族之家普遍通过家学教育、严明家法，传承家风，培养子弟征文射策，以取禄位，从而保持门第不衰。私塾与家学最大的不同是，私塾以谋生为目的，招收百姓子弟。

关键词：唐代；家学；私学；童蒙教育

唐五代中央馆学、地方州县学等官学体系面向 14 岁以上的青少年，鲜有招收童子，即便是偶尔招收 14 岁以下的童子，但官学教育主要是为科举考试服务，也不属于童蒙教育的范畴，因此，童蒙教育主要由私学系统来承担。唐律明确规定官学与私学之别。《唐律疏议》规定：“非私学者，谓弘文、

---

* 本文为 2016 年度国家社科基金重大项目“童蒙文化史研究”（16ZDA121）的阶段性成果之一。

** 作者简介：金滢坤，历史学博士，首都师范大学历史学院教授、博士生导师，国家社科基金重大项目首席专家，主要研究方向为隋唐史、敦煌学、科举史及童蒙文化。

国子、州县等学。私学者，即礼云‘家有塾，遂有序’之类。”[①] 也就是说官学指弘文馆、广文馆、国子监、州县学等，私学与之相反，包括家学（塾）、私塾、乡学、村学、寺学、义学、坊学、社学、学院、书院等，但唐前期唯有家学较为兴盛，其他私学发展缓慢。开元二十一年（733）五月，玄宗下敕放宽了私学限制，“许百姓任立私学”[②]，很大程度上推动了村学、寺学、社学、书院等私学的发展。

目前有关唐代私学研究的论文不少[③]，多涉及家学的内容，但有创见的少，普遍存在重复性研究。李正宇《唐宋时代的敦煌学校》一文，对唐五代敦煌地区的义学、私塾、坊学、寺学和社学进行了精辟讨论[④]。侯力《唐代家学与科举应试教育》一文[⑤]，从科举应试的角度，探讨了家学教育的特点，很有启发。本文仅就家学与童蒙教育的关系进行探讨，以期勾勒唐代家学和私学的特点，及其演变与社会变迁的关系。

一、家学的性质与教师

关于家学的概念，学界目前尚无明确的界定。宋大川称：“唐代家学，大致有三种情况：父亲传业子女、亲友教授晚辈、母亲训诲子弟。”[⑥] 宋先生只是定义了家学承担教学任务的主要家庭成员，并没有对家学教授的地点、形式和对象进行明确说明。侯力认为：“唐代家学可以分为一般型教育和应试型教育两种不同类别。一般型教育即中国古代家学的普遍形式，它是家学

---

① （唐）长孙无忌等编，刘俊文点校：《唐律疏议》卷 23《斗讼·殴妻前夫子》，中华书局 1973 年版，第 420 页。

② （宋）王溥：《唐会要》卷 35《学校》，中华书局 1955 年版，第 634 页。

③ 李效杰：《唐代私学教育考论》，《集美大学学报》2015 年第 1 期；康震：《唐代私学教育的文学性特征》，《陕西师范大学学报》（哲学社会科学版）2006 年第 6 期；池小芳：《中国古代小学教育研究》，上海古籍出版社 1998 年版，第 25—28 页；等等。

④ 李正宇：《唐宋时代的敦煌学校》，《敦煌研究》1986 年第 1 期。

⑤ 侯力：《唐代家学与科举应试教育》，《湘潭师范学院学报》1998 年第 1 期。

⑥ 宋大川：《唐代教育体制研究》，山西教育出版社 1998 年版，第 189 页。

中的一种基础性教育。”① 显然，侯先生与宋先生的着眼点不同，是从家学的教育目的来区分家学的类型。其实，唐代家学教学形式上大致可以分为父兄教授子弟、母亲与外族教诲子弟两种教学形式，教授对象主要以本家族子弟为主，兼及少数亲友子弟，以童蒙教育为主，教学场地即校舍一般设在家庭内部。不过，家学的教学形式很难区分，往往交织在一起，子弟多“入则孝，出则悌，承于母兄之旨”②。

（一）父兄对子弟的教育与培养

父兄教授未成童子弟是唐家学教育的最基本形式，带有鲜明的家族特征。苗筠在隋末唐初，为了避乱，不就唐朝拜命，“属以诸父凋逝，家累孔殷，方乃谢绝衣冠，垂训子侄”，并且取得了丰硕的成就。其授业的二十多个子弟中，“不逾数岁，孝廉擢第者一十有三”，竟然有六人明经擢第，“遂得羔雁成行”③，值得称道。又元稹幼时，“不蒙师训，因感邻里儿稚有父兄为开学校，涕咽发愤”④。又德宗朝著名的女学士宋若昭，就因为其父庭芬“世为儒学”，亲自教授五姊妹，“以经艺，既而课为诗赋，年未及笄，皆能属文”，后来被德宗“俱召入宫，试以诗赋，兼问经史中大义，深为赏叹”⑤。像宋庭芬世为儒学，兼通诗赋，教授子弟者，在唐代士大夫中较为常见。

士族子弟在接受父兄教授之外，往往备受祖父宠爱，并接受其教育。权顺孙是宪宗宰相权德舆的孙子，“幼有敏智，孝顺敬逊，承大父母父母之教无违旨”，从小就得到祖父权德舆的训导，“读《孝经》《论语》《尚书》，尤好笔札，不离砚席”⑥，可惜早卒了。

---

① 侯力：《唐代家学与科举应试教育》，《湘潭师范学院学报》1998 年第 1 期。

② （清）董诰等编：《全唐文》卷 257 苏颋《右仆射太子少师唐璿神道碑》，中华书局 1983 年版，第 2605 页。

③ 周绍良主编：《唐代墓志汇编》开元 355 号《大唐故泗州司马叔苗善物墓志铭并序》，上海古籍出版社 1992 年版，第 1401 页。

④ 《旧唐书》卷 166《元稹传》，中华书局 1975 年版，第 4334 页。

⑤ 《旧唐书》卷 52《后妃传》，第 2198 页。

⑥ （唐）权德舆著，霍旭东点校：《权德舆文集》卷 16《殇孙进马墓志铭（并序）》，甘肃人民出版社 1999 年版，第 196 页。

随着科举制度“以文取士”的观念不断深入人心①，特别是在武则天当政以后，“公卿百辟，无不以文章达”②，科名渐趋代替了门第，士族之家更加注重子弟的教育，极大刺激了家学的兴盛。以至开元、天宝以后，士大夫以“门调户选，征文射策”为取禄位之正途，“父教其子，兄教其弟，无所易业，大者登台阁，小者任郡县，资身奉家，各得其足。五尺童子，耻不言文墨焉”③。

唐五代士族、官僚之家学师资力量雄厚，主要由在职官员、隐居在家的官员、修习儒业者，以及落第举子等士大夫阶层不同程度地充当子弟教育的教师。不少在职官员归家便为子弟讲授，甚至吸收慕名而来的举子。如宁州罗川县前兵曹史孝谦，就因为“爰有二子，年并幼童，讲习《孝经》，咸畅厥旨”，被唐高祖专门下诏褒奖④。如开元中，国子博士尹知章以经学而闻名，“虽居吏职，归家则讲授不辍，尤明《易》及庄、老玄言之学，远近咸来受业。其有贫匮者，知章尽其家财以衣食之”⑤。如范阳张光祚，父祖“并以儒行著名乡党”，“在襁则惠，为童寡词；七岁通两经，十五诵三略”⑥。又贞元四年（788），工部员外郎胡珦被贬为献陵令，“居陵下七年，市置田宅，务种树为业以自给，教授子弟”⑦。胡珦“凡一试进士，二即吏部选，皆以文章占上第”，身为县令，按照唐人的选举标准，集文学、政事于一身，亲自教授子弟。又刘知几出身官宦世家，其父刘藏器曾做过侍御史、宋州司马等中层官，精通经史，亲自为诸子教授《古文尚书》《春秋左氏传》等经史典籍，兼及诸史，刘知几不负父亲的期望，“与兄知柔俱以善文词知名”，擢进士第，成为一代史学名家，留下一部历史名著

① 龚延明、祖慧：《科举制定义再商榷》，《历史研究》2006年第3期。

② （唐）杜佑：《通典》卷15《选举典三》，中华书局1984年版，第358页。

③ 《全唐文》卷476沈既济《词科论并序》，第4686页。

④ 《全唐文》卷3高祖《擢史孝谦诏》，第37页。

⑤ 《旧唐书》卷189《儒学传·尹知章传》，第4974页。

⑥ 周绍良、赵超主编：《唐代墓志汇编续集》大历29号《唐故殿中监张君墓志》，上海古籍出版社2001年版，第711页。

⑦ （唐）韩愈撰，马其昶校注：《韩昌黎文集校注》卷7《碑志·唐故中散大夫少府监胡良公墓神道碑》，上海古籍出版社1986年版，第467页。

《史通》[①]。又如杜牧出自京兆杜氏，“世业儒学，自高、曾至于某身，家风不坠”，其祖父杜佑两朝为相，博通经书、史籍与文学，撰写《通典》[②]。因此，杜牧自幼即受到良好的家学教育，“幼读《礼》”，“及年二十，始读《尚书》《毛诗》《左传》《国语》、十三代史书”[③]。杜牧后来才学博通，进士及第，成为了晚唐著名诗人、文学家。又元和二年（807），九岁的萧元明在其父任安邑解县两地留后时，“已诵得《孝经》《论语》《尔雅》《尚书》、李陵李斯等书”[④]。一些退休官员，闲居在家，教育子弟便成了主要的事务。如元和初，岭南经略副使、御史马某七十岁致仕之后，“以经书教子弟，不问外事”[⑤]。

（二）母教对子女的教育与培养

唐代母教又称作“慈训”，是幼儿教育的主要承担者，对培养儿童的品行、学习习惯尤为重要，肩负着“蒙以养正”的重任。母亲往往是幼童最早的启蒙老师。如高宗朝元希声，因“母氏鞠育，备于典训，三岁便善草隶书”，“当时目曰神童焉”。[⑥]又白居易刚生下来六七月的时候，“乳母抱弄于书屏下，有指‘无’字、‘之’字”给其看，白居易虽然“口未能言，心已默识，后有问此二字者，虽百十其试，而指之不差”，等到三四岁的时候就开始学习写字，“宿习之缘，已在文字中矣；及五六岁，便学为诗，九岁谙识声韵”。[⑦]显然，白居易三四岁就才能出众，不能简单地理解成其天性聪明，而是与其母亲和乳母从婴幼儿开始培养其好的学习习惯，进行正确启蒙教育有很大关系。又如天水赵氏真源，“有子曰宪，幼习诗礼。虽年从外传，而

① （宋）欧阳修、（宋）宋祁撰：《新唐书》卷132《刘知几传》，中华书局1975年版，第4519页。

② （唐）杜牧：《樊川文集》卷12《上李中丞书》，上海古籍出版社1978年版，第183页。

③ 《樊川文集》卷10《注〈孙子〉序》，第151页。

④ 《唐代墓志汇编续集》元和11号《□□仁勇校尉守左卫率府翊府翊卫萧元明墓志》，第809页。

⑤ （唐）柳宗元：《柳河东集》卷10《唐故岭南经略副使御史马君墓志》，上海人民出版社1974年版，第160页。

⑥ 《全唐文》卷280崔湜《故吏部侍郎元公碑》，第2840页。

⑦ （唐）白居易撰，顾学颉点校：《白居易集》卷45《书序·与元九书》，中华书局1979年版，第962页。

诱开必先，实赖慈训。生十四年，升孝廉第”①。可见其子14岁孝廉及第，很大程度上都归功于赵氏“慈训”，不仅如此，赵氏还“鞠育仁爱，兼倍诸孙”②。

母教特别是在儿童少孤的情况下，尤为重要。唐代母教最为著名的实例莫过于济南林氏。薛播的伯母济南林氏，“有母仪令德，博涉五经，善属文，所为篇章，时人多讽咏之”；在其伯父去世后，林氏亲自训导诸子彦辅、彦国、彦伟、彦云，以及侄子播、据、揔等孤幼子侄，“以至成立，咸致文学之名”，取得了非常大的成就。开元、天宝中二十年间，“彦辅、据等七人并举进士，连中科名，衣冠荣之”③。又苏瑰，“初孩而孤，禀绛郡夫人之慈训，幼而岐嶷，聪敏冠常，始读《山栖志》，一览便诵”，后来进士及第，位至太子少傅④。又杨凭，“虢州弘农人。少孤，其母训道有方。长善文辞，与弟凝、凌皆有名。大历中，踵擢进士第，时号‘三扬’”⑤。又牛僧孺父亡之后，“为母所训，遂习先业”，后登进士科，官至宰相⑥。又元稹八岁丧父，“其母郑夫人，贤明妇人也，家贫，为稹自授书，教之书学。稹九岁能属文，十五两经擢第”⑦，位至宰相。又李绅“六岁而孤，母卢氏教以经义”，元和初，进士及第，官至宰相⑧。又杨收“七岁丧父，居丧有如成人，而母长孙夫人知书，亲自教授。十三略通诸经义，善于文咏，吴人呼为‘神童’”⑨。

在幼童遇到早孤、家贫的情况下，有时母亲不得不携子投靠外族，于是外族便分担了外甥、外孙的童蒙教育。如荥阳郑氏郑霞士夫人，“生五

---

① 《唐故（韦君妻）天水郡赵夫人（真源）玄堂志》，收入吴刚主编：《全唐文补遗·千唐志斋新藏专辑》，三秦出版社2006年版，第400页。

② 《全唐文》卷884徐铉《池州重建紫极宫碑铭》，第9242页。

③ 《旧唐书》卷146《薛播传》，第3955—3956页。

④ 《全唐文》卷238卢藏用《太子少傅苏瑰神道碑》，第2410页。

⑤ 《新唐书》卷160《杨凭传》，第4970页。

⑥ （宋）龙衮：《江南野史十卷附提要》卷6《彭昌传》，收入《丛书集成新编》第115册，（台北）新文丰出版股份有限公司1985年版，第230页。

⑦ 《旧唐书》卷166《元稹传》，第4327页。

⑧ 《旧唐书》卷173《李绅传》，第4497页。

⑨ （宋）王钦若等编：《宋本册府元龟》卷775《总录部·幼敏三》，中华书局1989年版，第2809页。“毫”，当读作“童”，据明本改。

女，率授以诗书，故皆才德”，其丈夫去世后，独自一人“自荆峡携诸孤来京师。诲其子昌，后未冠而有文，举进士，籍甚名公卿”，“不幸志未就竟夭殁”。[①] 又李素，“七岁丧其父，贫不能家，母夫人提以归，教育于其外氏。以明经选”[②]。又牛僧孺“七岁而孤，依倚外族周氏”[③]。又王凝“幼孤”，幸好“相公郑公肃，实公舅也，一见耸异，命子约为师友”，15岁时，于大和九年（835）明经及第，大中元年（847）又进士及第[④]。又韦丹少孤，“以甥孙，从太师鲁公真卿学，太师爱之，举明经第”[⑤]。唐末朱温早年丧父，兄三人被“母王氏携养寄于同县人刘崇家”[⑥]。

母教往往依靠娘家的家学，以补充夫家的家学教育的缺失和不足。又孔绍安之孙若思，少孤，其母褚氏是褚遂良的亲族，“亲自教训，遂以学行知名”[⑦]，并得到褚遂良的很大支持，后来明经及第。如中唐文学大家李华为官在外，作《与外孙崔氏二孩书》，教导两外孙如何注意行文举止、仪礼、妇道，并强烈要求“汝等当学读《诗》《礼》《论语》《孝经》，此最为要也”，“勿谓幼小，不遵训诫”，“凡人不患尊行不慈训，患身不能承顺耳”[⑧]。祖母有时候也是母教的补充。如衡守直六岁，由祖母“河南君口授《□（孝）经》数十字，闻则便诵”[⑨]。

唐代母亲在家学教育中之所以能够承担教授子弟的重任，与士族、官僚之家的女子接受良好的教育有密切关系。如前揭林氏之所以训子有方，扬名天下，是与林氏出身于士族之家分不开，林氏从小接受家风、家学教育，有“母仪令德，博涉五经，善属文”，文化素养非常高，具备了传授家学的

① 《唐故尚书屯田员外郎归州刺史韦公夫人荥阳郑氏墓志铭并序》，收入西安市长安博物馆编：《长安新出墓志》，文物出版社2011年版，第309页。

② 《韩昌黎文集校注》卷6《河南少尹李公墓志铭》，第369页。

③ 《全唐文》卷720李珏《故丞相太子少师赠太尉牛公神道碑铭（并序）》，第7406页。

④ 《全唐文》卷810司空图《故宣州观察使检校礼部王公行状》，第8523页。

⑤ 《韩昌黎文集校注》卷6《唐故江西观察使韦公墓志铭》，第374页。

⑥ （宋）孙光宪撰：《北梦琐言》卷17《梁祖为佣保》，中华书局1960年版，第130页。

⑦ 《旧唐书》卷190《文苑传上·孔绍安传附孙若思传》，第4983页。

⑧ 《全唐文》卷315，第3195—3196页。

⑨ 《大唐故仙州刺史衡府君（守直）墓志铭并序》，收入《全唐文补遗·千唐志斋新藏专辑》，第135页。

良好条件。又柳宗元的母亲出自名门望族范阳卢氏，“七岁通《毛诗》及刘氏《列女传》，斟酌而行，不坠其旨”，所受教育极高，柳宗元之父曾云：“吾所读旧史及诸子书，夫人闻而尽知之无遗者。”① 因此，柳宗元四岁的时候，父亲外出做官，就受母教，家中无书，其母“教古赋十四首，皆讽传之”；“诗礼图史及剪制缕结授诸女，及长，皆为名妇”。② 又岭南观察推官张宪夫人陆氏，“即国子司业集贤殿学士善经之女，贤明有法度”。大历三年（768）张宪卒，“诸子尚幼，夫人勤求衣食，亲执《诗》《书》，讽而导之，咸为令子。又常以公遗志，择其子而付之”③。可以说张宪诸子之所以“卒能振才业，致名位，追爵命，揭碑表，继父志，扬祖德”，是与陆氏的出身和良好的教育分不开的。唐代出身士族之女往往是“少习母训，长修妇功，德班氏之规仪，行谢家之令问”④，甚至“学读《诗》《礼》《论语》《孝经》”等儒家经典⑤。出嫁之后，多能“礼教殆乎饰情，诗书幸于余力；调弦度曲，乐师辩其铿锵”⑥，其才情不亚于兄弟。如唐陇西李鹄，为“五姓女”，“生有奇姿秀韵，举家钟惜”，“酷好经史诗笔，虽眠食亦闲以讽诵”，“泛览贯穿，尽举要义”，有“女博士”之称。⑦

唐代社会底层的贫苦母亲，年轻的时候难有接受教育的机会，囿于“男耕女织”的小农经济生产模式，终日劳作，“相夫教子”多是奢望。而士族、官宦之家的妇女承担了主要的蒙养任务与当时妇女“相夫教子”社会分工观念有很大关系。社会评价妇女的一生功德，往往集中在蒙养子女方面。如京兆杜氏杜大德夫人死后，后人赞云：“抚育童孺，遽忉徙邻之勖；训明诗礼，方同断织之规”⑧。如大中二年（848）南阳郡张夫人卒，家人为其立

① 《柳河东集》卷13《先太夫人河东县太君归祔志》，第203页。

② 《柳河东集》卷13《先太夫人河东县太君归祔志》，第203页。

③ 《白居易集》卷41《唐赠尚书工部侍郎吴郡张公神道碑铭（并序）》，第910页。

④ 《唐代墓志汇编续集》大中58号《张氏墓志》，第1011页。

⑤ 《全唐文》卷315李华《与外孙崔氏二孩书》，第3195—3196页。

⑥ 《唐代墓志汇编续集》天宝108号《大唐故尚书祠部员外郎裴公夫人荥阳郑氏墓志铭并序》，第661页。

⑦ 《唐代墓志汇编续集》大中66号《唐北平田君故夫人陇西李氏墓志铭并序》，第1018页。

⑧ 《唐故丰州永丰县令韦府君夫人杜氏墓志铭并序》，收入《长安新出墓志》，第105页。

墓志云："育女越于曹家，训子逾于孟母。"[①] 将其与曹大家和孟母相比，就很有代表性。宋代以后"相夫教子"就成了社会评价妇女的重要标准[②]。此类情况史书记载甚多，不再一一列举。

隋唐五代的家学教育的对象不仅是本家适龄子侄、女童等，而且包括外甥等亲族子弟。如元稹小的时候，接受母教之余，还"徒步执卷，就陆姊夫师授，栖栖勤勤"，以优异成绩15岁明经及第[③]。又元稹《答姨兄胡灵之见寄五十韵》云："忆昔凤翔城，龆年是事荣。理家烦伯舅，相宅尽吾兄。诗律蒙亲授，朋游忝自迎。题头筠管缦，教射角弓骍……学问攻方苦，篇章兴太清。囊疏萤易透，锥钝股多坑。"[④] 显然，元稹幼时在舅舅郑氏家，常与表兄弟相互激励，一起成长、学习、游玩。

二、家学与家风、家训和家法关系

陈寅恪先生在《唐代政治史述论稿》中提出，"夫士族之特点既在其门风之优美，不同于凡庶，而优美之门风实基于学业之因袭"[⑤]。魏晋南北朝时期，以经学传家的世家大族十分重视子弟的日常教育，普遍重视家风、家训和家法，注重家学教育子弟。唐代家学与士家大族的门风关系密切，家学在很大程度上体现了一个家族的家训、家法特点。

（一）家风与家训、家法的关系

唐代士族之家都讲究家风，良好家风的形成是通过制定家训、严明家法，家学教育，培养子弟正确的价值观念和良好学习习惯，逐步形成所谓的

---

① 《唐代墓志汇编续集》大中18号《南阳郡张氏夫人墓志并序》，第882页。

② "相夫教子"是中国女性的传统美德和社会分工的需要，母亲养育本身就包含了知识启蒙和行为举止、道德礼仪培养等。"相夫教子"在宋代比较流行，唐代尚无明确的概念。

③ （唐）元稹撰，冀勤点校：《元稹集》卷30，中华书局1982年版，第355页。

④ （清）曹寅等辑：《全唐诗》卷406，中华书局1960年版，第4523页。

⑤ 陈寅恪：《唐代政治史述论稿》中篇《政治革命及党派分野》，生活·读书·新知三联书店2001年版，第260页。

“雅有家风，政事规为”的情况①。因此，唐代士族之家往往把制定家训、家法上升到“家法备，然后可以言养人”的高度②。家风、家训对士家大族子弟尤为重要，不仅可以影响其生前能否成才、光耀门第，而且决定其死后能否入茔家族墓地。正如柳玭《戒子孙》云：“大凡门第高者，一事坠先训，则异他人。虽生可以苟爵位，死不可见祖先地下。”③

以家训而言，颜之推的《颜氏家训》最为著名，魏晋以来，颜氏家族人才辈出，应该与其颜氏家风有很大关系。按照颜之推的说法，颜氏风教“素为整密，昔在龆龀，便蒙诲诱”，自己受益良多，在他目睹了南北朝无数世家大族因子孙不教而败亡，“追思平昔之指，铭肌镂骨”，作为前车之鉴，故作《颜氏家训》，以训诫子弟④。唐代士人编撰家训的风气更甚，武周宰相王方庆，就曾作《王氏训诫》五卷，以训诫王氏子孙，又作《友悌录》十五卷，来训诫子弟。除此之外，王方庆还作《王氏列传》十五卷、《王氏尚书传》五卷、《王氏女记》十卷、《王氏王嫔传》五卷，为王氏先祖贤达和女性王嫔作传，目的是宣扬王氏家族显赫功绩与伟业，光宗耀祖，以训诫子弟，这无疑为子弟教育提供了丰富的教育素材，以培养子弟的使命感和责任心，对培养家风、严格家法很有积极意义。唐代作家传的情况很普遍⑤，与魏晋以来士族政治和谱牒、家传文化发达有很大关系，但客观上成了培养家风、严明家法的重要组成部分。中唐还有皇甫七纂《家范》数千言，“自远祖汉太尉晋元晏先生以还，门风世德，焕耀篇录”，被梁肃称赞为“名者公器”⑥。

唐代以家法严明著称者，莫过于河东柳氏，以柳玭作《戒子孙》《家训》，影响颇大。柳玭《家训》云：“讲论家法，立身以孝悌为基，以恭默为本，以畏怯为务，以勤俭为法，以交结为末事，以弃义为凶人。”⑦唐代还有

① 《全唐文》卷90昭宗《授大理卿李垌黔中宣慰使制》，第943页。

② 《新唐书》卷163《柳公绰传》，第5027页。

③ 《新唐书》卷163《柳公绰传》，第5027页。

④ （北齐）颜之推撰，王利器集解：《颜氏家训集解・序录》，中华书局1993年版，第4页。

⑤ 《新唐书》卷58《艺文志二》，第1475页。

⑥ （唐）梁肃撰，胡大浚、张春雯校点整理：《梁肃文集》卷2《送皇甫七赴广州序》，甘肃人民出版社2000年版，第64页。

⑦ 《新唐书》卷163《柳公绰传》，第5027页。

类似家训针对女性的“戒女”文，比较著名的有宋若莘等的《女论语》，以及失名《崔氏训女文》等。

随着中晚唐士族的衰落，家训的形式又有所转变，出现了《太公家教》[①]《武王家教》等，[②]借助于古代先贤之名义撰家训，模糊了某一姓氏、家族的家训，变成了格言类训诫类蒙书。还有《辩才家教》[③]《新集严父家教》也大致如此[④]，也是适应士族衰落、百姓家庭对“家训”的需要而产生[⑤]。敦煌文献中发现多种版本的此类“家教”，说明社会变迁使某一姓氏的“家训”，转变为百姓的“家训”，因此，获得“百姓”，即广泛社会关注，更加社会化，其流传甚广，即是证明。

此外，还出现了寓言、至言等类似格言的家训，也是用来训蒙子弟的。《旧唐书》卷四七《经籍志下》收录了一组儒家经典：“《百里昌言》二卷（王滂撰）、《崔子至言》六卷（崔灵童撰）、《平台百一寓言》三卷（张大素撰）。”[⑥]王勃有《上〈百里昌言〉疏》云：“勃言：乡人奉五月一日诲子弟，各陈百里之术宣于政者，承命惶灼，伏增悲悚……谨上《百里昌言》一部，列为十八篇，分为上下卷，庶竭私款，少裨公政。”[⑦]盖此书为王勃所作，从其上疏来看，《百里昌言》内容是“陈百里之术宣于政者”，目的是用来教诲子弟。《崔子至言》《平台百一寓言》均已散佚，但刘昫将其与《百里昌言》列在一起，结合其字面意义，应该和《百里昌言》的性质相当，与家训的性质相近。

唐代即便是皇帝也不忘亲自编撰类似家训的童蒙读物，立皇室家规，

① P.2564号，上海古籍出版社、法国国家图书馆编：《法国国家图书馆藏敦煌西域文献》第16册，上海古籍出版社2001年版，第15页。

② P.4899、P.5546号，上海古籍出版社、法国国家图书馆编：《法国国家图书馆藏敦煌西域文献》第33册，上海古籍出版社2005年版，第249页。

③ P.2515号，上海古籍出版社、法国国家图书馆编：《法国国家图书馆藏敦煌西域文献》第15册，上海古籍出版社2001年版，第50页。

④ P.3797号，上海古籍出版社、法国国家图书馆编：《法国国家图书馆藏敦煌西域文献》第28册，上海古籍出版社2004年版，第81页。

⑤ 详见郑阿财：《敦煌蒙书研究》，甘肃教育出版社2002年版，第287—421页。

⑥ 《旧唐书》卷47《经籍志下》，第2026页。

⑦ （唐）王勃：《王子安集》卷9，上海古籍出版社1992年版，第66页。

令皇室子弟诵读。如唐太宗就曾编撰《帝范》四卷（贾行注）用来垂训皇子王孙，并在序中讲："汝以幼年，偏钟慈爱，义方多阙，庭训有乖。擢自维城之居，属以少阳之任，未辨君臣之礼节，不知稼穑之艰难。每思此为忧，未尝不废寝忘食……所以披镜前踪，博览史籍，聚其要言，以为近诫云耳。"① 唐代还有不少其他皇帝、皇后、太子等撰写了"家训"性质的文章和书，对皇室成员进行训诫。《旧唐书》卷四七《经籍志下》记载："《天训》四卷（高宗天皇大帝撰）、《紫枢要录》十卷（大圣天后撰）、《青宫记要》三十卷（天后撰）、《少阳正范》三十卷（天后撰）、《臣轨》二卷（天后撰）、《百僚新诫》四卷（天后撰）、《春宫要录》十卷（章怀太子撰）、《君臣相发起事》三卷（章怀太子撰）、《修身要录》十卷（章怀太子撰）……《女则要录》十卷（文德皇后撰）、《凤楼新诫》二十卷（张后撰）。"②《天训》是唐高宗显庆二年（657）六月御撰的一部政治训诫类著作，许敬宗为其注释，目的就是训诫皇室子弟，以及百官等。此书后来一度失传，1937 年，王重民在敦煌文书中发现 P.5523 号文书即为《天训》③。据《资治通鉴》卷二〇二"唐高宗永隆元年（680）八月"条记载："天后尝命北门学士撰《少阳正范》及《孝子传》以赐太子，又数作书诮让之，太子愈不自安。"④ 显然，《少阳正范》是武则天曾令北门学士撰赐太子李贤，带有明显政治目的，但是借母后的名义，对太子进行规劝、训诫。太子李贤撰《春宫要录》《君臣相发起事》《修身要录》三部书，已经失传，但从书名来看，有明显的训诫和修身要录之意，与士族之家的"家训"有很大的类似之处。而以长孙皇后名义作的《女则要录》，以及武后作《列女传》《孝女传》《古今内范》《内范要略》《保傅乳母传》《凤楼新诫》，就是为培养皇室女眷制定的家训和女则。

唐代家学还非常注重家风、家训和家法，特别是一些名门士族，更是以家法严明而著名。如刘藏器不但学识广博，而且家法严厉，即便是刘知几

---

①（唐）李世民：《帝范・序》，中华书局 1985 年版，第 5 页。

②《旧唐书》卷 47《经籍志下》，第 2026 页。

③ 吴鹏：《敦煌本唐高宗〈天训〉残卷研究》，中国人民大学硕士学位论文，2009 年。

④《资治通鉴》卷 202"唐高宗永隆元年（680）八月"条，第 6512 页。

这样聪慧的童子，仍免不了家法“楚督”。苏環以“训厉至严”著称，其子苏珽“聪悟过人，日诵数千言，虽记览如神”，但“常令衣青布襦伏于床下，出其颈受榎楚”①。中晚唐河东柳氏柳公绰、柳公权家族，世代擅长经史、书法，以家法严明著称，同时十分注重教导子侄研习举业，亦以参加科举、博取功名而著称。据《旧唐书》卷一六五《柳公绰传》云：“公绰性谨重，动循礼法。属岁饥，其家虽给，而每饭不过一器。岁稔复初。家甚贫，有书千卷，不读非圣之书。为文不尚浮靡……初公绰理家甚严，子弟克禀诫训，言家法者，世称柳氏云……仲郢有父风，动修礼法，僧孺叹曰：‘非积习名教，安能及此！’入为监察御史。”柳仲郢对自己很严格，“以礼法自持，私居未尝不拱手，内斋未尝不束带。三为大镇，厩无名马，衣不薰香。退公布卷，不舍昼夜”②。为帮助子侄在夜间能有充分的精力读书研习，柳公绰的弟弟柳子温还专门炼制出熊胆丸以提神醒脑，常命粉苦参、黄连、熊胆和为丸，赐子弟永夜习学含之，“以资勤苦”③。柳子温以药丸鞭策、激励子弟苦读，足见其家风、家法严明。不仅如此，柳仲颖之子柳玭还著《家训》诫其子弟曰：“夫门地高者，可畏不可恃……予幼闻先训，讲论家法，立身以孝悌为基，以恭默为本，以畏怯为务，以勤俭为法，以交结为末事，以弃义为凶人。肥家以忍顺，保交以简敬。百行备，疑身之未周；三缄密，虑言之或失。”④可以说从方方面面劝诫子孙秉承先训、家法，“立身以孝悌为基，以恭默为本，以畏怯为务，以勤俭为法”，“以学识礼法称于士林”，史书评价柳“公绰理家甚严，子弟克禀诫训，言家法者，世称柳氏”⑤。基于柳氏家风严厉，柳氏人才辈出，柳公绰、柳公权均进士及第，其子仲郢进士及第，孙珪、璧、玭亦进士、明经及第，从孙璨位至宰相，显然与柳氏家法有很大关系。又中晚唐穆质兄弟“俱有令誉而和粹”，“士大夫言家法者，以穆氏为

---

① （唐）郑处诲撰，田廷柱点校：《明皇杂录》卷上《苏颋文学该博》，中华书局1994年版，第12页。

② 《旧唐书》卷165《柳公绰传附子仲郢传》，第4308页。

③ （宋）钱易撰、黄寿成点校《南部新书》卷丁：“柳子温家法，常命粉苦参、黄连、熊胆和为丸，赐子弟永夜习学含之，以资勤苦。”（中华书局2002年版，第50页）

④ 《旧唐书》卷165《柳公绰传附子仲郢传》，第4308页。

⑤ 《旧唐书》卷165《柳公绰传附子仲郢传》，第4310页。

高”①。此外，不一一而具。

（二）家书与家学、训诫

唐代官员外出做官，很多时候不便带子弟随官居住，也就尽不到训蒙的责任。于是，就会借助诗、书等形式的书信来指导、劝勉和训诫子弟。如元稹在将要贬谪之余，仍不放心子弟，作《诲侄等书》云：“汝等心志未立，冠岁行登，古人讥十九童心，能不自惧？吾不能远谕他人，汝独不见吾兄之奉家法乎？吾家世俭贫，先人遗训，常恐置产怠子孙，故家无樵苏之地，尔所详也……今汝等父母天地，兄弟成行，不于此时佩服《诗》《书》，以求荣达，其为人耶？其曰人耶？吾又以吾兄所识，易涉悔尤，汝等出入游从，亦宜切慎。”②元稹告诫虽然已经年过弱冠，但仍存童心的子侄，要有点忧患意识，告诫子侄要“奉家法”、遗训，崇尚“俭贫”。元稹还“常恐置产怠子孙”，激励子孙勤勉，通过“佩服《诗》《书》，以求荣达”，其谆谆教导之情，尽显字里行间。又韩愈给儿子写的《符读书城南》诗云：

木之就规矩，在梓匠轮舆。人之能为人，由腹有诗书。
诗书勤乃有，不勤腹空虚。欲知学之力，贤愚同一初。
由其不能学，所入遂异闾。两家各生子，提孩巧相如。
少长聚嬉戏，不殊同队鱼。年至十二三，头角稍相疏。
二十渐乖张，清沟映污渠。三十骨骼成，乃一龙一猪。
……问之何因尔，学与不学欤。
……不见公与相，起身自犁钼。
不见三公后，寒饥出无驴。文章岂不贵，经训乃菑畬。
……恩义有相夺，作诗劝踌躇。

① 《旧唐书》卷155《穆质传》，第4117页。
② 《元稹集》卷30《诲侄等书》，第355页。

像韩愈这样的大文豪，虽然出身低级官宦家庭，父祖不显，“生三岁而孤，养于从父兄”，“幼刻苦学儒，不俟奖励”，但通过刻苦读书，以文学起家，进士及第，当过国子学、太学博士，官至吏部侍郎，成为中晚唐古文运动的领袖①。韩愈经历了社会的巨变，眼见士族、三公子弟已经不能坐至三公，平民子弟通过读书、科名位至公卿已经成为时代趋势，深知童蒙教育的重要性，认为人与动物之间的差别仅仅是人“腹有诗书”，人与人之间生来贤愚相近，后来的差别就在于是嬉戏还是学习诗书，“三十骨骼成，乃一龙一猪”，仅仅是最终后果而已。韩愈对儿子的教导可谓谆谆教导，苦口婆心，摆事实，讲道理，“恩义有相夺，作诗劝踌躇”，“学与不学”，让孩子自己选择。虽然韩符似乎没有认真听从父亲的教诲，未能留名青史，而韩愈的另外一个儿子韩昶则是进士及第。又李华《与外孙崔氏二孩书》也是以书信的形式劝诫外孙崔氏，不仅要勤于扫洒、孝事长辈，而且建议“当学读《诗》、《礼》、《论语》、《孝经》，此最为要”②。

（三）家风直接影响家学的教学传统和子弟学风

士族的家风、家法、学风直接影响到家学的教学传统和子弟的学风。如大书法家欧阳询之子通，“少孤，母徐氏教其父书”，“慕名甚锐，昼夜精力无倦，遂亚于询。仪凤中，累迁中书舍人”③。如颜氏一门自魏晋以来不仅以世儒著称，而且多出书法家，有颜腾之、炳之、勤礼、真卿等许多名家，这应该与颜氏家族的子弟从幼儿开始就注重书法蒙训有密切关系，故能擅长书法的人很多。又颜勤礼“幼而朗悟，识量宏远，工于篆籀，尤精诂训”；又周卿“幼而颖悟，尤明诂训，工篆籀草隶书，与内弟殷仲容齐名，而劲利过之，特为伯父师古所赏重，每有著述，必令参定”④。其子惟贞“仁孝友悌，少孤，育舅殷仲容氏，蒙教笔法。家贫无纸笔，与兄以黄土扫壁本石

① 《旧唐书》卷160《韩愈传》，第4195页。

② 《全唐文》卷315，第3195页。

③ 《旧唐书》卷189上《儒学传上·欧阳询传》，第4947页。

④ （唐）颜真卿：《颜鲁公集》卷16《唐故通议大夫行薛王友柱国赠秘书少监国子祭酒太子少保颜君碑铭》，上海古籍出版社1992年版，第104页。

画而习之，故特以草隶擅名。天授元年，糊名考试，判入高等”[①]。“又选授洛州温县、永昌二尉，每选皆判入高科。侍郎苏味道以所试示介众曰：‘选人中乃有如此书判！’嗟叹久之”。[②]国子祭酒颜惟贞卒后，肃宗对其评价云：“卿之先人，德行优著，学精百氏，艺绝六书。频擢甲科，屡升循政，曳裾王府，名右邹枚。”[③]此外，颜氏家族成员中的曜卿“工诗书草隶”；旭卿“善草书”；阙疑“精《诗传》，善剖判”；允南“工诗，人多诵其佳句，善草隶”。[④]大书法家颜真卿亦出自是家，“早孤，蒙伯父息、允南亲自教诲”。颜真卿书法启蒙应该与其伯父“聪颖绝伦，尤工文翰”有很大关系[⑤]。相反，缺乏书法家传的子弟，往往是“有知其门，不知其奥”。即便是家长“广求名书，以教其子，察其所入，便遣习之”，其结果多“不能遂”。[⑥]

家风、家学实际就是现在经常讲的家庭教育环境，对童蒙的影响至关重要。《太公家教》等蒙书经常提及这一点：“近朱者赤，近墨者黑；蓬生麻中，不扶自直；白玉投淤，不污其色。近佞者谄，近偷者贼；近愚者痴，近贤者德；近智者良，近婬者色。”[⑦]现实的例子也很能说明这一问题。如中唐吴丹“生四五岁弄泥沙时，所作戏辄象道家法事，八九岁弄笔砚时，所出言辄类《诗》家篇章，不自知其然，盖宿习儒、玄之业明矣。弱冠喜道书，奉真箓，每专气入静，不粒食者累岁，颢气充而丹田泽，飘然有出世心”[⑧]。吴丹从小玩沙，竟然仿照道教法事堆道场，说明其家里和所处的环境道教气氛

① 《颜鲁公集》卷16《唐故通议大夫行薛王友柱国赠秘书少监国子祭酒太子少保颜君碑铭》，第104页。

② 《颜鲁公集》卷16《唐故通议大夫行薛王友柱国赠秘书少监国子祭酒太子少保颜君碑铭》，第104页。

③ 《颜鲁公集》卷16《唐故通议大夫行薛王友柱国赠秘书少监国子祭酒太子少保颜君碑铭》，第104页。

④ 《颜鲁公集》卷16《唐故通议大夫行薛王友柱国赠秘书少监国子祭酒太子少保颜君碑铭》，第104页。

⑤ 《颜鲁公集》卷16《唐故通议大夫行薛王友柱国赠秘书少监国子祭酒太子少保颜君碑铭》，第104页。

⑥ 《全唐文》卷432张文瓘《六体书论》，第4407页。

⑦ P.2564号，《法国国家图书馆藏敦煌西域文献》第16册，第15页。

⑧ 《白居易集》卷69《故饶州刺史吴府君神道碑铭并序》，第1447页。

十分浓郁，以致弱冠之后，一度修习道家，为了养家糊口才考中进士，而这一切都是因为其自幼“宿习儒、玄之业”的缘故。

良好的家风，不仅可以保证士族子弟人才辈出，而且惠及亲族。如元稹之所以受母教而登科，也是因为母亲郑氏出身士族之家，“天下有五甲姓，荥阳郑氏居其一”，就以家风严明著称，“初夫人为女时，事父母以孝闻，友兄姊睦弟妹以悌闻，发自生知，不由师训，其淑性有如此者。夫人为妇时，元氏世食贫，然以丰洁家祀，传为贻燕之训”。白居易称赞郑氏“母其家，殆二十五年，专用训诫，除去鞭扑。常以正颜色训诸女妇，诸女妇其心战兢，如履于冰；常以正辞气诫诸子孙，诸子孙其心愧耻，若挞于市。由是纳下于少过，致家于太和，婢仆终岁不闻忿争，童孺成人不识槚楚，闺门之内熙熙然，如太古时人也。其慈训有如此者”①。元稹虽然幼而失父，但正是其母郑氏依赖夫家元氏家族和外家郑氏家族的家训和家法，训诫子孙，将其培养成为唐代名相。

（四）私人藏书和编撰童蒙读物

士族、官僚之家往往藏有大量的书籍，为家学提供了丰富的图书资源，保证了子弟读书基本需求。如杜牧《冬至日寄小侄阿宜诗》云：“我家公相家，剑佩尝丁当。旧第开朱门，长安城中央。第中无一物，万卷书满堂。家集二百编，上下驰皇王。多是抚州写，今来五纪强。尚可与尔读，助尔为贤良。”② 杜牧家中所藏书籍与杜佑遗留的文集为杜牧幼时的学习和后来的仕进提供了丰富的涵养和宝贵财富。柳仲郢也“家有书万卷，所藏必三本：上者贮库，其副常所阅，下者幼学焉。仲郢尝手钞《六经》，司马迁、班固、范晔史皆一钞，魏晋及南北朝史再，又类所钞它书凡三十篇，号《柳氏自备》；旁录仙佛书甚众，皆楷小精真，无行字”③。即便像元稹那样父亲虽然早卒，但家中仍有大量藏书，在母亲教导之下，“因捧先人旧书于西窗下钻仰沉

---

① 《白居易集》卷 42《唐河南元府君夫人荥阳郑氏墓志铭（并序）》，第 926 页。

② 《樊川文集》卷 1《冬至日寄小侄阿宜诗》，第 9 页。

③ 《新唐书》卷 163《柳公绰传附仲郢传》，第 5025 页。

吟”，犹不能满足元稹读书的渴望，“每借书于齐仓曹家”[①]。牛僧孺虽然早孤，但依靠祖先留下的藏“书千卷，乃辞亲肄习”[②]，为其启蒙教育和修习举业提供了必要条件。有些家庭甚至自编蒙书，用于子弟教育。如开元中李翰作《蒙求》，作为子弟励志和历史知识教材，“翰家儿童三岁者，皆善讽诵”，并取得了很好的效果，其家子弟“谈古策事，无减鸿儒，不素谙知，谓疑神遇”[③]。

此外，唐代家学教育秉承魏晋以来的风气，不仅给儿童编纂了很多童蒙读物，而且要制定子弟培养计划。如唐中宗时期李恕的《戒子拾遗》中规定了对子弟的培养方案，“男子六岁教之方名，七岁读《论语》《孝经》，八岁诵《尔雅》《离骚》，十岁出就师傅，居宿于外，十一专习两经”[④]。也就是幼儿在六岁便接受数数、时令、方向和名物等最基本的生活知识，七岁所读的《论语》《孝经》，就为科举考试做准备，八岁所诵“兼通学艺”的《尔雅》《离骚》[⑤]，十一岁“专习两经”便是为达明经考试“任选两经”的要求，即使进士科考试也要求选习经书试帖。因此，按照这一培养计划，在童蒙教育阶段基本上完成了科举应试教育的所有内容的教授任务，也反映了科举制度对于隋唐五代家学的影响之深刻。

三、家学、家塾与私塾的关系

当然，家学教育也有缺陷和不足，一是宗族内的儿童数量有限，缺乏规模，儿童之间的竞争力不足，难以调动他们的竞争意识和求知欲望；二是术业有专攻，承担家学主要教学任务的父兄和母亲，往往难以做到通晓诸家

① 《元稹集》卷30《海侄等书》，第355页。

② 《全唐文》卷720李珏《故丞相太子少师赠太尉牛公神道碑铭（并序）》，第7406页。

③ 《唐文拾遗》卷19李良《荐蒙求表》，第10574页。

④ （宋）刘清之撰，吴敏霞等注译：《戒子通录》卷3，三秦出版社2006年版，第586页。

⑤ 参见高明士：《隋唐贡举制度》表四《唐代贡举科目兼习学艺表》，（台北）文津出版社1999年版，第283页。

经典以及诗文，多以一家之言传授子弟，容易造成子弟视野不宽、学业封闭的情况。随着科举制度的兴盛，以及中晚唐常举、制举和科目选的全面发展，科举对举子的学识、文采提出了更多要求，家学已经不能满足科举考试的需要，很难保证对子弟全面、系统的教育。因此，士族、官僚之家为了确保子弟在科举考试中的优势地位，不得不聘请外姓老师教授子弟，弥补家学的不足。于是，家学、家塾开始向私塾转化，通过延聘师傅来补充其在师资方面的不足。如隋朝吏部侍郎阴铿“家置学”，就有邻居家的八岁童子陈杲仁，到阴铿家里，“就博士授《孝经》《尚书》，以夜继昼，口不辍诵”①。中唐宋若莘所说“大抵人家，皆有男女”，“男入书堂，请延师傅，习学礼义，吟诗作赋，尊敬师儒，束修酒脯”②。如元稹幼时，因为父亲亡故，“家贫无师以授业”，其母才亲自教授其《诗》《书》的③，也就是说条件好的家庭，便花钱请教师教授子弟。既然可以花钱请教师，家塾也吸收亲友、故吏子弟和社会子弟，使家塾逐渐转换成私塾。如刘邺之父三复，为浙西观察使李德裕的从事，刘邺“六七岁能赋诗，李德裕尤怜之，与诸子同砚席师学”④。柳宗元少时就曾入学“乡闾家塾”。大和九年（835），忠武军节度使杜悰出沣阳的时候，聘进士李宣古教授子弟，后来因李宣古侮慢宾客，杜悰想当众槚楚。幸好被长林公主劝阻，曰：“尚书不念诸子学，又拟陪李秀才砚席。岂有饮筵而举人细过？待士如此，异时郁得平阳之誉乎？”后来，杜悰的两个儿子裔休、孺休皆以进士登科，应该与李宣古的教授分不开。世人谓之曰：“非其母贤，不成其子。”又如姚中璠“七岁授诗礼于师，十五阅文词于友，博知广识，僚侣不及也”⑤，其学习“诗礼下于师”，自然不是父母兄长，应该是本家的私塾先生。

安史之乱以后，士族逐渐衰落，家学的地位也随之衰弱，村学、聚徒

① 《全唐文》卷915德宣《隋司徒陈公舍宅造寺碑》，第9531页。

② （唐）宋若莘撰，（清）王相笺注：《女论语·训男女章第八》，中国华侨出版社2011年版，第90页。

③ 《白居易集》卷42《唐河南元府君夫人荥阳郑氏墓志铭（并序）》，第925页。

④ 《旧唐书》卷177《刘邺传》，第4617页。

⑤ 《唐代墓志汇编续集》大中47号《大唐故飞龙洛苑判官登仕郎试左金吾卫兵曹参军上柱国吴兴姚府君墓志铭并序》，第1003页。大中八年末秋三日，暴疾而终，享年五十有五。

讲学、寺学、书院等社会性更强的私学教育形式逐渐成为时代的主流。私学的发展在于其形式多样、招生范围大、层次差别大、教学内容丰富、教师学识通博，既满足了不同层次儿童的需要，也适应了科举考试的需求，弥补了以往家学和官学的不足。

总之，唐代家学是魏晋以来士族政治兴盛的产物，士族、官僚为了确保门第不衰，多以家学的形式对子弟进行文化教育和家风、家法的培养。随着隋唐大一统的中央集权的帝国的形成，“以文取士”成了科举取士和吏部铨选的最主要标准，“读书便是随身宝”的观念深入人心，推动了整个社会“崇文”的风气，促使了全民向学局面的出现。开元以后，村学、坊学、寺学、社学和书院等多种私学的兴起，打破了家学仅限于本家宗亲子弟教育的局面，转而面向百姓子弟，私学的招生范围也从“家”扩大到乡、村、里、

“先生责罚学仕郎”莫高窟第 468 窟北壁东侧九横死部分五代（孙志军摄）

坊等同一地域。唐代家学与家风、家法和家规紧密相关，士族之家普遍通过家学教育、严明家法，传承家风，培养子弟征文射策，以取禄位，从而保持门第不衰，或光大门第。唐代科举制度的快速发展，推动了教育的下移，"家学"也从士族之家逐渐向寒素等社会底层下移。社会下层的寒素之家，往往师资和家产都很有限，不足以单独开设家学，就需要在同一地域范围内，集中力量，大家共同聘请先生，合办私学，于是"私塾"就代替了一家一姓的"家学"。私塾与家学最大不同是，私塾以谋生为目的，招收百姓子弟。

晚唐文士张球及其兴学课徒活动*

杨宝玉**

摘要：本文着重探讨了晚唐文士张球的生平事迹及其在敦煌进行的聚徒兴学活动的基本情况。认为张球生平中的以下几点对其兴学课徒活动产生了巨大影响：1. 张球并非敦煌本地人，而是来自于越州会稽并曾四处游历，饱受江南与中原文化熏陶；2. 张球是非常虔诚的佛教信徒；3. 张球在归义军政权的任职与交往。关于张球的兴学课徒活动，本文主要围绕《敦煌录》中的相关记述，并结合其他敦煌文书分析指出：1. 张球系于佛寺中聚徒兴学，这与其崇佛信教有关，但其所兴并非教授童蒙识文断字层面的寺学；2. 张球是七十岁后才聚徒兴学，其时当已致仕，时间则为唐昭宗景福二年（893）之后；3. 当时已历经百年离乱的敦煌汉文化传承后继乏人，张球聚徒兴学的主要目的在于传道授业，令敦煌民众深受其惠；4. 为达成“以阐大猷”的兴学目的，张球或改编类书，或以自己的作品教授生徒。总之，张球兴学立意高远，方法独特，故其学方能使“民受其赐”，其人亦为后世缅怀追忆。

关键词：晚唐；张球；敦煌；兴学课徒

1900 年开启的敦煌藏经洞中保存了大量五至十一世纪的古代文书，其

* 本文系 2016 年度国家社科基金一般项目“晚唐敦煌文士张球与归义军史研究”（16BZS007）的阶段性成果。

** 作者简介：杨宝玉，文学硕士，中国社会科学院历史研究所研究员，主要从事敦煌学研究。

中那些当地人书当时事的真实记录未经官方筛选和后人改窜，足资证史，也最可凭信。因而，在讨论中国古代历史文化时，研究者往往首选敦煌为典型案例予以剖析，童蒙文化研究亦不例外。关于晚唐五代宋初敦煌的童蒙教育，相关研究者曾提到过一位相当有名的执教者——张球，但并未展开深入研究。笔者近年一直致力于张球生平作品及相关归义军史研究，认为张球晚年从事的兴学课徒活动与一般针对低龄学童的启蒙教育有别，传道授业的意图更加突出，教学内容和教学方式也与众不同，而这一切又是张球本人特殊的经历际遇、才学思想所致。本文即拟对相关问题略做探讨，不当之处，敬请专家学者教正。

一、晚唐文士张球的别样人生

敦煌文书和敦煌古碑铭中留存有不少张球作品：仅保留有署名的作品就有近二十种，从已佚失作者姓名的敦煌文书中可考出的他的作品更多①。通过对这些作品的解析，我们可以梳理出他的很多个人信息，勾勒出他生平的大致轮廓。与其他敦煌文人相比，张球的一生更具传奇色彩，某些经历颇为引人注目，其中对他晚年兴学课徒活动产生巨大影响的主要有以下几点：

（一）张球的籍贯、游历与文化熏陶

张球曾被后世研究者长期误认为是敦煌本地人，以致关于晚唐时期的敦煌地区是否有外来文士长期居留，学界一直因无确证而不能下定论②。所

① 如非常著名的《敕河西节度兵部尚书张公德政之碑》及其抄本卷背保存的19首诗与数行杂记、组诗《沙州敦煌古迹廿咏》等即是，这些还仅是已经考出的，尚待考证的更是不可限量，笔者已钩稽出线索的即有数种。

② 如敦煌文学研究的集成之作《敦煌文学概论》上编第三章为《敦煌文学的作者队伍和传播途径》，但其中并没有专门介绍外来文人的章节，并将张球收入《敦煌文学本地作者勾稽》部分，谓其为“敦煌人，或系长期客居敦煌者，清河郡望”，至于张球是否确实是外来人、来自何处、在敦煌生活了大概多长时间及其生平与影响等，则未提及。参见颜廷亮主编《敦煌文学概论》，甘肃人民出版社1993年版，第96页。

幸2002年著名敦煌学家颜廷亮先生刊发了《有关张球生平及其著作的一件新见文献》一文[①]，揭出了英藏敦煌文书S.2059《〈佛说摩利支天菩萨陀罗尼经〉序》（以下简称“S.2059《序》”），并据其指出张球出生于越州山阴县。这一揭示对张球生平事迹探讨和相关文史问题研究影响相当大[②]，因为S.2059《序》不仅本身内涵丰富，更可以使我们在一些看似不相干的敦煌文书之间建立起联系，进而深层次地挖掘它们的史料价值。只可惜以后很长一段时间都未见颜先生本人和其他学者展开进一步讨论。

与一般佛经序言主要介绍经文形成、翻译和流传情况不同，S.2059《序》乃是一篇抄经序，记述的是抄经者本人的崇佛经历与感悟，特别是其顶戴摩利支天菩萨咒后逢遇的灵验事迹，堪称佛教灵验记，而我们恰恰可以从那些灵异叙事中剥离出许多有关作者生平和归义军史事的珍贵资料。

该序文的首句为“□□□□州山阴县人张俅”。“张俅”一名在法藏敦煌文书P.2568《南阳张延绶别传》等中也曾出现过，另外我们在其他敦煌文书或敦煌古碑铭中还常见到“张景俅”[③]“张景球”[④]“张球”[⑤]等署名方式，学界早已考出这四个名字代表的都是同一个人，因其中“张球”一名的出现频率最高，故一般情况下都以“张球”称之。为避免混乱，本文行文亦如是。

---

① 颜廷亮：《有关张球生平及其著作的一件新见文献》，《敦煌研究》2002年第5期。

② 不过，颜先生的其他推论，如认为张球郡望清河、S.2059《序》“应是现所知所见张球作品最早之篇”等，则可商榷。

③ 见于敦煌市博物馆藏《大唐河西道归义军节度索公纪德之碑》。

④ 见于P.2913v《归义军节度使检校司徒南阳张府君墓志铭》。

⑤ 见于P.4660之《大唐河西道沙州故释门法律大德凝公邈真赞》《大唐河西道沙州敦煌郡将仕郎守敦煌县尉翟公讳神庆邈真赞》《大唐沙州译经三藏大德吴和尚邈真赞》《故前河西节度押衙银青光禄大夫检校太子宾客兼敦煌郡耆寿清河张府君讳禄邈真赞》《故敦煌阴处士邈真赞并序》、P.2913v《大唐敦煌译经三藏吴和尚邈真赞》、P.3288v+P.3555Av《河西节度马步都虞候银青光禄大〔夫〕检校太子宾客兼监察御史上柱国张怀政邈真赞并序》、P.4615+P.4010v《唐故河西节度凉州左司马检校国子祭酒兼御史中丞上柱国陇西李府君墓志铭》、P.3425《金光明变相一铺铭并序》、P.3863v《金刚经灵验记》、BD06800（潜100，北7433）《大佛顶万行首楞严经咒》题记、P.2537《略出籝金一部并序》题记等。

上引文句是探究张球出生地的极其难得而可信的资料。这句话中的州名虽残，但很容易补出。考我国古籍中记载的山阴县凡两指：一处位于今浙江省绍兴市，秦时始设，因处会稽山之北而得名，为会稽郡二十六县之一，东汉时为会稽郡首县，隋代废入会稽县，唐复置，并为越州首县，南宋和明清时为绍兴府首县。另一处的故城则在今山西省山阴县西南，系金时改辽的河阴县而成，后又升为忠州，元时并入金城，后复置，明清时皆属山西大同府。S.2059《序》作于晚唐，故文中的山阴县非越州山阴莫属。

那么，根据 S.2059《序》，我们便可以确切地知道张球本为越州山阴人，亦即地地道道的江南人。

关于张球本为江南人，S.2059《序》是否为孤证呢？于此，敦煌文书存藏之宏富又一次令人惊叹：不但该序不是孤证，其他文书中的记录还更加详尽具体——笔者在非常著名的《敕河西节度兵部尚书张公德政之碑》（学界习称《张淮深碑》）抄件卷背① 所存诗文中就发现了多处记述。

《张淮深碑》抄件卷背所存文字的主体是近八十行诗文②，内中又以诗为主，今存或全或残的诗歌约为十九首③。这十九首诗大多保留有诗题，但无作者署名。关于《张淮深碑》及其抄件卷背诗文的作者，笔者已刊发《〈张淮深碑〉作者再议》④《〈张淮深碑〉抄件卷背诗文作者考辨》⑤ 两文，提出并多角度论证了它们均出自张球之手，兹不赘述。这些诗文的内涵极其丰富，各诗文之间的内容又往往相关，或论人议事，或叹物咏志，在感遇抒怀的过程中不时透露出作者的一些重要信息。比如在现存第七首诗《皈（?）夜于灯下感

① 《张淮深碑》抄件已断裂为多片，经几代学者的不懈努力，今已在英藏和法藏敦煌文书中找到了五号六片，其拼合关系可大致表述为 S.6161A+S.3329+S.11564+S.6161B+S.6973+P.2762。关于各文书断片之正面与背面的判定，相关图录与目录标注不一，本文将抄写《张淮深碑》的一面视为正面，另一面则视为背面。

② 关于这些诗文，笔者已进行了认真校录与详尽注释，详参拙文《敦煌文书〈张淮深碑〉及其卷背诗文重校补注》，载《中国社会科学院历史研究所学刊》第 10 集，即刊。

③ 前贤论著计为十八首，推测应是由于卷末数行残损过甚，前贤或合并计数，或略而不计所致。

④ 杨宝玉：《〈张淮深碑〉作者再议》，《敦煌学辑刊》2015 年第 3 期。

⑤ 杨宝玉：《〈张淮深碑〉抄件卷背诗文作者考辨》，《敦煌学辑刊》2016 年第 2 期。

梦》中，作者即自称为“江南子”，印证了S.2059《序》对其出生地的记录。不过，十九首诗中，还是《“夫”字为首尾》一诗的描绘更为集中和真切。

顾名思义，《“夫”字为首尾》的诗题源于该诗的首字和末字均为“夫”字。该诗为七言二十四句，以闺妇致书征夫，殷切劝其回家团聚的口吻写成，诗中的闺妇远在江南，所言鸿雁传书的目的地则是原豆卢军驻守的沙州。仔细分析该诗、同卷其他诗文及已知张球事迹可知，这位任职于敦煌的征夫正应该是诗作者张球本人，该诗表达了诗作者对故乡的思念与追忆。诗中多处提到江南或江南风物。例如，“天山旅泊思江外，梦里还家入道垆”中令漂泊在外的征夫魂牵梦绕的故乡“江外”即江南，因为在中古时期的中原人看来，江南之地位于长江之外，故常用“江外”指称江南。再如，“镜湖莲沼何时摘”所言的镜湖是一个大型农田水利工程，系东汉永和五年（140）会稽太守马臻主持修建，以水平如镜而得名，其地理位置即在今浙江绍兴会稽山北麓。又如，“却羡西江比目鱼”中用来作比的乃是西江的比目鱼，而古人多称长江中下游为西江。上举这些诗句在表明诗作者张球原本生长于会稽附近，对那里的山川景物、人文景观均非常熟悉，于久居敦煌后对故乡无限怀恋，以致经常“梦里还家”，其受江南文化影响之深可见一斑。

不仅是降生后即习染其中的江南文化，《“夫”字为首尾》还记录了张球接受正规儒家文化教育的背景。诗中“闺中面（缅）想省场苦”一句值得特别重视，因为“省场”乃是唐宋时尚书省礼部试进士的场所，作者在述离别之痛的同时怨恨省场之苦，说明张球很可能参加过科举考试，并且其背井离乡也和科考后任职为官有很大关系。由此我们也可以了解到张球的儒学修养必定十分深厚。

另外，据S.2059《序》等可知张球还曾游历四方，对各地文化多有接触。除越州山阴县外，该序文还记录了许多其他地名，包括“紫塞”“灵□”（依文意，所残之字可能为“武”或“州”）、“□□北岸”（据下文，所残二字或为“龙河”，即黄河）、“朔方北碾门”“龙河”“河右”“凉州”“□武”（依文意，前残之字或为“灵”）、“姑臧”“雄关”“沙沟”“思政殿”（唐朝后期皇帝召见大臣处理政务的宫殿），等等。这些地方均为张球亲到之处，甚或长期生活之地，故各地方文化必然对他多有熏染。

（二）张球是非常虔诚的佛教信徒

S.2059《序》记张球到北方后在灵武地区见到了《佛说摩利支天菩萨陀罗尼经》，“便于白绢上写得其咒，发心顶戴□□□载”，随后又记他在朔方、河西等地经历的遇险获救的种种灵验事迹，并称他曾因奉命赴中原入奏等事先后二三十次穿行于“贼路”，却不曾疏失，认为“此皆菩萨加持力也”，即笃信自己之所以能够化险为夷都是因为摩利支天菩萨的加持。法藏敦煌文书P.3863v《金刚经灵验记》也是张球所写，记录了他于光启三年（887）九月十九日夜持念《金刚经》之前作三儆戒后获见奇幻神迹及次日得粮和再后一日诵经至某卷时悟解经义的情形，谓“此三儆戒皆是波罗蜜多金刚能断波罗蜜多神力验也”，同样将自己的神秘体验归因于神佛护佑。张球崇佛信教之虔诚显而易见。

上引S.2059《序》已记张球常年顶戴摩利支天菩萨咒，中国国家图书馆藏BD06800（潜100，北7433）《大佛顶万行首楞严经咒》题记曰：“大佛顶陀罗尼经有十卷，咒在第七卷内。弟子张球手自写咒，终身顶戴，乞愿加备。中和五年（885）五月十八日写讫”。是知张球诵持的佛教经咒至少有摩利支天菩萨咒、首楞严经咒等两三种。

关于张球进行的抄经活动，我们在敦煌文书中找到的遗存更多。例如，本文多次提到的S.2059卷即保留了张球亲手抄写的《佛说摩利支天菩萨陀罗尼经》，其序分部分有言“弟子张俅知摩利〔下残〕”，乃是当时流行的将抄写者名字嵌入相关位置的习惯做法。再如，颜廷亮《张球：著述系年与生平管窥》[①] 推论张球可能就是多卷敦煌佛经题记记录的那位于905—908年间不断抄写《金刚经》《阎罗王授记经》的年过八旬的写经老人，对敦煌文书非常熟悉并进行了精深研究的李正宇先生亦持此观点，笔者认为其说可信。颜先生已揭出九件老人写经题记，笔者在近年公布的俄藏敦煌文书中又寻获

---

① 原刊《1990年敦煌学国际研讨会文集》（史地・语文编），辽宁美术出版社1995年版；后收入其《敦煌文学概说》，（台北）新文丰出版公司1995年版。

两件，共十一件。可以想见，因未找到明显特征等原因，敦煌文书中我们尚未发现的张球写经还应有不少。

上面已经提及的 P.3863v《金刚经灵验记》中有言："光启三年九月十九日夜三更起，持念前作儆戒。□从窟头回，从东望见中碛佛堂南边更有一新堂子……又作儆戒，与数僧同处，球与一人面向北胡跪，捧一碗清水而饮"，记述了张球与僧人们一起在佛窟中修行的情况。是知张球崇佛并不限于诵咒抄经，还有实修。

与一般佛教信众不同的是，张球在崇信的同时还拜高僧学习佛教义理并将佛教知识应用于写作。法藏敦煌文书 P.2913v《大唐敦煌译经三藏吴和尚邈真赞》中保留有张球自己题写的为赞主之"弟子"等文字。这里的"吴和尚"即精通藏、汉、梵三种文字，曾翻译、注释、讲解多部佛经，从而在中国佛教史和佛经翻译史上享有盛誉的中晚唐高僧法成。张球自称是法成弟子，说明他曾受名僧亲炙，自然造诣匪浅。今日我们在看似非佛教类作品的张球撰述中亦每每可见佛教文化的影响，无论遣词运句还是谋篇行文，均在在显示出作者具有深厚的佛学修养，如前已多次提及的非常著名的《张淮深碑》中即有歌颂张淮深佛教功德的大段文字，比比皆是的术语典故寓意深刻。至于与佛教直接相关的著述，如为佛门高僧撰写的多篇邈真赞、P.3425《金光明变相一铺铭并序》等，其中展示的宗教感情与佛学功底更是引人注目。可以说，张球对佛教文化也多有钻研，并曾不遗余力地进行弘扬。

（三）张球在归义军政权的任职与交往

根据 S.2059《序》，张球是成年以后来到朔方，又因任职为官于河右而留居敦煌，曾参与了归义军的许多政治军事活动。那么，他是何时来到敦煌的呢？该序中有一段张球于凉州刚刚收复后受命带领大队人马赴灵武搬运唐廷拨付给归义军的出界粮的记述，正可为解决此问题提供重要线索。根据敦煌文书与两《唐书》等传世文献的记述，凉州收复于咸通二年（861），因而，九世纪六十年代初张球就已经到敦煌了。

《张淮深碑》抄件卷背所存诗文也可为此说提供佐证。今存第九首诗之后书有"龙纪二年（890）二月十九日心中"等字，第十三首诗诗题之下又以双行小字注曰“龙纪二年二月廿二日”，表明该诗定然作于龙纪二年二月廿二日或稍后，而第十六首诗首句“三十年来带（滞）玉关”明确无疑地说明了诗作者已在玉门关所在的敦煌地区滞留了三十年。自龙纪二年上溯三十年恰为咸通二年。

至于张球在敦煌居留的时间，据上举《张淮深碑》抄件卷背所存诗文即已达三十年，但那还只是到撰作那些诗文时为止的时间。前已言及，李正宇、颜廷亮等先生和笔者等均认为张球就是多次现身于《金刚经》《阎罗王授记经》等佛经题记中的那位年过八旬的写经老人，那批佛经中最晚的纪年见于BD1226（列26，北8258）和S.4530《阎罗王授记经》题记，前者谓“戊辰年八月一日八十五老人手写流传。依教不修，生入地狱”，后者曰“戊辰〔年〕十二月廿四日八十五〔中残〕传〔后残〕”。这里的戊辰年即后梁开平二年（908），其时张球已八十五岁高龄，依常理，他恐怕会是终老于敦煌的，那么，若自咸通初年起算，张球在敦煌一直生活了约半个世纪。

关于这半个世纪中张球的境遇，尤其是在张氏归义军政权中的任职情况，敦煌文书中保留有十来件张球为当地名人名僧撰作的传赞碑铭，据各文的作者署衔可知：

咸通年间及稍后数年间，张球一直任军事判官①；

约在张淮深执政的乾符年间（874—879），张球渐升为节度判官②；

光启三年（887）年底之前，张球已兼任掌书记③；

至索勋当政的景福年间（892—893），张球仍任节度判官兼掌书记④。

众所周知，在唐代藩镇中，节度判官、掌书记是仅次于副使、行军司

---

① 详参P.4660《大唐河西道沙州故释门法律大德凝公邈真赞》《大唐河西道沙州敦煌郡将仕郎守敦煌县尉翟公讳神庆邈真赞》《大唐沙州译经三藏大德吴和尚邈真赞》《故前河西节度押衙银青光禄大夫检校太子宾客兼敦煌郡耆寿清河张府君讳禄邈真赞》《故敦煌阴处士邈真赞并序》，及P.3425《金光明变相一铺铭并序》等。

② 详参P.3288v+P.3555Av《河西节度马步都虞候银青光禄大〔夫〕检校太子宾客兼监察御史上柱国张怀政邈真赞并序》。

③ 详参P.2568《南阳张延绶别传》。

④ 详参敦煌市博物馆藏《大唐河西道归义军节度索公纪德之碑》、P.2913v《归义军节度使检校司徒南阳张府君墓志铭》。

马等的枢要之职，《通典》卷三二《职官》一四记节度使府文职僚佐有“副使一人，行军司马一人，判官二人，掌书记一人，参谋无员，随军四人”，判官的职掌为其小字所注的“分判仓、兵、骑、胄四曹事，副使及行军司马通署”，掌书记则主管表奏书檄及交聘礼仪等事，操持文柄，号令三军①。《韩昌黎集》卷一三《徐泗濠三州节度掌书记厅石记》亦谓：“其朝覲聘问慰荐祭祀祈祝之文，与所部之政、三军之号令升黜，凡文辞之事，皆出书记”②。可见，节度判官、掌书记乃节度使的心腹喉舌，位高权重且可知见机要之事，张球一身兼二职，其在归义军政权中地位之高显而易见。

从其参与的实际事务来看，张球在张氏归义军政权中发挥的作用也令人瞩目。例如，S.2059《序》提到张球曾多次作为归义军政权的使者赴中原入奏，既在晚唐朝廷处理政务的思政殿上受到皇帝召见并奏事应对，又得到了唐廷的封赏赐官，先后被敕授为监察御史、御史中丞。张氏归义军政权是在与中原隔绝多年后建立的，创立之初外交人才必然相当匮乏，故委任张球这样见多识广的外乡人为入朝使的做法极为明智务实，而张球也不负众望，圆满地完成了任务并获得了中央与地方统治者的赞赏。再如，据《张淮深碑》内容可知，该碑的刻立显然有政治目的，可以说是政府行为，碑文的拟写自然是非常严肃郑重之事，撰文者不仅应身份适宜，还须文才出众，故从掌文辞之责的角度看，归义军政权的类似重要文献出自张球之手这一事实也说明张球的堪当重任与不可替代。

不仅在官府，在敦煌社会上，张球的影响也很大。据藏经洞中保存的十多件张球撰作的邈真赞、墓志铭、别传等可知，从到敦煌不久的咸通初年起，张球即与敦煌当地人建立了相当深厚的情谊，并将这种情谊一直延续了下去。再以《张淮深碑》抄件卷背所存诗歌为例，在现存或全或残的十九首诗中，专门写给当地友朋故人的即占半数以上，诸如《赠王中丞》《赠独孤巡官》《又〔赠〕巡官、王中丞》《赠阴端公》《赠中丞十五郎加章服》《贺大夫十五郎加官》《凭□后感怀》《赠巡官》《赠巡官奉（?）□友（?）人（?）不

① 《通典》卷 32，中华书局 1988 年版，第 895 页。

② 《韩昌黎集》卷 13，商务印书馆 1933 年初版，1958 年重印第一版，第 10 页。

来》等，仅从诗题上即可看出作者张球与当地达官贵人往来之亲密。至于藏经洞中存留的张球其他作品，如为数相当可观的酬赠诗与感遇诗等，其题材内容之广泛，同样可以昭示张球对当时当地政治与社会生活的参与既深且广。

自咸通初年直至去世，长寿的张球在敦煌政坛与社会上活跃了半个世纪，以一个外乡人、文士才子、政府高官、佛教信徒等独特身份和视角经历见证了自张议潮至张淮深、张淮鼎、索勋、张承奉先后任节度使的张氏归义军兴盛衰败的几乎整个过程，并亲身参与过诸多重大历史事件，亲眼目睹掌权者姻亲眷属之间的悲喜离合、恩仇荣辱，对张氏归义军时期的大事小情了然于心，可谓阅尽人世沧桑人海沉浮。其对世道人心的感悟该是何等深刻精彩，而这对其晚年兴学课徒的影响又该是何其深远巨大。

二、张球的兴学课徒活动

在学界已取得的相关研究成果中，张球更受人关注的是他长期在张氏归义军政权中担任要职的经历和在敦煌藏经洞中留下的大量作品。的确，兴学课徒是张球致仕后所为，在其丰富多彩传奇独特的人生经历中并非最为炫目的一笔，但是，正因其有非同寻常的背景，张球从事的教学活动才更值得特别关注。

（一）敦煌文书中关于张球兴学课徒活动的记述

英藏敦煌文书 S.5448《敦煌录》记曰：

> 郡城西北一里有寺，古木阴森，中有小堡，上设廊殿，具体而微。先有沙倅（?）张球，已迈从心，寓上（止）于此。虽非博学，亦甚苦心。盖经乱年多，习业人少，遂集后进，以阐大猷。天不憖遗，民受其赐。①

① 中国社会科学院历史研究所等编：《英藏敦煌文献（汉文佛经以外部分）》第 7 卷，四川人民出版社 1992 年版，第 94—95 页。

这条材料非常重要，内涵也极其丰富，记载了张球课徒讲学处所的方位环境、执教时的年龄境遇、聚徒传道的初衷、所处时代的历史文化背景及其教学活动产生的影响等相关信息，值得我们仔细研读、认真分析。以下试从几个侧面予以解读。

（二）张球系于佛寺中聚徒兴学，这与其崇佛信教有关，但其所兴并非教授童蒙识文断字层面的寺学

S.5448《敦煌录》记张球教授生徒的地点在一寺中的小堡，那么关于他兴办或曰参与的是私人学塾还是寺学，相关学者持有不同观点。

率先勾勒出敦煌学校教育状貌，从而有力推进了相关研究的李正宇先生将归义军时期的敦煌学校分为官学（包括州学、州阴阳学、县学、伎术院学）、义学（包括乡里坊巷之学及私人学塾）、寺学等几大类，其所撰《唐宋时代的敦煌学校》一文在介绍私人学塾时谓：

> 张球学（S.5448），时代约为晚唐昭宗、哀宗（889—907年）前后。①

显然，李先生认为张球兴办的是独立学塾，而非依附于某寺学。

长期从事科举制度与童蒙教育研究的金滢坤先生在《唐五代敦煌寺学与童蒙教育》一文中则谓：

> 寺学以识字、百科知识和伦理等日常生活教育为主，但还是需要世俗之人担任教书先生，补充寺学的不足。如张球晚年在金山国统治时期辞去了官职，为了避乱，曾寓居沙州城西北一里的某一寺学，教授生徒。张球文采非常出色，著有《敦煌录》等，曾担任归义军政权的掌书记、判官……足以说明寺学的师资力量不可小视。②

① 李正宇：《唐宋时代的敦煌学校》，《敦煌研究》1986年第1期。

② 金滢坤：《唐五代寺学与童蒙教育》，载《童蒙文化研究（第一卷）》，人民出版社2016年版，第108页。

是知金先生认为张球是在寺学中担任教书先生。

笔者认为，李先生和金先生的推断之所以有异，恐怕是着眼点不同所致：李先生更关注张球这位著名文士在教学过程中所发挥的突出作用和产生的巨大影响，而直接称之为“张球学”；金先生则更在意张球的授课处所，故以寺学视之。

受现存史料和个人学识所限，目前笔者对义学是否可既包括宗族学塾、私人学塾又涵盖寺学不敢妄言，但认为张球之所以在佛寺小堡中课徒，是因为他是虔诚的佛教信徒又深受时代风尚影响而于晚年寓居佛寺[①]，同时，与唐代佛寺的一般情况一致，归义军时期敦煌地区的寺院也大多设学，于远离尘嚣的幽静佛寺中聚徒兴学遂成为顺理成章之事。但对张球之学而言，佛寺中的小堡只是教学处所，张球兴学的主要目的并非教授童蒙识文断字，而是另有期许（详后），因而相对于主要进行识字和常识教育的寺学[②]，笔者更倾向于张球之学为私人学塾。

今日我们尚可查知姓名的晚唐敦煌的执教者一般都隶属于官学，就笔者目前知见，张球很可能是今知唯一一位晚唐敦煌私人学塾的执教者。

（三）张球是七十岁后才聚徒兴学，其时当已致仕，时间则为唐昭宗景福二年（893）之后

《敦煌录》谓张球寓止佛寺时“已迈从心”，中国古代一般以“从心”为七十岁的代称，典出《论语·为政》“七十而从心所欲，不逾矩”，是知张球兴学亦在晚年，那么究为何时呢？

欲回答上述问题，需先从推算张球的生卒年入手。对此，学界存有多种看法。王重民先生曾假设咸通十二年（871）撰写《张禄邈真赞》时张球三十五岁[③]，若此，按古人出生即算一岁的习惯算法，则张球的生年就当是唐玄宗开元二十五年（837）左右，七十岁时即为906年前后。郑炳林《敦

---

① 唐代文士常喜寄居寺院习业山林，蔚为一时风尚，学界对此多有论述，详参严耕望《唐人读书山林寺院之风尚——兼论书院制度之起源》等文。

② 中国古代的寺学也教授佛教知识、佛学义理，本文更关注世俗知识教育部分。

③ 王重民：《敦煌古籍叙录》，中华书局2010年版，第212页。

煌碑铭赞辑释·李端公讳明振墓志铭》注三中称："其生卒年约在823—908年左右。"① 颜廷亮《张球：著述系年与生平管窥》因推论张球就是于905—908年间多次抄写《金刚经》《阎罗王授记经》的那位年过八旬的写经老人，认为张球"生年就当为唐穆宗长庆四年（824），卒年就当在后梁开平二年（908）之后"，笔者认为颜先生的推论有理有据，故从之。

那么，张球从心之龄时当为唐昭宗景福二年（893）前后，这便应是其兴学的时间上限。

此时张球的自身状况如何呢？今知存留有明确纪年可参照的张球最晚署衔见于敦煌市博物馆藏《大唐河西道归义军节度索公纪德之碑》，署"节度判官权掌书记朝议郎兼御□（史）中丞赐绯鱼袋南阳张景俅撰"，该碑文中提到"于时景福元祀，白藏无射之末，公特奉丝纶"，是知至少到景福元年（892）秋冬时张球尚为"节度判官权掌书记"。据笔者研究，P.2913v《归义军节度使检校司徒南阳张府君墓志铭》的撰写略晚于《索勋纪德碑》，约为景福二年，其时张球的题署为"节度掌书记兼御史中丞柱国赐绯鱼袋张景俅撰"，说明撰写该铭文时张球尚在归义军政权中为官任职。不过，就笔者考证，这一墓志铭乃是张球题署官衔的最晚文书，而据前面对张球年龄的推算，景福二年时张球已七十岁，正是唐朝规定的致仕之龄②。因此，笔者认为，张球退出沙州政坛很可能就在景福二年修撰上举墓志铭之后，当时敦煌的政治局势和自身际遇促使笃信佛教的张球寄身佛寺③，离群索居，稍后，已过从心之年的张球便于寺中开设学塾。

（四）历经百年离乱之后敦煌汉文化传承后继乏人，张球聚徒兴学的主要目的在于传道授业，令敦煌民众深受其惠

张球所处的时代乃是敦煌历史上非常重要而特殊的时期。唐玄宗天宝

---

① 郑炳林：《敦煌碑铭赞辑释·李端公讳明振墓志铭》，甘肃教育出版社1992年版，第294页。

② 白居易《不致仕》诗即谓："七十而致仕，礼法有明文。"

③ 景福二年时嫁给李明振的张议潮十四女及其诸子与索勋的矛盾已相当尖锐，以致次年即乾宁元年（894）即推翻索勋而接掌政权。

十四载（755），安史之乱爆发，唐朝廷立即将原本驻守于河西陇右的唐军精锐调往中原平叛，西北边备顿显空虚。早已觊觎唐朝国土的吐蕃趁机大举东进，很快攻陷了西北地区的数十个州郡，致使包括敦煌在内的河西与中原的联系中断。尽管河西军民与吐蕃进行了不屈不挠的抗争，但最终还是无法阻挡吐蕃的汹汹攻势，河西诸州渐次落入吐蕃之手，敦煌也未能幸免，在长达六七十年的时间里沦陷为吐蕃占领区，直到唐宣宗大中二年（848），汉族豪杰张议潮方趁吐蕃内乱之机，率领敦煌民众推翻吐蕃统治，但受当时仍控制着河西东部等大片地区的吐蕃的阻隔，奉土归唐的张议潮与唐廷取得正式联系已迟至大中五年（851）。

是知，在公元八世纪中期至九世纪中期，偏处西陲的敦煌曾与中原隔绝了将近一个世纪。在这近百年间，敦煌的汉文化遭到了异常严重的破坏，尤其是在被吐蕃占据的中唐时期，由于吐蕃统治者在这里强制推行了一系列吐蕃化措施[①]，自西汉建郡后即代代相传的敦煌汉文化备受摧残。

这样，当唐廷在敦煌设立归义军并委派张议潮为首任节度使后[②]，张议潮等执政者须应对的艰巨任务之一即是汉文化的恢复弘扬，而这当中一个非常重要的方面便是发展教育。

《敦煌录》称许张球“亦甚苦心”，意在说明他对当时敦煌汉文化传承出现断层、亟须培养后继者的严峻形势有清醒认识。面对“经乱年多，习业人少”的客观形势，曾游历四方见多识广、对社会人生感悟深刻的张球“集后进”的目的是“以阐大猷”。大猷，意谓治国大道，典出《诗·小雅·巧

① 学界已有研究成果表明，占据敦煌后，吐蕃贵族立即废除此前唐朝在这里施行的乡里制，而代之以吐蕃本土行用的落后的部落制，致使敦煌的社会组织结构发生了很大变化；经济生活方面，禁止使用唐朝的货币，令商品交换倒退为以物易物的实物交换阶段；文化教育方面，禁用先进的唐朝纪年历，改用吐蕃的循环周期很短的五行地支历，用地支和十二生肖相当粗略地纪年；又因担心继续使用汉语会激发敦煌人民的民族感情，吐蕃统治者强制推行吐蕃的语言文字，以尽可能消弭汉唐影响；生活习俗方面，强迫敦煌汉人辫发易服，仅仅准许他们在每年正月穿着汉装祀祷恸哭，祭祀活动结束后必须立即收藏汉族服饰，恢复吐蕃服装；等等。

② 归义军正式设立于唐宣宗大中五年（851），此后直至唐朝灭亡，张议潮及其后代统领的张氏归义军政权均为唐朝的西部藩镇，学界一般将这六七十年视为张氏归义军时期或曰敦煌历史上的晚唐时期。

言》："奕奕寝庙，君子作之；秩秩大猷，圣人莫之"，郑玄笺曰："猷，道也；大道，治国之礼法。"因而，张球兴学的目的在于传授治国理政大道，其境界远非一般塾师可望其项背。

对于兴学课徒的张球及其学塾取得的成就，《敦煌录》以"天不慭遗，民受其赐"给予了相当高的评价。慭遗，本意为愿意留下，典出《诗·小雅·十月之交》"不慭遗一老，俾守我王"，《左传·哀公十六年》谓"孔丘卒，公诔之曰：'旻天不吊，不慭遗一老，俾屏余一人以在位'"，《史记·孔子世家》亦用此词，后世遂以"慭遗"或"天不慭遗"作为哀悼老臣之辞。《敦煌录》在关于昔日学塾的平实叙述中选用此语，显然非常看重张球兴学立意之高远。正因为具有宏图远虑，张球之学才能嘉惠学林，流芳后世。

（五）为达成"以阐大猷"的兴学目的，张球或改编类书，或以自己作品教授生徒

以上笔者主要围绕 S.5448《敦煌录》中的有关记述探讨了张球的兴学课徒情况，实际上，其他敦煌文书中还保留着有关张球教学方法的印迹，这就是他采用的教材。

前已言及，与从教导幼童识字起步的一般的童蒙教育有别，张球兴学的主要目的是"以阐大猷"，这样他面对的生徒的年龄必然会大些，需要的教材也会与众不同。今日我们从敦煌文书中还能分辨出张球曾经使用的部分教材，至少包含两大部类。

一类是张球改编的类书。类书可以让读者以非常便捷的方式学习掌握丰富知识，在中国古代社会很受重视。比如，李若立编撰的类书《籝金》在晚唐时期曾非常流行，但篇幅较长，生徒使用有一定困难，张球便亲自进行删改，法藏敦煌文书 P.2537《略出籝金一部并序》在卷一之末有题记曰"宗人张球写，时年七十有五"，即明确记载了此事。张球是在七十岁后兴学的，其于七十五岁删改而成的《籝金》简本正适应了教学所需。

另一类是张球自己的作品。用自己的作品课徒教学是古往今来的教师习用的做法。张球长于撰述，以文才著称，曾在敦煌创作了大量作品。他撰作的这些作品题材广泛，体裁多样，内容涉及敦煌政治、军事、文化、民俗及

社会生活的方方面面，并且其作品中充溢着江南与中原文化的养分，应用于当时敦煌的教学实践，自是再恰切不过。敦煌文书中保留的部分张球作品中有一个十分有趣的现象，即时常夹写有大量双行小注，如保留了作者题记的P.2568《南阳张延绶别传》等即非常典型，前面已多次提及的可明确考出为张球所作的著名的《张淮深碑》抄件也是如此。依理，抄录别传，特别是功德碑文刻石时一般不会刻写大量阐释典实掌故的文字，如纯为个人存念，也没有必要为自己作品中的典故作注。于此，李正宇先生在《敦煌学导论》一书中已进行了精辟分析，称《张淮深碑》抄件“有一部分为当时教学用之夹注本……从夹注本抄卷笔迹看，为张球手书无疑。余意张球先撰碑，致仕后教授生徒，复自为注，以授后学者也”①。所言极是。张球作品有一个十分突出的特点，即引用典故的数量与难度远远超过同期敦煌本地文人的作品，每每显示出这位深受江南与中原文化熏陶的外来文人具有更加广博深厚的学识素养。因而，当将其作品应用于教学实践时，适当加以注释解说便是必需的了。换言之，这些注释乃是张球晚年为便于给学生讲解而增补，相关文书是他的授课教材。

其实，早在张球兴学之前，其作品就已深受当地人，尤其是学生重视和喜爱。例如，敦煌藏经洞保存有一组非常著名的五言律诗《敦煌廿咏》，又名《沙州敦煌古迹廿咏》，系以当时敦煌地区二十处名胜古迹为吟咏对象，笔者研究认为它们即为张球创作②。今知敦煌文书中至少有七件《敦煌廿咏》抄本，其中就有学童所抄，如P.3870之《敦煌廿咏》后有题记谓：“咸通十二年（871）十一月廿日学生刘文端写记。”咸通十二年时，张球本人尚在归义军政权中任职为官，但其作品已广为传诵。关于这条题记中的“学生”，根据李正宇先生的研究，当是就读于官学③，即州县学，这又从另一个角度

① 李正宇：《敦煌学导论》，甘肃人民出版社2008年版，第294页注③。

② 详参拙稿《〈敦煌廿咏〉再考》，待刊。

③ 李先生在前揭《唐宋时代的敦煌学校》一文中指出：“唐代的义学包括乡学和私人学塾，也有寺院学校亦称义学。在这些学校中读书的学生称为‘义学生’。……可见，‘私学生’同‘义学生’是一个意思，都表明同官学生有所区别。官学生是国家官吏的预备役，享有豁免徭役的特权。尽管官学生、义学生都是上学读书，而社会地位和待遇却有所不同。官学生被认为是‘正宗’学生，故可径署‘学生’，‘学生’之前不须加一‘官’字。至于乡里坊巷学、寺院或私人学塾的学生，就要在‘学生’之前加上‘义’字或‘私’字以正名分。”

证实了张球作品具有教材功用及其影响之深远。

三、结　语

晚唐文士张球本为越州山阴人，早年深受江南内地文化熏陶，成年后来到西北地区，因在归义军政权中任职为官而留居敦煌并终老于此。张球西来，正值敦煌百废待兴的特殊时期，安史之乱后的社会动荡和吐蕃的长期占据使敦煌汉文化惨遭破坏，这位儒释兼通、学养深厚的外来文士遂应时势所需，成了将中原与江南文化传入长期闭塞的敦煌的重要使者。他不仅以自己持续数十年的创作实践繁荣了张氏归义军时期的敦煌文化，更于久经官场历练之后的晚年聚徒兴学，“以阐大猷”。张球兴学立意高远，方法独特，故其所兴之学方能使“民受其赐”，其人亦为后世缅怀追忆。

吐鲁番出土《千字文》叙录

——中国、德国、英国收藏篇*

张新朋**

摘要：吐鲁番出土文献中有不少的《千字文》抄本留存。但这些《千字文》抄本因早期人为的原因而分藏于中国、日本、德国、英国、俄罗斯、美国等为数众多的国家、地区或个人手中。据笔者调查，目前吐鲁番出土的汉文《千字文》抄本有88号，现收藏于中国、日本、德国、英国等国家。本文就中国、德国、英国所藏《千字文》抄本逐一敘录，以供学人研究参考。

关键词：吐鲁番出土文献；千字文；叙录①

《千字文》作为我国重要的童蒙识字课本之一，通篇凡1000字，4字一句，计250句。用限定的1000个字，组织成文已属不易，而《千字文》在1000字之内涉及天文岁时、古今史事、伦理纲常等诸多内容，文句通畅、有文采且整齐押韵，这不能不说是个奇迹，无愧于“天下第一奇书”的美誉。故此，《千字文》自成书以后，便风行于世。吐鲁番作为丝绸之路上的重镇，它东连长安、洛阳，西通西亚、欧洲，是古代中西方交往的枢纽，是中西文明的交汇、融合之地。《千字文》作为在中原王朝最为有影响力的童蒙识字课本，同样传到吐鲁番，在那里留下了深深的印记。如今这种影

* 本文为国家社科基金项目“敦煌吐鲁番出土蒙书整理与研究”（16BZS010）之相关成果。

** 作者简介：张新朋，文学博士，浙江工商大学东亚研究院教授，主要从事敦煌吐鲁番学、中国古典文献学研究。

响，则以吐鲁番出土的众多《千字文》抄本来呈献。但遗憾的是吐鲁番文献，尤其是早期发现的文献，惨遭十九世纪末二十世纪初欧亚各国的“探险队”“考察队”的劫掠，分藏于中国、日本、德国、英国、俄罗斯、美国等为数众多的国家、地区或个人手中。其中的《千字文》抄本也随之分散：中国藏者有之，日本藏者有之，德国藏者有之，英国藏者亦有之。笔者近年来一直在从事敦煌、吐鲁番出土文献中的《急就篇》《千字文》《开蒙要训》《太公家教》等童蒙读物的整理工作，对于各国、各地所藏《千字文》写卷多有留意。据笔者调查，目前吐鲁番出土的汉文《千字文》抄本有88号，收藏于中国、日本、德国、英国等国家。关于这些吐鲁番出土《千字文》抄本，国内外学者多有关注，举其要者有：唐长孺《跋吐鲁番所出〈千字文〉》、荣新江《德国“吐鲁番收集品”中的汉文典籍与文书》、王素《敦煌吐鲁番文献》、刘安志《〈大谷文书集成〉古籍写本考辨》、陈国灿等主编《吐鲁番文书总目（日本收藏卷）》、张娜丽《西域出土文书の基础的研究——中国古代における小学书·童蒙书の诸相》、荣新江主编《吐鲁番文书总目（欧美收藏卷）》及笔者所撰《吐鲁番出土〈千字文〉残片考》《大谷文书中十三则〈千字文〉残片之定名与缀合》等论著多篇（部）。以上成果，发表时间不一，“战线”拉得比较长，以本文论及的诸篇而言，唐长孺先生的文章发表于上个世纪九十年代初，笔者小文则在2013年，前后相距约20年；同时，因吐鲁番本《千字文》为出土文献，文献公布的时间不一，学者所见材料有多寡，故各家成果亦有差别。因此，笔者不揣谫陋，欲在诸位前贤时修及个人所发成果基础上，汇集吐鲁番出土《千字文》抄本及研究成果，拟对吐鲁番出土的《千字文》写卷做一宏观全面的考察。本文即相关成果之一，就中国、德国、英国所藏《千字文》抄本逐一叙录，现呈献给大家，请大家批评指正。

一、中国藏品之《千字文》

1—2. 60TAM322：7/6—2+7/6—1。残片，首尾及上下皆残，两面抄写。《吐鲁番出土文书》（以下简称“《吐文书》”）公布时已将两号缀合，缀合后两面各存《千字文》5行。一面存由“日月盈昃”句的“昃”字起，至“爰育黎首”句“爰”字残迹止，中间有残缺；另一面由“夫唱妇随”句“妇”字残迹始，至“浮渭据泾”句“据”字止，中间亦有残缺。同墓出土有《唐龙朔三年（663）赵海玖墓志》一方，如此，则本《千字文》抄本的下限为唐龙朔三年。

3. 64TAM27：51。残片，存残文两行，首尾及下部残，第1行存“列张▨▨▨”5字，第2行存“▨▨”2字右部。《吐文书》题作“文书残片”①，笔者判定此残片所抄内容出自《千字文》“日月盈昃，辰宿列张。寒来暑往，秋收冬藏。闰余成岁，律吕调阳”等句，定题为“《千字文》残片”②。其中“张”下3字为“寒来暑”之残，第2行2字则是“岁律”之残。

4. 64TAM29：111/7（b）。残片，两面抄写，一面存不可辨识的文字3—4个；另一面存“▨字文　敕员”残文一行。《吐文书》将“▨字文　敕员”题作“文书残片”③，后笔者判定为《千字文》首题“千字文”及题衔“敕员外散骑侍郎周兴嗣次韵”之一部分，定题为“《千字文》”④。又，本残片由男尸纸腰带上拆出，同墓所出文书有年代题记者为《唐咸亨三年（672）新妇为阿公录在生功德疏》，则本《千字文》残片的年代，亦距这一时间不会太远。

5. 67TAM363：8/2（a）之二。该墓出土《唐景龙四年（710）卜天寿抄〈十二月新三台词〉》一件，卷末有作者题写多种。其中倒数第2行存《千字文》1行，所抄为“天地玄黄，宇宙洪荒。日月盈仄，辰宿列张。寒来暑往”各句，笔迹与《十二月新三台词》一致，当亦出自西州高昌县宁昌乡淳风里义学生卜天寿之手。

6—11. 72TAM151：68+151：69+151：70+151：73/11+151：73/12+151：73/16。

---

① 中国文物研究所、新疆维吾尔自治区博物馆、武汉大学历史系编著：《吐鲁番出土文书》第4册，文物出版社1996年版，第177页。

② 张新朋：《吐鲁番出土〈千字文〉残片考》，《文献》2009年第4期。

③ 《吐鲁番出土文书》第3册，第359页。

④ 张新朋：《吐鲁番出土〈千字文〉残片考》，《文献》2009年第4期。

（1）72TAM151：68。本号为该墓出土《千字文》习字残片之一。存9行，首尾及上下皆残，所习为《千字文》“鸣凤在树，白驹食场。化被草木，赖及万方”诸句，前后有重复。

（2）72TAM151：69。残片，存残文7行，首尾及上下皆残，所习文字为《千字文》“化被草木，赖及万方。盖此身发，四大五常”等句，有重复抄写。

（3）72TAM151：70。残片，存残文7行，首尾及上下皆残，所习文字涉及《千字文》“鸣凤在树，白驹食场。化被草木，赖及万方”等句，前后见重复抄写。

（4）72TAM151：73。本号计辖大小不等的文书残片16片，《吐文书》统一拟题“文书残片”①。其中第11片（右起横向计算，下同），本文编号为72TAM151：73/11，存“被□□”3字；第12片，本文编号为72TAM151：73/12，存“□食”2字。二残片经笔者认定为《千字文》残片②，前一片“被”下第1个字为“草”字之残；后一片第1个字为“赖”字之残。又，同号第16片，本文编号为72TAM151：73/16，存已严重漫漶的文字，似“□□（被草）”2字，若所识不误，亦为《千字文》习字③。今附上揭3残片之图版如下（见图1—图3），以资参照。

图1　151：73/11

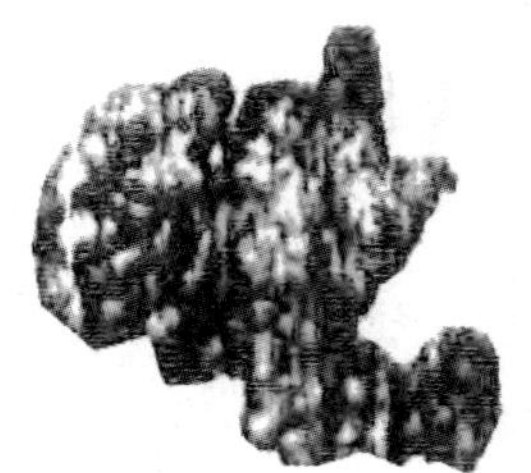

图2　151：73/12

图3　151：73/16

又，上揭6号《千字文》残片，由阿斯塔那151号墓出土，内容前后相关，字体一致，当出自同一《千字文》习字纸，然各片之先后顺序目

① 《吐鲁番出土文书》第1册，第118页。

② 张新朋：《吐鲁番出土〈千字文〉残片考》，《文献》2009年第4期。

③ 张新朋：《吐鲁番出土〈千字文〉残片考》，《文献》2009年第4期。

前尚无法确定，故暂依《吐文书》编号之先后排列之。72TAM151：68、72TAM151：69、72TAM151：70号，唐长孺先生言“自女尸纸冠上拆出”[①]，那么72TAM151：73号所辖的3《千字文》习字残片，抑或同出一源。至于其年代，据同墓所出的《唐贞观十八年（644）残文书》判断，上述《千字文》习字纸的年代亦当在644年前后。

12—13. 72TAM157：10/3—1+10/3—2。两号皆狭长形残片，首尾及上下皆残。72TAM157：10/3—1号由内容上衔接但不能直接相连的3个残片组成：第1片存习字5行，前4行抄“员外”2字各2行，末行存某字右端残迹；第2片存“散骑”习字3行及末行某字之右端残迹；第3片所存最多，存“侍”“郎”“周”“兴”“嗣”“次”“韵”“天”“地”等字习字16行（“侍”字、“地”字习字存1行，其余各字皆存2行），另有抄写题记1行（位于第5行），存“六▨三日温旧▨”等字[②]。72TAM157：10/3—2号由2片组成，第1片存“玄”“黄”“宇”习字各2行；第2片存残文22行。其中第6行为浓墨所涂，不可辨识，然从残片现存其他内容及抄写形式上看，此行所抄当是抄写题记之类的内容；第7行为抄写题记，仅存“▨记”2字；余则抄“岁”“律”“吕”“调”“阳”“云”“腾”“致”“雨”“露”“结”等字（“岁”“结”2字各存1行，余皆2行）[③]。以上两号《吐文书》皆题作“文书残片”，题解中进一步指明残片均为学童习字，但未具体定名[④]，笔者定名为《千字文》，并进一步判断二者来自同一写卷，可以缀合（如图4所示）[⑤]。缀合后，72TAM157：10/3—1号第3片与72TAM157：10/3—2之第1片间衔接处的“地”字习字仅存右端残迹；而72TAM157：10/3—2之第1片末字“宇”与同号第2片首字“岁”之间，在不考虑文中抄写题记的前提下，据抄写体式判断则残缺《千字文》“宇宙洪荒”句“宙”字至“闰余成岁”

---

① 唐长孺：《跋吐鲁番出土〈千字文〉》，载《唐研究》第1卷，北京大学出版社1995年版，第1页。

② 《吐鲁番出土文书》第3册，第552页。

③ 《吐鲁番出土文书》第3册，第552页。

④ 《吐鲁番出土文书》第3册，第550页。

⑤ 张新朋：《吐鲁番出土〈千字文〉残片考》，《文献》2009年第4期。

句“成”字22字习字44行及同句“岁”字习字1行。72TAM157：10/3-1、10/3-2两片拆自亡者的纸腰带，同墓出土文书有纪年者，仅“唐景龙四年（710）西州高昌县某人残牒”1件，据此，《千字文》习字的年代也当在这一时间前后。

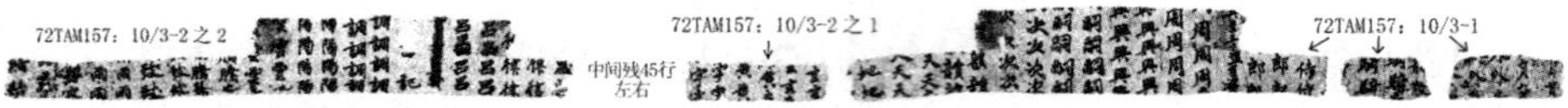

图4 72TAM157：10/3-1+10/3-2《千字文》习字缀合示意图

14—17. 72TAM179：17/1—17/4。本号有被剪作鞋底形的残片4片，前3片各存残字5行：第1片前4行书“荷”“的”2字习字各2行，末行存某字右部残迹；第2片前4行存“戚”“谢”2字习书各两行（“戚”字习书首行右部残），末行抄“欢”（左部残）字；第3片首行书“欢”（右部残）字，其后抄“招”“渠”2字各2行（末行“渠”字左部残缺）；第4片存残文两行，第1行仅存文字右端，不可辨识，第2行存“□□□日和阇利放书”（“日”字为武周新字）等字样。这些残片《吐文书》原题作“文书残片”[①]，后笔者将前3片定名为《千字文》，并确定它们的先后顺序[②]。至于第4片，因所抄文本具体内容不存，无法判断是否为上揭前3片《千字文》习字之后的题名，但其笔迹与前3片相同，则前3片《千字文》习字亦当出自“和阇利”之手。本墓所出文书，有题记者仅1件，即《唐总章元年（668）帐后柳中县籍》；另外第4片中出现武周新字“□（左侧略残）”字，而武周新字的创设，据《改元载初敕》所载在载初元年（689）[③]，则本《千字文》习字的上限不会早于689年。

18—28. 72TAM209：85/1（b）+85/2（b）+85/3（b）+85/4（b）+85/11（b）+85/12（b）+85/13（b）+85/14—1（b）+85/14—2（b）+85/15（b）+85/16（b）。

（1）72TAM209：85/1（b）+85/2（b）。残片，由3块残片组成。两面书写，一面文字《吐文书》拟题“武周牒为上番卫士姓名事”；另一面存残文

① 《吐鲁番出土文书》第3册，第366页。

② 张新朋：《吐鲁番出土〈千字文〉残片考》，《文献》2009年第4期。

③ （宋）宋敏求：《唐大诏令集》，（台北）鼎文书局1978年版，第20页。

13 行，首尾及下部残，中间亦有残缺。所习文字为“千”“字”“文”“敕”，除末字“敕”存若干文字右部残痕外，其余各字均存 4 行。

（2）72TAM209：85/3（b）+85/4（b）。残片，由两段组成。两面抄写，一面文书《吐文书》拟题“武周佐王某牒为前庭等府申送上番卫士姓名事”；另一面存习字 15 行，首尾及前后均残，中间亦有缺损，抄“敕”（3 行）、“员”（4 行）、“外”（1 行）、“骑”（3 行）、“侍”（4 行）等字。

（3）72TAM209：85/11（b）+85/12（b）。残片，由两块组成。双面抄写，一面《吐文书》拟题“唐王君子等配役名籍”；另一面为习字，可辨识者 19 行，首尾残，中间亦有残缺，抄“玄”（2 行）、“黄”（4 行）、“宇”（4 行）、“宙”（4 行）、“洪”（2 行）、“荒”（1 行）、“日”（2 行）等字。另据《唐王君子等配役名籍》题下说明文字知“黄”“宇”之间有“七月十三日甲▨▨”等字样。

（4）72TAM209：85/13（b）+85/14—1（b）。残片，两面抄写，一面文书《吐文书》拟题“武周种粟陪官牒”；另一面抄儿童日课习字 18 行，首尾残，中间亦有残缺，抄“日”“月”“盈”“昃”“辰”等字，其中除“日”字存 1 行外，其余各字均存 4 行，另有倒数第 5 行仅存左侧残痕的文字 1 行。这些习字可分两部分，一是“月”字之后所抄七月十四日所习文字之一部分；其“月”字之前的“日”字，按照一般情况推断，当是七月十三日所习文字。

（5）72TAM209：85/14—2（b）+85/15（b）。残片，两面抄写，一面文字《吐文书》拟题“武周西州交河县前仓督高欢贞牒为租田事”，本面有朱印一方，残存“交河”二字；另一面为儿童日课习字 14 行，首尾残，中间亦有大段残缺，抄“宿”（4 行）、“列”（4 行）、“张”（5 行）、“寒”（1 行）等字。其中第 5 行上部题习字日期“七月十五日”等字样，由此可知其后为十五日习字，其前则当是十四日习字。

（6）72TAM209：85/16（b）。残片，两面抄写，一面为“武周兵曹牒为前庭等府逃兵名事”；另一面存习字 18 行，首尾残，中间亦有残缺，所抄文字为“寒”（4 行）、“来”（5 行）、“暑”（5 行）、“往”（4 行）等字。

上揭阿斯塔那 209 墓所出诸《千字文》习字残片，内容前后相连、书迹相近（参看各片中相同或相近的文字的写法）、抄写模式相同（均是同一字形连续书写若干行）、具有共同的来源（均拆自入葬本墓女尸的纸鞋），基本上可以判定来自同一写卷。这也进一步证明了《吐文书》在整理各片另一面的文书时所说“疑为同一案卷”的判断是正确的①。今据《千字文》内容之先后，将各片加以缀合（如图 5 所示），以供参看。其中 72TAM209：85/1（b）+85/2（b）、72TAM209：85/3（b）+85/4（b）可以直接缀合，72TAM209：85/11（b）+85/12（b）、72TAM209：85/13（b）+85/14-1（b）、72TAM209：85/14-2（b）+85/15（b）、72TAM209：85/16（b）等卷可以直接缀合，缀合后的两片之间，尚缺“郎周兴嗣次韵天地”等习字的全部及“玄”字习字之一部分；若依每字抄写 4 行计，约残缺 34 行。又，该墓女尸的纸鞋所拆出文书中另有 72TAM209：85/5（b）+85/6（b）、72TAM209：85/7（b）+85/8（b）、72TAM209：85/9（b）+85/10（b）等儿童日课习字残片，所书文字沙汰重复，可得“神龙二年七月日交河县学生刘虔寿放书交河道”等文字。这些文字从书迹、模式上看，与上文 72TAM209：85/1（b）+85/2（b）、72TAM209：85/3（b）+85/4（b）、72TAM209：85/11（b）+85/12（b）等片缀合的残片完全一致，它们应当同出一源，依一般情况判断，抄有“神龙二年”云云的诸残片或即抄有《千字文》残片的写卷的起首或结尾部分，今提供 72TAM209：85/5（b）+85/6（b）、72TAM209：85/7（b）+85/8（b）、72TAM209：85/9（b）+85/10（b）等残片的图版（见图 6、图 7），以供比勘。另外，如上文所判断不错，那么 72TAM209：85/1（b）+85/2（b）、72TAM209：85/3（b）+85/4（b）、72TAM209：85/11（b）+85/12（b）等《千字文》习字当是交河县学生刘虔寿于唐中宗（李显）神龙二年（706）“七月十三”“七月十四”“七月十五”等日抄写的日课习字。

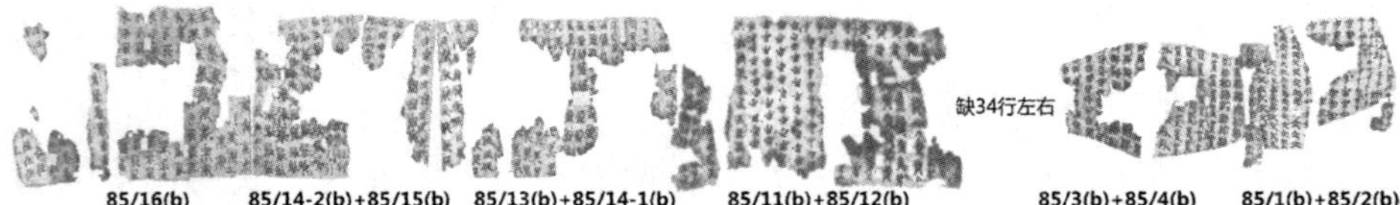

图 5　72TAM209：85/1（b）+85/2（b）+85/3（b）+85/4（b）+85/11（b）+85/12（b）+85/13（b）+85/14-1（b）+85/14-2（b）+85/15（b）+85/16（b）《千字文》习字缀合示意图

---

① 《吐鲁番出土文书》第 3 册，第 322 页。

图6 72TAM209：85/5（b）+85/6（b）

图7 72TAM209：85/7（b）+85/8（b）+85/9（b）+85/10（b）

29. 72TAM216：12/10。残片，首尾及上下残，今存习字3行，第1行存“张”字习字3个，第2行存“寒”字残字5个，第3行存“来”字残字3个。同墓出土的文书，有明确纪年者，早者为载初元年（689），晚者为天宝十载（751），本号《千字文》之年代也大致在这段时间前后。

30. 73TAM222：55（a）。残卷，首尾及上下残。存残文13行，所抄为自《千字文》“饱饫烹宰”句“饱饫”（存左侧残迹）2字起，至“徘徊瞻眺”句“徘徊”之间的内容；中间有残缺。同墓出土纪年文书最早者为《唐咸亨二年（671）西州高昌县感仁等户籍》，最晚的是《武周证圣元年（695）残牒》，如此，则本号《千字文》抄本的年代不会晚于武周证圣元年。

31. 73TAM518：2/1。残片，现存习字18行，抄“名”“立”“刑”“端”“表”“正”“空”“谷”“之”“传”等字。其中第1行仅存行首之“名”字，第15行“之”字抄1行（夹抄于两行“谷”字习字之间），此外各字皆抄2行。又，第7行上部书有习字抄写的日期，存“六月十□（八）”等字样①。本残片，《吐文书》拟题作“文书残片”②，后经笔者定名为《千字文》习字③。据《吐文书》之介绍，同墓所出文书有纪年者，最早为唐麟德三年（666），最晚为神龙二年（706）④，则《千字文》习字的年代大致也在这一时间段前后。

32—41. TAM240：1/1-1（b）+1/1-2（b）+1/1-3（b）+1/2-1（b）+1/2-2（b）+1/3（b）+1/4+1/6-1+1/6-3+1/6-5。

---

① 《吐鲁番出土文书》第3册，第471页。

② 《吐鲁番出土文书》第3册，第471页。

③ 张新朋：《吐鲁番出土〈千字文〉残片考》，《文献》2009年第4期。

④ 《吐鲁番出土文书》第3册，第449页。

(1) TAM240：1/1-1 (b)。残片，由 7 小片组成，残损比较严重，合计存残文 20 行，首尾残，上下亦略残，多漫漶不可辨；可识者有“鸟”(3 行)、“民”(4 行)、“皇”(3 行)、“始”(4 行)、“制”(3 行)。以上文字，据所习内容及同墓出土其他残片判断，乃《千字文》“吊民伐罪”“鸟官人皇”“始制文字”等句中“鸟”“皇”“民”“始”“制”等字之残迹。《千字文》中“鸟官人皇”“始制文字”二句，前后相接；而“始制文字”与“吊民伐罪”间隔“乃服衣裳。推位让国，有虞陶唐”等句，“民”字不当出现在“鸟”字之后。细审原卷照片，我们发现“民”字所在残片似叠压于“皇”字之上，盖本残片由多层纸张粘贴而成。因原卷照片比较模糊，上述判断正确与否，有待于进一步验证。

(2) TAM240：1/1-2 (b)。残片，首尾及下端残，存残文 19 行，中间亦有残缺，抄“制”(1 行)、“文”(4 行)、“字”(4 行)、“乃”(4 行)、“服”(3 行)、“衣”(3 行) 等字。

(3) TAM240：1/1-3 (b)。残片，由 4 个小残片组成，今存残文 21 行，抄“裳”“推”“位”“让”“国”“福”等字。其中，除“裳”字存 3 行、“福”字存 2 行外，其余各字均存 4 行。所习 6 字中，前 5 字出自《千字文》“乃服衣裳”“推位让国”两句；第 6 字“福”，若出自《千字文》，则属于“福缘善庆”一句，其位置并不接于“推位让国”句之后。

(4) TAM240：1/2-1 (b)。残片，由多块小片构成，存残文 29 行，首尾残，上端亦略残，抄“维（?)”“贤”“尅”“念”“作”“圣”“得”“建”“名”“立”“形”“端”“表”“正”“空”等字，其中除“空”字抄 1 行外，其余各字皆抄 2 行。又，据上下文，习字“得”字对应的是《千字文》“德建名立”句，“得”当是“德”字同音（二字《广韵·德韵》音“多则切”）之讹。

(5) TAM240：1/2-2 (b)。残片，由 3 块小片组成，今存残文 17 行，首尾及上部残，抄“空”“虚”“堂”“习”“听”“祸”等字，其中“空”字抄 1 行，其他字则均抄 2 行。

(6) TAM240：1/3 (b)。残片，由 4 小片组成，今存残文 6 行，抄“有”“陶”2 字各 3 行。据同墓所出其他习字残片看，本残片所习之字，盖出于《千字文》“有虞陶唐”句。

（7）TAM240：1/4。残片，前后及上下皆残，存“遐”字残习字2行，当出自《千字文》“遐迩一体”句。

（8）TAM240：1/6-1。残片，首尾及上下均残，存已漫漶的残文2行，似“位”字之习字。今谓此“位”字，当出自《千字文》“推位让国”句，其来源则盖由TAM240：1/1-3（b）号“位”字习字脱落而来。

（9）TAM240：1/6-3。残片，首尾及上下均残，仅存习字2行，计4个字，完整可识者为“位”字。此“位”字，与TAM240：1/6-1的“位”字一样，当出自《千字文》“推位让国”句，疑亦当是由TAM240：1/1-3（b）号“位”字习字脱落而来的残片。

（10）TAM240：1/6-5。残片，首尾及上下均残，存严重漫漶的残文3行，首行约略可辨，似“位”字，疑它与TAM240：1/6-1、TAM240：1/6-2的“位”字一样，为《千字文》“推位让国”句“位”字之习字，本残片亦当是由TAM240：1/1-3（b）号剥落而来的残片。

以上阿斯塔那240号墓出土的《千字文》习字纸残片所抄之习字，虽有连抄2行、连抄3行、连抄4行之别，但由《千字文》内容先后及书迹来看，当出自同一人所书的同一写卷，部分残片可以直接缀合（如图8所示）。又，同墓所出文书中，有纪年者为“唐开元六年（781）”，则本《千字文》习字的年代也当大致在这一年前后。

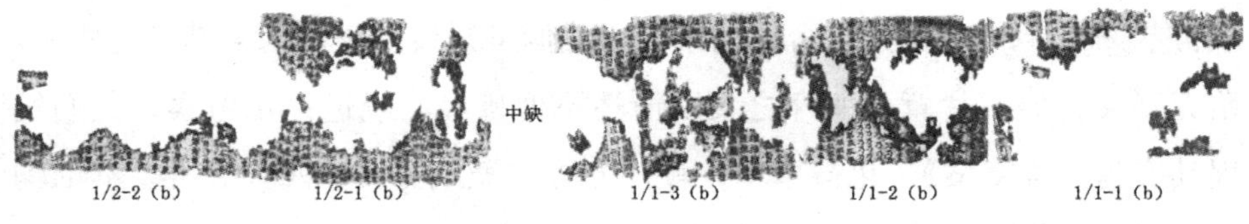

图8 TAM240部分《千字文》残片缀合示意图①

42. 2004BTM115：10。巴达木115号墓出土。残卷，存残文5行，首尾残，第3—5行上下亦有残缺。所抄文字起自《千字文》“落叶飘摇”句

① 同墓所出1/3（b）、1/4、1/6-1、1/6-3、1/6-5等号虽然可以判断它们与1/1-1、1/2-1等来自同一写卷，但《吐鲁番出土文书》所提供的图版较小且不清晰，又无另一面文书之图版，故无法准确判知具体位置，故本缀合图未予缀合，特此说明。

“叶”字，结尾处可确知者为“昼眠夕寐”句“眠”字，其下另有文字残迹2个，依《千字文》文本推断，当是“夕寐”2字的残痕。本残卷，《新获吐鲁番出土文献》拟题“古写本《千字文》”。又，据《新获吐鲁番出土文献》之解题，知BTM115号墓属于巴达木白氏家族茔院众墓之一，南面依茔院沟，西、北、东三面分别与114、112、116、117号墓相连[①]。BTM114号墓出土麴氏高昌延寿十四年（637）八月二十日白奴墓表一方，则本件《千字文》的年代大体与之相近。

二、德国藏品之《千字文》

43. Ch2612。本号辖首尾及上下均残的残片2片，正背两面书。正背面之文字，《吐鲁番文书总目（欧美收藏卷）》（以下简称“《吐总目（欧美卷）》”）均拟题“佛典残片”[②]。今据IDP所载图版的书风与字体来看，2片当出自同一人所抄的同一写卷，经进一步研判，发现它们可以缀合，二者衔接处密合（如图9所示）。缀合后，正面存残文3行，从右至左依次为：“▭⧄实⧄▭”“▭⧄（佛）会爱缘推⧄▭”“▭⧄⧄⧄⧄⧄▭”；背面亦存残文3行，其中左侧1行仅存2—3个字的右端残迹，余2行所存，由右至左依次为：“▭⧄⧄⧄赖及⧄▭”“▭四大五常恭⧄▭”。通过缀合后的录文，我们可知残片正面为某佛经之残文，殆无疑义；但残片背面所存之文字所述不似佛经，经进一步考察，我们发现其实为《千字文》“化被草木，赖及万方。盖此身发，四大五常。恭惟鞠养，岂敢毁伤”等句之残文，故本残片背面之文字当定名为《千字文》。其中“惟”字，由本残片所存残迹来看似作“维”，“惟”“维”二字古书常混用无别。

---

① 荣新江、李肖、孟宪实主编：《新获吐鲁番出土文献》上册，中华书局2008年版，第66页。

② 荣新江主编：《吐鲁番文书总目（欧美收藏卷）》，武汉大学出版社2007年版，第214页。

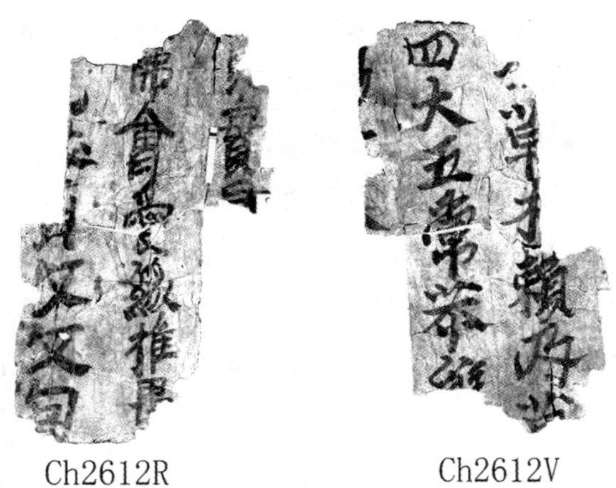

图 9　Ch2612 号缀合图（背面为《千字文》）

44. Ch.3716。册子本，交河故城出土。第 1 个页面为封面，上有汉文题记 3 行，云“天禧年十三，岁次辛未冬月之伴分廿三日，交河胜泉都通兹无头，千字文有头，寘（?）将来学习，敬口执诵，不祸（获）咎”。封面右下侧有粟特文回鹘文 5 行。第 2 个页面至第 8 个页面抄《千字文》，每面 5 行，由题名及周兴嗣题衔“千字文敕员外散骑侍郎周兴嗣次韵”抄起，至“似兰斯磬（馨）”止。所抄《千字文》部分，除开始的页面外，其余的页面均以墨线为界分两栏抄写。据《吐总目（欧美卷）》所记，本册子由将废弃的唐人抄《佛名经》写卷对折而成，原《佛名经》被折在页内，背面用来抄《千字文》。① 又，《吐总目（欧美卷）》记本号《千字文》之后，为 Ch/U8152 号，Ch/U8152 号上有尾题“[千] 字文一卷了毕也。(中缺）月十四日余胜泉都通受也”等字样。其中，“月”“日”用武周新字书写，为回鹘时期写本。此册子这一页，也是用唐人写经横折而成两页，但正面之佛经非《佛名经》。②

45—46. Ch1234（T Ⅲ T 418）+Ch3457（T Ⅲ 2034）。

（1）Ch1234（T Ⅲ T 418）。残片，首尾及上下均残，正背两面书。正面

① 《吐鲁番文书总目（欧美收藏卷）》，第 301 页。
② 《吐鲁番文书总目（欧美收藏卷）》，第 473 页。

所存文字内容不一，其中有楷书残西州户籍2行；另有学童利用废弃户籍所抄《千字文》习字两种，一为墨书“遐”字2行、“迩”字3行，一为朱书“与”字2行。背面所抄为某佛典之残文。

(2) Ch3457 (T Ⅲ 2034)。残片，首尾及上下均残，正背两面书。正面所存文字，亦属于不同的内容，一为楷书残西州户籍3行；一为学童利用废弃户籍所抄《千字文》习字。《千字文》习字，亦分朱墨两色，其中墨书“迩”字1行、“壹”字3行，朱书“敬”字2行、“孝”字1行。卷背为某佛典之残文。

以上两残片正面均为学童将废弃的户籍二次利用，用来抄写《千字文》，背面均为某佛典之残文，二者正背面所存文字之颇具一致性；再由抄写模式看，均是分朱墨两色抄写；所抄文字字体亦神似，二者当是来自同一写卷的不同残片。经笔者进一步比对，发现二者可以缀合（如图10所示），衔接处基本吻合，缀合后右起第4行分属于两残片的“迩”字习字基本完整。又，Ch1234 (T Ⅲ T 418) +Ch3457 (T Ⅲ 2034) 缀合而成的残片与上文论及的大谷4318号，书风相近、字体相似、正背面所抄文字也具有一致性（如3片中均有一面抄朱墨两色书写的《千字文》习字，且均是朱书习字书写在先，墨书习字书写在后，因而形成部分墨书文字笔画叠加于朱书文字之上），颇疑三者来自同一写卷，然中间有残缺，无法直接缀合。

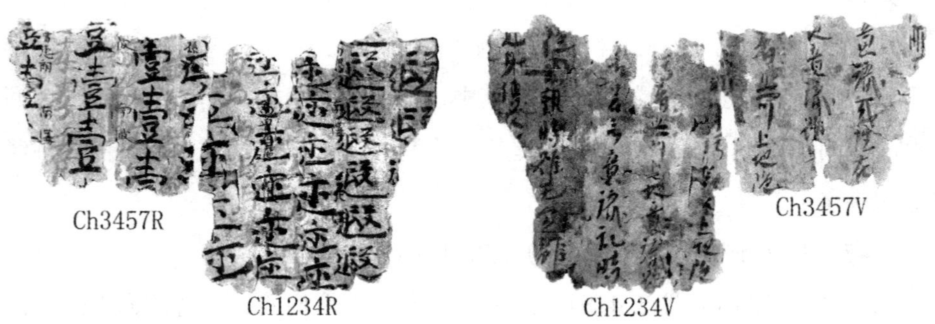

图10 Ch1234 (T Ⅲ T 418) +Ch3457 (T Ⅲ 2034) 号缀合图（正面为《千字文》）

三、英国藏品之《千字文》

47. OR.8212/625 背 Toy. Ⅱ . ⅰ .02；01。吐峪沟出土。该号计有残片 3 片，第 1 片存“疲”习字 2 残行，第 2 片存“动”字 1 残行，第 3 片存“志”字 1 残行。本残片，《斯坦因第三次中亚考古所获汉文文献（非佛经部分）》题作“习字”①，笔者将其定名为《千字文》，同时据《千字文》文本将 3 片的顺序予以调整，据原文之次序第 2 片当位于第 1 片之前，2 片内容上相连，但不能直接缀合②；调整顺序后，“志”与“疲”字之间残“守”“真”2 字习字两行。如图 11 所示：

图 11　OR.8212/625 背 Toy. Ⅱ. ⅰ.02；01《千字文》习字（左原图，右调整图）

以上，我们就目前所能见到的藏于中国、德国、英国的吐鲁番出土的汉文《千字文》残片进行了穷尽性的测查，计得文书残片 47 号，整理缀合后成为 17 个《千字文》文书片段。这些《千字文》抄本虽皆残篇断简，但它们同样是古代文化的结晶，其中蕴含着丰富的文化信息。首先，这些《千字文》抄本的出现，是中原传统童蒙文化传入吐鲁番的重要见证。阿斯塔那 72TAM179：17/1—17/4、Ch.3716 等卷中武周新字的出现，则以具体的

---

① 沙知、吴芳思编著：《斯坦因第三次中亚考古所获汉文文献（非佛经部分）》，上海辞书出版社 2005 年版，第 170 页。

② 张新朋：《吐鲁番出土〈千字文〉残片考》，《文献》2009 年第 4 期。

事例呈现了当时中原政权在吐鲁番地区的影响。这均表明自古以来吐鲁番地区就与中原有着密切的联系，血脉是相通的。上揭诸《千字文》抄本中，习字占了相当的比例，《千字文》由最初单纯的识字课本逐步向识字课本兼习字仿本演变，所展现的是《千字文》的功用逐步扩展的轨迹。而这些《千字文》习字中，阿斯塔那209号墓、阿斯塔那157号墓和阿斯塔那518号墓出土的是日课习字，对于我们探究古代儿童的习字有重要意义。如阿斯塔那209号墓所出《千字文》习字当交河县学生刘虔寿之手。今存刘虔寿于唐中宗（李显）神龙二年（706）"七月十三""七月十四""七月十五"等日抄写日课习字97行。由此我们可以看出，刘虔寿每天所习文字在5个至6个之间；对于所习文的字整行重复抄写，每字连续抄写1—5行，以4行为主。这恰好印证了我们传世文献中的关于儿童习字的相关记述，以原汁原味的实物再现了古代儿童习字的教学，对于我们探究传统的儿童习字的教学模式与方法及儿童习字的生活，具有重要的标本意义。其次，通过吐鲁番所出这些《千字文》习字，我们可以窥探当时当地人们的社会生活。如德藏Ch2612一面抄佛教文书，一面抄《千字文》；Ch1234R（T Ⅲ T 418）+Ch3457R（T Ⅲ 2034）是一面抄有户籍文书、《千字文》习字，另一面抄佛教文书；Ch3716则是内页抄佛经，外页抄《千字文》；依一般情况判断，当是户籍文书、佛教文书废弃后，学童用来抄写《千字文》；而这些东西后来又被搜集起来，成了人们为逝者制作葬具的纸张来源。这些纸张的利用率不可谓不高。从中我们可以看出地处我国西北的吐鲁番地区的纸张供应比较紧张的现实状况。

中、德、英所藏吐鲁番出土汉文《千字文》一览表

<table>
<tr><th>收藏国别</th><th colspan="2">编　号</th><th>缀合情况</th></tr>
<tr><td rowspan="5">中国藏品</td><td rowspan="2">60TAM322</td><td>7/6-2</td><td rowspan="2">2号同卷</td></tr>
<tr><td>7/6-1</td></tr>
<tr><td>64TAM27</td><td>51</td><td></td></tr>
<tr><td>64TAM29</td><td>111/7（b）</td><td></td></tr>
<tr><td>67TAM363</td><td>8/2（a）之二</td><td></td></tr>
</table>

续表

<table>
<tr><th>收藏国别</th><th colspan="2">编　号</th><th>缀合情况</th></tr>
<tr><td rowspan="26">中国藏品</td><td rowspan="6">72TAM151</td><td>68</td><td rowspan="6">6 号同卷</td></tr>
<tr><td>69</td></tr>
<tr><td>70</td></tr>
<tr><td>73/11</td></tr>
<tr><td>73/12</td></tr>
<tr><td>73/16</td></tr>
<tr><td rowspan="2">72TAM157</td><td>10/3-1</td><td rowspan="2">2 号同卷</td></tr>
<tr><td>10/3-2</td></tr>
<tr><td rowspan="4">72TAM179</td><td>17/1</td><td rowspan="4">4 号同卷</td></tr>
<tr><td>17/2</td></tr>
<tr><td>17/3</td></tr>
<tr><td>17/4</td></tr>
<tr><td rowspan="11">72TAM209</td><td>85/1（b）</td><td rowspan="11">11 号同卷</td></tr>
<tr><td>85/2（b）</td></tr>
<tr><td>85/3（b）</td></tr>
<tr><td>85/4（b）</td></tr>
<tr><td>85/11（b）</td></tr>
<tr><td>85/12（b）</td></tr>
<tr><td>85/13（b）</td></tr>
<tr><td>85/14-1（b）</td></tr>
<tr><td>85/14-2（b）</td></tr>
<tr><td>85/15（b）</td></tr>
<tr><td>85/16（b）</td></tr>
<tr><td>72TAM216</td><td>12/10</td><td></td></tr>
<tr><td>73TAM222</td><td>55（a）</td><td></td></tr>
<tr><td>73TAM518</td><td>2/1</td><td></td></tr>
</table>

续表

收藏国别	编　号		缀合情况
中国藏品	TAM240	1/1-1（b）	10号同卷
		1/1-2（b）	
		1/1-3（b）	
		1/2-1（b）	
		1/2-2（b）	
		1/3（b）	
		1/4	
		1/6-1	
		1/6-3	
		1/6-5	
	2004BTM115	10	
德国藏品		Ch2612	
		Ch.3716（T Ⅱ Y62）	
		Ch1234（T Ⅲ T 418）	2号同卷（疑与大谷4318〔9〕同卷）
		Ch3457（T Ⅲ 2034）	
英国藏品		OR.8212/625背 Toy. Ⅱ. ⅰ.02；01	
合计		47号	17件

敦煌蒙书饮食知识系统与敦煌饮食的特殊性

——以食物品名为中心*

高启安**

摘要：唐五代时期敦煌的饮食资料文献分布在三类文书中：其一，社会经济类文书；其二，各类蒙书、类书；其三，流行在敦煌的文学作品。它们构成了当时敦煌的饮食知识系统。其中，《俗务要名林》《开蒙要训》等作品，是中原饮食知识向敦煌的传播。通过对其中记载的食物品名与社会经济类文书中所载食物品名的比较，可以看出，既有相同之处，也表现出此有彼无、彼有此无的现象。社会经济类文书所载食物品名要远多于蒙书类文献所载，且许多是“胡食”。说明敦煌人的饮食知识体系中，既有与中原相同者，也有传自西方及少数民族的饮食。这是敦煌作为多种文化荟萃之地在饮食文化上的反映。

关键词：敦煌蒙书；饮食知识；饮食特点；食物品名

一、引　言

敦煌藏经洞出土文献所载饮食资料，大致可分为三部分：其一，出现于

---

* 本文为国家社会科学基金规划项目“丝绸之路饮食文化研究”（11BZS075）、2016 年度国家社科基金重大项目“童蒙文化史研究”（16ZDA121）的阶段性成果之一。

** 作者简介：高启安，历史学博士，兰州财经大学教授，主要研究方向为敦煌学及丝绸之路饮食文化。

敦煌社会经济类文中，这是敦煌一定时代、一定空间范围内流行的饮食名物，被敦煌当地人记载在各类文书（寺院和归义军衙内的各种入破历，属于政府和寺院的财政文书、计会文书；各种契约文书，便物历，寺院施入疏，寺院什物历，凿窟记录；各种牒状、公验，社邑文书；各种役税课纳文书；各种买卖、座设、财礼、纳贺、荣葬、荣亲、追念、赠送等书启文书，习字纸本等）中。它们反映了敦煌当地、当时的饮食状况。资料中出现的饮食名物是敦煌当时饮食知识系统的反映。

其二，出现于流行在敦煌的各类童蒙知识教科书中。此类童蒙教科书多从中原辗转而来，反映了撰著者所处时代中原的饮食知识系统，只能说在一定程度上反映了敦煌的饮食知识。

其三，流行在敦煌文人作品中的饮食名物记载。这些作品中记载的饮食名物，一些出自中原，一些已经被敦煌文人改过；一些反映了敦煌当地的饮食，如岑参的《酒泉太守席上醉后作》《玉门关为盖将军歌》、刘长卿的《高兴歌》(《酒赋》）以及众多的“敦煌歌辞”等。情况比较复杂，需要对此加以厘定、有所区别。

三者当中，第一部分最能反映敦煌当地的饮食实践；第三部分中，一部分反映了敦煌的饮食状况；唯有第二部分，距真实的敦煌饮食状况距离最远，但又是敦煌饮食知识体系中最具权威性、教科书性质的材料。这些资料有《俗务要名林》《开蒙要训》、S.5671《诸杂字》以及 S.6208、S.3836V 号文书等。

有关这些文书，学界已有相当多的研究，如庆谷寿信①、朱凤玉②、张小

① ［日］庆谷寿信：《日本出土の〈俗務要名林〉》（资料篇），《东京都立大学人文学报》第112期，1976年；《〈俗务要名林〉反切声韵考》，《东京都立大学人文学报》第128期，1976年。

② 朱凤玉：《从敦煌写本字书看敦煌民间的饮食生活》，载《中国学术研讨会论文集——纪念高明先生八秩晋六冥诞》，（台北）大安出版社1994年版，第159—175页；《敦煌写卷〈俗务要名林〉研究》，载《第二届国际唐代学术会议论文集》，（台北）文津出版社1993年版，第669—700页，收入其《敦煌俗文学与俗文化研究》，上海古籍出版社2011年版，第237—258页；《敦煌写本〈开蒙要训〉与台湾〈四言杂字〉》，载《中国俗文化研究》第1辑，巴蜀书社2003年版，第120—128页，收入其《敦煌俗文学与俗文化研究》，第326—341页；朱凤玉：《敦煌通俗字书所呈现之唐五代社会文化研究刍议——以敦煌写本〈俗务要名林·饮食部〉为例》，载《敦煌吐鲁番研究》第14卷，上海古籍出版社2014年版；郑阿财、朱凤玉：《敦煌蒙书研究》，甘肃教育出版社2002年版。

艳[①]、杜朝晖[②]、陈璟慧[③]、陈敏[④] 等等，其他论者甚多，论著不断，目不暇给，不烦一一。

作为当时流行的童蒙知识普及教科书（蒙书类）的此类文献，所涉内容繁多，其中饮食部分罗列当时流行食物品种数十种，综合可视为当时饮食知识系统之部分，将之与敦煌社会经济类文书中的饮食名物加以比较，差可判断敦煌饮食的特点、外来饮食以及饮食名物传播过程中的规律等问题。朱凤玉先生谓："《俗务要名林》……主要反映唐代敦煌及北方地区民间饮食生活之特色。若能据此与敦煌文献中之其相关资料，如 S.6208、S.3836、S.5671、P.2744、P.4906、P.4693 等记载有关饮食名目之写卷整理研究，并配合有关史籍，当可较为全面地了解唐代的饮食生活。"[⑤] 饮食文化体系庞大繁杂，本文只摘取食物名称论之，以求教于方家。

二、敦煌蒙书中的食物品种

载有食物品种的蒙书类文献，较多、较集中者有如下数种：P.2609、S.0617《俗务要名林》[⑥]、P.2578《开蒙要训》[⑦]、

① 张小艳：《敦煌写本〈俗务要名林〉字词笺释（一）》，载《语言研究集刊》第 5 辑，上海辞书出版社 2008 年版；《敦煌写本〈俗务要名林〉字词笺释（二）》，载《语言研究集刊》第 7 辑，上海辞书出版社 2010 年版。

② 杜朝晖：《敦煌文献名物研究》，中华书局 2011 年版。

③ 陈璟慧：《敦煌写本〈俗务要名林〉研究》，杭州大学硕士学位论文，1997 年。

④ 陈敏：《〈俗务要名林〉与〈杂集时用要字〉研究管窥》，厦门大学硕士学位论文，2009 年。

⑤ 朱凤玉：《敦煌写卷〈俗务要名林〉研究》，原载《第二届国际唐代学术会议论文集》，（台北）文津出版社 1993 年版，第 669—700 页；收入其《敦煌俗文学与俗文化研究》，第 237—258 页。

⑥ P.5001 及 S.3277、S.6208、P.3644、P.3776 等卷，部分研究者亦将其纳入《俗务要名林》系统，但多没有食物内容，故不论。

⑦ 据朱凤玉统计，计有 37 件之多（《敦煌写本〈开蒙要训〉与台湾〈四言杂字〉》），P.2578 最完整。

S.6208[①]、S.3836V、S.5671《诸杂字》等[②]。有一个问题，就是检索敦煌社会经济类文书，食物品种（名称，且为敦煌所流行）要远远超出《俗务要名林》等所列。如果我们将《俗务要名林》所列食物品种当作是唐代关于饮食物品种流行的一般状况，那么，《俗务要名林》所不载、频繁出现在社会经济类文书中的饮食物品种，应该就是具有敦煌特点的地方食物品名。通过比较，可判定敦煌地区乃至西部的饮食特殊性。

P.2609《俗务要名林》所列饮食品种胪列：

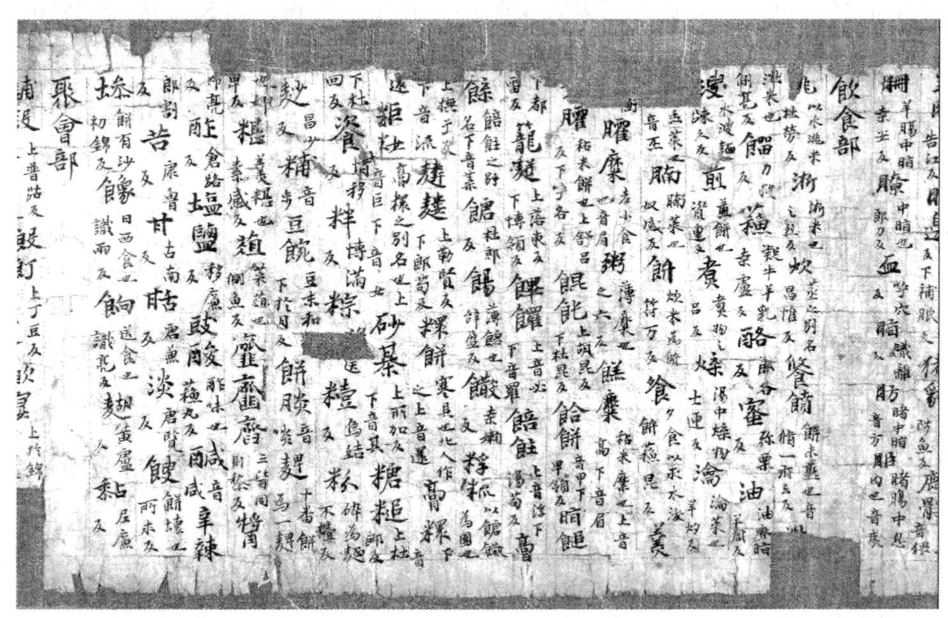

酥，凝牛羊乳，□庐反；酪，郎各反；蜜，弥栗反；油，麻脂也，羊周反；溲，水溲面，悚久反；煎，煎饼也，资连反；煮，煮物，之吕反；㸐，汤中㸐物，士匣反；瀹，瀹菜也，羊灼反；炰，炰菜也，音丕；腩，腩菜也，奴感反；飧，夕食以求水泼餅，苏昆反；餅，炊米为餅，符万反；羹，古衡反；臛，呼各反；糜，老小食也，音眉；粥，薄糜也，之六反；糕糜，秥米糜

① 该卷体例、饮食物内容不同于《俗务要名林》，故笔者认为应不属于《俗务要名林》系统的识字读物。

② 俄藏 Дx.2822《杂集时用要字》不列“饮食部”，故不在论列。

也，上音高下音眉；黍臛，秥米饼也，上舒吕反，下户各反；馄饨，上音昆，下杜昆反；饸饼，音甲，下卑领反；脂䭔，下都雷反；笼𪍿，上落东反，下博领反；饆饠，上音必，下音罗；餢飳，上音浮，下汤苟反；膏饼，餢飳之别名，下音菜；餹，杜郎反；饧，薄餹也，□盈反；馓，桒□反；粰梳，以餹馓为团也，上抚于反，下音流；䴵䴵，上勒贤反，下郎苛反；糫饼，寒具也，北人作之，上音还；膏糫，下音还；粔籹，膏枰之别名也，上音巨，下音女；砂棋，上所加反，下音其；餹䭔，上杜郎反，下杜回反；餈，□移反；粣，博满反；粽，资送反；糩，乌结反，粉，碎为面，不糩（准）反；麨，昌少反；糒，音步；豆豌，豆末和饸，下于月反；饼餤，音炎。䴵，十番饼为一䴵也，婢卑反；糂，羹糂也，素感反。葅，菜葅也，侧鱼反。齏、齑、斉，三皆同，则黎反。酱，即亮反；酢，仓路反；盐，移廉反。豉、酸，酢味也，酥丸反；醎，音咸，辛辣郎割反；苦，康鲁反；甘，古南反；甜，唐兼反；淡，唐览反；馊，饼坏也，所求反；㻛，饼有沙，初锦反；馋，日西食也，识两反；饷，送食也，识亮反；䴴，所以粘物，黄庐反；黏，展廉反①。

计有40余种。其中，油、酥、蜜、糖，既是食物品种添加物，也是调味料；油，已经是烹饪过程中烹熟的介质。羹臛粥类有羹臛、粥、糂三事；名之为“饼”的食物有黍臛、饸饼、笼饼、枰饼；非饼称类食物有糕糜、馄饨、脂䭔、饆饠、餢飳（膏饼）、粰梳、䴵䴵、膏枰、粔籹、餹䭔、餈、粣、粽、糩、麨、糒、豆豌等17事，其他有脯、豆豌②、葅、酱、酢、盐、豆豉等调味料及方便食品。

这些食物品名中，“糂”“笼饼”“枰饼”“脂䭔”“膏饼”“粰梳”“䴵䴵”“粔籹”“餹䭔”“粣”“糩”“糒”“豆豌”等不见于社会经济类文书，或有其实而无其名。

① 上海古籍出版社、法国国家图书馆编：《法国国家图书馆藏敦煌西域文献》第16册，上海古籍出版社2001年版，第221页。参酌S.0617《俗务要名林·饮食部》及其他学者录文。

② 为豆腐的当时称谓，笔者已有专文论述。见高启安：《关于豆腐历史的另类思考——以一条敦煌史料为主》，[日]《敦煌写本研究年报》第10号第2分册，2016年3月，第467—475页。

S.5671《诸杂字》：□□、铛、锅、砚、鏊、碗、器、勺、斗、筐、箸、刷子、簸箕、筹笼、木盔、灌头、瓶儿、瓮、花毡、褥、箚簶、乾柽、帽子、手巾、绦、腰绳一枚、油烧、餺飥、饽饼、馓饼、饸饹、馓饦、煳饼、馔饼、䭔䬪、馕头、煮菜、馎饦、木槌、牙盘、镜子、槃盘等①。其中食物品名为油烧、餺飥、饽饼、馓饼、饸饹、馓饦、煳饼、馔饼、䭔䬪、馕头、煮菜、馎饦 12 事。饮食器具有铛、锅、鏊、碗、器、勺、斗、筐、箸、刷子、簸箕、筹笼、灌头、瓶儿、瓮、乾柽等。其中，12 种食物品名，除“油烧”外，在其他敦煌社会经济类文书中都曾出现。“油烧”，在上揭《俗务要名林》中，有“烧，汤中烧物，士匣反”。可能如同今日之烩饭；16 事饮食器具中，“罐头”或“灌头瓶儿”所写无误，是否即今之罐头？存疑。如果确与今之罐头相同，则当时敦煌人已经掌握了某种通过高温杀菌密封以保鲜的技术？不敢遽然下结论；“筹笼”曾在《韩擒虎变文》中出现；“乾柽”或为晒干的红柳树枝，或为一种量度粮食的升斗的“升”。在 P.2613 卷中有“干盛瓮大小四口”，“甘（干）土瓮一，破列（裂）（22 行）”。在 S.1776 卷“瓦器”下，有“瓮大小十一口，内三口在北仓……曹法律入乾盛瓮两口，内一在邓阇梨”。综合以上，说明 S.5671 卷《诸杂字》，为敦煌人日常用字的搜集，是当时敦煌人所写，用来教授那些日常用字。

P.2578《开蒙要训》：

樽壶盔钵，盃碗盏卮。盘擎樏楪，瓢杓箸匙。罂瓮瓶榼，盆甕甑炊。浆糜酪饭，羹臛粥糜。葅荠鲊脯，鲜脍鱼鲅。店肆兴贩，悭怙悭惜，酤卖接待，丰饶添益。饼肉菜茹，脔胨煮炙。煎熬炰煏，盐豉调适。脂膪鯆脎，腻（醎）膱脍酢。糕馅粔籹，饽馠飡料，饆饠饦馂，馓饙怀馓。馄饨馀馅。散（糂）粒研断……粳粮糯秫，禾粟穬稻。糜黍谷麦，豌豆䅗荞。碓硙碾磨，杵臼舂捣。麸面筛麸，麁涩细好。扬簸糠粰，秕麸萁蒿。②

---

① 中国社会科学院历史研究所等编：《英藏敦煌文献》第 9 卷，四川人民出版社 1994 年版，第 60 页。

② 上海古籍出版社、法国国家图书馆编：《法国国家图书馆藏敦煌西域文献》第 16 册，上海古籍出版社 2001 年版，第 85 页。参考张新朋等人录文，见张新朋《敦煌写本〈开蒙要训〉研究》，中国社会科学出版社 2013 年版。

所列食物品种有：浆、糜、酪、饭、羹、臛、粥、糜、菹、虀、脯、饼、肉、菜、糕饳、粔籹、饽、餈、粆、饆饠、饨、馍、馎、饋、餪、馓、馄饨、馅等28事。

其中，饳即饳子，或称饳饼；粔籹，即油炸馓子；饽即饽饦，也写作"锫饦"或"䭔䭉"，即发面油炸饼，敦煌人在制作该食物时，往往加乳或酥，因此，有时又写作"䬳饦"；馍，𤦎饼，即蒸饼，因在蒸笼中蒸熟，故名；"馍"也写作"馎"，即"饸饼"，皆同音异写，是一种有馅类食物，《龙龛手镜》谓"饆饠之属也"①。

S.6208《新商略古今字样撮其时要并行正俗释下卷·饮食部》：馔饼、乳饦、百支、饽饦、豆伴、白团、粽□、粔籹、糕䊥、黍臛、馄饨、馎饦、头蹄、肝脏、白□、肉䌷肠、灌易（肠?）、鱼鲙、菟生、臓腌、□腩、煮燦、□□、浙、□□、粳糅、粉粥、□□、炰剥、鹅鸭、鹑□、□□、方碁、柳叶、饧馓、酪浆、乾味□、砂糖、石蜜、胡椋、荜拨、胡楷子（胡芹子）、马芹子、橘皮、石髓、乳腐、□脯、乾酪、麄腊、獐腊等。②

S.6208卷从其有题目有子目判断，为中原传入的蒙书类。其"方碁"应为棋子面，笔者已有专论；其"柳叶"或者为某种形似柳叶的小麦粉食品。

S.3836V《类书》：驼蹄、酱、脂、葱、酱、蒜酱、五刺、黑豆酱、麦□、将（浆）水、奶酪、麸团、芜□、酱芥、乾脯、折（?）助（?）、腌脸、酱酢、乳、腐酪、鲙鲙、猪肺、筐（?）烂、伴、鱼鲅、鱼鯆、鱼□、胡酒、清酒、蒲萄酒、白醪、麦酒、生肝、麿子、□□，豆半、酒肉、羊肉、猪肉、饳馍、馔饼、索饼、饆饠、煎饼、饼餤、饼饦、来（米）糕、饬饦。③

S.3836V卷，共存食物品名近40种，部分在社会经济类文书中无有其

① 高启安：《吐鲁番出土"饺子"名物考》，载东方学研究论集刊行会编：《高田时雄教授退休纪念——东方学研究论集》（中文分册），[日]株式会社临川书店2014年版，第95—112页。

② 《英藏敦煌文献》第10卷，第187页。

③ 《英藏敦煌文献》第5卷，第171页。

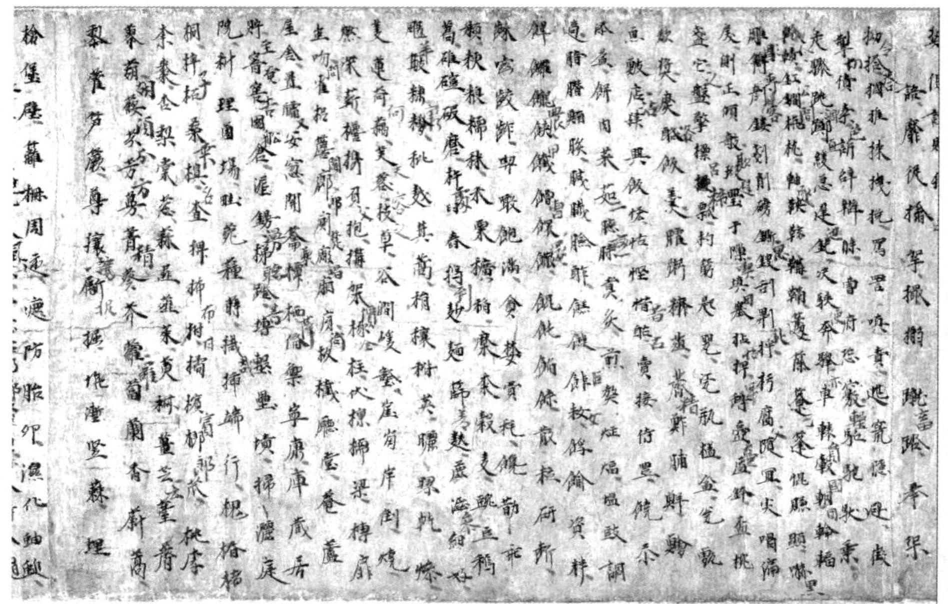

名（称谓）。其中以鱼为原料的食物数种，显然，此类书[①]部分从中原传入，但加入了敦煌人的许多知识，如野驼、驼蹄、羊蹄等食物原料，多为敦煌及其周边所多见。

论者多将《俗务要名林》作为敦煌饮食加以论述[②]，但考虑到《俗务要名林》《开蒙要训》等从中原文化中心区传入，并不能反映敦煌当地饮食乃至当时当地饮食知识体系之原貌，故首先要通过对比，来判定S.6208、S.3836V、S.5671《诸杂字》三件文书是否为敦煌当地人所撰写，还是另有蒙书类教科书传入敦煌？

S.3836V，施萍婷《敦煌遗书总目索引》名之为“类书”。其中奶酪、

① 该卷定名从施萍婷《敦煌文献总目索引》。

② “敦煌饮食”之概念比较难以下结论，如同“敦煌文学”“敦煌服饰”等概念一样。笔者在研究时稍稍作了区分。严格说来，“敦煌饮食”有广义、狭义之分：广义“敦煌饮食”，包括所有敦煌文献中出现的饮食内容；狭义“敦煌饮食”，仅以饮食名物而言，则只限定在敦煌地区流行的饮食名物。如S.3836V《类书》中出现的那些以鱼为原料的食物品名，肯定不在敦煌地区流行，只是以文本知识出现在敦煌文献中。

米糕、麮团、豆半等，《俗务要名林》《开蒙要训》有其实而名异，或写成不同的俗字，在敦煌社会经济类文书中均有这些食物，而“索饼”“饦饦”两事，《俗务要名林》《开蒙要训》中没有。两食物品种为中原非常流行的食物名称，早在刘熙的《释名·释饮食》中就已存在。而《俗务要名林》及《开蒙要训》中的“笼饼”（饶）在S.3836V中写作“饭饼”，与社会经济类文书中同。《俗务要名林》中“粰梳”“麰麧”二事在S.3836V和社会经济类文书中也没有，可见，两样食物名称在敦煌不存在。因此，可考虑书写者根据中原传入之相关文献，加上敦煌流行食物名称而撰写。

S.6208原题《新商略古今字样撮其时要并行正俗释下卷·饮食部》，比《俗务要名林》《开蒙要训》多出“馔饼”“馎饦”两事，除了体例与《俗务要名林》《开蒙要训》相同外（都列“饮食部”），一些食物名称不仅不见于敦煌社会经济类文书，且在《开蒙要训》中亦无。可视为与《开蒙要训》相类似的教科书，或根据蒙书体例所撰写，原本应为中原传入，书写者加进了一些敦煌人的知识。

S.5671《诸杂字》显然为敦煌当地人所写，除所列食物大多与敦煌社会经济类文书食物名称相吻合外，其“烨”“饽饹”的写法，反映了敦煌当地人对某种食物品种的特殊叫法或读音。

三、敦煌饮食知识体系中食物品种特点及与中原的异同

如果我们将上述从中原传入的蒙书作为中原标准的知识教科书，而将社会经济类文书中所反映的饮食内容作为敦煌当地的饮食知识体系的话，两相加以比较，可判断出敦煌流行食物品名的特殊性。

各卷所载食物品种列表如下：

俗务要名林	社会经济类文书	P.2578《开蒙要训》	S.6208 饮食部	S.3836V	S.5671《诸杂字》
酥	酥、酥油：文献多有				
酪	乳酪：P.2049va			乳酪	
蜜	蜜：S.1563				
油	油				
饼	饭：P.4909、P.2776、P.2763V（4）、P.2654				
羹臛	羹臛：P.4909、P.3490、S.6275、S.6542、S.5008、P.2040V				镬头
粥	粥：P.3231、P.4909、P.3490、S.5927 Ⅳ、S.4782、P.4957、P.2838（1）、P.2838、P.2032V、P.2032V、P.4957				
馃糜	馃糜：P.3231、P.4693	糕	糕馕	来（米）糕	
黍臛			黍臛		
馄钝	馄钝：P.3502《张敖撰新集诸家九族尊卑书仪一卷》	馄钝	馄钝		
饸饼	饸饼：S.2472V	饫		饫	
脂馅	馅子：P.3231、P.2609	馅		馅	
笼饼	蒸饼：P.2032V、P.4909、P.2040V、S.1366、S.1653、S. 4687、P.4906、S.6452b、P.2776、P.3231	笼		饼	
饆饠	饆饠：S.3074V、S.1267V	饆饠		饆饠	
馎饦	馎饦：P.3490、P.4909、S.6275、S.6452（1）、S.1366、P.2049V、P.2040V、P.2641	馎馞	馎馞		䞴䟒

续表

俗务要名林	社会经济类文书	P.2578《开蒙要训》	S.6208 饮食部	S.3836V	S.5671《诸杂字》
膏饽		饽			饽
馎					
饧					
粰糒					
麰麧					
粎饼		馃		馃饼	
膏馃					
粔籹		粔籹	粔籹		
馎飥					
飺		飺			
料		料	豆饼	豆半	
粽	团粽：P.3502《张敖撰新集诸家九族尊卑书仪一卷》、P.2721		粽?		
糦					
麨	麨：S.1733、S.2143 S.4470V、S.1366 P.3841V、P.2763V(4)、P.2654、P.3446V	麨面		麨团	
糒				乾脯	
豆豌					
饼餤				饼餤	
	汤饼：P.2319				
	馔饼：P.4909、S.6452a、P.3231		馔饼		
	饩饼：P.3231、S.1366、S.1653、P.4909、S.6452a、P.2049Vb				
	胡饼：诸文书多载				餬饼

续表

俗务要名林	社会经济类文书	P.2578《开蒙要训》	S.6208 饮食部	S.3836V	S.5671《诸杂字》
	烧饼（钞饼）：P.3234Vi、P.4906、S.2474、P.2776、S.2641、S.6452d				
	乳饼：S.1267Va、P.2049Vb				
	菜饼：P.2040V、P.3234Vi、P.3763V				
	水饼：P.2040V				
	白饼：S.6233				
	梧桐饼：P.4909、P.2058				
	火查饼：P.2040V				
	炉饼：S.6233、P.2776、P.2032V、P.2049Va				
	薄饼：S.6217				
	馓饼：P.2744、S.1366	馓			堿饼
	钞饼：P.4906				钞併
煎，煎饼也，资连反				煎饼	
	龙虎蛇饼：敦研 370				
	胡饽饆：S.1366				
	馎饦：P.3302Vb、P.4909、S.6452a、P.4906、S.1366、P.2032V		馎饦	彷饦	馎饦
	冷淘：P.2032V、P.2049Vb				
	水面：P.3505V				

续表

俗务要名林	社会经济类文书	P.2578《开蒙要训》	S.6208 饮食部	S.3836V	S.5671《诸杂字》
	油面：P.3231、P.4909、S.4687、P.4906、S.1519				
	羹饦：P.3231、P.3745、S.1366				
	羹：P.4909、P.3234V(9)、P.2032V、				
	灌肠面：S.1366、P.2641、S.2472				
	煮菜面：P.4909				煮菜
	须 面：P.2646、P.3284卷《新集吉凶书仪》				
	菜馍子：P.3231				
	馓饦：S.1366	馓			馓饦
	馀头：P.2744				馀饳
	小食子：S.2472V、S.1366、S.2474				
	馃食：S.1725Vb、S.1366				
	蒸胡食：P.2744				
	小饭：S.2472V				
	馒头：《韩擒虎话本》				
				索饼	
				麦䴵，麸？	饵馀
	浆水、米浆水：P.3231、P.4693	浆		浆水	
	醋：文献多载				
	酱：文献多载				
	浆水粥：P.3231、P.4693				

续表

俗务要名林	社会经济类文书	P.2578《开蒙要训》	S.6208 饮食部	S.3836V	S.5671《诸杂字》
	豆粥：P.4957				
	白粥：P.3231				
	酹粥：P.3231				
	麦粥：P.2838（1）、P.2838（2）				
	细供：P.1366				
	S.4685：乾羹				
	糌粑：P.t.1097				
	糒子：P.2721				
	起面饼：P.3616				

从中可以看出敦煌地区食物品名的特殊性，或曰地方性。

其一，敦煌食物品名多而蒙书少，以所载最多的《俗务要名林》为例，有约40种，而社会经济类文书中所载，加上各种粥名及醋酱，有60余种，多于蒙书20余种。中原各地应当有地方特殊的食品，属于地方文化知识，作为教科书，不可能悉数将之纳入。当时敦煌区区数万人的边鄙地区，出现如此多的食物品名，正是东西饮食荟萃的结果。

其二，敦煌"胡食"多。作为东西交流的国际大都会，敦煌是东西饮食文化的荟萃之地，沉淀了许多各地的饮食品名，其中胡食尤多。除像《俗务要名林》等蒙书所载之"饆饠""餢飳"等进入中原较早、较为流行的品名外，敦煌地区还流行"馒头""蒸胡食""灌肠面""胡饼餉""馎饦""胡饼""烧饼"等明确为胡食及具有"胡风"性质的食物品名，甚至早先传入的胡食已经汉化，本为胡食的品名再加一个"胡"以示与早先传入者之区别。这正是敦煌地区作为丝路交通要道食物品名所具有的特点。

其三，许多早就出现在史籍中且很有名的食物品名，如胡饼、烧饼、馒头、馅头、索饼、馎饦等，居然未出现在《俗务要名林》及《开蒙要训》中，令人困惑。这可能与蒙书系统传承因袭有关。蒙书上承《仓颉篇》《急就篇》，这些教材产生的时代，许多胡食尚未传入或未被列入，观《一切经音义》及《龙龛手镜》，许多字反映了该食物传入后文人书写时拟字状况，加一“麦”旁或“食”偏旁义符，再加一音符，如“头”，出现在食物名中，被写作“饾”字，读者一看便知为食物。而不同的人书写时音符、意符甚至也不同，如“馎饦”，有时意符写作“麦”旁，表明此食物以小麦粉为原料。类似字被后世目为“俗体”或“俗字”，虽然在像敦煌这样远离文化中心地带颇流行，但仍未进入教科书。而“饆饠”“馎饦”两种读音拟字，则在南北朝时期就出现在《玉篇》中，《玉篇》“麦部”有一词“麰麳”，解为“婢之切，麰麳麺”“力尸切，麰麳也”[①]。《龙龛手镜》谓“麰麳：上符支反，下力脂反，麦饼也”[②]，即“饆饠”。“馎饦”，《玉篇》有“䬪麧”，敦煌社会经济文献当中，“馎饦”又写作“馎饳”“饽饳”“饽饦”“䬪麧”等；“馎饦”又写为“勃饦”“饽饦”“没饦”“浮饦”“䴺麧”等。反映了不同作者对传入胡食的拟音拟字状况。

其四，有一些食物名称，只出现在敦煌社会经济类文书中，而不见于教科书及其他史籍，这应该是具有敦煌地方特色的食品。如饩饼、馔饼、梧桐饼、蒸胡食、胡馎饦、浆水、浆水粥及一组精细食物的“细供”等。反映了作为东西饮食文化荟萃之地的敦煌，其饮食品名的多样性。而像“浆水”及“浆水粥”“梧桐饼”等，又反映了敦煌地处西部的饮食特点。

还有一种情况，从社会经济类文书中所反映食物实情看，有“名同实异”的状况。比如，我们发现，敦煌的“粥”实物，与教科书中所解释不同。如“粥”，《释名》：“粥濯于糜，粥粥然也。”《周书》：“黄帝始烹谷为粥。”[③]是则早期的粥之原料为谷物或豆、麦等粒食。唐五代人称粥为“双弓米”[④]，可证。但敦煌寺院的粥除豆粥、麦粥、白粥、酧粥[⑤]、浆水粥外，多用

① （梁）顾野王著，（宋）陈彭年等重修：《大广益会玉篇》，中华书局 1987 年版，第 73 页。

② （辽）释行均：《龙龛手镜》，［日］中文出版社 1980 年版，第 505 页。

③ （宋）李昉等编：《太平御览》卷 859，中华书局 1960 年版，第 3813 页。

④ 《清异录·馔羞门》：“单公洁，阳翟人，耻言贫。尝有所亲访之，留食糜，惭于正名，但云啜少许‘双弓米’。”（收入（宋）陶谷：《清异录》，中国商业出版社 1985 年版，第 20 页。）

⑤ 棋子面粥，见高启安《中国古代的方便食品：棋子面》，《南宁职业技术学院学报》2015 年第 3 期。

小麦粉（面粉），其实类似于今天的拌汤①，可见当时的敦煌，“粥”的概念已与中原有所不同。

关于“臛”的食物，历代多解为“肉羹”。敦煌的“臛”原料中，并没有肉。按“臛”，汉代王逸注《楚辞·招魂》，解“臛”曰：“有菜曰羹，无菜曰臛”。《说文解字》云：“腒，肉羹也。”因此，历代均以臛为肉羹。论者多以敦煌僧事活动时食物中有“臛”作为敦煌僧人食肉的根据②。但我们经过对多次食臛场合用料分析，敦煌的“臛”原料中并没有肉。就连《俗务要名林》：“黍臛，秥米饼也。”敦煌如此多的有臛的场合没有分配肉食原料说明，在敦煌人的饮食知识中，“臛”就是菜羹汤。③

四、结　语

综合敦煌藏经洞出土之文献，所载饮食品名达到了60多种，超过了那个时期任何著作所记录的饮食品名数量，一方面这是因为大量出土文献保留了这些食物名称；另一方面，也是敦煌作为饮食文化交流荟萃之地的反映。它们是敦煌地区饮食知识体系的重要组成部分，是敦煌人学习和掌握的日常必要知识。敦煌地区流行诸如《俗务要名林》《开蒙要训》等读物的多个卷子，说明这些教科书在敦煌人的知识教育中具有非常重要的作用，就饮食品物而言，虽然有些并非敦煌地区流行的食物，但敦煌人也需要掌握。而社会经济类文书中所载食物品名，许多不出现在这些教科书中，说明，除了传入的教科书知识外，敦煌地区还有自己的饮食文本知识体系教育。

① 高启安：《唐五代敦煌饮食文化研究》，民族出版社2004年版，第146—150页。

② 论者甚多，不烦一一。代表性论著如李正宇：《晚唐至宋敦煌僧人听食“净肉”》，（台湾）《敦煌学》第25辑《潘重归先生逝世周年纪念专辑》，台湾敦煌学会编印2004年版。

③ 高启安：《唐五代敦煌饮食文化研究》，民族出版社2004年版，第151—152页；《唐五代敦煌僧人饮食戒律初探——以“不食肉戒”为中心》，《普门学报》2002年第9期。

王令《十七史蒙求》编纂及其训蒙理念探讨

高　远　李桂芹*

摘要：《十七史蒙求》是宋代王令编纂的一部历史类蒙学教材，其编纂特点是在突出育人功能的同时，又在传播历史知识和培养史学意识方面起着重要作用。《十七史蒙求》中的训蒙理念是其核心价值的体现，可概括为明人伦为道德思想的核心、强化作为道德基础的孝悌、以“诚意正心修齐治平”为道德塑造的辅翼三个方面。《十七史蒙求》反映出的中国童蒙文化是中华传统文化的重要组成部分，始终承担着传统文化的启蒙与传承的任务，时值中华文明的伟大复兴之际，科学总结这份珍贵遗产是我们当下应该重视的一项任务。

关键词：《十七史蒙求》；王令；训蒙理念

《十七史蒙求》是北宋诗人王令编写的一部“蒙求体”历史类读物，它上承唐代李翰《蒙求》，[①] 是在宋代童蒙教育兴盛的背景下产生的。《十七史蒙求》的内容以人为主，以四字一句为标题，论述各朝代名人言行故实，然后在标题后用文字加以说明。所谓的“十七史”，即从《史记》到《新五代

---

* 作者简介：高远，历史学博士，安阳师范学院历史与文博学院副教授，主要研究方向为明清史学及文献、童蒙文化；李桂芹，南京航空航天大学经济与管理学院，博士研究生，主要研究方向为童蒙教育与文化。

① 《蒙求》作者问题一直是该研究领域内的一大热点，部分学者认为《蒙求》作者应为五代人李瀚，持此观点者基本出现在清代，后以讹传讹，致使作者问题模糊不清。据郑亦宁《唐代童蒙读物〈蒙求〉研究》（首都师范大学硕士学位论文，2014 年）的最新成果，《蒙求》当为唐代作品，其作者应为唐玄宗时期进士登第的李翰，而非五代人李瀚。

史》，旁及《左传》《国语》《说苑》《世说新语》《韩诗外传》等书。也许是因为王令的成就主要集中在诗歌方面，目前学界对《十七史蒙求》的研究并未见专文全面深入论述。[①] 瞿林东《史学与大众文化》专门列出《十七史蒙求》探讨“史学对蒙学读物发展的推动作用，是它促进大众文化发展的另一个重要方面”。[②] 徐梓《历史类传统童蒙读物的体裁和特征》认为王令的《十七史蒙求》是通史类的童蒙读物，比起断代史性质的童蒙读物来其流传更广、影响更大。[③] 涂宗涛《清康熙间刻善本〈王先生十七史蒙求〉》主要探讨了《十七史蒙求》的传世版本问题，认为“这部康熙间的写刻本，已经成为罕见的善本书了”[④]。

《十七史蒙求》作为蒙学教材中的一种，也是中国传统文化的有机组成部分，其中的精华至今仍值得称道。因此，对《十七史蒙求》进行批判地继承，总结其中蕴含的训蒙理念及其童蒙文化的精髓和经验，也是丰富传统文化的举动，可以为当今传统文化的推广与普及提供借鉴。《十七史蒙求》作为历史专题性蒙学教材，其育人功能更加突出，吸收其中有益的教育教学方法、教材编纂形式等，也可以为我们新时代的历史知识普及工作和历史教学、教材的编写等提供有益启示。《十七史蒙求》对儿童的品德教育尤为重

---

① 熊丽《〈十七史蒙求〉编写中的史学意识分析》（《文教资料》2013 年第 2 期）、《〈十七史蒙求〉编制理念初探》（《吕梁教育学院学报》2013 年第 4 期）两文，共计 8000 余字，从“大处着眼”泛泛而谈了《十七史蒙求》的内容选择、知识编排特点及在传播历史知识和培养史学意识中的作用。宫钦第《从〈十七史蒙求〉用韵看北宋江淮方音》（《湖州师范学院学报》2010 年第 5 期）主要从语言学方面探讨了《十七史蒙求》的用韵特色，认为其反映了 11 世纪江淮地区方言的一些重要时音特点。周愚文《宋代儿童的生活与教育》（师大书苑有限公司 1996 年版）、潘伟娜《宋代新编童蒙读物初探》（四川大学 2005 年中国古代史专业硕士学位论文）、姚荣环《〈蒙求〉及其续书研究》（东北师范大学 2014 年中国古典文献学专业硕士学位论文）、高远《略论蒙学读物与我国古代历史教育问题》（《理论月刊》2008 年第 12 期）、朱芸莹《浅论宋代蒙学教材以及对当今儿童教材编写的启示》（《兰州教育学院学报》2016 年第 4 期）等文，也略加讨论了《十七史蒙求》的命名、作者、编写形式、教材类型、主要内容及版本等。

② 瞿林东：《史学与大众文化》，《史学史研究》1994 年第 2 期。

③ 徐梓：《历史类传统童蒙读物的体裁和特征》，《史学史研究》1997 年第 1 期。

④ 涂宗涛：《清康熙间刻善本〈王先生十七史蒙求〉》，载《苹楼藏书琐谈》，天津古籍出版社 2012 年版，第 107—110 页。

视，识字读书等基本教学中也融入了礼仪道德、习惯行为等教育，可为现代的儿童教育提供一些有益探索。

一、《十七史蒙求》的编纂及其内容

《十七史蒙求》是一部以传授历史知识为主的专题性蒙学教材。提到《十七史蒙求》，不能不讲到宋代的私学。宋代私学，既包括一些著名学者开办的学术水平较高的书院，也包括一般的村塾乡学，还有家族或私人家庭的蒙塾。宋代私学的教育活动非常活跃，初等蒙学的基础教育大多为私学所包揽，因而出现了私学蒙学化的倾向①。随着私学蒙学化趋势的增强，蒙学日益普及，蒙学教材从数量和质量上都有所突破。《十七史蒙求》便是其中影响很大的一部历史类初级教材。同时，《十七史蒙求》又是宋代以后“蒙求体”童蒙读物中，在体裁和形式上日趋成熟完备的一部，并对其在人文教化功能方面的价值有更为清晰的认识。

《十七史蒙求》的作者王令，初字钟美，后改字逢原。生于宋仁宗明道元年（1032），卒于嘉祐四年（1059），享年28岁。王令原籍魏郡元城（今河北省大名县）。5岁丧父母，随叔祖乙居广陵（今江苏扬州），遂占籍为广陵郡人。据其门人刘发《广陵先生传》云：“年十数岁，昼从群儿嬉，夜独诵书，往往达旦不眠，率以是为常。未尝从师为辞章，即雄伟老成，人见之皆惊。年稍长，倜傥不羁束，周乡里之急，为不义者，面加毁折无所避，人皆畏而服之。”② 王令16岁时，跟随叔祖乙的长子越石来到瓜洲。第二年，其姊寡居，贫无以自存，于是王令离开寄居10年的叔祖乙而另立门户，到山阳某氏家塾为师，以维持家中生计，从此开始了教书生涯。不久，王令应邀去天长县束氏家塾为师。束氏是王令一生中相交最好的知己之一，他给了

① 具体内容可参阅乔卫平著《中国教育制度通史·第三卷宋辽金元（公元960—1368年）》（山东教育出版社2000年版）、苗春德主编《宋代教育》（河南大学出版社1992年版）二书。

② （宋）王令著，沈文倬校点：《王令集》附录，上海古籍出版社1980年版，第384—385页。

孤苦的王令以经济上的支持和情感上的安慰。

王令24岁时，被高邮知军邵必强邀为高邮学官，后屡次投书得以辞去，重返束氏家塾为师。嘉祐二年（1057），王令至江阴，以聚徒教授糊口。嘉祐三年，王令在王安石的帮助下，娶王安石夫人从妹为妻，年底“以生用之窘”而应人之邀到常州讲学。时王安石任知常州。在江阴、常州时，王令曾为诸生讲《论语》《孟子》，成《论语解》10卷、《孟子解》5卷①。嘉祐四年六月初二，年仅28岁的王令在贫病交加之中离世而去。

王令一生坎坷潦倒，终生为塾师，却学问渊博，在宋代学界名声颇高，他的文集《广陵集》被收入《宋史·艺文志》中。《四库全书总目》对其评价为：“生子曰说，其集即说所编。凡诗赋十八卷，文十二卷，又拾遗一卷，墓志、事状及交游、投赠、追思之作皆附焉。令才思奇轶，所为诗磅礴奥衍，大率以韩愈为宗，而出入于卢仝、李贺、孟郊之间。虽得年不永，未能锻炼以老其材，或不免纵横太过，而使视局促剽窃者流，则固倜倜乎远矣……古文如《性说》等篇，亦自成一家之言。王安石于人少许可，而最重令，同时胜流如刘敞等并推服之，固非阿私所好矣。”②他的《十七史蒙求》一书，在他身后被反复刊刻、广泛流传和使用，直至清代、民国，影响甚巨。

《十七史蒙求》是王令为塾师时，在熟读十七史的基础上，为向学生传授历史文化知识而编撰的一部蒙学读物。该书在《宋史·艺文志》中著录为“《王先生十七史蒙求》十六卷”③。宋徽宗建中靖国元年（1101）英州刺史王献可撰《王先生十七史蒙求》序言：“先生讳令，字逢原。少有英誉，大丞相王文公深器重之。旬月不见，即以诗思之，曰‘力排异端谁助我，忆见夫子真奇材’，概可知矣。先生富学该博，十七史书莫不通究。其间圣君、贤相、忠臣、义士、文人、武夫、孝子、烈妇，功业事实以类纂集，参

① 《宋史·艺文志》著录为：“王令《〈论语〉注》十卷”（第5067页）、“王令《孟子讲义》五卷”（第5173页）。

② （清）永瑢等：《四库全书总目》卷153《集部六·别集类六·广陵集》，中华书局1965年版，第1325—1326页。

③ 《宋史》卷207《艺文志·第六》，中华书局1977年版，第5297页。

为对偶，联以音韵，分为十六卷，目曰《十七史蒙求》，以资记诵讨论。”① 《十七史蒙求》在南宋淳祐九年（1249）刊刻，陈振孙《直斋书录解题》卷14、《景定建康志》卷33《史书之目》中均有著录。金代著名学者元好问撰《十七史蒙求》序：“安平李瀚撰《蒙求》二千余言，李华作序，李良荐于朝，盖在当时已甚重之。迄今数百年之间，孩幼入学，人挟此册，少长则遂讲授之。宋王逢原复有《十七史蒙求》与瀚并传。”② 且忆其20余岁（金至宁元年，1213年）时，住太原学舍，有交城吴庭秀兄弟对其言：“逢原既以《十七史》命篇矣”云云。可见王令《十七史蒙求》在北方金朝的传布，并为金朝学者所熟悉看重。

王令纂辑的《十七史蒙求》，是继李翰《蒙求》后出现的又一部另辟蹊径的以传授历史知识为宗旨的历史蒙学书。它借鉴了《蒙求》，同时也超越了《蒙求》。其编写方法是，从“十七史”中，将中华四千年间的圣君、贤相、忠臣、义士、文人、武夫、孝子、烈妇的功业事实，以类纂集，互为对偶，联以音韵，以资记诵讨论，可谓是“一本以历史人物故事纂集起来的蒙学读物，这既反映了纪传体史书以大量历史人物为中心的特点，又便于蒙童以记诵对偶联韵的句式而掌握历史知识”③。其写作形式，大体每四言成事题，以为一事，两事（八字）为一篇题，不拘故事发生的年代顺序，只求上下两事题成对。篇题后摘录史书相关史事，以予详说。如卷7有“腹稿王勃，宿构仲宣”事题：

> 腹稿王勃　宿构仲宣
>
> 唐王勃，字子安。善文辞，初不精思，先研墨数升，则酣饮引被覆面卧，及寤，援笔成篇，不易一字，时人谓勃为腹稿。尤善著书。
>
> 《魏志》：王粲，字仲宣。善属文，举笔便成，无所改定。时人常以为宿构。然王复精意覃思，亦不能加也。著诗赋、论议，垂六十篇。④

---

① 曾枣庄、刘琳主编：《全宋文》卷2109，上海辞书出版社、安徽教育出版社2006年版，第97册第59页。

② （金）元好问：《元好问全集》卷36，山西人民出版社1990年版，第28—29页。

③ 瞿林东：《史学与大众文化》，《史学史研究》1994年第2期。

④ （宋）王令纂辑：《十七史蒙求》卷7，岳麓书社1986年版，第81页。

《十七史蒙求》共16卷，其中前14卷每卷48事，后两卷每卷64事，共800事。不知为何故，目前所查到的各种本子，最后4事皆遗失，因而目前仅有796事，共3184字。《十七史蒙求》主要取材于“十七史”。“十七史”是宋朝人对当时正史的统称，包括:《史记》《汉书》《后汉书》《三国志》《晋书》《宋书》《南齐书》《梁书》《陈书》《魏书》《北齐书》《周书》《隋书》《南史》《北史》《新唐书》《新五代史》。《旧唐书》和《旧五代史》的成书都在《新唐书》和《新五代史》之前，但宋人只承认后者，不承认前者，故合计为“十七史”。其中《后汉书》包含范晔的《后汉书》的纪传和司马彪的《续汉书》志。

《十七史蒙求》共796事，其中有7事上下事题联属于同一事件，选自同一出处；有14事内容两两重复。因而在事实上，《十七史蒙求》的选材仅有782处。我们对其书内容予以查考，知其取材于“十七史”的共有673事，高达86%。包括《史记》《汉书》102事，《后汉书》98事，《晋书》111事，《三国志》60事，《北史》《隋书》57事，《魏书》2事，《南史》59事，《新唐书》178事，《新五代史》6事。《宋书》《梁书》《北齐书》《南齐书》《陈书》《周书》均未涉及。当然《十七史蒙求》中也有一个事题解释引数处史书的现象，这里没有全部统计，一条只统计其最主要的出处。

据统计，在《十七史蒙求》全书673事中，占比例最大的是《新唐书》，约为22.7%，其次是《晋书》占14%，两汉时期的《史记》《汉书》《后汉书》占25.5%，《三国志》占7.6%。很明显，《十七史蒙求》的选材集中分布在汉唐时期，约占48%，这与当时的科举考试也有一定的关系。唐朝科举考试设置史科，当时的谏议大夫殷侑奏请置“史科”时，即阐明“历代史书，皆记当时善恶，系以褒贬，重裕劝戒。其司马迁《史记》，班固、范煜（晔）两《汉书》，音义详明，惩恶劝善，亚于六经，堪为世教”①。并提出史科考试内容为《史记》、两《汉书》、《三国志》。“史科的设置，在立意上首先并不着眼于历代史书的‘史’的特征，而在于《史记》等‘音义详明，惩恶劝善，亚于六经，堪为世教’的意义，也就是这些史书在此已被赋予了‘亚

① （宋）王溥:《唐会要》卷76《贡举中》，中华书局1955年版，第1398页。

经'的地位，成了儒家经学的延伸与辅助。"① 到了北宋科举考试时，仍设三史科，可见进行历史蒙学教育，不仅是上层建筑的需要，同时也是加强道德教化所必不可少的。

《十七史蒙求》的取材除"十七史"外，还涉及其他史书，如《左传》《国语》《吕氏春秋》《列女传》、谢承《后汉书》《东观汉记》《华阳国志》《汉晋春秋》《魏略》等；还有一些子部、集部书文，如《战国策》《晏子》《韩非子》《韩诗外传》《新序》《新书》《说苑》《风俗通义》《搜神记》《世说新语》《韩愈文集》、西汉扬雄的《逐贫赋》等；还有一些史志不常记载的书，如《杂记》《阙子》《冢书》《类林》《王隐交广记》《先贤传》等。此足以说明该书的取材范围广泛，符合以历史知识为主的综合教育。

关于王令《十七史蒙求》的版本，最早是在北宋时就有王献可刊本，可惜已不见。清康熙间程宗璜校刊本，底本是清初朱竹垞据华溪徐氏所藏宋刊本进行手抄的写本，徐氏所藏即南宋乾道己丑年（1169）刊刻的麻沙本，朱氏的手抄本是朱袭远带给程宗璜的。清道光戊申年（1848）又有重刊《十七史蒙求》。宋乾道己丑年刊刻的麻沙本，距王令在世仅百年，基本上反映出王令《十七史蒙求》的原作面貌。

二、《十七史蒙求》的训蒙理念

我国古代的蒙学教材，其内容大多"首先是宣扬灌输封建的伦常道德，培养封建伦常的思想意识；其次是要能掌握文字工具，能够认识文字的阅读应用，又能掌握一定的自然知识、生活知识与历史知识；再就是在这基础上作深造进修或应科举考试的准备"②。《十七史蒙求》以封建伦理道德教育为主线，把对儿童的道德启蒙教育，很自然地与历史知识结合起来，从而使道德教化成为其蒙学教材的一个重要的指导思想。《十七史蒙求》的道德教育，

① 陈飞：《唐代试策考述》，中华书局 2002 年版，第 82 页。
② 毛礼锐、瞿菊农、邵鹤亭编：《中国古代教育史》，人民教育出版社 1983 年版，第 378 页。

主要是教孝悌、教为善、教三纲、教五常等，其中既有中华民族的传统美德、为社会所公认的处世准则，同时也有一定的封建糟粕。

（一）明人伦为道德思想的核心

所谓“明人伦”，就是要明确复杂的人与人之间的关系。传统儒家将复杂的人际关系概括为“五伦”，即“君臣、父子、夫妇、兄弟、友朋”，旨在强调关系各方的区别，同时也赋予了双方双向的相对的义务，即君惠臣忠、父慈子孝、夫义妻顺、兄爱弟敬、友朋相旧。随着小农经济的发展，社会关系日趋复杂，为进一步规整新型的社会关系，必然树立新型的社会伦理标准的权威。为了适应这一需要，历代对“五伦”不断地进行改造，并把“君臣、父子、夫妇”这一封建社会最基本的社会关系，从“五伦”中提取出来，使“父慈子孝、君惠臣忠、夫义妇顺”的双向伦理关系上升为“父为子纲，君为臣纲、夫为妻纲”的片面等级服从。

这些封建伦常在《十七史蒙求》中处处彰显。在君臣关系方面，教育儿童要明确君臣之间的主从关系、尊卑地位及应尽的义务，宣扬忠君思想，同时也进一步明确了臣下对君上应尽的义务。如卷 13“辛勉引药，李业饮毒”，鲜明地彰显了在古代伦理思想框架下，忠臣不事二主、臣下对君上的绝对效忠精神；同时亦将宣传正统的历史观念与忠君思想紧密相连，寓道德情操教育、爱国主义教育于历史故事的宣讲中。忠君思想虽在一定程度上具有愚忠的教条性，甚至以扭曲人性为代价，但不可否认，这种忠君意识，尤其在北宋内忧外患的背景下，对于稳定社会、组织民众抗敌，无疑是有积极作用的。王令在宣扬忠君报国的同时，在一定程度上也超越了传统蒙学教材。如卷 10“戎职弑懿，张范杀飞”事题，通过君无道、臣下弑君的事例，倡导君惠臣忠，试图恢复儒家本原的君臣之间“君使臣以礼，臣事君以忠”的双向道德责任关系，在一定程度上丰富了儒家伦理道德的内涵，在当时来说是难能可贵的。

在家庭方面，主要强调父子和夫妇伦常关系。对于前者来说，要求子女谨遵家庭伦常，绝对服从父母，以孝事父母。如卷 7“考叔施郑，茅焦说秦”事题，把明家庭人伦上升到与国家社稷安危紧密相连的高度，整个社会下至百姓、上至皇帝都要以孝来规范行为。在父子伦常关系上，《十七史蒙求》很少记述绝对强化家长制地位的篇章，可见王令对于家庭伦理观念在予以肯定的同时，亦对其中的精华糟粕进行适当取舍。在夫妻关系上，宣扬“夫为妇纲”“男尊女卑”“三从四德”。尤其在家庭中，主张妻子要绝对尊重和服从丈夫，甚至为丈夫献身，卷 15“操之算尽，子季德延”事题即是明显的例证。卷 8“叱狗去妻，骂婢出妇”事题，要求妇女不仅要事夫如事天，而且要做孝媳。卷 16“孟光操作，少君挽提”事题，宣扬了丈夫在家庭中的主导地位，但更强调女子“四德”，尤其对妇女的温柔贤惠、勤俭持家、和顺谦让、通情达理、任劳任怨的美德大加赞赏。关于封建礼教对妇女的束缚，王令也极为不满，如卷 4“黄昌获妇，庞母得翁”事题，即是对合情合理的夫妇伦常给予充分的肯定，而对那些束缚妇女的严苛制度规定予以批判。

由此可见，王令站在国家民族的立场上，以封建伦理道德为教育内容，把君臣关系推及家庭，首先教育儿童要“明人伦”，即明确封建社会最基本的人伦：君臣、父子、夫妇之间的主从、尊卑关系，从而使自己的言行举止符合人伦礼仪规范。这对于稳定社会、巩固封建专制主义统治有积极的作用。王令也看到凡事沿袭祖宗家法，难免使人暴露出守旧、奴性的一面，因而选取许多反映各主体之间既能明确双方关系、又能尽双方责任的历史故事来教导儿童，这无疑是有进步意义的。

（二）强化作为道德基础的孝悌

孝悌是儒家教育思想的基础，在各个朝代都加以尊奉，它在中国传统道德体系中，居于核心和根本地位。孝亲是孝悌思想的一个重要方面，古人云：“鸦有反哺之义，羊有跪乳之恩。”孝道是人类晚辈应尽的责任和义务。民禀五常，仁义斯重，士有百行，孝敬为先。历代法律皆规定不孝为十恶之一，旌表孝悌一直是社会教化的重要方面。

在北宋，统治者“以孝治天下”，在社会上引起了很大的反响，士人追求孝悌名节，在一定程度上纯化了社会风尚。孝亲本意是善事父母，要求为人子能从衣、食、住、行、思想上照顾老人。如卷 16“文德菜茹，季伟草蔬”事题、卷 4“张敷缄扇，范乔执砚”事题，不仅充分体现了子女在生活上对父母的赡养，更体现子女在思想上尊敬父母这一孝的最高境界。对父母物质上的奉养远远不够，关心父母的病痛是讲求孝道之关键。卷 13“戎峤悴貌，良伯毁容”事题，对于居丧守制，王令给予了充分肯定，但未必一定要“量米啜粥”，只要“情佚”即可。在孝道发展到极致的宋代，《十七史蒙求》通篇亦未提及将精神上的孝亲意识转化为肉体上的孝亲行为，这种变通及取舍更具有人性，不仅教导儿童善于思辨，更是对封建礼法的一种挑战。

友悌是处理兄弟关系的道德准则，是儒家道德体系核心的另一个组成部分，也是处理家庭关系的重要道德规范。维系兄弟友悌的纽带是他们的血缘之情，兄弟友悌要求家庭成员相亲相爱。如卷 3“乳饮兄弟，经授母子”、卷 5“自楚谏母，求答代兄”、卷 11“赵孝替弟，季江代兄”等事题，充分阐述了兄弟同根而生的亲情因素，不仅积极倡导兄弟相亲互相帮助，更主张互相礼让。卷 3“子过不食，弟争自挝”事题，则高度赞扬了兄长因友让而避免一场兄弟争财、家庭分裂的高尚道德情操。王令《十七史蒙求》通过彰显兄友弟恭倡导兄弟相爱、和睦相处，从而有效地维护了家庭团结。王令又把友悌精神推及一切长于己、社会地位高于己的人，则不仅有利于家庭稳定，整个社会、国家亦会因此而秩序井然。

王令还站在国家民族的立场上，有机地把孝悌思想与忠君报国结合在一起。如卷 12“兄弟祸难，父子忠孝”事题，大力宣扬“兄死君难，弟死兄祸”“父为忠臣，子为孝子”，一时美名远传。这种忠君孝悌的思想，虽带有一定的愚忠、愚孝色彩，但对于浓化代与代之间、人与人之间的亲情，密切家庭关系，减轻社会负担具有重要的意义；同时以此对儿童进行爱国主义教育，亦不失为一种好的教学方法。但这种忠君孝亲、兄友弟悌的思想，在一定程度上与宋“旌表孝德孝行，树立孝范楷模”是分不开的。卷 4“表邵门间，赐张缣帛”事题，记述了《南史》武陵邵荣八世同居、唐张公艺九世同居的故事，这表明孝悌不仅表现于个人的孝亲行为，还表现在大家族中家庭关系的维系。为了嘉奖这种孝悌精神，天子不仅诏表门间，而且还蠲免租税、赐以缣帛，给予令人羡慕的经济实惠，这对于普通百姓来说无疑是一种莫大的吸引。旌表孝悌是直接由天子赐予的一种崇高政治荣誉，代表最高皇权对被旌表者行为的一种高度评价和特殊表彰，因此一旦被朝廷旌表，其行为模式便必然为社会所认同和推崇，被旌表者本人也必然成为世人所仰慕、效仿的楷模。正是一批批孝悌楷模的不断被旌表，形成了宋代民间社会讲孝行悌的浓厚孝文化氛围。

中华民族是重孝道的民族，对长辈的孝顺被认为是维系家庭和谐、亲族团聚和整个社会繁荣与稳定的永恒出发点。《论语·学而》："君子务本，本立而道生。孝弟也者，其为仁之本与！"① 只有真正尽孝道，才称得上是君子人格。家庭是社会的细胞，孝悌是维系家庭内部关系的伦理范畴，家庭关系的和谐有助于社会的稳定。如果人人都能做到"老吾老以及人之老，幼吾幼以及人之幼"，不仅能把家庭建成一个稳定的和谐体，而且还能将这种"亲亲"之情推及于整个社会，用它作为处理人际关系、待人接物的准则，那么整个社会也会变成一个人人都互相关心、互相帮助的温暖大家庭。当然，古代的孝悌思想在某种程度上也有保守消极的一面，但在今天我们要汲取精华为社会发展服务。

（三）"诚意正心修齐治平"为道德塑造的辅翼

道德情操的涵养，人生境界的提高，衡量标准以"仁"和"礼"为基准，兼顾其他要求。在儒家思想中，"仁"是最高的道德准则，是成为君子的重要条件，而"礼"是道德规范，是社会人际关系的纽带，是"仁"的社会体现。"礼"的人际秩序内核是仁道，表现为各在其位、各尽其责，因而不仁道的人际关系应该予以匡正。而"仁"和"礼"不会呼之即出，要通过谨慎的内省、艰苦的"克己"才能达到，这就是"诚意正心修齐治平"。"诚意正心"和"修齐治平"的过程，正是对每一个人的严格考验。通过修身正心克制个人非分的欲望，限制对私利的追求，不为利己而损人，不为个体利益而损害社会利益，这才能使自己的言行合乎礼的规范，真正达到儒家理想的"怀仁"和"知礼"的人格高度。

王令编纂《十七史蒙求》于此颇花笔墨。首先，要磨砺人的意志。

---

① 杨伯峻译注：《论语译注》，中华书局1980年版，第2页。

《十七史蒙求》截取了许多历史人物历练道德意志的故事，给儿童树立起新活的榜样。如卷15记载“玉在石间，鹤入鸡群”事题，给予高风亮节的王夷甫、嵇绍以崇高的评价，对其“出污泥而不染，濯清涟而不妖”的高洁人品大加推崇。

其次，高尚的道德情操备受世人推崇，然其更需要自始至终地维持。“见利不忘其义，见死不更其守”，《十七史蒙求》对此十分重视。卷10有“渊明解印，延之脱帻”事题，彰显了陶渊明、卞延之不为“五斗米折腰”，更不为一官半职而折节的刚毅气节，而这种精神气节不是与生俱来的。卷16“偓不草麻，谅固执节”事题，即生动地表现了唐韩偓不愿为宰相母丧草制、不屈从于权贵的高贵品质，更表现出晋王谅坚持正义、视死如归的大无畏精神。卷14“隐甫不屈，挺之负正”事题，更要求人们不为谋富贵而折节，为了守志甚至可以牺牲生命，“天下有道，以道殉身；天下无道，以身殉道”。

再次，完整知识结构的素质要求。追求完整的理想人格，更需要博学多识与完整的知识结构。在《十七史蒙求》中，王令用大量篇章来赞美文人学士。如赞扬李白、杜甫是“李杜文章在，光焰万丈长”；赞扬南朝谢微、唐柳宗元才思敏捷“谢文二刻，柳诗三步”。王令在赞扬文人学士的同时，更注重家世渊源的考察。如卷4“薛家三凰，许氏二龙”事题，即说明童蒙学习的家世环境很重要。王令对于名士十分敬重，如卷1“杞梓韦赵，兰菊裴李”事题、卷13“效泰折巾，慕信侧帽”事题，突出了文人在世人眼中的地位，引起了王令的仰慕。卷13“阮咸莫辩，錞于罕识”事题、卷15“策辩魏鼎，郑悟汉铭”事题，充分说明在知识教育方面，不仅要求学子会吟诗作赋，同时亦要具备一定的历史、音乐、古器物等方面的综合知识。卷10“亮制牛马，钧作车轮”事题、卷6“宇恺造殿，何稠制城”事题等，皆鼓励学生重视创造发明，能够学以致用。

最后，重视人的品德的培养。王令通过对人的品德的规范，来劝导世人对高尚品德的追求。在《十七史蒙求》中，王令要求儿童从小事做起，从基本做起，从而提高自己的道德品行。在仪容、谈吐、举止、穿衣等方面都要符合礼制，反对邪辟，汰去粗俗，从而树立良好的外在形象，纯化社会风气。卷9“赠刀赠带，佩韦佩弦”事题、卷13“王述掷卵，谢密投局”事题，均为引证说明。《十七史蒙求》引用这些事例，并非对儿童要求苛刻，只是希望他们从日常生活的小事做起，养成良好的行为习惯，推行“养成教育”。《十七史蒙求》在彰显仁礼的同时，并不反对适度的刑罚，如卷15“刘宽苇杖，伯谦皮鞭”事题，即以鞭、杖罚民以“示辱”，从而达到实现以仁德化民之目的。

《十七史蒙求》在道德修养方面，还有许多有益教化的内容，如教育儿童操守专一、保持品德的纯洁、交友要重道义、待友要谦让、注意节俭、知恩图报等，都是值得继承和发扬的。王令所强调的道德修养、“为人之道”，虽然摆脱不了效忠封建统治者的历史局限，但其更多地阐扬了传统道德中优秀的东西，通篇洋溢着处境艰难时不失掉仁义、春风得意时不背弃原则的思想意识，至今都是一个亮点。

概而言之，《十七史蒙求》强调以“五常”——仁义礼智信为核心的道德准则来规范人们的处世之道，它与“三纲”互为表里，共同构筑了封建社会的伦理大厦，规范了封建社会的道德秩序。儒家教育的目的是培养德才兼备的治术人才，这就决定了教育既要提高学生的道德修养，又要使学生掌握文化知识，具有一定的思维能力和应世从政的本领。王令在《十七史蒙求》中处处彰显了这一要旨，其所体现的最高人生价值，就是为封建统治者培养“穷则独善其身，达则兼善天下”的人才。

三、《十七史蒙求》的评价与思考

《十七史蒙求》的现代审视，对我们当今的教育不乏借鉴意义，虽微带糟粕，但其中精华尤应重视。更重要的是，在有人大力提倡读经、读古文的今天，我们应该以一种什么样的心态去面对？是一味的盲从还是一味的赞扬？是坐下来仔细品读还是盲目鼓吹？这些都需要我们思考。基于此，对《十七史蒙求》的评价与思考尤显得更为重要。

第一，对素质教育的借鉴。《十七史蒙求》以封建伦理道德教育为主旨，贯穿仁义礼智信的说教，兼顾文化、艺术、军事、科技等综合知识教育，主张学以致用，重视儿童加强自我修养、完善人格等。其所体现的以德育为主，集文化科学教育、能力教育于一体的全面教育格式，在一定程度上促进了人的全面发展，部分地体现了现代素质教育的特点。

从二十世纪八十年代中晚期起，我国开始倡导素质教育，至今在全国教育界已经取得了初步共识，并在全国范围的实践中逐步展开。但至今为止，在应试教育的导向下，学校只管学生的教育，不管他们的发展和去向，直接导致教育与时代需求相脱节。学校只重学生的升学，而不重他们的就业，即使正在实施素质教育的学校，也出现了一些误区：有的直接把素质教育和西方的素质教育对等起来；有的把实施素质教育和现行的应试教育对立起来，甚至认为实施素质教育就是放松了对教学质量的要求；有的认为素质教育就是“专长”和“全才”的教育；更有甚者认为实施素质教育就是要给学生减负，甚至把减负由减掉学生过重的负担变为盲目地减，以致把学生减到不学无术的地步。从这个角度来说，王令《十七史蒙求》中所倡导的综合教育对当今素质教育的改革具有一定的参考价值，并推动我们去重新审视素质教育的内涵。

原国家教委副主任柳斌曾提出，素质教育有三个要义：一是面向全体学生，二是使学生德智体全面发展，三是使学生主动地发展。[①]《十七史蒙求》所体现的德育为主、智德并进的思想，在教育方面倡导自学、讨论辩难、鼓励学术争鸣、鼓励发明创造等，在一定程度上正突出了学生的主体地位，同时也体现了我们国家当前的教育方向。江泽民同志在第三次全国教育工作会议上明确指出：“教育是知识创新、传播和应用的主要基地，也是培养创新精神和创新人才的摇篮。教育在培养民族创新精神和培养创造性人才方面，肩负着特殊的使命。”王令所倡导的素质教育理念，虽然不够全面，仍存在诸多局限，但在当时来说可谓识度高远，对于今天的素质教育具有重要的指导意义。

有学者指出：“过弱的文化陶冶，使学生的人文素质和思想底蕴不够；

---

① 柳斌：《关于素质教育的再思考》，《人民教育》1996 年第 6 期。

过窄的专业教育，使学生的学科视野和学术氛围受到局限；过重的功利导向，使学生的全面素质培养和扎实的基础训练受到影响；过强的共性制约，使学生的个性发展受到抑制。”① 当前中等教育中存在的诸多问题与我国当前提倡的素质教育极为不适应。我们应该借鉴前人的宝贵经验，择其善者而从之，择其不善而弃之，继承和发扬中国古代传统文化的精华部分，从而为社会主义新文化的建设与发展提供历史的营养。在当代，尤其要真正做到德育为首，认真研究现代儿童思想品德，既要发扬传统美德，又要针对时代特点抓好德育工作，使素质教育能够真正面向全体学生，使全体学生在德智体美劳诸方面全面而主动地发展。中国的教育必须是以儿童为本位的教育，不是不符合年龄段的思想灌输。

第二，推动了史学的普及和丰富了我国文化的内容。正如瞿林东先生所言：“史学对文化积累所起的作用，对民族文化发展所起的作用，就是在不同方面发挥的作用。”② 史学提供的历史知识和积累的思想材料，推动了思想家和文学家的研究和创作，他们撰写的大量著作被保存了下来。《十七史蒙求》所选内容以人物为中心的故事居多，声情并茂，易为儿童接受。正是在这特殊的时代背景下，史学的特殊功能用以一种特殊的形式得以展现。

《十七史蒙求》作为蒙学的通俗化读物，对大众文化产生影响，并以自身的优势推动了史学的普及。历史类蒙学读物作为文化史的一部分，其中蒙学读本中所讲到的历史人物、所作的历史评价，都代表了当时史学家的认识；书中所反映的历史观点，在当时也是比较进步的。所有这些，对于普及历史知识、文化知识都是有启发作用的。

普及化的历史知识，是滋润大众文化的营养。其前后出现的《百家姓》《三字经》《千字文》《幼学琼林》等一系列蒙学读物，能够家喻户晓的原因亦在于此。章太炎在《重订三字经》题辞中指出：“余观今学校诸生，几并五经题名，历朝次第而不能举，而大学生有不知周公者，乃欲其通经义、知史法，其犹使眇者视、跛者履也欤？今欲重理旧学，使人人诵《诗》《书》，

---

① 刘梦溪：《今天为什么还要阅读经典》，《中国大学教学》2004 年第 3 期。

② 瞿林东：《史学与大众文化》，《史学史研究》1994 年第 2 期。

窥纪传，吾之力有弗能已！若所以诏小子者，则今之教科书固弗如《三字经》远甚也。”① 今天的史学，今天的大众文化，需要用新的眼光、新的角度来考察。重新审视王令的《十七史蒙求》启示我们，历史知识的普及，是今天史学发展和大众文化发展的滋润剂和泉源。

第三，对当今教材编纂有启发意义。《十七史蒙求》的编写，非常注意教材对儿童的适应性。从年龄特征和学习心理来说，儿童爱听故事，容易接受具体事物，把讲故事与讲历史结合起来，儿童喜欢听，且记得牢。《十七史蒙求》的编写形式仿李翰《蒙求》，四字一事题，每事题讲一个历史人物和故事，将经传中善恶事实相近或相反的事例两两类比，事题的形式多为主谓结构，每两事为一组事题。采用押韵对句形式介绍历史人物与掌故，文字简洁，善于概括历史人物的特征，既容易记诵，又容易理解。极大地提高了儿童学习兴趣和记忆效果，同时也增长了儿童的知识，为他们进一步学习和写作打下了基础。

王令《十七史蒙求》在编写时，还注意不断拓宽知识面，注重从不同角度教育儿童、丰富儿童的知识结构。并尽量将蒙童喜闻乐见的事情融入其中，使知识教育、伦理道德教育等抽象概念形象化、具体化，紧密结合儿童身心发育特点。正如历史学家周谷城在《传统蒙学丛书》序中所说：“有的蒙学书能够长久流行，为社会长期接受，在传授基本知识、进行道德教育、采取易于上口易于记忆的形式等方面，确实有其长处和优势，是不能也不应一笔抹杀的。仅仅在这一点上，即自有其文化史和教育史上的价值。”② 由此可见，蒙学教材编写的成功经验给当今教材的编写以重要的启示和必要的借鉴。

当然，由于时代的局限性，《十七史蒙求》不可避免地存在许多不足之处：带有一定的宿命论和迷信色彩；教育内容及方法单一，过分强调记诵，不利于调动学习的积极性；过于重视伦理道德教育而不能充分发挥儿童的创造性。但是，我们不能“因噎废食”而忽视蒙学教材中的思想文化。时值中

① 上海人民出版社编，虞云国、马勇整理：《章太炎全集》，上海人民出版社 2015 年版，第 405 页。

② 钟敬文等主编：《古书一叶》，中国广播电视出版社 1997 年版，第 449 页。

华文明的伟大复兴之际，中国传统文化面临着“继往圣之绝学”的转折点，传统文化的传承与复兴，离不开对中国童蒙文化的挖掘和传承。因此，对以《十七史蒙求》为代表的蒙学教材及其蕴含的思想进行深入系统研究，总结历代童蒙文化的教育、思想价值，对培养中华民族的核心价值观、树立民族自信、实现中华民族的伟大复兴，具有重要战略和现实意义。

贺瑞麟与养蒙书

田建荣*

摘要：贺瑞麟，恩贡生，清末著名理学家、教育家。曾因科举困顿，遂弃举业，毕生致力于推崇程朱理学。为了从根本上正风化，建立起做人的基模，贺瑞麟虽然主要在学古、正谊等书院从事讲学活动，但非常重视童蒙教育，特别是重视“养蒙书”的纂辑和校订，其主持刊刻的大型丛书《西京清麓丛书》中除理学著作外，再就是有大量的“养蒙书”。其本人还亲撰《清麓训词》，修订《女儿经》，对我国古代童蒙教育和蒙学读物的保存、整理和传播做出了自己独特的历史贡献。

关键词：贺瑞麟；养蒙书；《清麓训词》；《女儿经》

贺瑞麟（1824—1893），字角生，号复斋，陕西西安府三原县城北关西潭巷人，清末著名理学家、教育家、书法家。年 17 岁进学，19 岁科试一举夺魁，名声大振，其后三试乡闱不中，从此绝意放弃举业，主要从事读书治学，并劝诫弟子、亲朋远离科举。先后主讲学古、鲁斋、正谊、宏道、味经等书院 20 余年。他以科举之学专务虚名、不求实事而厌弃之，并在书院办学中不开“帖括八比”之课，学兼体用，成为当时关中颇有影响的学者。贺瑞麟一生对程朱理学的宣扬不遗余力，故在理论思辨上发挥得比较少，个人著述也不多。但他主持的书院专门设立传经堂，主要刊刻贺瑞麟校著

* 作者简介：田建荣，教育学博士，陕西师范大学教育学院教授、博士生导师，主要研究方向为教育史及高等教育。

的先儒之书等理学著作。所以后人有关贺瑞麟思想的研究主要集中于他的理学思想，常常是作为清代理学家或者关学的重要人物出现在相关研究著作中。如张岂之著《陕西通史·思想卷》①、龚书铎主编《清代理学史（下卷）》②、方光华等著《关学及其著述》③以及李钟善等主编《陕西历代教育家评传》④和陕西省地方志编纂委员会编《陕西省志·教育志》⑤以及三原县志编委会编《三原县志》⑥等都有关于贺瑞麟的专节或作为重要部分的阐述。此外，在陕西地方史志相关研究以及历代家训中也会提到贺瑞麟。网络上则有一些贺瑞麟的生平介绍和书法作品。今人专门的贺瑞麟研究，目前只有陈花艳的《贺瑞麟理学思想研究》⑦和王军丽的《贺瑞麟德育思想探析》⑧两篇硕士学位论文。特别是由贺瑞麟主持编纂的大型丛书《西京清麓丛书》，除保留了40余种程朱及其弟子的著作外，还存有大量的“养蒙书”。本文旨在初步梳理贺瑞麟与我国童蒙读物的关系，以充分肯定其对古代蒙养教育的重要贡献。

一、生平："神童"和"孝子"

贺瑞麟，生于清道光四年（1824）正月十八日亥时，卒于光绪十九年（1893）。姓贺名均，后改名瑞麟，字角生，号复斋，晚清著名理学家。

贺瑞麟的原籍在陕西渭南，康熙十九年，贺氏七世祖辉光始迁居三原乡流堡。同治初元，为了躲避战乱，迁居县内北城西潭巷。其父贺含章，字贞堂，生性耿直，“六岁孤，贫不能书，乃弃儒而贾，往来于吴楚间。生平

① 张岂之：《陕西通史·思想卷》，陕西师范大学出版社1997年版。

② 龚书铎主编：《清代理学史》，广东教育出版社2007年版。

③ 方光华等：《关学及其著述》，西安出版社2003年版。

④ 李钟善等主编：《陕西历代教育家评传》，陕西人民教育出版社1994年版。

⑤ 陕西省地方志编纂委员会：《陕西省志·教育志》，三秦出版社2009年版。

⑥ 三原县志编委会：《三原县志》，陕西人民出版社2000年版。

⑦ 陈花艳：《贺瑞麟理学思想研究》，陕西师范大学硕士学位论文，2012年。

⑧ 王军丽：《贺瑞麟德育思想探析》，陕西师范大学硕士学位论文，2015年。

邃于医理，求诊者踵相接，不少倦亦不索谢，贫者以药资施之”①。总的来说，贺瑞麟的父亲是“贾而精医”②，以贾为生，而其“事母犹孝”③。

贺瑞麟有兄弟五人，序居其季。贺父在“事母之暇，即教之识字”④。特别是贺瑞麟少而聪颖，自幼好学。8岁读四书、9岁读《诗经》，终《小雅》，10岁读《尚书》，11岁时，其父偶尔对曰“半耕半读”，麟对曰“全受全归”，可谓“神童”。至15岁卒读五经，始学文。可见，其父对贺瑞麟的蒙学阶段教育非常重视，他学业精进，在家庭的影响下接受了正统的儒家思想熏陶。

道光二十一年（1841），贺瑞麟17岁，从孝廉王次伯先生读书。王先生是道光辛卯年举人，性情敦朴，博学笃行。王次伯先生每日教授《小学》《道学辨》一二条，以及关学名儒高陵吕泾野书等。道光二十三年（1843），19岁的贺瑞麟癸卯科试取一等一名，颇负文誉，名声大振，但是后来却屡次乡试不第。

可见，晚清的科举制度，已成为对人才的一种束缚，贺瑞麟虽然天资聪颖，而且在科试中曾得过第一名，但在乡试中却连连碰壁。这对于一个立志向上的青年，不啻是一个沉重打击，于是“痛思七日夜，每汗浃背，不能决”⑤。最后决心走自己的学术道路，“一志于道”。从此，他所招收的学生，如果以中科举为学习目的，一律辞谢不收。对于八股文，他同样抱排斥态度⑥。

道光二十五年（1845）三月初四，其父贞堂公谢世。道光二十六年，其母亦相继谢世。年仅23岁的贺瑞麟，接连遭受至亲相继离世的打击，悲

---

① 常敬之：《理学师范，翰墨巨擘——贺瑞麟生平述略》，2014年4月17日，见http://www.xa.gov.cn/websac/cat/981431.html。

② 《贺复斋先生行状》，载（清）贺瑞麟著，王长坤、刘峰点校整理，刘学智、方光华总主编：《贺瑞麟集》（下），西北大学出版社2015年版，第1067页。

③ 常敬之：《理学师范，翰墨巨擘——贺瑞麟生平述略》，2014年4月17日，见http://www.xa.gov.cn/websac/cat/981431.html。

④ （清）张元勋：《晚清名儒年谱》之《清麓年谱》，民国十一年刻本，第406页。

⑤ 《贺复斋先生行状》，载《贺瑞麟集》（下），第1067页。

⑥ 张岂之：《陕西通史·思想卷》，陕西师范大学出版社1997年版，第325—326页。

痛不已。贺瑞麟父母谢世后，他主敬居丧，一遵家礼，颇受称道，是为“孝子”。

道光二十七年（1847），得知朝邑大儒李元春聚徒讲程朱理学。24岁的贺瑞麟不远数百里，即前往拜师从学。李元春听说他能严守父母丧，遂见之不凡后授之学。并且感叹道：“天生伟人，续正学矣。”①

咸丰元年（1851），贺瑞麟28岁，开始授徒龙泉精舍。同年八月，赴秋闱不第。咸丰三年（1853）春，年届而立之年的贺瑞麟，为追思父母潜心圣贤学问，毅然筑麻庐于父墓旁，可谓“大孝子”，并取名“有怀草堂”，从此绝意放弃举业，读书授徒不辍②。

从同治四年（1865）始，贺瑞麟先后主讲学古、鲁斋、正谊、宏道、味经等书院二十余年。曾与山西芮城薛于瑛、朝邑杨树椿切磋道义。薛称“仁斋”，杨称“损斋”，贺称“复斋”，三人并称“关中三学正”③。同治十三年（1874），陕甘学政吴大澂以访举才上疏曰：“贺瑞麟隐居教授，实践躬行，臣屏驱从造庐，所居峪口距城十里，陶室数间，拥书自乐，学以《近思录》《小学》为宗。辑宋元诸儒养蒙书九种教授生徒，循循善诱，恬于荣利，确守程朱。”疏上，奉旨钦加国子监学正衔。④光绪十七年（1891），督学柯逢时又以他经明行修疏奏，得旨赐五品衔。贺瑞麟于光绪十九年去世，标志着清代关中理学的终结。

二、贡献：编刻“养蒙书”数种

贺瑞麟一生谨守程朱主敬、穷理之训。“主敬则以常提醒此心，不令昏放；穷理则首以辨明学术为主，每事必推求第一义。”就是要重道敬业，对

---

① 《贺复斋先生行状》，载《贺瑞麟集》（下），第1067页。

② 陈花艳：《贺瑞麟理学思想研究》，陕西师范大学硕士学位论文，2012年。

③ 陕西省地方志编纂委员会：《陕西省志·教育志》，三秦出版社2009年版，第1393—1394页。

④ （清）张元勋：《晚清名儒年谱》之《清麓年谱》，民国十一年刻本，第499页。

自己所做的学问、所做的事情有一个敬重的态度，学问要专一。在读书方面特别强调，“非圣人之书勿读，无益之文勿观”。“屏去世俗之陋习，而一惟程朱是守，不敢有他途之趋。”在具体方法上，贺瑞麟“以《大学》为规模纲领，以《论语》为操存持养，以《孟子》为扩充体验，以《中庸》为旨趣要归，然后经史子集，专究旁参，可以读天下之书而论天下之事矣！”需要强调的是，贺瑞麟特别指出：“《小学》一书，朱子所辑以教小子之法也。千古学术，于是备矣！”“朱子而后，凡所谓正学纯儒，未有不本于尊信此书而能成者也”，“学者不先是书而他学，窃恐日读四子书，亦不知所以用力”。认为：“《小学》《近思录》后当与四子书并列学宫，并垂天壤。”“学者不学圣贤则已，欲学圣贤而不由此斯二书，是犹立数仞之墙，而浮埃聚沫以为基。航断港绝，潢以望至于海也，必不可得矣。”所以，要以此二书“为下手工夫”，“终日不可离”，要认真研读，精益求精，字求其训，句索其解，寻其去取之意，玩其先后之序，“昼诵而味之，中夜而思之，使之于身，施之于事”①。为此，其后来教人，先以自己所编“养蒙书”授之，次《小学》《近思录》，再及四子书（即四书），而后渐次以至六经。贺瑞麟认为，《小学》《近思录》当与四子书并，而尤加亲切。“学者诚能笃信并谨守之，则一生受用必多”②。由此可见，贺瑞麟对蒙学教育非常看重，也非常重视发挥以《小学》为代表的古代童蒙读物对蒙养教育的作用。

贺瑞麟认为，“世道人心，端由学术，世之非毁正学者，未见其书也。风气转移，必刻正学书，以程朱为宗”。“宗朱者为正学，不宗朱者即非正学，不宗朱者，亦当绝其道，勿使并进”。“尊朱子之学，然后孔子之道尊”。然而“周程张朱之书学士往往老死不见其全，北方流布，又加少焉”。③为此，他极力倡导、支持刊刻正学之书。在贺瑞麟的奔走和努力下，依托书院和乡绅的支持，贺瑞麟编辑的大型汇编杂纂类丛书《西京清麓丛书》开始刊

① 以上转引自李钟善等主编：《陕西历代教育家评传》，陕西人民教育出版社1994年版，第217—218页。

② 《贺复斋先生行状》，载《贺瑞麟集》（下），第1071页。

③ 佚名：《著名理学家贺瑞麟》，2013年10月10日，见http：//www.xyxcw.gov.cn/html/lsrw/1473/372.html（咸阳宣传网）。

刻。丛书的刊印工作主要由刘氏传经堂负责，另有11家印刷机构参与其事。从清同治五年（1866）开雕《弟子规》1卷起，至民国十一年（1922）刊《清麓年谱》克功，先后历时57年。

该丛书根据《中国丛书综录》著录为正编50种、续编62种、外编49种，共161种。丛书所收大抵不出儒家范围。细分之，可分为如下几类：(1）理学名家之书。如宋代大儒真德秀和濂洛关闽之书几尽数收入；明陈建、吕坤，清陆陇其、李光地等人之理学名著也网罗殆尽。(2）忠臣义士之书。如三国时之诸葛亮，宋代宗泽、岳飞，明代杨继盛、史可法之遗集。(3）小学童蒙养训之书。如《小学韵语》《音学辨微》《弟子规》《父师善诱法》之类。(4）史部之书。如《唐鉴》《文庙通考》《历代职官表》等。(5）贺氏自家撰辑及其师友之书。如贺氏之《清麓文集》，其师李元春之《桐阁性理十三论》等①。

《西京清麓丛书》的刊刻既是对理学书籍的重新编印，也是对清代陕西尊崇程朱理学成果的总结。可以说，贺瑞麟主持刊刻理学、小学和女学类书籍，充分体现了其旨在宣扬正学、培育人才、形成风气的思想②。这一刻书思想在《刘东初墓志铭》中有所流露。他说："吾独自愧不能体行斯道以倡学者，窃思有所藉手雕本镂板广传其书，俾读者耳目为之一扩，潜心逊志而有得焉。庶浅见粗识，邪说诐辞，一切似是而非之论举不足惑，则道之明也有日矣！"③由此来看，他是希冀通过正学书籍的流传来传播理学，摒弃杂学。"世多刻正书之人则正道明"即刻书以正风化④。他在《二语合编序》中还特别指出："使童稚读之，养其良知良能，与风俗诚非小补。"⑤正因为如此，贺瑞麟特别重视小学及养蒙书的刊刻，他在主持养蒙书刊刻过程中，不辞劳苦，日夜奔波，点校刻板，并为之撰写精彩序文。

---

① 姚伯岳：《燕北书城困学集》，岳麓书社2010年版，第241页。

② 宋献科：《晚清陕西刻书研究——兼论关中学术思想的演变》，陕西师范大学硕士学位论文，2015年。

③ （清）贺瑞麟：《刘东初墓志》，《清麓文集》卷21，光绪二十五年刘氏传经堂刻本，第78页。

④ （清）贺瑞麟：《徵信录序》，《清麓文集》卷2，光绪二十五年刘氏传经堂刻本，第60页。

⑤ （清）贺瑞麟：《二语合编序》，《贺瑞麟集》（上），第66页。

在《西京清麓丛书》中，辑入的“养蒙书”即有：《弟子规》《真西山先生教子斋规》《程董二先生学则》《朱子童蒙须知》《朱子训子帖》《白鹿洞揭示》《杨园训子语》《清麓训词》《吕近溪小儿语》《吕新吾训子歌》《吕新吾好人歌》《李西沤老学究语》《宫南庄醒世要言》《广三字经》《垩室感录》《父师善诱法》《训女千字文》《吕近溪女儿经》《女训约言》《宋尚宫女论语》《双柏斋女史吟》《杨秀芝女史吟》《四言闺监》等等。这些书除《清麓训词》是贺瑞麟所撰外，其他都是他辑录的，有些还是他亲自抄写。张岂之先生说，他对这类著述是相当重视的①。

另笔者根据古籍善本网及馆藏“西京清麓丛书”书目所列，经筛选大致专门属于养蒙书的就有：

训女三字文	（清）贺瑞麟书	传经堂，清同治至民国（1862—1949）	刻本
女学七种	（清）贺瑞麟辑	传经堂，清同治至民国（1862—1949）	刻本
蒙养书十三种	（清）贺瑞麟辑	传经堂，清同治至民国（1862—1949）	刻本
训蒙千文	（清）贺瑞麟书	传经堂，清光绪十六年（1890）	刻本
训蒙千文注	（清）何桂珍撰	传经堂，清光绪十三年（1887）	刻本
朱子童蒙须知	（宋）朱熹撰	传经堂，清同治十二年（1873）	刻本
养蒙书九种	（清）贺瑞麟辑	传经堂，清同治十二年（1873）	刻本
李西沤老学究语	（清）李惺撰	传经堂，清光绪十七年（1891）	刻本
训蒙诗辑解	（清）张元勋撰	尊经堂，民国八年（1919）	刻本
广三字经		传经堂，清光绪十四年（1888）	刻本
父师善诱注	（清）唐彪撰	传经堂，清同治至民国（1862—1949）	刻本
袁氏世范	（宋）袁采撰	传经堂，清光绪二十一年（1895）	刻本
女儿经		传经堂，清同治九年（1870）	刻本
吕近溪女儿语	（明）吕得胜撰	传经堂，清同治至民国（1862—1949）	刻本
吕新吾续小儿语	（明）吕坤撰	传经堂，清光绪十七年（1891）	刻本
吕近溪小儿语	（明）吕得胜撰	传经堂，清光绪十七年（1891）	刻本
吕新吾先生演小儿语	（明）吕坤撰	传经堂，清同治至民国（1862—1949）	刻本

① 张岂之：《陕西通史·思想卷》，第329页。

续表

明吕近溪先生小儿语	（明）吕得胜撰	传经堂，清同治至民国（1862—1949）	刻本
小学句读记	（清）王建常撰	传经堂，清同治十二年（1873）	刻本
弟子规		传经堂，清同治五年（1866）	刻本
弟子规	（清）李毓秀撰	传经堂，清同治十二年（1873）	刻本
吕新吾训子词	（明）吕坤撰	传经堂，清光绪十七年（1891）	刻本
清麓训词	（清）贺瑞麟撰	传经堂，清同治至民国（1862—1949）	刻本
养正丛编	（清）贺瑞麟辑	清光绪（1875—1908）	刻本
养蒙书，续编二种	（清）贺瑞麟辑	清同治十二年（1873）	刻本
诲儿编	（清）贺瑞麟辑	勉学堂，清光绪十六年（1890）	刻本
养正丛编	（清）贺瑞麟辑	传经堂，清同治十二年至光绪二十五年（1873—1899）	刻本
朱子训蒙诗百首	（宋）朱熹撰	传经堂，清同治十二年（1873）	刻本

三、著述：亲撰《清麓训词》，修订《女儿经》

除编印刊刻理学著作外，贺瑞麟本人也著述颇丰，其代表性著述有《清麓文集》23卷，《清麓日记》5卷，《清麓答问》4卷，《学生书院杂文》20篇。编著有《朱子五书》《信好录》《诲儿编》《养蒙书》《女儿经》《清麓文钞》《清麓年谱》《三原县新志》等。其中，贺瑞麟纂辑的《诲儿编》，收录在作者自辑的《西京清麓丛书续编·养正丛编》中，具有蒙学和家范的双重性质[①]。而在童蒙读物之个人著作方面，最突出的是贺瑞麟修订《女儿经》，亲撰《清麓训词》(附后)[②]。

据介绍，《女儿经》作者不详，大约成书于明朝，经过不断增删，在民

---

① 徐梓：《中华文化通志·家范志》，上海人民出版社2010年版，第276页。

② 载《贺瑞麟集》(下)，第1098—1099页。

间广为流传。主要版本有明万历、天启年间赵南星加注刊印的《女儿经》，天津高氏版的《裘氏女儿经》，清同治年间贺瑞麟订正的《女儿经》，清光绪三十四年（1908）屯溪聚文堂校印的《女儿经》，等等。三秦出版社1990年出版的《蒙养书集成（二）》和2003年出版的由齐蒙编译的《白话蒙学十三篇》都采用了贺瑞麟订正的《女儿经》。而尚圣德主编的《中华经典蒙书集注》（华文出版社2002年版）也采用了贺瑞麟订正本。这些均是因为“陕西三原人贺瑞麟订正的《女儿经》很有特色”①。

其实，贺瑞麟订正的《女儿经》，乃作者据明代以来流传很广的蒙学读物《女儿经》改编而成。全文共88句，1424个字，订正于同治三年（1864）。当时其朋友的女儿要出嫁，作者便把此书作为礼物送给朋友的女儿。贺瑞麟在“跋文”中说：“宜堂张君次女，聪慧甚，君亦最钟爱，尝教之读书字。侍御梁君羲初子永泉。嫁有吉日，余愧无以为奁，赠旧藏《女儿经》。不知撰者姓名，而语最明晓，易记诵，略加改正，遂书与之。闺门之教不先，而伦常因以衰薄，女妇未闻训戒，虽贤者质美，罔知大义；愚者狃于习禀，益成骄妒，又何怪哉？吾乡近稍奢靡，往往以资装丰备为媛，而亲友亦多助以珍物异饰，名曰‘添箱’。至于所以教女者，则未闻也。张君必能去世俗之陋，爱女之实，知在此而不在彼，或且以是为余之解嘲也，亦奚辞。”②

有学者指出，该书名为改编，实际上是一部全新的著作，只不过借用了广为流传的《女儿经》的名字而已。全书改原模仿《三字经》形成的三字一句为七字一句，分《大纲》《细目》《合总》和《广义》四个部分。其中《大纲》是总论，强调女子平常要遵循所谓的“四德”，即习女德、修女容、谨女言、勤女工；《细目》则就上述四个方面进行详细阐述；《合总》表明了编辑大意、主要内容、形式特点以及信从该《女儿经》的好处；最后《广义》除列举历史上11位贤德妇女的事迹让女子效仿外，还举出一些不贤女的不良行为以备女子戒慎。当然，该书与《女论语》《女小儿语》等一样，

① 徐梓：《中华蒙学读物通论》，中华书局2014年版，第107页。

② （汉）班昭等撰：《蒙养书集成》（二），三秦出版社1990年版，第8页。

也采用韵文体裁，句式整齐，多用押韵，语言浅显易懂，道理通俗明白，便于文化程度不高的乡村妇女学习和践行儒家的伦理道德①。

总之，贺瑞麟非常重视童蒙教育，并且把蒙养教育看作是人生之初阶，强调运用童蒙读物奠定做人的基础，尤其重视对《弟子规》《小学》《近思录》的诵读、遵守和体悟，其主持刊刻的《西京清麓丛书》保留了大量的“养蒙书”，这是贺瑞麟在童蒙教育方面最重要的贡献之一。不仅如此，贺瑞麟非常强调与童蒙教育相联系的古代家庭教育和女子教育，不仅自己追思父母做孝子，潜心圣贤做学问，而且新编了《女儿经》，并运用通俗易懂的语言和质朴的文风，取得了良好的教育效果，扩大了传播范围，这些共同构成了贺瑞麟童蒙教育思想的内容和特色，具有重要的历史价值和现实意义。

① 赵振：《中国历代家训文献叙录》，齐鲁书社 2014 年版，第 466—467 页。

明清杂字教材对当前新童蒙读物编写的启示

顾月琴*

摘要：传统蒙学读物历史悠久，内容丰富，不仅注重识字教育，而且注重知识教育和道德教育，促进了古代童蒙教育的发展，并为世人留下了宝贵的遗产。杂字是古代流传在民间的蒙学读物之一，明清时期被广泛运用于百姓子女的识字教育。杂字的体例形式、内容结构及语言编排具有一定的独特性。当前，传统文化的现代价值再度受到瞩目，蒙学读物大量出版，而充分挖掘明清杂字教材的精髓，可以为当前新童蒙读物的编写提供一定的借鉴意义。

关键词：杂字；童蒙；读物；启示

一、童蒙读物与杂字概述

当前社会，随着经济发展水平和教育水平的快速提高，人们越来越重视幼儿教育，并开始关注传统童蒙读物的现代价值。蒙学又称童蒙教育，是我国古代对那些处于蒙昧状态的幼儿进行的启蒙教育。蒙学读物又称为蒙书、小儿书、蒙学教材等，其施教对象一般为五六岁至十五六岁的儿童和青少年。“蒙以养正”是古人惯有的教育理念，认为对此阶段的孩子进行教育，

* 作者简介：顾月琴，教育学博士，苏州健雄职业技术学院科技处副研究员，研究方向为高等职业教育及教育史等。

不但可以启发智慧，并且可以陶冶人格，从而奠定立身处世之基础。作为童蒙教育最重要的资源，我国古代一直重视蒙学读物的编写，远在周秦时期就已编写了很多有影响的蒙学读物。宋元明清时期蒙学读物进入了一个新的发展阶段，此时教材编写经验丰富，除了众所周知的《三字经》《百家姓》《千字文》等识字教育类读物外，还有《弟子规》《小儿语》等伦理道德教育类读物，此外还包括讲授生活常识与农工商技艺的各种杂字。

杂字是我国古代流传在民间的识字教材，明清时期被广泛运用于百姓子女的日常教育。杂字多为市井人士或无名塾师编写，内容贴近生活实际，一般语言通俗浅显并且句式短小。因其简单实用而深受普通百姓的欢迎，明清时期更是成为与“三百千”并行的识字教材。当时，由于社会经济的发展，教育对象的扩大，印刷技术的进步，教材编写经验的积累，明清蒙学教材内容丰富种类繁多，呈现万壑竞流的景象。其中通俗易学的杂字成为普通百姓的首选，被当作中下层百姓子女接受教育的读物，其内容日趋丰富，种类也日趋繁多，达到了杂字教材编写的鼎盛时期。

在教育学领域，关于蒙学教育的研究已引起国内外学者的极大关注，并取得了丰硕的学术成果。相对而言，明清民间杂字教材方面的研究还比较薄弱，但也不乏许多前辈的艰辛探索。其中张志公先生的《传统语文教育初探》[①] 是教育学上首次对杂字教材的关注，其筚路蓝缕之功不可否认。毛礼锐、瞿菊农、邵鹤亭等先生编的《中国古代教育史》[②]，徐梓先生的《蒙学读物的历史透析》[③]，丁钢教授的《中国教育的国际研究》[④]，台湾学者郑阿财、朱凤玉的《敦煌蒙书研究》[⑤] 等著作都对杂字有所介绍。高维国先生编校的《杂字》[⑥] 及李国庆先生校注的《杂字俗读》[⑦] 是对杂字教材的整理校注。这些成果为杂字研究提供了宝贵的素材。

---

① 张志公：《传统语文教育初探》（附蒙学书目），上海教育出版社 1962 年版。

② 毛礼锐、瞿菊农、邵鹤亭等编：《中国古代教育史》，人民教育出版社 1979 年版。

③ 徐梓：《蒙学读物的历史透视》，湖北教育出版社 1996 年版。

④ 丁钢：《中国教育的国际研究》，上海教育出版社 1996 年版。

⑤ 郑阿财、朱凤玉：《敦煌蒙书研究》，甘肃教育出版社 2002 年版。

⑥ 高维国编校：《杂字》，南开大学出版社 1995 年版。

⑦ 李国庆校注：《杂字俗读》，齐鲁书社 1998 年版。

而关于杂字的学术论文，主要有聂鸿音、史金波先生的《西夏文〈三才杂字〉考》[①]、李丽中先生的《漫话“杂字”》[②]、朱凤玉教授的《敦煌写本〈开蒙要训〉与台湾〈四言杂字〉》[③]、王毅教授的《吴国伦和他的〈重订才子杂字〉》[④]、韩吉珍教授的《山西民间“杂字”的职业教育意蕴》[⑤]等研究成果，这些论文主要侧重区域性杂字的考证研究。此外，还有王有英博士的《民间识字课本中的教化意蕴：“杂字”与社会教化》[⑥]和顾月琴的《杂字在日本的流传及影响》[⑦]等研究成果。

由于条件局限，目前我们所见国外关于杂字的研究成果很少，主要有美国学者 Evelyn Sakakida Rawski 的《Education and Popular Literacy in Ch’ing China》[⑧]，该书着重指出自晚清以来作为大众教育重要组成部分的识字教育与中国近代社会变迁的关系。作者将各类杂字分成三组，初步分析了杂字的特点，并指出了杂字的非精英化，高度肯定了杂字对人们日常经济生活诸如租买、雇工合同等的作用。

上述学者从不同时代和角度研究了杂字，相对历史悠久、形式多样，内容丰富的杂字而言，杂字教材对当前新童蒙读物编写的价值还有待挖掘，这就为本文留下了很多研究空间。

---

① 聂鸿音、史金波：《西夏文〈三才杂字〉考》，《中央民族大学学报》1995 年第 6 期。

② 李丽中：《漫话“杂字”》，《津图学刊》1997 年第 3 期。

③ 朱凤玉：《敦煌写本〈开蒙要训〉与台湾〈四言杂字〉》，载《中国俗文化研究国际学术研讨会论文集》，2002 年 9 月。

④ 王毅：《吴国伦和他的〈重订才子杂字〉》，《黄冈师范学院学报》2007 年第 27 卷第 1 期。

⑤ 韩吉珍：《山西民间“杂字”的职业教育意蕴》，《太原师范学院学报》（社会科学版）2016 年第 3 期。

⑥ 王有英：《民间识字课本中的教化意蕴——“杂字”与社会教化》，《西南师范大学学报》（人文社会科学版）2005 年第 2 期。

⑦ 顾月琴、张红峰：《杂字（中国民间识字教材）在日本的流传及影响》，《国家教育行政学院学报》2008 年第 7 期。

⑧ Evelyn Sakakida Rawski，*Education and Popular Literacy in Ch’ing China*，Ann Arbor：University of Michigan Press，1979.

二、明清时期杂字教材的主要特征

（一）杂字体例的多样性

对相杂字。明清时期，为迎合百姓子女识字需求，出现了大量的对相杂字。所谓对相，就是为字词或语句配上相应插图，也即图文对照或看图识字，这些插图中，不但绘制了动植物的形象，而且绘制了相关的活动场景，补充和延伸了文字的内涵和叙述。如《新编对相四言》[①]《中西绘图益幼杂字》[②]《绘图四言杂字》等。其中《新编对相四言》左图右文，两相对照，全书共338个字，306幅图，简单易懂，内容丰富，表意明确，在对相杂字中最具代表性，是中国教育史上第一本看图识字教材，流传甚广。此外佚名撰的《中西绘图益幼杂字》，采用两字短语，上图下文，图文对照，多用口语，亲切自然，介绍了日常生活常见名物，便于幼童边学边记，反映了江浙地区百姓生活风俗迹象。

分类杂字。这类杂字以类编排，内容庞杂，不但涉及天文地理，还列举饮食器具，更有花鸟鱼虫等动植物，几乎囊括了日常生活所有事务，成为百科全书式的小册子。如清光绪年间刊行的《备用杂字》[③]，全文3400多字，二言为一词，分为小菜门、果品门、茶食门至货物门及拾遗杂用门共21类，均为百姓居家之物，如“小菜门”类列“生瓜、茄子、生姜、大蒜”和“田作渔具”类列“铁塔、锄头、牛车”等。此外，如《新锲便蒙群珠杂字》《幼学杂字》《杂字便用》等，时代不同，编者各异，但词汇丰富，分类相似，基本包含天文类、地理类、人事类、饮食类……紧扣自然环境与百姓衣食住行。

释义杂字。释义杂字是指对所举字词进行解释和介绍，这类杂字在杂字教材总量中所占比例不是很大，但它们具有鲜明的特色。主要以清文萃堂

① （明）佚名：《新编对相四言》，清末民初石印本，香港大学出版社1967年版。

② 佚名：《中西绘图益幼杂字》，民国十七年上海昌文书局印行。

③ （清）佚名：《备用杂字》，清光绪（1875—1908）刻本。

刻行王相的《万全世事通考杂字》、清徐三省辑《释义经书便用通考杂字》及宣统年间刻行的《智灯绘图杂字》为代表。其中清徐三省编辑、戴启达增订的《释义经书便用通考杂字》是现存明清杂字中收词较多、分类较细的教材。该杂字分类编排，以词为主，未连属成文，也不押韵，每部收词较多，更适合作为分类词汇字典使用。如“天文类”下共收40个左右条目，作者对抽象的天文现象进行了解释说明：乾坤天地者乾坤之形体乾坤者天地之性情。宇宙四方上下曰宇往来古今曰宙。太极混沌之气，二气阴阳。两仪天地。二曜日月也。三台上台司命焉太尉中台司命焉司徒下台司命焉司空。三光日月星。四象太阴太阳少阳少阴又谓星辰天之四象也。七政日月五星。霜雪露结成霜雨结成雨。这些释义杂字不仅汇聚各类事物名称，并对难读难懂字词给予解释和注音，因此它们除用作识字教材外，还具备字典查阅的功能。①

（二）杂字教育内容的生活化

农业知识。《汉书·食货志上》载：“士农工商，四民有业。学以居位曰士，辟土殖谷曰农，作巧成器曰工，通财鬻货曰商。”②传统中国是典型农业社会，封建统治基础是自给自足的小农经济，农业是国家的根本。在长期生产实践中，百姓积累了丰富的经验，杂字作者将这些农业经验录之于书，既达到识字教育的目的，又传授了农业生产知识。如《绘图庄农杂字》③围绕农事活动或农家生活，上图下文，四字一句，共600多句，合计2400多字。正文不分类，但依次包括学习、农事、建筑、服饰、饮食、梳妆、杂货、果品及器具等部分，作者巧妙地将其连成韵文，语言通俗，朗朗上口，如“冬至月后，急急打场。铡刀切草，不必太长。豆子拌料，将马喂上”，吟诵之间可熟记农业生产经验，兼具可读性与实用性。

商业知识。明清商品经济繁荣，使商业变得有利可图。随着商人财富的增加和地位的提升，人们的价值观念也发生了改变，传统的“重农抑商”“贵义贱利”的价值观开始向“四民皆本”“工商皆本”和“义利并重”的新义利观转变。此时，杂字作者顺应时代潮流，冲破传统崇本抑末思想的

---

① （清）徐三省编辑，戴启达增订：《释义经书便用通考杂字》，南京李光明庄梓行。

② 《汉书·食货志》，中华书局1962年版，第118页。

③ （明清）佚名：《绘图庄农杂字》，上海锦章书局石印本。

束缚，大量传授商业知识和经验。如苏州地区的《五言杂字》点明经商要做到诚信公道、账目清楚，如“开店做生意，公道莫欺生。合伴同搭伙，开张要齐心。拆本开销火，发财店连兴。货高招远客，交易要公平。赊欠须催讨，账目过誊清”①，这些都便于学徒掌握经商之道。

技艺知识。封建社会中，手工业技艺大多采用世袭制，为避免技术外传，他们恪守传男不传女、传内不传外的祖训，从而使技术水平无法得到推广和提高。而杂字作者将百工技艺的技术特点和生产流程编成教材公之于众，简单易学，普及和推广了民间技艺。如清代宋信中的《山头杂字》②，系统记载当地木匠、石匠、泥水匠、银匠等民间工艺的操作要领，叙述详尽，文字朴实无华，通俗易懂，接近口语。此书问世后曾被后人广为传抄背诵，成为当地学童及成人的知识读本。杂字将凝聚了数代人心血、智慧和辛劳的经验用文字的形式进行传承和发扬，促进了民间技艺的繁衍和发展。

（三）杂字语言的通俗浅显

采用方言口语，通俗易懂。杂字一般是由市井中人或无名塾师编写，他们长期生活在民间，熟悉百姓生活习俗，所以内容紧贴实际，语言上也抛弃了艰涩难懂的文言文，而采用民间流行口语，如“男女齐下手，不要坐着玩。织成绸子布，不穿现成钱”“说的咱家话，财主却不然”等③，此外句式简短，结构松散，朗朗上口，便于认记，即使文盲也能听懂，因而深受百姓喜爱。《捷径杂字》用民间口语表现市井百相生活，语气诙谐，如“打架扯皮，相骂啵嘴。关门躲债，设法做情。真真宰相，老老元臣。有样没样，且看世上。”在行书动辄“之乎者也”的古代社会，作者抛弃了艰涩深奥的古文，采用日常用语，读来亲切自然，听来通俗入耳，更易为童蒙传唱接受。

采用韵语形式，易读易记。杂字语言除通俗易懂，具有口语化特点外，有的还用韵语编成，主要有两种形式：一是分类杂字韵语，这种杂字书分类编排，收词较多，有的有词无句，有的能连属成文；另一种是各言杂字

① （明清）佚名：《五言杂字》，清刻本，苏州民间抄本。

② （清）宋信中：《山头杂字》，山东博山民间抄本。

③ （清）马益：《庄农日用杂字》，马维堂供稿，《春秋》1997 年第 1 期。

韵语，这种杂字书不分类，收字不多，全书一贯，基本能连属成文，用四言、五言或六言的韵语，或采用“三、三、七”的句式，读来顺口，富有美感，可当民谣或顺口溜记诵，深受童蒙喜爱。如《绘图庄农杂字》[①] 全文押“ang”韵，和谐上口，形式整齐，生动形象：

> 人生在世，先入学堂（táng）。桌椅板凳，坐杌床帐（zhàng）。
> 南北大炕，书桌摆上（shàng）。五经三传，诗书文章（zhāng）。

这些杂字没有严格的押韵及平仄标准，但用韵语将许多涣散之音联络贯串，尤其是以类相聚的杂字，少了呆板单调而使语句灵动跳跃，节奏更鲜明、声律更和谐，吟诵起来铿锵悦耳。

（四）杂字教育思想的积极向上

重视百科教育。隋唐科举制度的实行，使“学而优则仕”成为世人的最高追求，而四书五经等儒家经典更成为士子读书入仕的法定教科书。他们期盼通过科举考试改变命运，跻身封建社会的统治阶层，因此竭力追求儒家“修身、齐家、治国、平天下”的精英文化，重人文政务而轻自然科学及技能技艺的学习，导致中国古代农工商等实科教育不发达。[②] 就如有学者指出的：“儒家文化具有人文性特征。从先秦开始，儒家在教育内容上就形成了重视人文政务，轻视物理自然，贬抑生产技艺的价值取向”[③]。与传统注重备考的蒙学教材不同，杂字是为满足百姓及其子女的实际生活需求编写，较少抽象的道德说教，而涵盖了农事建筑、五谷花木、鸟兽百艺等百科知识，极大地拓宽了受教育者的视野。它们“句语虽俗”但“人人当读”，只为“字能尽识，用能举笔”[④]，即学即用，具有较强的实用性和知识性。

---

① （明清）佚名：《绘图庄农杂字》，上海锦章书局石印本。

② 顾月琴：《日常生活变迁中的教育：明清时期杂字研究》，光明日报出版社 2013 年版，第 1 页。

③ 王炳照、徐勇：《中国科举制度研究》，河北人民出版社 2002 年版，第 52 页。

④ （清）佚名：《四言杂字》（吉康版），广东陆河民间抄本，东坑彭先生供稿。

重视道德教育。杂字是不受官府认可的民间识字教材，其作者长期生活在民间，深知百姓的喜怒哀乐，他们同情人民的疾苦，因而在重视识字教育和知识教育的同时还融入对童蒙的思想教育，如力倡耕读、孝悌谦让、敦亲睦族、惜时上进等思想，将识字教育、知识教育与思想教育紧密融合，使童蒙在识字初始即受到良好的思想教育而向善向上。如《幼学杂字·人事门》开篇写道："人生事业，孝弟为先。事亲尽孝，为臣必贤"，提倡对父母的孝道。"善恶有报，时日未到。富贵轮流，不必强求"①，"行善自然多福庆，横强必定友灾愆"②，规劝世人多行善事以求多积功德。此外，还提倡勤俭节约的持家之道，如《六言杂字》指出"治家勤俭为本，代客丰盛为尊"，"治家之法，勤俭节用"，"持家宜俭，待客当丰"，"勤俐久住，滑懒一年"。③

随着当前"蒙学热"的兴起，各种新童蒙读物大量出版。而明清杂字在当时不被官方承认的情况下，能够在民间广泛流传，这为我们编写新童蒙读物提供了重要的借鉴。就如周谷城先生所指出，"有的蒙学书能够长久流行，为社会所长期接受，在传授基本知识、进行道德教育、采取易于上口易于记忆的形式等方面，确实有其长处和优势，是不能也不应一笔抹杀的。仅仅在这一点上，即自有其文化史和教育史的价值"④。

三、明清杂字教材对当前童蒙读物编写的启示

（一）丰富的内涵有助于培养幼儿观察探究能力

杂字虽然以集中识字为主，但它包含了丰富的自然科学知识与人文知识，有助于童蒙认识周围世界，发挥知识教育的功能。由于杂字大多都是儿童日常生活中的常见现象和事物，上至天文地理，下至花鸟鱼虫，不但增加了儿童的知识面，而且更有助于培养他们的观察能力和动手能力。如《包举

① （清）佚名：《四言杂字》（吉康版）。
② （明）吴国伦：《吴川楼先生才子杂字》，文奎堂藏板。
③ （清）佚名：《山西杂字必读》，同治元年东昌善成堂刊。
④ 周谷城：《传统蒙学丛书序》，载《传统蒙学书集成》，岳麓书社 1996 年版，第 2 页。

杂字》中介绍了“天地古今，阴阳始终。岁时日月，春夏秋冬”[①]，对自然景观的描述，激发了儿童对大自然的观察和探究热情。由于所处时代和环境不同，当前幼儿多数处于圈养的状态，他们被剥夺了亲近自然的机会，幼儿天生所具的强烈好奇心和丰富想象力无法充分展现出来。新童蒙读物应借鉴杂字的编写特点，将名物常识、历史知识和科技知识紧密融合，通过对社会万物的描述，既使幼童提高一定的识字率，丰富他们的社会知识，同时又通过观察和想象，激发他们探索自然的兴趣和实践的能力。

（二）灵动的韵律有助于培养儿童的语言能力

杂字从二言、三言或四言到十言不等，但以四言居多，语言简洁，句式短小，变换灵活。并且采用押韵的形式，节奏明快，读来朗朗上口，符合学习认知规律，便于初学者记忆背诵[②]。如《幼学杂字》的“农桑门”中有“清明泡种，夏至插秧。乡村四月，割麦人忙”。[③]用精短生动的语言描述了各个季节农业生产活动，简单易学，通过幼童的反复吟诵，增强他们的语感和直觉敏感性。国内外学者长期的教育实践和幼儿心理发展的研究成果表明，3—8岁是掌握语言的关键时期，并且其记忆最佳的信息量是4—6个汉字，对这个时期的幼儿实施早期识字阅读教育，是培养他们语言能力的关键环节。就如章炳麟在《论篇章》中所说“儿童记忆，本以谐于唇吻为宜，古人教字，多用此体”。[④]因此，目前编写的新童蒙读物，应力求简洁有力，采用和谐押韵的形式，便于幼童随口吟诵和记忆。

（三）生动的图文有助于培养儿童的想象能力

二十世纪六十年代开始，随着教育心理学的发展，插图在读物中的重

---

① （明清）佚名：《包举杂字》，清木刻本。

② 顾月琴：《古代识字教材的比较——杂字与“三百千”的相同之处》，《内蒙古师范大学学报（教育科学版）》2008年第9期。

③ （明清）佚名：《幼学杂字·农桑门》，李光明庄刻本。

④ 章炳麟：《论篇章》，转引自张志公：《传统语文教育教材论——暨蒙学书目和书影》，上海教育出版社1992年版，第26页。

要作用越来越得到心理学家的重视。根据美国学者 W.H.Levie 和 R.Lentz 的实验结论来看，插图性教科书与纯文字性教科书相比，对于不善于阅读者更有帮助，使他们容易建立心理表征①。由于插图具有视觉形象性的特点，改变了幼儿的视觉通道，容易引起他们的注意和兴趣，激发思维活动，从而有利于记忆和知识的巩固。并且图文对照，使幼儿能够借助插图对文字内容进行梳理，在头脑中形成鲜明的表象。此外，插图整合了文字的多重描述，有利于幼儿对内容的整体理解消化，减少死记硬背。这样的认知过程，融知识性、趣味性和实用性为一体，尤其适合低年级学生的阅读行为。《新编对相四言》是我国现存最早的看图识字课本，比捷克著名教育家夸美纽斯的《世界图解》早了大约 400 年。这位 17 世纪捷克著名教育家曾认为“当孩子们由于对图画产生兴趣，通过游戏和说笑而使注意力得到集中时，他们将会获得有关世上最主要的事物的概念”②，因此他竭力倡导“对这种年岁进行教导的主要媒介应当是感官知觉”③，尤其是视官知觉。当今世界各国幼儿教育也都在实践着这种思想，幼儿读本也基本采用图文并茂的编排方式，力求做到插图形象逼真、生动活泼，以适合儿童形象思维，化单调为生动，化抽象为形象，从而激发孩子的兴趣和培养他们观察、想象的能力。④

（四）积极的思想有助于培养幼儿的良好习惯

3—8 岁是培养幼儿良好习惯的关键时期，对这个阶段的幼儿进行培养和熏陶，会奠定他们一生的习性和人格基础。我国古代的《礼记·学记》曾明确提出“时”的原则，认为“当其可之谓时”，并说明“时过然后学，则勤苦而难成”。由于幼童的行为习惯和认知发展更多地依赖于成人的帮助引导。因此，通过成人的教诲规范他们的生活习惯、道德习惯和学习习惯就尤

① Levie，W. H. & R. Lentz，“Effects of Text Illustration：A Review of Research”，*Education Communication and Technology Journal*，1982.

② 任钟印选编：《夸美纽斯教育论著选》，人民教育出版社 1990 年版，第 86 页。

③ ［捷］夸美纽斯：《大教学论》，傅任敢译，人民教育出版社 1984 年版，第 228—229 页。

④ 顾月琴：《日常生活变迁中的教育：明清时期杂字研究》，光明日报出版社 2013 年版，第 260 页。

为重要。杂字语言通俗浅显，将一些礼仪要求融入日常识字教育，从而对幼儿产生潜移默化的影响。如《日用时行杂字》谆谆诱导和劝诫儿童应注意各项生活细节："教训读书郎、勤谨第一椿，更深才睡觉、天明即起床；铺盖扯端正、罩子挂两旁，未曾敁鞋袜、预先扣衣裳"，要求儿童珍阴惜时，勤奋学习，"习写文字，时刻莫忘"①，从而培养幼儿严谨有序的生活和学习习惯。此外，杂字还提倡孝顺父母，和睦谦让，与人为善，这些都有助于培养幼儿健全的人格。目前，中国的现状是幼童成为家庭的中心，受到家长的万般宠爱，任性娇惯。因此，在蒙学读物中，注重习惯和道德方面的教育，在其心智初步形成之时就对其进行个人修养的熏陶，有利于他们今后一生的发展。

当然由于杂字作者身处封建时代，受当时主流思想影响，杂字教材中也不乏一些消极的宿命论。但总体而言，这些封建意识在杂字教材中所占比例不大，而进行识字教育、知识教育和道德教育是杂字教材的主要功能。目前，蒙学读物依然是对童蒙进行早期教育的重要媒介，合理科学地应用童蒙读物在幼儿教育中发挥着事半功倍的作用。充分挖掘杂字教材的精髓，古为今用，对当前新童蒙读物的编写和设计具有重要的意义。

---

① （明清）佚名：《绘图庄农杂字》，上海锦章书局石印本。

《弟子规》的意蕴与意义*

徐　梓**

摘要：《弟子规》是在朱熹有关启蒙教育“只是学事”、启蒙教育的使命是养成童蒙良好的行为习惯、铸就一个圣贤坯璞的观点被全社会所接受、道德教育特别是日常生活行为习惯教育受重视的大背景下出现的。它三字一句、简短押韵的句式，入孝出悌、切于传统伦常的内容，都不愧为“开蒙养正之最上乘”。学习《弟子规》有两种方法：一种是知识之学，即把它当作了解传统文化的一个文本；一种是心性之学，也就是将其作为修身养性的指南。无论从哪个角度说，今天阅读《弟子规》依然必要。

关键词：弟子规；蒙学；传统文化教育

前一段时间，有关《弟子规》的争议不断，以至于沸沸扬扬。认同者说它是君子养成的基础，是孩童成长的必要的精神资源，是“圣学的骨干”；反对者说它是“精神雾霾”，是毒害儿童的精神鸦片，是统治者培养奴才和顺民的教科书。之所以会有如此截然不同、完全对立的观点，主要是基于对传统文化的不同认知和迥异态度所致。对《弟子规》是无极限夸赞，还是无底线贬斥，不过是对传统文化好恶的一个缩影。但也有很多说法，是不了解

---

*　本文系 2016 年度国家社科基金重大项目“中国传统文化教育资源的开发利用研究”（项目批准号：16ZDA230）阶段性成果之一。

**　作者简介：徐梓，北京师范大学国学经典教育研究中心主任，中华炎黄文化研究会童蒙文化专业委员会会长，中国教育学会传统文化教育中心主任委员，主要从事国学教育研究。

《弟子规》所致。有的是不了解它的内容和形式，是“花几分钟翻翻”后的臆说；还有的是不了解古人为什么会编写《弟子规》，一个小小的秀才编写的《弟子规》为什么能长期风行？了解了这些——《弟子规》的编写背景、《弟子规》是一部什么样的书，我们再参与有关争论——要不要读？为什么读？怎样读？就会更加着实而不至于游谈无根，更加平实而不只是情绪的宣泄。

一、为什么会有《弟子规》

《弟子规》是一部蒙书，或者说是启蒙教科书。如果我们把它放置在传统启蒙教育的长时段中考察，我们就能很清晰地透视到《弟子规》出现的背景，了解为什么会有《弟子规》，或者说《弟子规》编写的目的是什么。

从教学内容的角度来说，处于起步阶段的我国传统启蒙教育，教育的目的非常单纯，那就是识字。在整个周秦两汉六朝时期，长达1600多年，都是如此。所有的启蒙教材，无一例外的都是识字读本。从相传是周宣王时期的太史籀编写的“周时史官教学童书也”①、被称之为“字书之祖”的《史籀篇》，到秦朝取材于《史籀篇》而编成的《苍颉篇》《爰历篇》和《博学篇》；从汉代“闾里书师合《苍颉》《爰历》《博学》三篇”而成的《苍颉篇》②，到“立语总事，以便小学”的《凡将篇》③；从“蓬门野贱，穷乡幼学，递相承禀，犹竞习之”的《急就篇》④，到流传千古的《千字文》；从篇名上就能看出其启蒙性质的《小学篇》《少学》《始学》《幼学》《启蒙记》，到《隋书·经籍志》著录的诸如《杂字指》《字指》《要字苑》《常用字训》《俗语难字》《杂字要》等林林总总的杂字，都是启蒙识字读物，无一例外。

---

① 《汉书》卷30《艺文志》，中华书局1975年版，第1721页。

② 《汉书》卷30《艺文志》，第1721页。

③ （汉）程大昌：《演繁露》，《景印文渊阁四库全书》，台湾商务印书馆股份有限公司1986年版，第852册，第192页。

④ （唐）颜师古：《急救篇原序》，《景印文渊阁四库全书》第223册，第3页。

隋唐五代两宋时期，我国的启蒙教育突破了前一个时期单一识字的格局，在传统的识字读本之外，又创编了一些形式新、内容新的蒙学教材。从形式上看，有韵语，有偶句，有诗歌，也有不拘短长的格言谚语；从内容上看，更是丰富多样。沿袭了前一阶段的发展路向，识字读物在启蒙教育中仍然占有很大的分量，除了沿用前代所编的《千字文》之外，又编创了《开蒙要训》《百家姓》等广为流传的读本。以《咏史诗》《蒙求》《叙古千文》《十七史蒙求》《历代蒙求》《历代诗》《史学提要》等为代表的历史知识的读物，这时异军突起。诸如歌诀体、蒙求体、咏史诗、千字文体等多种体裁的历史类童蒙读物的出现，表明历史教学在实际教学中占有重要地位。诗歌由于它具有识字、明理，能学习四声平仄、感受对偶韵律等多重复合功能，并具有引发孩童学习兴趣的特点，也受到了人们的重视，出现了诸如《训蒙省题诗》《神童诗》《千家诗》等诗歌读本。适应宋朝理学兴起并在全社会广为传播的情势，这一内容也渗透到了启蒙教育阶段，出现了《性理字训》《伊洛精义》《毓蒙明训》《十一经问对》等学习经学和性理知识的启蒙读物。可见这一时期的启蒙教育，是以知识的教学为主。知识的类型是那样的丰博和多样，以至于学习各种知识都有专门之书，如了解名物有《名物蒙求》，学习天文有《步天歌》，学习医学有《历代名医蒙求》等。“一事不知，儒者之耻。”人们对博学是那么的看重，以至于出现了像王应麟所编的《小学绀珠》那样百科全书式的启蒙教科书。当然，这时的启蒙教育中，也包括了伦理道德的内容，教导童蒙如何为人处世、待人接物，如《太公家教》《童蒙训》《少仪外传》《童蒙须知》《小学》以及《小学诗礼》等。这类读物虽然有越来越多的趋势，但在隋唐五代两宋时期，只是启蒙教育的一部分内容，并不占主导，而且主要是朱熹及其学生在努力。

元明清时期，随着朱熹和朱学被崇奉，在启蒙教育阶段对儿童进行伦理道德教育，被提到了至高无上的地位，相关的教材不仅数量繁富，而且类型多样。综合性的读物往往有这部分内容，传播知识性的读物中也渗透有这一元素。此外，还有大量专门性的读物。如韵语体的《弟子规》《蒙养诗教》《童蒙须知韵语》《教儿经》《女儿经》等；小儿语体的《小儿语》《续小儿语》《女小儿语》《小儿语补》《老学究语》《家常语》等；格言谚语体的《增广贤文》《重订增广》《训蒙增广改本》《名贤集》《一法通》等；散文体的《童子礼》《初学备忘》等；故事和图画体的《二十四孝》《日记故事》《养正图解》《蒙养图说》等。这一内容在启蒙教育中声誉日隆，地位显赫，和朱熹的倡导直接相关，和朱熹在南宋以后的地位和影响密切相关。

传统社会的教育，只分为大学和小学，没有我们现在的中学。如果按照年龄来分的话，那就是“八岁入小学，十五入大学”①，而小学可以大略等同于启蒙教育。在朱熹看来，小学阶段，“只是教之以事”②。小学之所以被称之为小学，就是因为教的是和学生的年龄相适应的一些浅显、具体而微的事情，是一些日常生活中诸如如何洒扫应对、如何事亲敬长之类的事情。“小学是事，如事君，事父，事兄，处友等事，只是教他依此规矩做去。大学是发明此事之理。”③ 如果不顾童蒙多记性、少悟性的特点，教一些超越于事之上的理，不仅无益，而且有害。所以，朱熹要把对理的追究和探讨摒绝在外，留待下一个学习阶段即大学去解决。他反复申论这么一个观点：“小学之事，知之浅而行之小者也；大学之道，知之深而行之大者也。”④“小学者，学其事；大学者，学其小学所学之事之所以。”⑤ 小学阶段学的是什么，大学阶段则要弄明白为什么；小学阶段只要知其然，大学阶段则必须追究所以然；小学阶段要掌握的是形而下的事，而大学阶段要弄明白的是形而上的理。朱熹认为，只要按照要求，依照规范，把事亲敬长、待人接物的礼节掌握了，就完成了小学阶段的教学任务。根据传统的“蒙以养正”的说法，如果在小学阶段，哪怕是依样画葫芦地把日常生活中的事学好了，那就能养成童蒙良好的行为习惯，铸就一个栩栩如生的圣贤坯璞，那就完成了启蒙教育的使命。

朱熹认为，《礼记·曲礼》和《列女传》中一些短小而押韵的语句，诸

---

① （清）王聘珍：《大戴礼记解诂》，中华书局 1983 年版，第 60 页。

② （宋）黎靖德编：《朱子语类》，中华书局 1986 年版，第 124 页。

③ （宋）黎靖德编：《朱子语类》，第 125 页。

④ （清）张伯行辑：《小学辑说》，《丛书集成初编》本《小学集解》卷首，中华书局 1985 年版，第 3 页。

⑤ （宋）黎靖德编：《朱子语类》，第 124 页。

如“衣毋拨，足毋蹶；将上堂，声必扬；将入户，视必下”之类，诸如“将入门，问孰存”之类，可能“皆是古人初教小儿语”①。为了具体落实他有关启蒙教育的见解，给人们一个清晰、直观的“事”的概念，他甚至亲自编写了《童蒙须知》。在他看来，童蒙应该了解的知识、学会的习惯、掌握的技能，不外乎是穿衣戴帽、说话行走、洒扫清洁、读书写字以及诸如睡眠、饮食、称呼、礼让等杂细事宜。所以《童蒙须知》一篇，就是专就衣服冠履、言语步趋、洒扫涓洁、读书写文字和杂细事宜，逐条列名，一一诠释，极为具体。他的一些学生，也唯老师的马首是瞻，追步老师，用浅显的语句、整齐的句式，编写了一些规范童蒙日常行为的教材。如被朱熹颇为自得地称“南来吾得一陈淳”的北溪先生，先是选择儒家经典中“明白切要”的内容，为自己即将接受启蒙教育的三岁的儿子编写了《训蒙雅言》；继而因为《训蒙雅言》四字一句，而他的孩子太小，“未能长语也”②，将它改编成了三字一句的《启蒙初诵》；最后又根据《曲礼》《少仪》《内则》等经典，选择其中适合儿童的内容，编写了《小学诗礼》。

元明清时期，读朱子之书，学朱子之学，不只是一种学术风气，而且也是一种社会风尚。“凡六经传注，诸子百氏之书，非经朱子论定者，父兄不以为教，子弟不以为学也”③。“群经、四书之说，自朱子折衷论定，学者传之，我国家尊信其学，而讲诵授受，必以是为则。而天下之学，皆朱子之书。”④在这种情形之下，尽管朱熹为启蒙教育编的几种读物如《童蒙须知》《小学》《训蒙诗百首》等都因语句参差、晦涩难懂，难以风行在孩子们的课堂上，而只能流传在学者的书斋里，但朱熹有关启蒙教育“只是学事”、启蒙教育的使命是养成童蒙良好的行为习惯、启蒙教育的目的是铸就一个圣贤坯璞的论述，则给宋朝以后的启蒙教育指明了方向。此后，启蒙教育中有关伦理道德教育的内容逐步增加，童蒙日常生活、行为习惯的规范日渐繁密。规定之细，以至于达到了匪夷所思的程度，比如，孩子大小便不应该朝向怎

① （宋）黎靖德：《朱子语类》，中华书局1986年版，第126页。
② （宋）陈淳：《北溪大全集》，《景印文渊阁四库全书》第1168册，第624页。
③ （元）赵汸：《东山存稿》，《景印文渊阁四库全书》第1121册，第287页。
④ （元）虞集：《道园学古录》，《景印文渊阁四库全书》第1207册，第515页。

样的方位，这些都有规定。《弟子规》正是在这样的背景下出现的。

二、《弟子规》是怎样的一部书

《弟子规》的作者是李毓秀。李毓秀（1647—1729），字子潜，号采三，清初绛州（今山西新绛县）人。他出生在一个较为殷实的家庭，早年有志于科举，并通过童试成为县学的生员，也就是俗称的秀才。有记载说他“隶国学，注选县丞”[①]，有人解释说这是通过捐纳的方式，做了县丞。后师从同乡学者党成（字冰壑），游学近 20 年，并创办敦复斋讲学。他虽然只是一个小小的秀才，但因为撰写了《弟子规》，死后他的牌位被供奉在绛州先贤祠。

李毓秀的撰著原名《训蒙文》，《山西通志》卷 175《经籍》就是如此著录，经贾存仁修改之后，才改易今名。贾存仁一说贾有仁，字木斋，号余田，山西浮山人。有人说他对《弟子规》的修改有 54 处之多，现在已经难知其详，但这个篇名的确改得精妙。以我们现在的标准来看，《训蒙文》过于空泛，所指不详，而《弟子规》更为具体恰切。

《弟子规》用三字写成，全书 360 句，计 1080 字。我国传统的启蒙读物，以四字句式为主，《千字文》《开蒙要训》《蒙求》《百家姓》《性理字训》等，大都用的是四字句。《三字经》步武陈淳的《启蒙初诵》，全篇用三字句式写成，最为贴近低幼的儿童，开创了我国蒙学读物编写的一种新体例。《三字经》是一篇劝学文献，但它不仅仅劝学，而且具体指出了所要学的内容，所以，它以知识的传授为主。继《三字经》之后，用三字句式编写的童蒙读物，乃至有关伦理道德和日常生活行为教育的读本，也时有所见。比如，明代王守仁的《训儿篇》或《示宪儿》就是如此。

《弟子规》通篇用三字句式写成，是这一体裁中颇负盛名的作品，光大恢宏了童蒙读物中三字句式的写作传统。由于它采用汉语最小的句子单位组成，而且通篇如此，伸缩的余地很小，铺陈的空间有限，难免刀斧雕琢的痕

---

① （清）储大文等：《山西通志》，《景印文渊阁四库全书》第 546 册，第 760 页。

迹。虽然它组织得的确没有《三字经》工巧，难以让读者有水银泻地般的感觉，但总体来看，也还是晓畅可读。

遵循朱熹指引的启蒙教育教事学礼的方向，适应元明清时期启蒙教育主要是培养儿童良好行为习惯的情势，《弟子规》主要在规范儿童日常生活行为方面用力。它以“弟子规，圣人训。首孝弟，次谨信。泛爱众，而亲仁，有余力，则学文”为全篇的总纲，并逐一详细分叙了孝弟、谨信、爱众、亲仁和学文的具体内容。

《弟子规》所说的“弟子规，圣人训”，也并不只是标树“圣人”的名号以增加其权威性，不单纯是为了高远其所从来，而是实实在在根据《论语·学而》中孔子的一段话：“弟子入则孝，出则悌，谨而信，泛爱众，而亲仁。行有余力，则以学文。”这就是说，《弟子规》的内容渊源有自，依据的是儒家经典。一些学者倡导学习《论语》，但对援据《论语》、具体分疏以适合儿童的《弟子规》极力贬斥，实在令人不解。

此外，通过内容的分析，我们还可以看出《弟子规》有以下两个特点：

第一，它根本不在谈论为什么要孝父悌兄，为什么要爱众亲人，为什么要谨信学文，而是直接宣陈如何孝父悌兄，如何爱众亲人，如何谨信学文。这意味着，在《弟子规》那里，孝父悌兄、爱众亲人、谨信学文是绝对命令，是人的义务、人的本能，是一个人不得不做、没有疑问的。这符合《弟子规》内在的逻辑，“弟子规”书名隐含着这样的取向：直接陈述这些规矩本身，而不解释这些规矩为什么成立的因由。

第二，更进一步，《弟子规》不是抽象地讲孝父悌兄、爱众亲人、谨信学文，不是讲孝父悌兄、爱众亲人、谨信学文的一般原则，而是陈述孝父悌兄、爱众亲人、谨信学文的具体的方法，用我们现在的话说，就是具有极强的可操作性。而且这些方法，就体现在人们的日常生活中，体现在人们的视听言动中，不虚悬，不高妙，尤其适合儿童。这是《弟子规》具有生命力的主要原因所在。它把儒家伦理道德的要求，落实在了实处，贯彻在了日常生活中。

《弟子规》三字一句，最为简短，合辙押韵，也便于诵读；入孝出悌的内容，又切于传统伦常，亲切简易的方法，具体可行。因此，无论是就形式而言，还是就内容而论，无论是就方法来说，还是就可行性而言，《弟子规》“便于诵读讲解而皆切于实行”，不愧为“开蒙养正之最上乘”。

正因为《弟子规》具有整齐简洁的句式，入孝出悌的内容，切实可行的操作方法，使得它比其他童蒙读物传播得更快。在清代中后期，它已经在社会上广为流传，尤其是我国北方地区，更是风行。许多地方政府都曾饬令所属州县，把它列为私塾和义学的童蒙必读书。根据周保璋在1893年所著的《童蒙记诵编》中所说，《弟子规》的盛行，甚至使从元初产生、明朝中后期开始逐渐被人认识、清初以来长期风行的《三字经》也几乎废弃。

三、如何看待《弟子规》

很多人对《弟子规》推崇备至，过去称它是“开蒙养正之最上乘”姑且不论，现在也有人说它是“圣学的骨干”，是传统文化的根本。很多地方在实施国学教育时，往往从教授《弟子规》开始。现在喜爱《弟子规》的人是那样的多，以至于出现了一个被人们所称的“《弟子规》派”。坦率地说，在众多传统的蒙书中，我并不喜欢《弟子规》。在短短的1080个字中，就有43个“勿”。这个不许，那个不要，太多的禁戒之词，和儿童的心性背离。但是，对于一些人无底线地贬斥《弟子规》，直斥《弟子规》是文化垃圾，是培养奴性的工具，是毫无操作性可言的陈腐教条，现代人读《弟子规》不过是闹剧、笑剧和悲剧，我也很不赞同。

在我看来，问题的关键不在于要不要读《弟子规》，而在于以怎样的情怀对待《弟子规》，以怎样的态度阅读《弟子规》。学习经典有两种方法：一种是知识之学，一种是心性之学。所谓知识之学，就是把它当作一种知识，当作了解传统文化的一个文本，通过它了解古人对孩子的日常生活行为有哪些要求；所谓心性之学，是指将其作为修身养性的指南，作为培养德性和德行的原则，要在日常生活中践行。这是两种不同的学习态度，很多人对《弟子规》的批评，着眼的是后一种意义。

把包括《弟子规》在内的古典文本当作心性之学、当作道德之学来看待，认为诵读这些道德色彩极为厚重的古代典籍，有助于世道人心的改善，有助于和谐社会的建构，甚至能够疗治当今社会的乱象，这是现今很多倡导和参与读经活动人们的主要目的。但是，这种愿望注定是要落空的。国民素质的提高、当今社会的道德建设是一项系统工程，需要方方面面的合力。在政治的因素几乎渗入社会生活的每个细胞的当代中国，政治的性格气质和官员们的表率作用尤为重要。冀望于弘扬传统文化，或者背诵《弟子规》来解决形形色色的社会问题，不过是一些人不切实际的一厢情愿，是一种虚妄的想法。

中国传统社会是一个读经的社会，即便是全社会的读经，既没有能提升人们的道德境界，没有能净化社会风气，没有能疗治社会的乱象，也没有能挽救一个又一个王朝的危亡。我们应该客观看待、审慎评估古代经典在当代道德建设中的作用，不能过高估计它的价值，不能过分夸大它的功用，不能对它寄予过高的期望。阅读《弟子规》并不能解决当今学生的一切问题，甚至也不能解决他们不孝敬父母、尊重师长、宽容同学等具体的问题。特别是我们不能不顾变化了的情势，不分辨其一般原则和具体内容，不加转化地生搬硬套，原封不动地拿来就用。

如果把《弟子规》当作道德之学来看待，学习《弟子规》是为了了解和掌握其中的规条，用来指导自己的日常行为，在生活中践行，那么，对于《弟子规》只能是虔诚地敬畏和恭谦地接受。既然它的原则出自“圣人”之口，具体仪则源于贤者之手，是道德的指南和行为的准则，除了记诵、践行之外，是别无审视、探究的空间的，更不必说质疑和批判了。虽然一些人会说“取其精华，去其糟粕”这样一种毫无操作性可言的抽象原则，但对学生来说，首先还是不加怀疑地相信和接受。

还有一种视角，这就是把《弟子规》当作一种知识之学、文化之学来看待。也就是说，学习《弟子规》不是为了践行其中的众多的规矩，不是为了力行其中的“劝”、力戒其中的“禁”，尽管这里的训诲劝诫会对我们的道德心性有潜移默化的作用；而是把它当作透视清朝初年道德教化的一扇窗口，理解古代道德教育内容和方法的一条途径，认识传统礼仪和习俗的一个渠道。这也是胡适所说的“历史的方法”：“把旧书当作历史看，知他好到什么地步，或是坏到什么地步，这是研究国故方法的起点，是叫‘开宗明义’第一章。”① 这样，即便是已僵死的教条便有了生机，哪怕是最陈腐的道德也就有了意义。比如，人们一再作为诟病例子的“亲有疾，药先尝；昼夜侍，不离床。丧三年，常悲咽；居处变，酒肉绝”，其实就是告诉我们：在父母生病时，侍候汤药，要谨慎小心，汤药在喂进父母口之前，要先尝尝是否太烫；要日夜服侍生病的父母，不离病床。父母去世后，要服丧三年，其间念及父母的恩情，难免会为永失至亲而悲泣；服丧期间，要搬到简陋的丧庐居住，不食酒肉。这是古代的礼制，是古人的习惯或道德准则，与现代人是否践行无关。而学习《弟子规》，正是为了认识古代中国的礼仪规范，了解中国传统的伦理道德，探究中国的古代文化。

从这个意义上说，《弟子规》就不是一个尊奉的对象，而是一个探究的对象。尊奉的取向重在记取和掌握，并用于约束自己的行为，在生活中践行，这种取向的前提是相信和接受。而探究则是为了了解和认知，明白它说了什么，为什么会这么说，它这么说的意义何在，这种取向的前提是质疑和批判。而让学生学会批判性思维，在任何时候、任何情况下都能独立自主地运用自己的理性，为此不惜超越这样那样的种种陈规，这正是教育的意义所在。从这个意思上说，作为传统启蒙读物的《弟子规》，我们现代人不仅应该读，而且必须读。它的那些规条在现代具有怎样的价值，对于我们当今的文化建设是否有和有怎样的价值，这些都是值得探究的问题。甚至，《弟子规》凭什么能与《三字经》争锋，并在特定的地区一度使《三字经》“几废”，它的魅力何在，这本身就是值得探究的问题。

进而言之，《弟子规》中的很多内容，我认为即便是在今天，也具有积极意义。我们甚至可以说，它不仅有普时性，而且具有普世性。“父母呼，应勿缓；父母命，行勿懒”“缓揭帘，勿有声；宽转弯，勿触棱。执虚器，如执盈；入虚室，如有人”“见未真，勿轻言；知未的，勿轻传。事非宜，勿轻诺；苟轻诺，进退错”，如此等等，无论是古代君子，还是现代公民，都

① 胡适：《胡适的声音：1919—1960年胡适演讲集》，广西师范大学出版社2005年版，第57页。

有必要据此做，依此行。即便我们以一种挑剔的眼光，也很难说它哪句就是绝对错误的。但它通篇这个不许，那个不要，简短的篇幅中，就有数十个“勿”字，这对于养成学生批判的精神、质疑的习性、任何时候都独立自主用运自己理性的习惯，的确无益。教育不应该总是引导学生信什么，告诉学生该做什么，不该做什么，而是要引发思考，引发质疑。特别是这么多的“规矩”或禁令，出自与自己没有关系的人之手，没有必要的情感基础，那么，这样的规矩也就很难有效。不仅如此，“不是建立在关系基础上的规矩导致反叛。”在孩子成长的过程中，在孩子的周围，存在着种种荡人心志的诱惑，我们如果只是简单地“成千上万次地说‘不行’，那只能引起蔑视和挑衅”。①

《弟子规》之类的蒙学读物，对孩子天性的发挥和创造性的培养，或许有抑制作用。但正如美国爱家协会主席杜布森博士所说：“男孩需要规矩，需要有人监督，需要文明教化。他们若在一个缺乏权威领导的、放任自流的环境中长大的话，往往会对社会常规及常识提出挑战。其中有许多人常常就在青春期碰得头破血流、伤痕累累。有的就再也不能完全恢复。”在他看来，一个孩子在经过童年、少年和青年的河流时，要么受舵引导，要么接受石头的制裁。“没有岸的河流只是一片沼泽。”② 河流是需要有堤岸去约束的，孩子良好的行为习惯的养成，也是需要规范和引导，需要约束乃至适度的惩戒，而不能完全放任，这也是“教育”的应有之义。

对《弟子规》的评议，往往针对的不是《弟子规》本身。除了是对传统文化的好恶在个案上的体现之外，再就是因为提倡不得法，或者批评不到位。比如，一些老师和家长之所以让学生读《弟子规》，是基于学生读后更加听话，习惯更好，容易管理。这种心性之学的学习方法，功利性的用心，都容易招致批评。至于有的老师，在读到《弟子规》之后，想的是“这下好了，以后批评学生用这些话朗朗上口，用不着讲那么多废话了”，就更等而下之了。同时，有的专家在不了解其本旨的情况下就率尔批判，比如说“亲

---

① ［美］詹姆士·杜布森：《培育男孩》，陈德民等译，中国社会科学出版社 2004 年版，第 281 页。

② ［美］詹姆士·杜布森：《培育男孩》，第 296 页。

有疾，药先尝”不科学，是把孩子当作实验品，也遗人笑柄。

千万不要以为传统的启蒙教材就不应该进入现代大学的校园，也完全没有必要因为现代大学生读过去五六岁小孩念的蒙学教材而觉得可笑。我们这么说，还不是因为现代大学生的国学素养普遍较低，传统文化知识较为缺乏，而是因为传统的启蒙课本知识丰博，编写得体，很多读物简直就是一部百科全书，是传统知识结构的缩影。说得直白一点，现在很多人小看它，是因为并不了解它，简单地把它与现代儿童读物画等号。实际上，它深厚的人文意蕴、丰赡的知识结构、精致优雅的祖国语言、巧妙精工的组织形式，都是有知识、没文化的现代启蒙读物难以望其项背的。它们之所以能进入启蒙的课堂，并深得一代又一代儿童的喜爱，不是因为它内容的狭隘简陋，而主要是它表现形式的浅显通俗。它过去培育了包括众多杰出学者和优秀文人在内的一代又一代中国人，现在依然是人们了解传统文化、学习传统知识的有效途径。

《弟子规》用于启蒙教育的思辨性探讨

里　京*

摘要：社会上针对《弟子规》用于启蒙教育，有扬弃两种截然对立的观点。然而，因《弟子规》所列出的子弟在家、出外、待人、接物、求学等系统性文本信息特点，让《弟子规》回归于生活教育，正可作为学生思辨性思维培养的启蒙素材。所以，用《弟子规》作为教材，开展以学生为中心的研讨型教学，将是一个独到、可取的思辨启蒙课堂。

关键词：传统文化；弟子规；启蒙教育；思辨性

随着我国传统文化的回归，在启蒙教育阶段，弘扬和传承传统童蒙教育已经越来越被社会所重视，不仅在体制外兴起的各类私塾型教育中，也在多数体制内的全日制小学里，普遍地增加了传统童蒙读本比重。而在所采用的传统童蒙读本中，《弟子规》占有重要比重。

由于《弟子规》用于童蒙教育的兴起，关于《弟子规》的讨论也成为教育的热点问题。多年来笔者关注童蒙教育，并做传统童蒙教育开拓性传承研究与实践，因此也对《弟子规》用于启蒙教育给予关注，并有机会与全国各地采用《弟子规》进行启蒙教育的实践者交流，也在参加的一些有关传统文化研讨会议上听到对《弟子规》讨论的不同声音。针对《弟子规》的不同

* 作者简介：里京，圣桥教育集团董事长，中华炎黄文化研究会童蒙文化专业委员会常务理事、副秘书长。著有《英才通识 · 四字经》《汉语 · 四字经》等。长期从事基础通识教育实践，将传统童蒙教育与当代教育相结合开展人文启蒙和思辨思维培养活动。

观点，概括起来可以明显分为两类：其一，是高度弘扬《弟子规》的一派，其中很多是从事启蒙教育实践的人士，他们很坚定地认为“《弟子规》是儒家学说的根，是做人做事做学问的大智慧”，是“聚圣贤智慧之书”，是“童蒙养正法宝”，是“建设礼仪之邦的必读读物”，甚至是“复兴社会道德的经典”，等等[①]，因此他们把《弟子规》作为中国少年儿童道德教育的核心读本，有的要求学前和小学阶段的孩子们通背《弟子规》，甚至有的要求小学生每天早课前必须诵读一遍。持如此观念把《弟子规》用于启蒙教育的原来多是私立教育机构，近几年来越来越多的公办学校也加入其中，并且有的学校已将熟背《弟子规》作为考核内容。其二，是反对把《弟子规》用于儿童启蒙教育的观念，持此种观念者多数是教育领域的学者，他们认为《弟子规》是“封建糟粕”，是“培养奴才”“禁锢思想”的“伪经典”，等等。可见，《弟子规》已经成为儿童启蒙教育价值观的最明显分水岭。

一、关于对《弟子规》的质疑声

《弟子规》三字一句，两句押韵，全书360句1080字，内容采用《论语·学而》第六条“弟子入则孝，出则悌，谨而信，泛爱众，而亲仁。行有余力，则以学文”的文义，分孝弟、谨信、爱众、亲仁、学文章篇，具体列出子弟在家、出外、待人、接物、求学等的礼仪规范。公认的第一编者为清朝康熙年间山西秀才李毓秀，其撰著原名《训蒙文》，后经清朝贾存仁修订并更名为《弟子规》。据有关专家学者考据，《弟子规》出现后，“所有的蒙学读物，没有一部比它更风行的。许多地方政府都曾饬令所属州县，把它列为私塾和义学的童蒙必读书”[②]。可见，《弟子规》的文义该是被清朝政府所高度看重的。

正如修订后的名称一样，《弟子规》通篇文字是以简洁直白告诫儿童要

① 任登第：《弟子规·孝经易解》导言，世界知识出版社2010年版。

② 徐梓：《中华蒙学读物通论》，中华书局2014年版，第99页。

遵从的规矩来体现的。然而，这样一篇给孩子订立的规矩，却产生了巨大的儿童启蒙教育的纷争。

诚然，规矩同样具有时代属性，在作者时代的合适规矩，在今天确有明显不合适的，譬如“亲有疾，药先尝”“丧三年，常悲咽；居处变，酒肉绝”“待奴婢，身贵端”等，这些属于因时而变不可延续的规矩，体现出明显不合时宜的观念，因此有反驳《弟子规》的，也把这些内容作为反对的依据。其实，对此明显的问题，几乎所有人的认识是趋于一致的，即使弘扬《弟子规》的人士，也很少有主张这样的内容要全盘照搬的，《弟子规》的纷争焦点并非于此。除却上述针对明显不合时宜的内容质疑外，反对《弟子规》用于启蒙教育的声音，可以概括为两大方面：其一是儿童教育中约束过强的问题，其二是《弟子规》对于社会文化的效用问题。

关于认为《弟子规》对儿童约束过强，不适合用于儿童教育的观点。当下一些媒体流传的，北京的一个孩子母亲反对学校让孩子背诵并考核《弟子规》的声音，可以作为典型代表。她说，“从字面上理解，我对其中的许多内容并没有太多不同意见，但通篇下来，这 1080 个字仿佛在我眼前构造了一个具体的人——他安静，顺从，行事小心，从不高声讲话；他恭恭敬敬，动辄鞠躬，几乎没有抱怨，他对人友爱，对己严苛，唯恐被人指摘错漏，他对上从不忤逆，对下恪显尊贵，从不介入是非，也从不乱管闲事。总的来讲，这是一位完人，却不像是个活人，而是个套中人”，“他没有自己的原则、责任和理想”，“我不能说忠孝悌信礼义廉耻都是错的，但是，只要想到，要将我眼前这个蹦蹦跳跳、一脑子鬼主意、喜欢卖萌整天问东问西的小男孩儿，变成那样一个老气横秋的夫子，一个事事看别人眼色来决定做与不做、用长辈意识替代自己主见的人，我就像心里像爬进了蛆”。有研究明清文学和文化的学者梳理了有关《弟子规》传播的研究，认为“古代的贤达并非读《弟子规》才成为贤达，《弟子规》不能代表传统文学的全貌，学习《弟子规》这样的文本无法满足儿童具有独立不可替代价值的需求，而且会给现代人带来心灵冲突”①。另外，针对《弟子规》是启蒙经典之说，有考据

① 王珺：《做适合儿童的传统文化教育》，《中国教育报》2015 年 12 月 11 日。

者指出其所见的“所有清代诗人的自传都说自己是从论语、诗经、唐诗开蒙的”，而没有《弟子规》的“功绩”，《弟子规》是在2004年才开始突然爆发式兴起的[①]。对此，在近现代著名人士梁启超、胡适、王国维、蔡元培等的传记中，也都没有以《弟子规》启蒙的记载。

关于《弟子规》的社会文化效用问题。有很大比例的弘扬者将《弟子规》从儿童启蒙教育层面提升到社会文化教育层面，将《弟子规》作为传统文化教育的重要资源，如某市百余家长齐学《弟子规》，一些企业员工共学《弟子规》，甚至有地方要求官员学《弟子规》，等等。而代表反对者观点的说法有：弘扬《弟子规》是“构筑限制文化自由交流的思想堡垒”，“某些儒学提倡者走的是歪道”，“最大的危险是对外培植夜郎自大心态，对内灌输尊圣宗经和讲究尊卑等级的思维方法，压制人们的创造力”[②]。“《弟子规》根本就不是经典，不该把它当成中国传统文化的精髓”。[③]

二、《弟子规》可用于儿童思辨启蒙教育

笔者多年关注《弟子规》讨论，正如上面述及，至今看到的文章几乎都是非黑即白地否定或弘扬，很少有，或者说还没有看到以教育思辨性对待或指导如何正确利用《弟子规》教学的好文章。这里把《弟子规》用于教学，和用于遵从是不同的，教学所用仅是提供文本信息，遵从则是标准。对教育而言，非黑即白的群体意识可能远比《弟子规》本身的缺陷更可怕。

今天，中国教育匮乏思辨性和批判性思维，已是多数教育专家学者的共识和定论。信息是思辨性与批判性思维存在的基础，只有在开放透明、系统的信息环境中才会有思辨思维产生，而单一的信息则使所有人的思维趋于一致。因此，从思辨性教育而言，任何有争议的文本都是一种可用于思辨的

---

① 黄晓丹：《〈弟子规〉适合今天的儿童吗?》，首届儿童传统文化教育论坛，2015年11月29日。

② 袁伟时：《“国学派”造成传统文化危机》，《财经》2014年第30期。

③ 鲍鹏山：《国学教育需要更专业》，《当代教育家》2016年第5期。

信息，包括《弟子规》在内。所以《弟子规》可以用于儿童教学，虽然《弟子规》有诸如《信》《泛爱众》篇处世过于惟己，以及以“圣人言”强加给孩子太多无条件遵从的压抑情绪，但用于教学不是要让孩子句句照学《弟子规》，也不是让孩子频繁地读或必背《弟子规》。用于教学的目的是将《弟子规》中的直白浅显的观点摆在孩子面前让孩子讨论，在讨论中让孩子学会思辨和批评，精华的可以让孩子吸收，糟粕的可以让孩子批驳，在批评中孩子谈出自己的观点、自己的思想，小孩子的思想往往就是大思想的种子和萌芽，也是好奇心的源泉。比如“亲有疾，药先尝”，完全可以通过与儿童讨论，使孩子清楚随意吃药是要受伤害的，这样是不对的，是应该反对的；对于“父母呼，应勿缓；父母命，行勿懒”，可以让孩子讨论假如有家长在打麻将，而让正在写作业的孩子给端茶倒水，此时孩子是否还要完全听从父母的命令呢？孩子懂得《弟子规》中这句话不是完全对的，就有了针对《弟子规》的思辨性思维，该遵从的遵从，不该遵从的就不遵从，该反对的就反对。而目前弘扬或反对《弟子规》的教育者，很少在《弟子规》教学上开展具有思辨意义的活动。

三、关于《弟子规》教育的双重性

如果用发展的眼光来思辨《弟子规》，可以发现其在内涵上具有两个层面的教育作用，其一是家族性，其二是社会性，这两个属性因时间的推移显现出明显的差异性和文化对抗。《弟子规》的作者李毓秀生长在一个家族时代，所处的社会是爱新觉罗家天下，人们生活于姓氏家族较大的宗亲圈子，此时的《弟子规》中的“遵”“从”等观念是有其合适的人文生态环境的。而社会发展到今天，社会的民主性主体意识增强，超越农耕时代的科技文明发育需要思辨作基础，使我们身处一个社会民主与家族宗亲关系共存的二元文化生态中，此时的《弟子规》凸显家族文化却与民主不相符的价值观。所以，让少年儿童或成年人不分场合地遵从《弟子规》的行为，已经不适合当今社会，于社会治理不该有一味的忠君思想，于学术研究也不该有一味的忠师思想。然而，在宗亲长辈面前，即使有些委屈地遵从，也无可厚非，毕竟家族与社会是有别的。另外，儿童教育一定是有规范作用的，否则就没有“教育”二字可言，以《弟子规》适当树立家庭父母的权威性也未尝不可，但以《弟子规》来树立社会上领导和教师的权威性确是“假威信”，是无益于国家和民族发展的。也有考据者指出，《弟子规》最初是为启蒙社会还不知礼的成年人而作的。① 如此，则完全可以理解《弟子规》的价值所在了，即使在今天，面对无礼的成年人，其价值同样具有现实意义。

总之，照本宣科地背诵和遵从与抛弃《弟子规》都是极端化的行为。在反对《弟子规》用于教育的呼声中，看似做了思考的批判，其实很多也是欠缺思辨性的，这样的思想遍布民间和体制内，往往一看到“经”等就认为是背的、是读的、是从的，很少想到“经”也可以是论的，论证后该从的从，该弃的弃，该批的批，要比全盘抛弃更好。真道德本该是经过思想论证、明辨后，产生敬畏并内心自愿遵从的行为。故此，把《弟子规》用作思辨的教辅资料，摆在学生面前，让学生自由讨论，会是更好的教育范本和方式。

---

① 黄晓丹：《〈弟子规〉适合今天的儿童吗?》，首届儿童传统文化教育论坛，2015 年 11 月 29 日。

晚清民国时期《弟子规》传播述略

宗　亮*

摘要：《弟子规》是清代中叶产生的蒙学教材，曾风行一时，在童蒙塑造、施善教化等领域发挥了重要作用。《弟子规》在晚清民国时期具有较高知名度及辨识度，具有独特的教育及社会价值。《弟子规》在晚清民国时期的流行是多方作用的结果，适应了蒙学教育的发展趋势。《弟子规》自晚清民国以来的传播并非像有关论者所述的是一场“骗局”。当代社会应寻找恰当方式传播《弟子规》。

关键词：弟子规；晚清民国；传播

《弟子规》是清中期诞生的一部蒙书，具有教育童蒙为人处世和规范其行为道德的功用，被认为是童蒙文化的代表性作品，正如徐梓教授所指出的：“用韵语编成的传授伦理道德的蒙学读物，以《弟子规》的影响最大。”① 《弟子规》产生后，在晚清民国时期十分流行，据清周保璋《童蒙记诵编》上卷言：“世俗蒙学书中，此（按：指《三字经》）颇雅饬，相传王伯厚所作。近李氏《弟子规》盛行，而此书几废。”② 受众范围已超越了《三字经》，可见《弟子规》在当时的风行程度。

伴随着《弟子规》的流行，学界对该书进行了多角度的研究，如常镜

---

* 作者简介：宗亮，哲学博士，湖北大学历史文化学院讲师，主要研究方向为历史文献学及中国史学史。

① 徐梓：《蒙学读物的历史透视》，湖北教育出版社 1996 年版，第 110 页。

② （清）周保璋：《童蒙记诵编》，光绪七年广仁堂刊本。

海、瞿菊农、张志公等较早在研究性论著中介绍《弟子规》；徐梓、王俊闳、仝建平等对《弟子规》的作者、修订者加以探讨；刘雅苓、黄灿、周明杰等对《弟子规》的版本做了细致分析；张慧玲、王汉卫、朱浩等阐释了《弟子规》的现代价值，等等。[①] 至于叙说《弟子规》在教学实践中之运用的文章，也为数不少。总体来看，对《弟子规》致用功能的研析已经有一定积累，但对《弟子规》传承过程的探究尚有待加强。

《弟子规》历百余年而流传不衰，其间虽经历曲折，但在传统文化复兴的背景下，再度焕发活力，为当代蒙学教育重新认可，在当代童蒙文化中占据一席之地。然而，近年来有论者指出《弟子规》的传播是一种“骗局”，认为《弟子规》在清代知名度不高，受众范围有限，且并非针对童蒙教育而产生[②]。事实情况到底如何？针对于此，本文试图厘清《弟子规》在晚清民国时期的传播情形，不当之处，尚祈方家指正。

一、《弟子规》的知名度

《弟子规》在晚清民国时期具有广泛知名度，这本不应是一个问题，从《弟子规》的雏形《训蒙文》产生后即有人加以整理改编，其后又陆续有 12

① 参见常镜海：《中国私塾所用童蒙课本之研究》，《新东方》1940 年第 1 卷第 8 期、第 9 期；瞿菊农：《中国古代的蒙养教材》，《北京师范大学学报》1961 年第 4 期；张志公：《传统语文教育初探》，上海教育出版社 1962 年版；徐梓：《蒙学读物的历史透视》，湖北教育出版社 1996 年版；王俊闳：《〈弟子规〉密码》，中国文联出版社 2010 年版；仝建平：《贾存仁与〈弟子规〉成书》，《中国典籍与文化》2016 年第 2 期；刘雅苓：《清代蒙书〈弟子规〉之析论及对 E 世代大学生人格建构的七项修炼》，台湾师范大学硕士学位论文，2009 年；黄灿：《〈弟子规〉研究》，上海师范大学硕士学位论文，2011 年；周明杰：《〈弟子规〉研究》，东北师范大学硕士学位论文，2014 年；张慧玲：《〈弟子规〉对现代家庭教育的价值和意义》，《山西师大学报（社会科学版）》2009 年第 3 期；王汉卫、刘海娜：《从〈弟子规〉的改编看蒙学读物的华文教学价值》，《华文教学与研究》2010 年第 4 期；朱浩、韩贤强：《〈弟子规〉及其当代价值研究——〈弟子规〉与当代社会秩序的重构》，《贵州文史丛刊》2014 年第 1 期。

② 黄晓丹：《〈弟子规〉的传播是场骗局?》，《新京报》2015 年 12 月 16 日。

种版本，即可窥知《弟子规》受重视的情形。[①] 但有论者认为“《弟子规》写出来是到鸦片战争后，流行起来更要到二十一世纪”。“大量清代的诗文集、传记和家谱，却从来没看到过哪里提到《弟子规》……研究民国文献的朋友、读过大量现代学者的回忆录和传记的朋友，发现他们也都从未见过《弟子规》。”[②] 按照此说，《弟子规》产生极晚，在晚清民国时期似乎完全不被重视，然而笔者发现真实情形并非如此。

《弟子规》诞生及早期流传的情形，学者们已经做过有益的探索，从仝建平最近的研究可以看出，李毓秀及贾存仁对《弟子规》的编订有重要贡献，而二人大体生活于清康雍乾时期，可知《弟子规》及其前身应是在清中前期就已经有了一定影响。[③] 仝建平亦指出：“从贾存仁改订《训蒙文》成《弟子规》到其去世再到 1799 年这几十年间，《弟子规》不太流行，名气不大。”[④] 这段时期应是《弟子规》的一个沉淀期，是它被大众初步认知、接受社会初步检验的一个阶段。《弟子规》产生和改订于山西，地域和交通的限制，可能也影响了该书的早期传播。不过，无论如何《弟子规》的产生也应是早于鸦片战争。及至道咸以后，《弟子规》的传播范围迅速扩大，复性斋丛书所收咸丰五年（1855）刻本《弟子规》，书首有王检心作《〈弟子规〉题辞》和《重刻〈弟子规〉序》，从中可知在道光乙未年（1835），王检心在北京已经见到《弟子规》被作为教材，后来他购得南归，又先后于 1845 年、1855 年于南京一带印行。北京、南京作为政治文化中心，已经有《弟子规》印行，表明《弟子规》已突破了地域限制，具有了全国性的影响，稍后，这种影响进一步扩大。

论者以清代诗文集、传记、家谱以及民国时期的回忆录、传记为据，检索其间的“弟子规”字眼，因无符合的条件，遂认定《弟子规》知名度不高。[⑤] 此种论证似不恰当。首先，这种统计存在着样本选择是否合用的问

① 周明杰：《〈弟子规〉研究》，东北师范大学硕士学位论文，2014 年。

② 黄晓丹：《〈弟子规〉的传播是场骗局?》，《新京报》2015 年 12 月 16 日。

③ 仝建平：《贾存仁与〈弟子规〉成书》，《中国典籍与文化》2016 年第 2 期。

④ 仝建平：《贾存仁与〈弟子规〉成书》，《中国典籍与文化》2016 年第 2 期。

⑤ 黄晓丹：《〈弟子规〉的传播是场骗局?》，《新京报》2015 年 12 月 16 日。

题，晚清民国是中国文献数量极为丰富的一个时期，各种类型的文献层出不穷[①]，诗文集、传记、家谱及回忆录等只是其中的一些侧面，不足以据有限的样本推导出否定结论。如仅目前可见的12种《弟子规》版本，其中多有题跋序言，相应的文献实际上就是《弟子规》认受情况的反映，而笔者通过搜集、检索，亦发现数十条记载《弟子规》情况的材料。其次，论者的统计，采用的工具仅仅是一些有局限性的当代“数据库”，如“《四库大系系列数据库》”“中国期刊网”等，这样的“E检索”必然导致统计结果的不全面，比如，论者采用“《四库大系系列数据库》”，仅检出两条相关文献，据此认定《弟子规》广为流传说是“夸大和臆测”，显然有失片面。

笔者采取与该论者相似的操作方式，运用数据库检索及阅读传世文献相结合，发现了近20条关于《弟子规》的材料，这些材料就其文献类型来说，有史籍（《清史稿》《东华续录》）、方志（《(光绪）重修安徽通志》《(光绪）顺天府志》）、报纸（《申报》）、信札（《致南中书》）、日记（《辛卯侍行记》）、教材（《童蒙记诵编》）等；按其产生地域来说，有北京、安徽、江苏、广西、上海等；按其撰作时序来说，从同治、光绪、宣统到民国时期，均不断有人涉及《弟子规》，如瞿菊农即指出“对日抗战之前，北方学塾尚有读弟子规者”[②]，而1938年还出版了一种修订本《新弟子规》；就其运用场合来说，有将《弟子规》用于施善教化的，有将《弟子规》用于蒙学启迪的，还有将《弟子规》用于祝寿游乐的，如1929年5月27日的《申报》记载了一篇《槐荫桃觞纪盛》，内叙家人聚会时“黼卿诵夫人平日之格言。磐石踏风琴，歌天保九如之诗。伟勋庄诵《弟子规》一篇，曰：吾母命，终身勿忘者。”[③]同样，由于无法穷尽及一一披阅晚清民国文献，笔者此处提及的文献也仅是《弟子规》相关文献中的一部分，但从这数十条文献不难看出，《弟子规》在晚清民国时期并非处于一种“无人问津”的状态。

要而言之，《弟子规》在传世文献中的知名度虽然无法与早期经典匹敌，

① 可参见宗亮：《返本开新境，波澜独老成——谢贵安教授〈清实录研究〉评介》，载罗家祥主编：《华中国学》（第3卷），华中科技大学出版社2015年版，第375—382页。

② 瞿菊农：《中国古代的蒙养教材》，《北京师范大学学报》1961年第4期。

③ 王梅瓏：《槐荫桃觞纪盛》，《申报》（上海版）1929年5月27日。

其产生时间确实也相对较晚，但细考其传播范围、传播时间均非论者所说的是“夸大和臆测”。而其受到热捧，也非21世纪才突然凭空而生，晚清民国时期热读《弟子规》虽然有其相应的时代背景影响，但也侧面表明《弟子规》著作本身是有可取之处的。

二、《弟子规》的功用

对于《弟子规》的功用，历来认为是作为教育读物，用以启蒙，李毓秀为该书选定的最初名称“训蒙文”，也直接揭示了这种意图。近代教育学家瞿菊农在论述中国古代蒙学教材时，也专门列入《弟子规》部分，甚至“文革”时期批判《弟子规》的文章也指出“《弟子规》编成后，因其通俗易懂，易于背诵，甚为普及，清代末年有的地方官府还将其定为私塾、义学的必读教材，甚至作为‘劝善’书籍，在祠堂、茶馆、书馆中进行宣讲，使其广为流传”①。故而，《弟子规》的开蒙读物属性，向无疑问。然而，近来论者认为“《弟子规》在最初的使用环境是祠堂、茶馆、书馆，使用对象是干完农活的成年人……适用范围是社会下层……它本来就不是专门写给儿童的”②。

论者的论据是《清史稿·劳乃宣传》中的文字：“劳乃宣，字玉初，浙江桐乡人。同治十年进士……任吴桥，创里塾，农事毕，令民入塾，授以《弟子规》、《小学内篇》、《圣谕广训》诸书，岁尽始罢”③。论者进而推论，劳乃宣使用《弟子规》，是因为“原先那些成年农民不识字也看不懂政府的法令，经常干些违法的事，学了《弟子规》之后，能读一些法令了，不违法了……主要用于向那些被剥夺了更高发展要求的农民劝善的行为规范”④。仅就此条材料看，《弟子规》确实未被用于教育儿童，然而劳乃宣给农民提

① 肖群忠：《〈弟子规〉述评》，《道德与文明》1990年第4期。

② 黄晓丹：《〈弟子规〉的传播是场骗局?》，《新京报》2015年12月16日。

③ 赵尔巽：《清史稿》列传259，民国十七年清史馆本。

④ 黄晓丹：《〈弟子规〉的传播是场骗局?》，《新京报》2015年12月16日。

供《弟子规》，其目的仍是要“开蒙”，启蒙不识字、不识法规的农民，与启蒙儿童虽然对象不同，但其教化目的可谓殊途同归。《弟子规》的使用者早已注意到此点，如“童蒙必读本”《弟子规》的序言称：“此余家塾训蒙旧本也……俾贫民、子弟就学其中……使蒙稚之民咸知大义，遵循弗忘，其亦推广教化之一助云。”① 可见，不同的开蒙，实际上是教育事件的一体两面。论者据此单独一条材料，就试图否定《弟子规》教育儿童的本质属性，并不恰当。

实际上，晚清民国时期流传的不同版本的《弟子规》，在书中已经提示了该书的“课孩”属性。道光二十五年（1845），王检心已经指出该书“童而习之”；咸丰五年（1855），戴楫重刻亦认为“余购以归，课儿辈、训童蒙皆有成效”；又如同治二年（1863），满汉文刻本序称“培养幼学”；光绪六年（1880），李光明刻本跋文载“自梓童蒙各种读本”；光绪九年（1883），武昌书局刻本内封镌“童蒙必读书”且有序文《童蒙必读书小引》《童蒙必读书总目》；光绪二十三年（1897），《中和堂增刻弟子规》本更是将《弟子规》与《小儿语》《朱子家训》《文昌帝君蕉窗训》等合刻，更谓“《弟子规》一书为开蒙养正之最上乘，以其便于诵读讲解而皆切于实行也”②。

笔者新发现的20余条记录，其中部分材料也印证了《弟子规》的这种功用，如凌淦《致南中书》称“筹款之外，募化《弟子规》、《二十四孝》、《学堂日记》、《小学千家诗》以备课孩之用”③；光绪《顺天府志》载光绪八年“设立义学，延师教读，酌送脩金，就学各童无力者，给以饭食，于字及业四书、经书外，教以《小学千家诗》、《小学神童诗》、《小学集解》、《训学良规》、《弟子规》”④；《东华续录》记光绪十五年（1889）“设立义学，颁给《弟子规》、《童蒙养正》诸书”等⑤。此外，尚有义塾主张“授以《弟子规》”⑥，有蒙养学

① 周明杰：《〈弟子规〉研究》，东北师范大学硕士学位论文，2014年。
② 周明杰：《〈弟子规〉研究》，东北师范大学硕士学位论文，2014年。
③（清）葛士濬：《清经世文续编》卷39《户政一六》，光绪石印本。
④（清）张之洞：《（光绪）顺天府志》卷12《京师志一二》，光绪十二年刻十五年重印本。
⑤（清）朱寿朋编：《东华续录（光绪朝）》，光绪97，宣统元年上海集成图书公司本。
⑥ 周明杰：《〈弟子规〉研究》，东北师范大学硕士学位论文，2014年。

塾主张《三字经》《弟子规》并读等。

考察上述记载不难发现，无论是“童蒙”“幼学”还是“小儿”“课孩”，实际上都清晰地宣示了《弟子规》最本质的载体属性，当然，这种属性的外延有时候也会得以扩展。有学者认为，《弟子规》主要被用于三种场合，一种是用于义学，一种是用于家塾，还有一种是既用于家塾又用于义学，① 事实上这三种运用，均是以开蒙教化为旨归，没有偏离蒙学读物的基本轨道。在义学的广泛运用过程中，《弟子规》与《千家诗》《三字经》《童蒙养正》《二十四孝》等并列使用，更是明确了《弟子规》的蒙学教材特质。1899 年海上蒙养学塾章程提及：“塾中读《百家姓》、《千字文》等尚有小用，而于养正亦无关涉，至《三字经》虽出于王伯厚，然最驳杂，余更自郐以下矣。《三字经》今有蓟州王竹舫先生订正之本，名曰《广三字经》，袁子杞斋刻于天津广仁堂丛书中，可与绛州李子潜先生《弟子规》并读，其四字者则有罗忠节公《小学韵语》，五字者则有兴国万清轩征君《童蒙须知韵语》，六字四字并著者则有吕近溪先生《小儿语》”②，可以说是既为《弟子规》正名，又凸显了《弟子规》的独特地位。

《弟子规》的习用，也起到了“反哺”作用，如前文提及 1929 年子女在为父母祝寿时，吟诵《弟子规》，这是孝道的表现；又如，社会在发生饥馑、灾荒时，许多人士的捐赈，除了常见的钱物外，尚有人捐《弟子规》等读物，如 1878 年《申报》载“洛阳蕴庭氏助《弟子规》、《童蒙须知》”“解汴《弟子规》、《童蒙须知》、《二十四孝》、《小学诗》”③，1885 年“刘毅斋爵帅捐入《钦颁州县事宜》板一部、《洗冤录解》板一部，铁道人捐入《弟子规》板一部、《弟子必读》板一部、《格言联璧》板，解《为政忠告》、《五种遗规》、《折狱龟鉴》、《救荒百策》、《保赤良方》各一部”④，这些均是要使《弟子规》发挥“善书”功能，达到劝善救灾、抚慰心灵的效果；又如义学“业

① 周明杰：《〈弟子规〉研究》，东北师范大学硕士学位论文，2014 年。

② 《续录海上养蒙学塾章程》，《申报》（上海版）1899 年 9 月 21 日。

③ 《照录苏城桃花埠经收河南铁泪图赈捐八月中旬清单》，《申报》（上海版）1878 年 9 月 23 日；《照录苏州桃花坞经收经解豫赈八月分清单》，《申报》（上海版）1878 年 10 月 2 日。

④ 《募捐刊布善书公启》，《申报》（上海版）1885 年 5 月 30 日。

四书、经书外，教以《小学千家诗》、《小学神童诗》、《小学集解》、《训学良规》、《弟子规》，脱口背诵后，即归而诵说，以入其父母兄弟邻里之听，所言者皆孝弟忠信礼义廉耻之常，经令各塾师随时讲解，告以由此则成人，违此则非人……以期多一手艺即少一游民”①，显然，通过对童蒙的规训，达到对士民的教化，促进社会秩序的稳定，是《弟子规》更深层次发挥的功效。论者所提及的劳乃宣用《弟子规》教化农民，也应该属此范畴，是教化功用的一种变体。

在晚清民国的大变局之际，还有部分人士希望《弟子规》发挥“正人心”“救国体”的功用，如1903年《申报》发表《亚东平情人辨惑论》，认为“世道日下、人心日漓”，谓“今乃竞尚西学，鄙弃宗教，是舍本而求末也……然学人而不知纲常性理，是犹树有枝叶而无本，水有流派而无源，不但立见枯竭，且恐枝叶多而燎原堪虞，流派乱而横决不免”，认为“宜择纲常性理精华编为浅近易解之书，如罗泽南所著《小学韵语》、王文彬所著《劝世歌》、湖南所刻《弟子规》之类，使童蒙能于一二年内习而解之，以培其本，然后听从所学，以成其才。庶几宗教不失，人心不坏，大材大用，小材小用”②。作者站在维护性理纲常、巩固统治的角度来阐释“中学”“西学”的关系，不免有其荒唐谬误之处，然而他的申论对今人考虑对待传统文化与外来文化的态度，似亦不乏思索余地。

总之，《弟子规》在晚清民国时期最基本的功用即是用来教育儿童，这一点是《弟子规》的蒙书性质所决定的，也是当时环境下的客观需求。今天我们在认定《弟子规》的书籍属性时，不应该脱离了具体的史实来进行讨论，尽管《弟子规》可能有这样或那样的缺陷，但说《弟子规》属于中国传统蒙学教材范畴，此一认定，应当毫无疑义。至于《弟子规》作为传统蒙学教材，是否适应当代教育之需要，只是见仁见智的问题。民国时期针对《弟子规》的局限，已经有过“《新弟子规》”“《改订弟子规》”的尝试，我们应当可以从中寻求经验教训。

---

① （清）张之洞：《（光绪）顺天府志》卷12《京师志一二》，光绪十二年刻十五年重印本。

② 《亚东平情人辨惑论》，《申报》（上海版）1903年4月27日。

三、《弟子规》的认受过程

通过以上论述，我们可以看出晚清民国时期《弟子规》的具体受众，实际上主要是儿童群体，部分社会底层人士也可纳入受众范围。论者因此质疑："所有清代诗人的自传都说自己是从论语、诗经、唐诗开蒙的，因为《弟子规》的适用范围是社会下层……清代的知识阶层也不读它，它在今天是不是被捧到了太高的位置?"[①]《弟子规》的习用是否过度，这是另外需要讨论的话题，本文暂不论。面对《弟子规》是上层还是下层使用的问题，笔者认为有必要再辨析一二。

所谓"蒙学"读物，其适用对象从一开始就注定了大多数是"底层"童孩，中国传统社会中，精英阶层的人数毕竟还是少数，而且根据瞿菊农的研究，教材的编撰使用和学校的制度或教学设置有密切的联系。[②]古代社会的官学主要是"大学"性质的，它固然有教学活动，但同时也是一种社会身份等级的反映。"太学，国子学，乃至州郡之学里的教材主要是儒家的经书典籍——从五经扩增为后来的十三经。但开蒙以至全部小学阶段，大都依靠私人和私学或地方乡村设立的'蒙学'进行教学。"[③]所谓蒙学教材，就主要是在"蒙学"阶段使用，私人设学或者私家延师教学，主要采用的是"蒙学"教材，当然也有部分儒家经典。所以，《弟子规》的蒙学教材性质，已经决定了它不可能成为"经典之学"，所以强调是否有精英士人的诗文集、传记中出现，其实意义并不太大。

前文已经论及，《弟子规》的呈现，常与《三字经》《百家姓》《千家诗》《二十四孝》等并排而出，这反映了晚清民国时期，人们对幼儿启蒙教育读物的大体认知，而这些读物均是经过了时间检验，具有其教育价值。即便不能和《论语》《诗经》《孝经》等媲美，也有其核心内涵。《弟子规》虽然是

① 黄晓丹：《〈弟子规〉的传播是场骗局?》，《新京报》2015 年 12 月 16 日。

② 瞿菊农：《中国古代的蒙养教材》，《北京师范大学学报》1961 年第 4 期。

③ 瞿菊农：《中国古代的蒙养教材》，《北京师范大学学报》1961 年第 4 期。

晚近出现，但其本身已经蕴含了一些儒家经典的要义，《弟子规》这本书的内容是根据《论语》中的《学而》篇中的“弟子入则孝，出则弟，谨而信，泛爱众，而亲仁。行有余力，则以学文”为中心展开的，也就是说《弟子规》的思想渊源可以追溯到孔子。《弟子规》的部分内容又与《礼记》相关。此外有学者认为《弟子规》的主体是根据宋代朱熹的《童蒙须知》改编的，朱熹重礼仪，这就深刻影响了《弟子规》的价值走向①。可以说，《弟子规》虽然出身“底层”，但其思想精髓并不鄙陋。可能是有鉴于此，清代部分官学书院在存档书籍时，才会将《小知录》《弟子规》《松阳讲义》《童蒙须知韵语》《呻吟语》等与十三经注疏、二十四史等并列纳入②。

“清代的知识阶层”是否读《弟子规》尚待对史料进行进一步的解读，而据前述史料及相关论证，可以看到《弟子规》的流传过程符合蒙学书籍传播的一般趋势，而且也是多方合力作用的结果，细考之下，官府、民众、商业力量均在其中扮演重要角色。

官方。官方是《弟子规》传播的重要推手，在兴办义学和赈济灾害的过程中，官方纳入《弟子规》作为重要的使用对象，有力地推动了《弟子规》的大众化传播，“各州县设立义学，颁给《弟子规》”③，成为清代官方的程序动作，《弟子规》的传播地域随着义学的扩展，经历了由近及远、由北而南的过程，特别是广西、贵州等边疆地区义学对《弟子规》的传播，一方面普及了教育知识，另一方面也在客观上推进了统一多民族国家的发展。不过，在进入民国以后，随着政体的转换、新式教育的普及以及相关规程颁布，《弟子规》因其体裁特点，相当时期内遭遇了官方的拒斥，限制了《弟子规》的更广泛传播。

民众。民众是《弟子规》传播的主体，从前文所引史料可以看出，民众中传播《弟子规》最力的当属一般士人及底层民众。一般士人出于教学与文化传播之需要，亲自购买、刻印、捐赠、传授《弟子规》，如“修订

① 宋彦铮：《从〈弟子规〉的历史考察看传统文化的现代价值》，《焦作大学学报》2011年第3期。

② （清）何绍基：《（光绪）重修安徽通志》卷92，光绪四年刻本。

③ （清）朱寿朋：《东华续录（光绪朝）》，光绪97，宣统元年上海集成图书公司本。

本”《弟子规》印出后“光绪二十三年三月中和堂印送三百本；光绪二十三年四月中和堂又印送一百本；光绪二十三年五月忠恕堂印送五十本；光绪二十三年六月纯嘏堂印送壹百本；光绪二十三年六月敦善堂印送壹百本；光绪二十三年六月中和堂印送壹百本……光绪二十三年九月昆玉堂印送一百本；光绪二十三年九月崇善堂印送一百本；光绪二十四年正月中和堂印送一百本；光绪二十五年三月印送；光绪二十九年三月星明氏敬送五十本”①，可见其印送数量之巨。而底层民众通过学习、诵读《弟子规》，提高了文化修养，实现了《弟子规》传播的口耳相传与代际传播。

商业。《弟子规》作为一种典籍，除了具有蒙学教材属性之外，它本身还具有商品属性。大众社会的《弟子规》流传，除了官府发送、士人赠给，还有一个重要途径就是市场售卖。如同其他许多书籍，《弟子规》的出版和发卖机构也多次在《申报》等报纸上发布广告，如 1885 年 5 月 30 日，6 月 6 日、13 日、20 日、27 日，7 月 4 日、11 日、18 日上海庙园内翼化堂善书坊接连在《申报》打出广告“善书出售”，售卖“《日记故事》六分，《小学千家诗》四分，《元宰必读书》三分，《传家宝训》二角半，《小学神童诗》《弟子规》三分，《二十四孝图》二分半”等②，又如民国时期的1920年3月4日、6 日、8 日、10 日、12 日广昌学窘接连在《申报》刊布广告出售“学术丛书”及“《广仓千家姓》一册三角，《弟子规》一册二角，《弟子职》（装订中）一册二角，《二千字文》（装订中）一册二角，《续六书赋》（装订中）九册一元”③等。从晚清到民国，皆有《弟子规》发卖信息大规模公布，可见《弟子规》具有一定规模的市场，得到了社会的认可。

综合来看，《弟子规》在晚清民国时期的传播实际上是符合了大众文化教育的规律。社会大众化下的文化教育，即指以一般的文化知识为教育内容，以广泛性、普及性和大众性为传播途径的教育。它传授的多是前人既成的观念和知识，意在让人对传统文化有一种初步了解，为进一步认识和研究文化奠定基础。与《弟子规》相类的蒙学读物，或简述文化的发展，或收录

① 周明杰：《〈弟子规〉研究》，东北师范大学硕士学位论文，2014 年。

② 《善书出售》，《申报》（上海版）1885 年 5 月 30 日。

③ 《广仓学窘出版书目》，《申报》（上海版）1920 年 3 月 4 日。

历史故事，或选辑历史人物的嘉言善行等，将传统文化通俗化，在向童稚及一般民众传播文化知识的同时，又潜移默化地进行道德思想的宣传，推动了文化知识从“庙堂之高”到“民间大众”的下移①。

四、结　论

本文考察了《弟子规》在晚清民国时期的流传脉络，认为《弟子规》在晚清民国时期具备了相当的知名度，其流传线索并非无迹可寻，而是有为数不少的文献加以印证。《弟子规》的基本功用即是作为蒙学读物，进行开蒙与启迪，虽然期间有被用为“善书”的情形，但其主体仍是童蒙教育，对底层民众的教化，也增添了《弟子规》的多元性价值。《弟子规》经历了漫长的认受过程，多方力量在其间发挥作用，《弟子规》的影响超越精英与底层的分途，符合大众文化传播的规律。

文化的传播具有时代特性，特定的文化在特定的时代产生，因而有其时代局限性，具体到《弟子规》的传播过程，可以发现这种局限性亦十分明显，论者所批评的一些方面也不无道理，但是不同时代会有相同的社会需求，不同的文化载体在不同时代也可能有相同的生命力。在传统社会，《弟子规》维护的是宗法伦理道德，而现代社会面对社会转型期的种种问题，也可以从《弟子规》等文化著作中寻求有益的资源加以借鉴。正如徐梓教授所指出的，我们既不应当对《弟子规》推崇备至，也不应当无底线地贬斥，而是要寻找恰当的、平衡的、适度的方式来学习与解读《弟子规》②。

---

① 高远：《略论蒙学读物与我国古代历史教育问题》，《理论月刊》2008 年第 12 期。

② 赵振江：《争议〈弟子规〉》，《东方早报》2015 年 4 月 10 日。

“山川大地”与青少年君子人格培养

——兼论中国传统人文启蒙教育现代转化的方向与方法

雷　博　俞菁慧*

摘要：中国传统人文启蒙教育中蕴含着丰富的教学经验与思想资源，其现代转化的过程中，教育哲学层面的探索和知识体系的建构是非常重要的工作。通过溯源中国哲学传统特别是先秦儒学和宋明理学传统，提出“君子力”这一概念作为人文智性与德性教育的抓手。以中国的“山川大地”为脉络，搭建意象情怀、问题意识和人文知识的三重体系，作为“君子力”内在的结构支持。在探索其教育哲学意蕴的同时，也以课程体系的形式，培养学习者的“大心”。

关键词：人文启蒙；君子力；山川大地；大心；学以成人

在中国教育传统中，从儿童到青少年的教育也称为“蒙学”，其概念通常有广狭二义。狭义专指针对儿童的童蒙教育，而广义的含义是泛指一切人文启蒙教育，包括其体制、方法与教学内容①。传统蒙学以识字、读书、明理为线索，历代积累形成一系列观念、方法与基本读物，在民间影响力广泛，如《三字经》《百家姓》《千字文》《千家诗》等，直到今天都有

* 作者简介：雷博，中国社会科学院历史研究所助理研究员，北京大学历史系博士，北京大学高等人文研究院博士后，主要研究方向为宋代思想史、政治史、儒家哲学；俞菁慧，北京大学哲学系博士，首都师范大学历史学院博士后，首都师范大学历史学院讲师，主要研究方向为宋代思想史、经济史、中国经学思想史。

① 参见郦波：《论中国古代蒙学读本的“蒙训”意义》，《南京社会科学》2015年第4期。

很强的社会接受基础。另外如《笠翁对韵》《幼学琼林》《龙文鞭影》等启蒙读物，对于儿童青少年接触汉字音训，了解亲近中国文化，都有不小的帮助①。

近代西学东渐的大潮下，西方教育体系引入中国并成为公民教育的主流形式，传统蒙学在此影响下逐渐嬗变式微②。然而近年以来，由于现代教育的观念与方法论体系的发展，加上传统文化复兴的社会思潮影响，传统蒙学的思想资源和教学经典重新得到重视。对于“蒙学”的反思、探讨与重建，成为新时代青少年教育中的一个重要课题③。

在笔者看来，这一课题包含两个重要层次：一是儒家传统蒙学应当如何进行有效的现代转化，其形式、内容应当如何在保存传统风貌的基础上，与时俱进，做出相应的革新与扬弃。二是传统的思想资源、教育经典、教育理论与实践方法，能够为现代青少年教育提供哪些新的切入视角，如何针对当代社会的一些弊端问题，在教育体系方面进行相应的探索与设计。这两个层次的研究与讨论不仅仅对于狭义的童蒙教育有非常直接的现实意义，其理念与研究成果对于广义的蒙学，即不同年龄段人文启蒙教育的受众来说，都有很强的指导作用。

笔者近年来长期致力于人文启蒙教育的研究与实践，特别是面向初中到大学本科的青少年学生的教育体系建构。尝试以“中国的山川大地”为基本脉络，整合中国人文传统中最重要、最具有长时段贯穿性的一些问题意识、历史故事和经典文本，进行讲座、阅读与讨论相结合的教学模式探索。目的在于启发学生的批判性思维、系统性思维和建构性思维，并培养光明伟

① 参见任新宇：《中国古代蒙学教材研究》，华中师范大学硕士学位论文，2008 年；刘佳艳：《明清时期蒙学教学方法研究》，首都师范大学硕士学位论文，2014 年。

② 参见夏晓虹：《〈蒙学课本〉中的旧学新知》，《清华大学学报（哲学社会科学版）》2009 年第 4 期；陆胤：《清末“蒙学读本”的文体意识与“国文”学科之建构》，《文学遗产》2013 年第 3 期。

③ 参见李香平：《论蒙学教材在青少年教育中的当代价值与理性继承——以〈三字经〉、〈弟子规〉为例》，《中国青年研究》2012 年第 2 期；谭敏捷：《宋代蒙学教材的当代德育价值研究》，西南大学硕士学位论文，2014 年；朱子辉：《蒙学传统与百年中国语文教育的反思》，《文艺理论研究》2016 年第 6 期。

岸、质朴刚健的君子人格。本文即对这一教学体系的问题意识、哲学理念和实践方法进行梳理总结，以期求教于学界、教育界的前辈方家。

一、传统人文启蒙教育面临的问题与可能的发展方向

中国传统蒙学在发展过程中的利弊得失，学界已经有过不少讨论①。笔者将其中面临的问题简单概括为如下五个方面：第一，传统蒙学以识字读书明理为主体内容，对实践与探索的培养相对薄弱；第二，过分注重道德教育，在批判性思维与想象力培育方面明显不足；第三，注重成人世界的规则意识，缺少对少年儿童心理本身的关注和理解；第四，注重立志与规训，一定程度上对自由精神与性灵的培养相对薄弱；第五，注重“启蒙”，忽视了“蒙”的状态本身在人格成长中的重要性。

传统蒙学带有显著的宋明理学和科举制度的背景②，其中的内容和现代教育的理念精神有所扞格，也和现代人的生活方式与精神追求之间存在一定张力，所以这部分思想资源在谨慎汲取与创造转化的同时，也应保有适度的戒心，尤其需要避免过早的社会规训给少年儿童心理带来不适甚至伤害。

在笔者看来，蒙学的内容形式与现代教育之间的差异并不是最根本的问题，其矛盾的核心还是人文教育的定位与意义问题。在传统的教育模式中，人文是其最重要的部分，而在现代教育体系中，其所面临的问题也最为突出。职业教育对于通识教育的挤压，工具理性对价值理性的侵迫，使得人文教育的定位有很多模糊或尴尬处。学者固然可以从审美、情感、人格、综合能力等方面论证其意义，但人文知识与人格修养之间究竟有怎样的内在联

① 参见李贵洁：《略论我国古代蒙学的伦理教育特点》，《教育研究》1998年第5期；李良品：《试论古代蒙学教材的类型、特点及教育功能》，《甘肃社会科学》2004年第3期。

② 参见刘静芳：《科举制下的明清蒙学研究》，河北师范大学硕士学位论文，2010年；张烨：《社会化视角下的宋代童蒙教育》，上海师范大学硕士学位论文，2010年；王彬：《朱熹的蒙学思想与训蒙诗》，曲阜师范大学硕士学位论文，2015年。

系？如何通过知识的学习与积累，培养刚强宽厚的人格力量？这些问题并没有得到很好的分析解释。换言之，传统教育中不言自明的核心理念“学以成人”①，在当代语境中依然是一个需要去探讨、阐释的命题。

从中国哲学的长时段传统角度来看，这个命题中包含着“格物致知”和“致良知”的辩证关系，也是从“见闻之知”到“德性之知”的工夫论裉结。因为教育如果想要体系化、普及化，并降低教育成本，势必要弱化其中因人而异的部分，更强调其统一、简便、可操作的形式，所以对知识的学习就必然成为主流的手段，而知识的学习与检验是一个非常容易被模式化、固化的过程，教师和学生都很容易在教与学的过程中重视内容与技巧的习得，而忽略精神层面的追问与砥砺。

这样一来，我们就会看到，在当前的主流教育体系中，尽管人文科目已经占据了不小的篇幅，然而高中以下是应试导向，而在大学以上则是专业导向。这样的结果是中学生重视分数不求甚解，更不注重对人文精神的领会体悟。到了大学以上，文史哲专业的学习囿于一隅，虽然专精却往往难以会通。至于非人文社科专业的学生，更是基本失去了相关领域的系统学习机会，只能通过个人的阅读涉猎进行兴趣型的自我提升，缺乏整体的有计划的全面培养。

更重要的是，这类学习并没有和人格塑造之间建立起真正的联系，在学校里的所学所思，和人生道路上的所立所行之间，有着难以弥合的裂痕。那些关系到每一个人心性与命运的重要问题，并没有在合适的教育阶段被提出、讨论、反思，更缺乏针对性的引导。这样在全社会层面带来的结果就是知识碎片化、情感冷漠化、志趣空洞化和价值虚无化，个人在其中很容易陷入不问是非、唯利是图的心灵陷阱，又或者被宗教吸引而寻求精神上的慰藉依赖。

以上这些问题都驱使我们不能满足于传统和当下的人文启蒙教育模式，必须探寻新的发展方向——既不能胶柱鼓瑟、抱残守缺，也不能完全丢开传

① 按：“学以成人”是当代儒学学者杜维明先生提出的“Learning to Be Human”理念，是对中国儒家文教传统的概括总结，同时也是一个新的哲学命题。该命题已经被定为2018年世界哲学大会（北京）的主题。

统自行其是，而是需要在深刻领悟中国哲学传统精神的基础上，结合现代教育与人学的观念，进行探索与创造。笔者认为这一工作应当包含如下四个层面：

首先是传统教育模式与教育观念的继承与现代发展。在中国传统教育中有很多非常深刻的理念和行之有效的形式，如洒扫应对、学诗学礼、致良知、成人之道和大学之道等等。上述教育理念与形式都非常注重从内在的层面上养成人的品格与情操，以德性为提摄个体生命的抓手与动力，这些都是极其珍贵的文化精髓，也是推动中华民族生生不息的内在力量。将这些内容进行创造性转化不仅是适应当前社会需求的必要之举，也是我们继往开来的历史责任。

其次是传统人文启蒙教育经典文本的再解读与发展延伸。传统蒙学读本如“三百千”、《唐诗三百首》《古文观止》等都是比较成熟的作品，其内容也可以比较完整地继承学习。但是这类文本的记诵学习不能仅仅停留在“传统需要被继承”的层面，而应当有更加系统的研究、阐释和说明，为什么好，怎么好，应当如何学，都须有深入的、科学的研究和论证。

特别值得注意的是，传统蒙学经典文本体系中居于核心地位的文本四书。“四书”这一概念是在唐宋孟子升格运动[①]和《中庸》被重视的时代背景下[②]，最终通过朱子的章句集注所完成的一次先秦经典的提炼与解读，从而形成中华民族精神脉络中一座重要的里程碑。笔者认为，在传统文本的现代解读与转化中，四书有不可忽视、不可替代的地位。对其进行细密、深刻、生动而又契合时代精神的解读，应当是整个传统蒙学经典体系传承发展的核心工作之一。

再次是传统文化资源与历史故事在人文启蒙教育中的应用。这部分工作是目前学界与教育界做得最好的部分，近年来的努力卓有成效。一方面，大量的传统文化资源与人物、故事，通过各种形式的文艺载体与受众亲近，另一方面，一些有代表性的优秀电视节目如《中国成语大会》《中国诗词大

---

① 参见徐洪兴：《唐宋间的孟子升格运动》，《中国社会科学》1993 年第 5 期；郭畑：《唐宋孟子诠释之演进与孟子升格运动》，《孔子研究》2016 年第 5 期。

② 王晓薇：《宋代〈中庸〉学研究》，河北大学博士学位论文，2005 年。

会》《朗读者》等受到观众喜爱，都让传统以鲜活生动的方式不断释出新的生命力量。在这方面依然有大量的资源可以发掘探索，值得长期耕耘。

最后也是最重要的一点，是立足于传统思想资源，对人文启蒙教育背后的教育哲学进行深入的思考和建构。这个层面的工作，就不单纯是古代传统的现代转化，而是要深入到人之为人的哲学本质，从人的根本生存状态和可能性的角度进行面向真理与必然性的体系阐释。显然，只有在本体层面上夯实学理基础，上述应用层面的展开才有源头活水。

这种教育哲学层面的思考，需要我们立足于当代社会的现实情况与现实需求，理解从儿童到青少年的教育，充分吸收发掘现代启蒙教育的理念和研究成果。在此基础上，以中国传统哲学为框架，进行相关核心概念与话语模式的探索，并以此为本，对当代启蒙教育的各种发展形态进行反思与重构。

二、青少年人格培养的抓手："君子力"

在上述四个层面的探索方向中，笔者最为关注的是传统思想资源在教育哲学层面的建构与开新，近年以来，一直带领团队就此问题进行持续的研讨和实践。经过几年摸索，我们提出"君子力"这一概念作为抓手，而以中国的"山川大地"为线索，进行人文启蒙教育课程体系的设计。

"君子力"这一概念可以溯源于宋明理学传统，特别是其中对《周易》《论语》《孟子》《中庸》等儒家经典中"君子"之意义的诠释。君子通常被理解为温柔敦厚、文质彬彬的人格形象，一般多强调其谦冲柔和的一面。然而通观先秦经典，我们可以看到"君子"是一个蕴含了强大力量的概念，如"天行健，君子以自强不息""君子坦荡荡，小人长戚戚"等。其中特别典型的是《中庸》"子路问强"一章，孔子对君子之"强"给予了雄浑厚重的阐释：

> 子路问强。子曰："南方之强与？北方之强与？抑而强与？宽柔以教，不报无道，南方之强也，君子居之。衽金革，死而不厌，北方之

强也，而强者居之。故君子和而不流，强哉矫！中立而不倚，强哉矫！国有道，不变塞焉，强哉矫！国无道，至死不变，强哉矫！”

这一段论述，将君子宽裕温柔、坚强刚毅、中立不倚、视死如归的生命境界进行了非常充分的开显，字字刚健沉毅、掷地有声，其中所蕴含的伟岸豪迈的人格力量透纸而出。可以说，君子所发显出的德性光辉，正是由其这种内在的强力人格所支持的。因此“君子力”是一个非常厚实的概念，有极为丰富的古代经典和非常细密的哲学义理作为其成立的依据。

《论语》中孔子的言行为“君子”这一理想人格境界提供了很好的范例。通过对《论语》的解读阐释，结合其他先秦经典中的思想，我们更进一步将“君子力”细化为感知力、汲纳力、再思力、经纬力、涵容力和持守力六个方面。这六个方面的内在人格力量都可以再由浅入深提炼出不同层面的含义。

首先是感知力，包括四个层次：一是理性层面的洞察判断，所谓“视其所以，观其所由，察其所安”①。二是情感层面的体知与感动，如孔子知颜回之死而恸哭②。三是文化上的敏感与自觉，如孔子在齐闻韶，三月不知肉味③。四是对于整体态势与历史命运的觉知和体悟，如孔子至是邦，必闻其政④。

第二是汲纳力，其意在形容一种开放包容的学习态度和生命境界，既有主动的孜孜汲取，也有从容的涵养吸纳。在孔子的思想体系中，“好学”本身就是一种崇高的美德，同时也是一种很难达到的境界。孔子认为“十室之邑，必有忠信如丘者焉，不如丘之好学也”。他所推许的弟子颜回，也是“不迁怒，不贰过”的好学典范。从《论语》中总结，汲纳力包括四个方面：

① 《论语·为政》云：“子曰：‘视其所以，观其所由，察其所安，人焉廋哉？人焉廋哉？’”

② 《论语·先进》云：“颜渊死，子哭之恸。从者曰：‘子恸矣。’曰：‘有恸乎？非夫人之为恸而谁为？’”

③ 《论语·述而》云：“子在齐闻韶，三月不知肉味，曰：‘不图为乐之至于斯也。’”

④ 《论语·学而》云：“子禽问于子贡曰：‘夫子至于是邦也，必闻其政，求之与？抑与之与？’子贡曰：‘夫子温、良、恭、俭、让以得之。夫子之求之也，其诸异乎人之求之与？’”

一是好学并善于发现、观察与提炼；二是能够从复杂信息流中截取出关键内容；三是能够将各种碎片化的信息整合进自身的学养与价值体系中；四是勇于接纳批评意见并进行自我调适①。

第三是再思力，其说出自《论语·公冶长》："季文子三思而后行。子闻之曰：'再，斯可矣。'"朱子章句引程子说曰："为恶之人，未尝知有思，有思则为善矣。然至于再则已审，三则私意起而反惑矣，故夫子讥之。"可见所谓"再思"即强调反思的审慎与行动的果决。再思力包括四个层面：一是持续性并不断深入思考的意志；二是疑问、学习与反思的敏锐性；三是反思基础上再理解与再建构的能力；四是防止思量过度的决断与行动。②

第四个方面的人格力量，笔者用"经纬力"来概括，其内涵包括四个方面：一是高远的志向与宏大的抱负；二是学养与价值体系的纵横架构能力；三是对事业进行有序的规划与组织的能力；四是将微观问题置于宏观图景中进行思考把握的能力。"经纬力"既是形容一种经天纬地、经世安民的人生理想，同时也是一种在具体和整体、微观与宏观、当下与历史等不同维度的问题中进行纵贯思考把握的能力③。

第五个层面的人格力量是涵容力，笔者将《论语》中呈现出的温润包

① 《论语》中的相关论述如："子曰：'三人行，必有我师焉。择其善者而从之，其不善者而改之。'""子曰：'不愤不启，不悱不发。举一隅不以三隅反，则不复也。'"（《述而》）"子绝四，毋意，毋必，毋固，毋我。"（《子罕》）"子曰：'好仁不好学，其蔽也愚；好知不好学，其蔽也荡；好信不好学，其蔽也贼；好直不好学，其蔽也绞；好勇不好学，其蔽也乱；好刚不好学，其蔽也狂。'"（《阳货》）

② 《论语》中的相关论述如："子曰：'学而不思则罔，思而不学则殆。'"（《为政》）"子贡问曰：'孔文子何以谓之"文"也？'子曰：'敏而好学，不耻下问，是以谓之"文"也。'"（《公冶长》）"举一隅，不以三隅反，则不复也。"（《述而》）"子路问：'闻斯行诸？'子曰：'有父兄在，如之何其闻斯行之！'冉有问：'闻斯行诸？'子曰：'闻斯行之！'……子曰：'求也退，故进之；由也兼人，故退之。'"（《先进》）

③ 《论语》中有诸多论述可以提炼"经纬力"这一概念的相关内涵，包括："曾子曰：'士不可以不弘毅，任重而道远。仁以为己任，不亦重乎，死而后已，不亦远乎。'""子曰：'兴于《诗》，立于礼，成于乐。'"（《泰伯》）"子以四教：文，行，忠，信。"（《述而》）子张问："十世可知也？""子曰：'殷因于夏礼，所损益，可知也；周因于殷礼，所损益，可知也。其或继周者，虽百世，可知也。'"（《为政》）

容的人格气象用“涵容”来概括，意在强调这种包容不是无原则的接受甚至包耻纳垢，而是在内在涵养基础上的从容接纳、与时消息。其意义包括四个方面：一是对他者、异见与陌生性的接纳；二是对消极性因素的理解、接受与对治；三是对自我的克制、鼓励与包容；四是应时权变的意识与智慧。①

第六个方面是持守力，这是君子之为君子的人格基石，也是儒家传统中最看重的内在品质。持守不是固执不变，而是在前面五种人格力量的基础上，对理想抱负与大是大非的择取、笃定与坚守。《论语》等经典中呈现出的持守力包括四个方面：一是选择价值信念与立场时的审慎态度；二是选择以善为导向的生活方式时的坚决无畏；三是持续追求理想的勇气和韧性；四是面对困境与挫折的沉着与刚毅。②

如上所论，“君子力”的六个方面及其细分层次，都可以在《论语》中找到相关的论述，在《周易》《尚书》《孟子》《礼记》等儒家经典和先秦诸子思想中也能找到大量相关的佐证。可以说，在中国哲学传统中，“君子”绝不仅是一个道德良善的符号，也不仅是描述某种外在的气质威仪，而是一种内在于精神中的统率力、领导力的反映。从早期教育开始培养青少年与儿童的君子人格与内在的力量，是非常有意义的尝试，也会为其整个生命过程奠定一个坚实厚重的基础，无论对其学业还是事业都可以起到事半功倍之效。

---

① 《论语》中关于“涵容力”的论述有：“子曰：‘伯夷、叔齐不念旧恶，怨是用希。’”（《公冶长》）“颜渊问仁。子曰：‘克己复礼为仁。一日克己复礼，天下归仁焉。为仁由己，而由人乎哉？’”（《颜渊》）“子曰：‘可与共学，未可与适道；可与适道，未可与立；可与立，未可与权。’”（《子罕》）

② 《论语》中关于持守力的论述有：“子曰：‘饭疏食饮水，曲肱而枕之，乐亦在其中矣。不义而富且贵，于我如浮云。’”（《述而》）“子曰：‘譬如为山，未成一篑；止，吾止也！譬如平地，虽覆一篑；进，吾往也！’”（《子罕》）“子曰：‘富与贵，是人之所欲也；不以其道得之，不处也。贫与贱，是人之恶也；不以其道得之，不去也。君子去仁，恶乎成名？君子无终食之间违仁，造次必于是，颠沛必于是。’”（《里仁》）

三、山川大地：君子力的哲学根基与历史脉络

君子人格是传统中国士大夫的生命理想典范，所谓“士希贤，贤希圣”，而培养“君子力”的修养功夫也是一个源远流长的教育传统。显然，这样的人格力量不是凭空而来的，需要系统的人文知识素养来搭建其“力学结构”。孔子以“好学”自居，而以“礼、乐、射、御、书、数”六艺来教授门下弟子①。朱子强调“格物致知”与“豁然贯通”②，阳明强调在应事处物之间“致良知”③。都是从具体的、知识性的道理法则中，体会根本性的天理良知，并塑造自身的挺立人格。

那么在当代的教育模式和学科分类条件下，我们应当如何搭建君子力内在的知识结构呢？笔者认为中国的山川大地是一个非常好的视角和线索。这一选择有如下三个原因：

首先，君子人格的强大精神力量，源于对中国长时段历史中的大问题、真问题和复杂问题的思考与理解。一方面，这样的思考能够将人的心性从眼前的利害纠葛中超拔出来，从宏大时空的角度面对一些根本性的甚至是终极的问题；另一方面，“中国”又提供了一个相对有限的视域，使人的思考不至于漫无边际，而始终落实在关于国家治理、世道人心的真切关怀上。

“中国”是一个抽象的国族与人群概念，同时也是一个具体而生动、丰富而深刻的精神现象，她拥有广土众民的地理空间、悠长连续的历史过程。在这一视域中呈现出的问题往往都复杂难缠、矛盾重重，很难用单一的理论原则进行简单解释④。可以说，“中国”这个概念本身就是一个绝佳的问题意

---

① 按：六艺之说出于《周礼·保氏》：“养国子以道，乃教之六艺：一曰五礼，二曰六乐，三曰五射，四曰五御，五曰六书，六曰九数。”

② （宋）朱熹：《四书章句集注》，中华书局 1983 年版，第 6—7 页。

③ （陆澄）问：“静时亦觉意思好，才遇事便不同，如何？”先生曰：“是徒知养静，而不用克己功夫也。如此，临事便要倾倒。人须在事上磨，方立得住，方能静亦定，动亦定。”（（明）王阳明：《传习录》卷 2，《王阳明全集》，上海古籍出版社 1992 年版，第 12 页）

④ 楼劲：《近年“中国”叙说和构拟的若干问题》，《中国社会科学评价》2017 年第 1 期。

识视角，既是我们作为中国人了解自身的必由之路，同时也缘于中华文明一脉相承，很多问题可以放在长时段语境下进行连续而完整的思索和检讨。从时移世易到兴衰沉浮，从治国良策到天道追问，这一历史脉络能够在充养知识的过程中，不断逼问砥砺人的思考力和行动力，使人的思维之刃更加敏捷锐利，同时也可以让人在面对各种矛盾的时候，不断拓展自身心灵的涵容与担当。

其次，君子人格的恢宏豁达与心灵世界的超迈高远，与“山川”的建构作用有很大的关系。山川虽然通常被理解为地理的概念，但其意义显然不仅仅局限在地理的范围之内。孔子云：“知者乐水，仁者乐山；知者动，仁者静；知者乐，仁者寿。”（《论语·雍也》）《论语》中记载：“子在川上曰：‘逝者如斯夫！不舍昼夜。’”（《论语·子罕》）《孟子》记孔子“登东山而小鲁，登泰山而小天下”（《孟子·尽心上》）。在这些记述中，我们可以看到山川以一种非常独特的形式，为君子人格提供了深层次的基石作用。

世界上各个民族都会将故乡的山川土地和民族历史、民族感情联系起来，这是一种很普遍的现象，而中国的山川和中国人心灵世界之间的情感纽带格外微妙、深沉。“长江长城，黄山黄河，在我心中重千斤。”这种联系仿佛是镌刻在血脉和灵魂中的烙印，会让人在某些特别的时刻，从内心深处澎湃出悲伤、怀恋、勇气、希望等等诸多复杂的情绪。

山川在我们的精神世界中也呈现出多彩的面貌：山水的秀美雄奇、山河的命运绾系、山岳的魂魄精神，都是不可或缺的维度。“天门中断楚江开，碧水东流至此回”“山河破碎风飘絮，身世浮沉雨打萍”“会当凌绝顶，一览众山小”“大江东去，浪淘尽、千古风流人物”，这些伟大的诗词文赋勾勒出活泼生动的意象，跨越时空，将历史与当下关联起来，大大丰富了人的心灵空间。在审美的、情感的维度之外，还会引导我们去思索历史事件的前因后果、偶然机缘中潜藏的内在规律、制度与人心的复杂关系、博弈纷争与道德法度之间的张力。可以说，山川既是自然、地理的呈现，也是人文、历史的寄托，能够让人的心灵温柔细腻而又刚强弘毅，是人文启蒙教育中不可或缺的视角①。

---

① 参见萧驰：《杜甫夔州诗作中的“山河”与“山水”》，《中华文史论丛》2016年第1期。

最后，也是最根本的一点，当前世界范围内的精神危机与价值危机，归根结底源于人和“大地”的疏离。人在一个现代化的、高度结构功能化的世界中，迷失了和大地之间的本真联系。

需要注意的是，这里的“大地”不是地缘、地理、土地、地产等功能性概念，而是一个蕴含着大历史视野和深层次生存体验的哲学概念。当代人在自己的生活世界中将“大地”简单化为空间、地域、场所、资源等等工具性、资源性的对象，以主体和客体之间的占有、掠取为主要关系，缺少从根源上对主客对立的消泯，也缺乏对于大地真正深入的感知与亲近。这样就很难将个体的经历遭遇和宏大的普遍命运衔接起来——生活被眼前的琐事充斥又割裂，无法建立真正的意义感与价值秩序。

如果用哲学语言来描述，大地是一个深刻的精神性范畴，它是人的本己良知与崇高天命的相逢之所——既是命运将自身以“天命”的形式展开并道出的所在，也是人在行走、观察、思考与实践的过程中，逐渐扬弃卑微凡俗的自我，将自身以“良知”的形式呈现并张扬的所在。在这个意义上，人对于大地的理解感受越深，自身的心量也就越广大、深邃、刚健、宽厚。

基于以上三方面的原因，笔者认为，立足于中国传统的人文启蒙教育创新，可以以“山川大地”为出发点，构建一个包括意象情怀体系、问题意识体系、人文知识体系在内的三重体系框架。这三重体系共同构成“君子力”内在的“力学结构”，是君子德行实践的智性根基。从“知行合一”的角度来看，这一结构也是人的工具理性、知识理性与道德理性、道德行为相衔接的轴承。

第一是意象情怀体系，笔者认为这是最关键但同时也是从哲学上最需要进行深入研究和论证的部分。因为“山川大地”在中国文化的语境中有非常深邃的意蕴，其中沉淀了历代先哲对自然世界、家国历史与自身生命境遇的沉思和抒写。里面有满载历史典故与人文遗迹的山河风光，有富含禅意理趣的山水诗画，有探幽寻奥的地理游记，也有分析形势利害的政治军事策论。最重要的是，中国的山川大地中似乎蕴含着一种特殊的哲学气质，让人可以通过亲近“地”来理解“天”，在“厚德载物”的坤道之中，体会“自强不息”的乾道，进而产生跨越时空的同理心、同情心，即仁民爱物的情怀。这方面笔者以“象”这一哲学概念为切入点进行了一系列研究[①]，目前还处在将理论思考和具体的形式、手段进行探索结合的阶段。

第二是问题意识体系。即通过提出一组重要的“元问题”，形成一个连贯的外向探究与内向反思的逻辑链条。第一，理解“中国”这一概念以及其中包含的层次和历史上发生的种种变化；第二，从历史地理的角度看，中国的山川勾勒出怎样的地缘形势与利害关系；第三，探索从地缘角度可以把握到中国历史命运中哪些深层次的脉络；第四，回顾分析中国古人如何理解历史命运中的波澜与张力；第五，落回到自我上面，思考自己如何运用理性与良知，在宏大命运中做出抉择。

第三是人文知识体系。笔者团队近年来的人文启蒙教育实践，是面向从高中到大学本科学生的课程设计。该课程体系选取中国山川中具有特别象征意义的泰山、嵩山、黄河、长江为纽带，引出四个重要的核心主题：第一，如何为人的生活与政治奠定理性的天道依据；第二，如何将有不同观念文化习俗的方域整合为一；第三，如何有效治理广土众民并维护社会的正义公平；第四，如何在历史兴衰往复中寻找内在逻辑与方向。

这四点既是中国历史命运中最为复杂的课题，也是具有全人类普遍意义的关怀，而这四个问题又恰好可以放在中国的山川格局中进行深度解读。泰山部分的主题是“明辨天人”，可以梳理中国思想史上关于天人关系的种种思考；嵩山部分以“宅兹中国”为核心，从都城建设和制度因革的角度认识中国政治史；黄河部分侧重“心系苍生”，通过社会经济和基层治理的视角，理解蕴藏在人民大众中的雄浑伟力；而长江部分则从“文质相胜”的视角，结合中国文学与艺术的发展历程，思考历史演变的方向与内在逻辑。上述知识体系面向的对象是十五岁以上，已经有相关知识基础的青少年群体，按照同一思路，还可以勾勒出面向更低龄群体的相关知识性内容。

总之，我们希望以中国山川格局勾勒出一个宏大的时空场域和宽博的问题视域，在构建人文启蒙知识体系的同时，也能够拓展受众的心灵广度与

---

① 参见雷博：《张载〈正蒙〉“象”概念精析及其工夫论意义》，《中国哲学史》2015 年第 4 期；雷博：《范围天地，通乎昼夜——张载〈正蒙〉“一阴一阳”概念解析》，《中国哲学史》2017 年第 4 期。

深度。这是宋代哲人张载提出的一个非常重要的为学工夫“大心”①，其中应当包含如下三个层次：

首先是大命运，即通过山川格局与地缘形势，勾勒历史命运的宏观脉络，使学习者在课程、讲座、会读、讨论与游学访问等形式中，体会命运、规律与自身主体能动性的意义。

其次是大格局，即通过长时段历史中因果关系的展示与讨论，打开学习者的心灵格局，思考感悟中国历史、政治、思想与文化的深层曲折，胸中容纳山川丘壑，也可以包容不同的理念、信仰与价值取向。

最后是大是非，即以历史为脉络，揭示人类群体与社会生活中的一些根本性的价值判断方向。不必用道德说教进行灌输，而是引导学习者在行走、聆听、观察、思考中，逐渐树立属于自己的是非观、道德判断力与人生信念。

四、结　语

青少年阶段是人格养成最为关键的时期，如何在这一阶段为其树立一个坚强刚毅而又博厚包容的价值根基，是人文教育不可回避的重要课题。在这方面，中国文化传统特别是儒家的文教传统，能够提供非常丰富的历史经验和思想资源，既可以截取其中较为成熟的文本与教学模式嫁接在现代教育的枝干上，也可以从现代教育理念出发，进行纵向的梳理整合，形成新的教学观念与内容体系。笔者团队以“山川大地”为线索的尝试，正是后者的思路，同时也是对“学以成人”这一人文理想的实践。这一探索目前还在起步阶段，非常希望有机会得到学界、教育界前辈与同人的指导。

---

① 《正蒙·大心》：“大其心则能体天下之物，物有未体，则心为有外。”（林乐昌：《正蒙合校集释》，中华书局 2012 年版，第 371 页。）

理解：古代童蒙学习的重要方法

张平仁*

摘要：古代童蒙教育重视理解，主要体现在：总体上强调理解，课程设置环节体现理解，对《小学》类蒙养读物主张认真讲解。对理解的具体应用探讨主要有：总体原则是粗讲、少讲，讲授要由浅入深，方法要灵活多样，重视复讲、质疑，遵循一定的讲授程序。重视理解的原因，一是认识到了儿童有独特的心理特点，二是充分借鉴了成人读书法。理解的益处，一是促进记忆，二是避免学习艰涩、枯燥。古人重视理解的基本观点可概括为随读随解与大体理解字面意思。

关键词：理解；童蒙教育；学习方法

当前，中小学国学教育蓬勃发展，很多争论也随之而起，涉及教育的目标定位、内容选取、方法运用、教材编纂等诸多方面，其中学习方法的争论和探讨尤为突出。国学学习方法主要包括记诵、理解、践行几大方面，其中记诵与理解的关系是争论的核心。国学经典总体上有一定难度，学生是依据理解能力进行学习，还是不管理解与否，先凭借机械记忆力优势，大量熟诵牢记，待以后再逐渐理解消化？这就成为争论的焦点。近二十年来的一些大规模活动，如中华经典诵读工程、儿童读经运动等，以及普遍开展的书院（私塾）教育，都暗含着对记诵与理解关系的不同认识。

---

* 作者简介：张平仁，文学博士，首都师范大学初等教育学院副教授，主要从事古代文学及国学教育研究。

当前中小学的国学教育在主体内容上与古代童蒙教育是一致的，主要包括蒙学与经典著作。主张以记诵为基本方法的论者往往认为古代童蒙教育的基本理念就是“书读百遍，其义自见”，方法就是大量读诵，不必理解，待长大后理解运用，这种方法造就了大批人才甚至杰出学者。现在对古代学塾教育的很多片段记载也往往认为学童整天就是读书、背书、写字、作对，尤其是清末西方注重儿童心理的教育观念传入后，更强化了古代童蒙教育都是死记硬背的认识。那么，古代童蒙教育的真实情形到底是怎样的，是如何处理记诵与理解的关系的？对这一问题学界已有所涉及[①]，挖掘出了一些资料，初步廓清了一些认识，但缺乏独立专门的探讨，仍需梳理资料，进行较为集中、深入的考察，以期更清楚地认识这一问题，并为当下提供有益借鉴。

一、古代提倡童蒙理解的基本主张

古代童蒙教育大体指十五岁之前的教育，是与“大学”相对的“小学”教育，主要内容是识字、培养德行规范、学习基础文化知识，主要教育地点是家塾、乡塾、义学、社学等私学和小学、宗学等官学。就教育程度而言，大体分初级与高级两个阶段，初级主要读《千字文》《百家姓》《三字经》《小学》等蒙学读物，高级主要读四书、《孝经》、五经等基础经典著作。自宋代起，童蒙教育在理论和实践上都进入兴盛期，故本文的探讨时段主要为宋代至清代。

就普遍的做法而言，古代童蒙教育的确重记诵而忽理解，师资力量不

① 具体可参见张志功：《传统语文教育教材论——暨蒙学书目和书影》第五部分第一小节，中华书局 2014 年版（初版于 1962 年）；张隆华、曾仲珊：《中国古代语文教育史》，四川教育出版社 1995 年版；浦卫忠：《中国古代蒙学教育——历代少儿启蒙教育方法》，中国城市出版社 1996 年版；林治金主编：《中国小学语文教学史》，山东教育出版社 1996 年版；池小芳：《中国古代小学教育研究》第四、六章，上海教育出版社 1998 年版；陈学恂主编：《中国教育史研究》（多卷本），华东师范大学出版社 2009 年版；另外，徐梓、王雪梅辑注《蒙学要义》（山西教育出版社 1991 年版）收录了 19 种古代训蒙著作，提供了不少资料。

强的广大乡塾、义学、社学更是如此，这可以从主张理解者对普遍做法的批评、一些学校的课程设置、清末民初读过私塾者的回忆、清末教育转型期对传统教学方法的大力批评等方面看出，不再赘述。与此同时，也有不少教师、学者、官员一直提倡要重视理解，不能认为童蒙无知而只是灌输，对专责记诵之法提出强烈批评，具体表现在以下方面：

其一，从总体上提倡讲解。明佚名主张当学生有初步理解力时就应当讲解："教子弟，除六七岁不论外，至八九岁时，其聪明渐开，当随其每日所读之书，即与逐句讲解。"① 这一主张为清初崔学古《幼训》所继承。② 清初著名教育家唐彪呼吁道："凡书随读随解，则能明晰其理，久久胸中自能有所开悟。若读而不讲，不明其理，虽所读者盈笥，亦与不读者无异矣。故先生教学工夫，必以勤讲解为第一义也。"③ 将"勤讲解"置于师者职责首位，是童蒙教育思想的革新，是基于对普遍存在的忽略讲解情形的明确否定。同时，他强调只有讲解才能不断促进童蒙理解力的发展，陆陇其也肯定这一点，他受工部虞衡司主事席启寓（号治斋）之托，教育其子，曾写信给席说："（令郎）目下但当多读书，勿汲汲于时文……（五经）读必精熟，熟必讲解，聪明自然日生，将来便不可限量。"④ 章学诚曾主讲清漳书院，离别时对肄业秀才、童生叮嘱云："诸生多以授徒为业……为之师者，勤为授读讲

① （明）佚名：《教子良规》，见明末陶珙等辑《毂诒汇》卷10，崇祯七年（1634）刊本（藏北京大学图书馆），第6b页。从《教子良规》的内容看，该书作者应是一位经验丰富、认识深刻的教书先生。

② （清）崔学古：《幼训·讲书》，见王晫（1636—？）、张潮（1649—？）辑：《檀几丛书·二集》卷8，上海古籍出版社影印本1992年版，第249页。崔学古生平不详，《檀几丛书·二集》刻于康熙三十五年（1696），所收基本为时人著作，则崔学古应生活于清初。

③ （清）唐彪：《父师善诱法·较法要务》，见其《家塾教学法》，华东师范大学出版社1992年版，第10页。唐彪主要活动于康熙间，与当时著名文人多有交往，历任会稽、长兴、仁和训导，其《家塾教学法》包括《父师善诱法》与《读书作文谱》两部分，曾分别刊行。

④ （清）陆陇其：《复席治斋虞部》，见其《三鱼堂文集》卷6，文渊阁《四库全书》第1325册，上海古籍出版社1987年影印本，第86—87页。陆陇其（1630—1693），进士出身，官至监察御史，为理学大师，晚年弃官后在东洞庭山、尔安书院讲学著述。

解，虽幼年未读之经传，于斯即为末路之补苴焉，亦当不无裨益。”[①]“末路之补苴”意味着他主张及早讲解，透露着对忽略讲解的焦虑。这一谆谆教导应来自于他自身读书成长的经验。

以上陆陇其与章学诚的看法主要针对“经传”而言，一些人则强调开始读蒙书时就要重视讲解。陈文述云：“此七种（蒙书）皆醇正训戒善书，可先令生徒熟读之毕后，方令读‘四子书’。每读一种，即为明白讲解，切不可以其童蒙而忽之。”[②]并规定董事每半月到塾稽查功课，能熟诵、能讲说者给予奖励。这显然是针对“因童蒙而忽之”的观念。台湾彰化知县杨桂森于嘉庆十六年（1811）为白沙书院订立学规，其中专门有针对六七岁学童的学规，云：“其所读书……并题须随读随讲。”[③]宝庆府同知朱百顺于道光二十四年（1844）筹建长安营书院，作为八旗子弟肄业之所，其学规特意强调“蒙师重在讲授”，其功课相应规定：“每日午前，令学生均于本位上照书静听讲解。”[④]李江将“不随读随讲”作为错误教法：“不随读随讲，即讲亦不拍到弟子身上说，此误也……即谓童稚无知，亦宜随将所读之书粗说大义，懂得一句，胜似多读十行。”[⑤]王筠针对忽视讲解的情形，尖锐地指出：“学生是人，不是猪狗。读书而不讲，是念藏经也，嚼木札也。”[⑥]认为学生

① （清）章学诚：《清漳书院留别条训》，载邓洪波主编：《中国书院学规集成》，中西书局2011年版，第26页。章学诚（1738—1801），进士出身，曾官国子监典籍，主讲多地书院，为乾嘉学派代表人物。

② （清）陈文述：《义学章程·塾中条例》，见余治（1809—1874）辑：《得一录》卷10《官箴书集成》第8册，黄山书社1997年影印本，第619页。陈文述（1771—1843），举人出身，嘉庆间曾官江苏江都、常熟等地知县，在任及致仕后大力提倡设立义塾。

③ （清）杨桂森：《白沙书院学规》，载《中国书院学规集成》，第1749页。杨桂森，进士出身，生卒年不详。

④ （清）朱百顺：《长安营书院学规》《长安营书院功课》，载《中国书院学规集成》，第1185页。朱百顺生平不详。

⑤ （清）李江：《乡塾正误上·幼学》，见其《龙泉园集》，光绪二十年（1894）刊本（藏国家图书馆），第4a—4b页。李江（1829—1879），进士出身，官吏部主事，后归隐蓟县穿芳峪，创建义塾、义仓。

⑥ （清）王筠：《教童子法》，载《丛书集成新编》第33册，（台北）新文丰出版股份有限公司1985年版，第403页。王筠（1784—1854），举人出身，曾官宁乡知县，为乾嘉学派代表学者，尤长于《说文解字》研究。

是有主观能动性的，不能一味灌输，若只读诵会致使有口无心，没有多大效用，与唐彪的看法遥相呼应。有时，重视讲解被直接作为招聘师资的要求，《粤东启蒙义塾规条》云：“（塾师）必择人品端方，学问通彻，不嗜烟赌，而又不作辍不惮烦，勤于讲解者，方足以当此任……宜将明白显浅之书先为训读，并属塾师随口讲解。”①

从以上可以看出，很多教师、学者、官员、乡绅对理解往往特意强调，并充满期盼，这显然是基于对普遍存在的一味记诵方式的不满，认识到童蒙也是有理解能力的。读书的最终目的是理解和运用，讲解无疑有助于及早达成这一目的。

其二，有些人虽没有特意强调理解，但所定课程中有讲解环节，表明已认识到了理解的重要性。元代规定地方官学为十五岁以下的生员设立小学部，每天的学习环节是“晨参、讲书、会食、习字、呈押、试书、暮归”，除每早讲说《小学书》（朱熹编定时本名《小学》）外，还要授《孝经》《论语》，“授书，以所读书分班次，如十人读《论语》，则十人为一班。直日鸣钟，序立如前仪，就师席前听授讲，毕，齐揖，以次退就坐，熟诵精思，或有疑问，如上仪”②。元代建康路学小学部的课程是早上“授本日书”，学生“登堂听讲”，午后“说书《大学》、《中庸》、《论语》、《孟子》、《小学》之书、《通鉴》”，江宁明道书院小学部的课程与此类似。③这里明确将讲解作为重要课程环节，且有隆重的仪式。其虽然是基于官学，先生、学生水平都相对较高，但毕竟是面向小学阶段，较宋代官方小学基本限于读诵有明显变化④。王阳明平定叛乱后大力倡建义学，并制定规约：“每日工夫，先考

① （清）佚名：《粤东启蒙义塾规条·粤东议设启蒙义学规则》，见《得一录》卷10《官箴书集成》第8册，第624页。该规条原为曾官两广总督的陈宏谋作，有人于道光二十九年（1849）略作改编，改编者署“岭南吴氏书于长松草堂”，具体为何人暂未查到。

② （元）佚名：《庙学典礼》卷5《行台坐下宪司讲究学校便宜》，文渊阁《四库全书》第648册，第383页。

③ 《庙学典礼》卷5《行省坐下监察御史申明学校规式》，文渊阁《四库全书》第648册，第388—389页。

④ 宋代官方小学的主要学习方法是诵读及加句读，参见池小芳：《中国古代小学教育研究》，上海教育出版社1998年版，第276—282页。

德，次背书诵书，次习礼，或作课仿，次复诵书讲书，次歌诗。”[①] 讲书为学习环节之一。靳辅任安徽巡抚时令各地兴建义学，谕曰：“定立条规，讲诵不辍。”[②] 将“讲”置于“诵”之前，突出其要求倾向。蒋祥墀指出：“课程固需严紧，讲解亦必透澈。”且讲解不限于纯粹的知识，一定要联系日常生活，重视德行培养：“讲解最关切要也。凡立身行己之道，人伦日用之常，莫备于‘四书五经’。为之师者，随时随地为之指点印证，反复讲论……讲解之功可忽哉！”[③] 贺长龄任山西提学时订立义学学规，规定早饭后讲四书，“须字字讲明”。教生书时“须明句读，详音注。讲一遍，复讲一遍”[④]。要求把字的训诂意思讲明白。

除以上当政官员制定的官学、半官学的课程条规外，很多私学课程也规定了讲解的环节。刘宗周制定的家塾课程中规定：“早膳后，温书旨，候讲。辰刻，师升堂，率诸弟子行礼，乃登座。诸弟子以次就座。一生鸣鼓三，北向揖曰：‘请开讲。’乃讲。质疑送难，条畅厥旨。”[⑤] 亦将讲解环节仪式化，可见其重视程度。石成金云：“若依予法，凡读至某第，即讲至某第，虽迟一二年念完，其受益更深于早一二年也……讲义。如今早读某书已熟矣，午间认字完，下午写字完、理书完，仍令将生书及十日内书再读百遍，随把所读之书与之讲解。盖字义先已了然，此时贯讲，自然明白。随读随讲，较之多读不熟而又不解究者当何如？”[⑥] 反复强调要随读随解，指出这样

① （明）王阳明：《教约》，见萧无陂校释：《传习录校释》，岳麓书社2012年版，第130页。

② （清）靳辅：《立义学檄》，见《康熙太平府志》卷37《艺文三》，《浙江图书馆藏希见方志丛刊》第47册，国家图书馆出版社2011年版，第115页。靳辅（1633—1692），曾任武英殿学士、安徽巡抚、河道总督。

③ （清）蒋祥墀：《蒋丹林学使义学规条》，见蒋德钧（1851—1937）辑：《求实斋丛书》，光绪十七年（1891）刊本（藏国家图书馆），第2b页。蒋祥墀（1761—1840），进士出身，曾官国子监祭酒等，晚年辞官后主讲金台书院。

④ （清）贺长龄：《塾规》，嘉庆二十二年（1817）刊本（藏国家图书馆），第3b页。贺长龄（1785—1848），进士出身，官至云贵总督。

⑤ （清）刘宗周：《家塾规》，《刘宗周全集》第4册，浙江古籍出版社2007年版，第427页。刘宗周（1578—1645），进士出身，官至左都御史，一直与阉党作斗争，明亡后绝食而死。

⑥ （清）石成金：《课儿八法》，见其《传家宝全集》第1册，线装书局2008年版，第43页。石成金（1659或1660—1739后），进士出身，曾授官宝坻知县，所著甚多。

比一味多背效果更好。有些人将“会讲”作为学生的考核指标，则平时教育中注重讲解可知，如元代郑太和规定：“子弟年十六以上许行冠礼，须能暗记‘四书’、一经正文，讲说大义，方可行之，否则直至二十一岁。”① 虽然十六岁以上才检测“讲说大义”，但基础显然是之前的学习中奠定的。清初宋瑾以功过格考核生徒，其纪功格有“勤读、能解书”等，而纪过格有“懒读、不求解”等②。功过格在古代学塾及乡约中广泛运用，此处将解书与否作为内容之一，显示将其提升为与德行修养同等的地位。

在课程中设置讲解环节，将其以条规形式固定下来，表明已超越理念提倡层面而进入具体实施层面。

其三，重视对《小学》等蒙养读物的讲解。朱熹大力倡导小学与大学的区分，并着力编撰《小学》和《童蒙须知》。随着程朱理学的官方化，这一区分理念及《小学》本身也受到高度重视，自元代至清末，一直为官方小学、半官方的社学及书香贵族之家的童蒙教育所遵循和学习③。由于童蒙阶段重在培养德行规范而非高深义理，要让童蒙践行书中内容，首先得理解，才能反身体认，正如王晋之所说：“训蒙之道，讲解最为紧要……然读而不讲，讲而不解，则欲行末由也。”④ 故主张学习《小学》及同类读物者一般都强调要讲解，而非仅仅诵读。沈鲤倡立义塾，规定：“授书毕，正字。正字毕，讲《小学》一条。”⑤

---

① （元）郑太和：《郑氏规范》，《丛书集成初编》第975册，中华书局1985年版，第9页。郑太和生平不详，曾为官，其所在的浦江郑氏家族在元代、明代都受到统治者嘉奖，《郑氏规范》被家族长期遵守。曹端（1376—1434）借鉴《郑氏规范》作《家规辑略》，亦有相同规定。

② （清）宋瑾：《根心堂学规》，见（清）王棨、（清）张潮编纂：《檀几丛书·余集》，上海古籍出版社1992年版，第416页。宋瑾生平不详。

③ 《小学》在内容和编撰形式上其实不很适合童蒙学习，其特点及流传情况可参见徐梓：《从〈小学〉的命运评说当代儿童读经》，《课程·教材·教法》2007年第2期。

④ （清）王晋之：《问青园课程·学规·小学》，见其《问青园集》，前有作者光绪六年（1880）序，收于《龙泉师友遗稿》，光绪二十二年（1896）刊本（藏国家图书馆），第21a页。王晋之曾侨寓京师，于同治十年（1871）至穿芳峪（在今天津蓟县），与李江同隐，后受邀至昌黎县讲学。

⑤ （明）沈鲤：《文雅社约·义学约》，《四库全书存目丛书》子部，第86册，齐鲁书社1997年版，第603页。沈鲤（1531—1615），进士出身，官至内阁大学士。

将《小学》作为贯穿始终的日常教学内容。桂萼亦如此，他做知县时建立义学，分四堂，其中句读堂“内榜管子《弟子职》，亦列数图示之，日讲一图。次以《孝经刊误》，教以句读，令其粗熟即已，必令无苦乃善。仍讲朱熹《小学》数条”①。很多人认为不但要讲，还强调要细讲，以便使学生更好地理解运用。何子祥制定社学规条云：“小学生须授以《小学》，并为讲说，递及《论》、《孟》等书。如各书已经讲过，仍须带读《小学》，细为讲解。”②将《小学》作为不可或缺的基础读本。丁日昌也有类似看法，他在江苏巡抚任上倡建义学，亲自订立条规云：“凡学徒入塾，须先读《小学》《孝经》，以端其本。即已读经书者，亦令补读，尤须详细解说。就令学者向自己身上体贴，才有领会。”③将《小学》与十三经之一的《孝经》同作为读四书之前的启蒙读本，是比较普遍的主张。吕坤重视社学，主张先对社师培训一年：“先教以讲解《小学》、《孝经》，及字学反切。”④四书没有列入培训内容，说明一般塾师掌握较好。培训内容除文本理解外，还应有讲授方法。

《小学》分为理念与事例两大部分，前者包括内篇的立教、明伦、敬身三部分，后者包括内篇的稽古及外篇的嘉言、善行三部分。对童蒙而言，从具体事例入手学习，则易记、易解、易用，朱熹在《小学》中已阐明此意，他引述北宋杨亿《家训》语曰：“童稚之学，不止记诵。养其良知良能，当以先入之言为主。日记故事，不拘今古，必先以孝悌忠信礼义廉耻等事，如

---

① （明）桂萼：《论修明学政疏》，见其《文襄公奏议》卷3，《四库全书存目丛书》史部，第60册，第80页。桂萼（？—1531），进士出身，曾官丹徒知县，累迁至礼部尚书、内阁大学士。

② （清）何子祥：《昆阳社学规条》，载《中国书院学规集成》，第360页。何子祥（1707—1771），进士出身，历官浦江、平阳知县，兴建龙湖书院、昆阳社学，有惠政。

③ （清）丁日昌：《札苏藩司饬属设立社学·设立社学章程八条》，见其《抚吴公牍》卷9，王有立主编：《中华文史丛书》第6辑第47册，（台北）华文书局股份有限公司1969年版，第310—311页。丁日昌（1823—1882），秀才出身，喜藏书，勤学习，曾任江苏巡抚、福建巡抚等职，为洋务派代表人物。

④ （明）吕坤：《兴复社学》，见王国轩、王秀梅整理：《吕坤全集》，中华书局2008年版，第991页。《兴复社学》有些版本作《社学要略》。吕坤（1536—1618），进士出身，曾官山西巡抚、刑部侍郎等。

黄香扇枕、陆绩怀橘、叔敖阴德、子路负米之类，只如俗说，便晓此道理，久久成熟，德性若自然矣。”① 后世承此意者颇多，很多人重视对历代嘉言善行的讲解，并旁及其他类似读本，都要求运用到学生自己身上。黄佐制定的社学章程是：“命十人一班，依齿序出就先生位前，正立，量其少长，以《小学古训》直白教之，使力行于身。”“五日一次，教以朱子《小学》及《日记故事》内古人嘉言善行一段，如黄香扇枕、陆绩怀橘之类，直白说之，令其静默谛听。”② 要求重点讲说古人的优秀事迹。魏校规定社师对《小学》《童蒙训》等书要注重讲解，并引导践行：“日所讲所读之书，须择一二章切于弟子身心人伦日用者，白直讲谕，就以子弟所当为者发明，责在子弟身上。”③ 前述《粤东启蒙义塾规条》云：“每逢三六九午后，塾师宜将《学堂日记》讲解一二条，诸生环立拱听，俾童而习之，先入为主，终身佩服，自有实效。”④ 佚名《蒙馆条约》云：“子弟八九岁稍有知觉，即宜开讲《小学》。虽每日自有讲书正课，然宜检出一二条，与他讲究，或《感应篇》、《阴骘文》、《觉世经》、《日记故事》、《果报》等书亦好。”⑤ 这是要重点培养学生的行为规范及扬善弃恶的价值取向。清佚名设定的义塾章程亦注重培养德行规范，主张读《小学诗》《续神童诗》《续千家诗》《孝经》《弟子职》《小儿语》等书，同时重点讲说《学堂日记》《学堂讲语》，“务须尽两月内，训毕一二本，细与讲说，一面恳切训诲，教以身体力行。”⑥ 在清代，康熙皇帝

---

① （宋）朱熹：《小学》卷 6《嘉言第五上》，见朱杰人等主编：《朱子全书》第 13 册，上海古籍出版社、安徽教育出版社 2002 年版，第 434 页。

② （明）黄佐：《泰泉乡礼》卷 3《乡校》，《四库全书》第 142 册，第 617、618 页。《小学古训》为黄佐所撰，《日记故事》为元代虞韶编，后人多次修订。黄佐（1490—1566），进士出身，曾官广西提学、南京国子监祭酒等。叶春及（1532—1595）《社学篇》亦有类似说法。

③ （明）魏校：《为申明社学事 · 谕民文》，见其《庄渠遗书》卷 9《岭南学政》，《四库全书》第 1267 册，第 868 页。魏校（1483—1543），进士出身，曾官广东提学副使、太常寺卿。

④ （清）佚名：《粤东启蒙义塾规条 · 粤东议设启蒙义学规则》，见余治辑：《得一录》卷 10，《官箴书集成》第 8 册，第 625 页。

⑤ （清）佚名：《蒙馆条约 · 训蒙条约》，见余治辑：《得一录》卷 10，《官箴书集成》第 8 册，第 633 页。

⑥ （清）佚名：《变通小学义塾章程 · 规条》，见余治辑：《得一录》卷 10，《官箴书集成》第 8 册，第 629 页。

制定的《圣谕广训》也是童蒙教育的重要内容，许多人强调对其要注重讲解，如乾隆间陈宏谋《义学规条四则》、嘉道间栗毓美《义学条规》、周凯《襄阳府属义学章程·义学章程十条》（道光六年制定）等都有相关规定，不再细述。

值得注意的是，以《小学》《弟子职》等非韵文读物为首要训蒙读本的，往往是办学层次较高的学塾，其主办者或主张者一般是学者或官员，普通乡塾往往以更简单、更富韵律的《三字经》《百家姓》《千字文》等训蒙。究其原因，一是普通学塾有较直接的功利目的，以识字及通向科举为主要目的，对从小培养行为规范、提高德行修养重视不足。二是《小学》很多内容取自经典，有一定难度，普通塾师（多由未中秀才的童生担任）未必能胜任教学工作（吕坤主张先培训师资，正缘于此）。三是《小学》由朱熹编定，《弟子职》则为先秦时书，显得更为“正宗”和典雅，这与此类学塾教识字多由读《说文》《尔雅》开始，而非借由《三字经》等开始，是同一性质。重视讲解《小学》类书，自然对四书五经一般也是重视讲解的，不少资料也证明了这一点。

由上可见，童蒙教育中需要理解这一主张虽不如记诵普遍，但也绝非凤毛麟角，事实上已经形成了一种历代绵延的认识和实践潮流。

二、理解与讲授的具体应用

除在总体原则及课程设置上倡导童蒙教育中要重视理解外，很多人还就理解的具体应用，特别是塾师的讲授方法进行了探讨，主要有以下几方面：

其一，总体原则是粗讲、少讲。除前述《小学》类读物要细讲外，对于经学，一般人都主张重在讲清字面意思（即《三字经》所言“详训诂”），不过多涉及“大学”阶段才重点学习的义理，即使讲也只是粗略、浅显地涉及。朱熹已奠定这一原则，他认为：“天命，非所以教小儿，教小儿只说个义理大概，只眼前事。或以洒扫应对之类作段子，亦可。”他的学生黄义刚训蒙，向其请教如何讲授近人解说，他认为：“解时却须正说，始得。若大段小底，又却只是粗义，自与古注不相背了。”① 一再强调要浅解粗说。张履祥云：“子弟七八岁，无论敏钝，俱宜就塾读书，使粗知义理。”② 认为初学的目的不在于掌握深奥的义理。唐彪也强调讲解要符合学生的理解水平，不能揠苗助长：“童蒙七八岁时，父师即当与之解释其书中字义。但解释宜有法，须极粗浅，不当文雅深晦。年虽幼稚，讲解日久，胸中亦能渐渐开明矣。”③ 王晋之也有类似主张：“成童读书，讲论贵多于诵习，而童蒙则以诵习为主，讲论之功止解大义已足，不可躐等求速。盖童蒙知识未开，多有记性，诵读既熟，便终身可以不忘。”④ 杭州宗文义塾诸绅董所订条规云：“经师固宜讲解通彻，蒙师亦应于功课毕后，聚徒讲说，令其粗知大义。”⑤ 这显然是针对“蒙师无须讲解”的看法而言的。清末外国人也有类似看法，如中西书院规定十岁左右入学，第一年的课程全为中学：“认字写字，浅解辞句，讲解浅书，学习琴韵，年年如此。”第二年“讲解各种浅书”，同时习学西语⑥。前文很多主张讲解《小学》者提到要“直白讲谕”，即用白话浅显地把道理直接揭示出来，让学生听明白。当然，也有人主张讲一些字面背后的含义，如南宋许巨川为东莞县令时，“始立小学，迪童蒙，无小无大，日讲《论语》、《中庸》，而诲以微旨”⑦。但总体而言这种主张很少。

---

① （宋）朱熹：《朱子语类》卷 7《小学》，载《朱子全书》第 14 册，第 271 页。小底，即“小的”，与“大底”相对，指细节性内容。

② （清）张履祥：《训子语》，见陈祖武点校：《杨园先生全集》，中华书局 2002 年版，第 1353 页。张履祥（1611—1674），秀才出身，学宗程朱，注重实学，明亡后不仕，以耕读讲学为生。

③ （清）唐彪：《父师善诱法 · 童子讲书复书法》，见其《家塾教学法》，第 28 页。

④ （清）王晋之：《问青园课程 · 学规 · 小学》，见其《问青园集》，第 20a 页。

⑤ （清）谭廷献等：《宗文义塾条规》，同治九年（1870）刊本，转引自顾明远主编：《中国教育大系 · 历代教育制度考》，湖北教育出版社 1994 年版，第 1475 页。

⑥ ［美］林乐知：《中西书院课程条规》，载《中国书院条规集成》，第 131 页。林乐知（Young John Allen，1836—1907）为美国监理会传教士，在中国工作长达 40 多年，于光绪七年（1881）在上海创建中西书院，学生兼习中西之学。

⑦ （宋）李昴英：《东莞县学经史阁记》，见其《文溪集》卷 1，《四库全书》第 1181 册，第 120 页。许巨川为南宋后期人，进士出身，学宗二程、朱熹。李昴英为其弟子。

浅讲讲到何种程度，既能传达出原作的基本精神又能让童蒙听懂，对塾师实则是很大挑战。吕坤说："讲解只用俗浅，如闾阎市井说话一般。我尝言讲《中庸》、《大学》，须令仆僮炊妇一听，手舞足蹈，方是真讲书。至于深文奥理、天下国家，童子理会不来，强聒反滋其惑，师道岂易言哉！今之教者学者，只是虚套相欺，可哀也已！"① 讲解需深入浅出，使无文化者都能听得入迷有味，否则就是表面深奥而实则无效。张行简云："授讲经书，浅人浅解，深人深解，固不可以一律，总须四通八达，贯串言之。然非妙于语言者，浅解必难贯穿；非邃于讲章者，深解必难贯穿。"② 对塾师而言，深入理解文本与掌握浅解的语言技巧都是必需的。吴式芬对此说得更明确："上生书，即须讲。蒙童有蒙童讲法。过二年，温熟书，再另讲。看其岁数、资质能解得到何处，即随时启发之。书理虽有浅深，非浅者有异也，以大学问能教小学生方是真有涵养，方是一丝不乱，真是说得平易分明也。"③ 蒙师的讲解难度实际上比经师更高，遗憾的是一般塾师很难达到这一要求。

其二，讲解需由浅入深、循序渐进。王日休认为："小儿止可说句语义理，又须分明直说，不可言语多……又须说易者，其难者且未可说，故先说《孟子》为上。《孟子》中若有难说者，亦且放过，直待晓得。易者都了然后，与说难者，如此则其进有渐，而亦不苦其难也。"④ 应根据学生的接受能力由浅渐深讲解，这样可避免学生畏难厌学。李新庵亦云："为初学讲书，须先讲浅

---

① （明）吕坤：《蒙养礼》，见《吕坤全集》，第 1347 页。

② （宋）张行简：《塾中琐言》，见其《啸孙轩攒存》卷 5，光绪间刊本（藏北京大学图书馆），第 6a 页。张行简同治间曾为塾师，其《啸孙轩攒存》除少量自作诗文外，都为授塾材料。

③ （清）吴式芬：《家塾授蒙浅语》。该篇曾于光绪十八年（1892）刊行，现刻于山东省无棣县吴式芬故居的石刻墙上，暂无查到图书馆藏情况。该篇一说为吴式芬的亲家陈介祺所撰。吴式芬（1796—1856），进士出身，精训诂金石之学，官至大学士兼礼部侍郎。

④ （宋）王日休：《训蒙法》，见张伯行（1652—1725）辑：《养正类编》卷 5，《丛书集成新编》第 33 册，第 306 页。此处"句语义理"指字面意思。王日休（？—1173），进士出身，精博群经，注六经等，后转习佛教。此语又见南宋末陈元靓《事林广记》后集卷 9《幼学类 · 幼学须知》，表述略异。

近者，俟其浅近既明，然后再讲其深微者。”① 汤之锜认为：“当句读时，必粗为之训解，使其易知也，由粗渐可以及精。”② 由粗讲可逐渐过渡到精讲，陈芳生也有类似看法：“一曰渐次简切讲解……但取本日书中切实字，讲作家常话……如此日逐讲解，久之授以虚字，自成贯串会意。”③ 这虽然主要说的是讲字法，但也可运用到文句讲解中。若非经学而是蒙学作品，则也要讲解义理，但要先讲明字面意思：“精选古今名人劝孝诗，多则五六十首，少则二三十首，初讲字面，继讲意义，使之朝吟夕诵，或亦可触发其天良。”④

其三，讲授方法要灵活多样。对于较难的内容，要以比喻、讲历史故事、讲身边事等方式让蒙童明白。崔学古主张对于较难的内容，要打比方让学生听明白：“又教时，便将书义粗粗训解，难者罕譬曲喻，令彼明白，则后来受用。”⑤ 唐彪也说：“遇难解者，第先晓以大义，更为设譬，不必逐字呆讲，反致难晓。”⑥ 很多内容须联系经史故事及日常生活，方能更好地理解，如唐彪谓：“书虽浅近，若徒空解，犹未能即明其理。惟将所解之书义，尽证之以日用常行之事，彼庶几能领会，能记忆。”⑦ 张之洞云：“读‘四书’，宜用白话指实事，道俗情（断不可用空言腐语连类而及，可兼说古典数条）。”⑧ 此处“实事”即历史史实，“俗情”即日常生活。中国文化少抽象

① 李新庵：《训学良规》，光绪九年（1883）刻本（藏国家图书馆），原本不标页码。该书卷首有寡未生辛巳季冬序言，言在李生所著基础上加以修订。辛巳具体为光绪七年还是道光元年，或是更早，无法确定，只知李新庵曾为塾师，生平不详。

② （清）潘天成：《默斋汤子训言·杂记训言后》，见其《铁庐集》卷 1，文渊阁《四库全书》第 1323 册，第 542 页。汤之锜（1621—1682）为著名学者，从学者甚众（潘天成即其一），学宗周敦颐主静之说。

③ （清）陈芳生：《训蒙条例》，见《檀几丛书·二集》卷 13，第 276 页。陈芳生生平不详，主要生活于康熙间，长时间从事训蒙。

④ 佚名：《蒙馆条约·训蒙条约》，见余治辑：《得一录》卷 10，《官箴书集成》第 8 册，第 633 页。

⑤ （清）崔学古：《幼训·教书》，《檀几丛书·二集》，第 248 页。

⑥ （清）唐彪：《父师善诱法·教法要务》，见其《家塾教学法》，第 10 页。

⑦ （清）唐彪：《父师善诱法·童子讲书复书法》，见其《家塾教学法》，第 28 页。

⑧ （清）张之洞：《輶轩语·学究语第四》，载《中国书院学规集成》，第 1482 页。张之洞（1837—1909），进士出身，曾官两广总督、湖广总督、军机大臣等，主持清末教育制度改革。

思辨而多实践总结，所讲道理本从实践中来，回到实践以帮助理解，是很自然的方法。另外，对于小学生而言，浅显地理解总体意思最为重要，至于每个字词的精确含义，则不必强求掌握，否则就是徒增难度，如《梁家园习字馆义学条规》规定："上书时，与学生讲解一遍，就伦常俗事上指点，总期明白易晓，触发良知，不必拘牵文意。"①

其四，注重复讲、质疑。塾师讲解过后，往往抽签或依次令学生自讲一遍，看讲述是否正确，理解是否到位，甚至是否有自己的见解，又称还讲、回讲。黄佐规定："凡社学，置签筒。乡约会日，讲书一章，须有关风化者。先生讲毕，抽签，诸生以次出讲。"② 乡约会日有当地百姓参加听讲，规模较大，让学生讲书带有锻炼、监测性质。更多的学塾将复讲作为日常教学环节，如清末凤梧书院设训蒙义塾，其规条云："饭后写字一张，呈师评阅后，塾师即将《小学》诸书讲解数则。弟子中有能复讲者，即令复讲。"③ 要求复讲是很普遍的做法，本文提及的元代《行台座下讲究学校便宜》、刘宗周《小学约》、唐彪《读书作文谱》、石成金《学堂条约》、佚名《蒙馆条约》、朱百顺《长安营书院功课》、龙启瑞《家塾课程》、丁日昌《设立社学章程八条》、清末《育材书塾章程》等都提到要复讲。古代无论是"小学"还是"大学"，都以自学为主，复讲就成为检测学生理解情况非常有效的方式。另外，鼓励学生质疑问难、互相讨论也是比较普遍的主张，可有效了解理解情况、促进理解程度。

其五，重视讲解程序。有些人还探讨了塾师讲解、童蒙理解的具体程序，如程端礼云："假如说《小学书》，先令每句通说朱子本注，及熊氏解，及熊氏标题。已通，方令依傍所解字训句意，说正文。字求其训，注中无者，使简《韵会》求之，不可杜撰以误人，宁以俗说粗解却不妨。既通，说

① 《梁家园惜字馆义学条规》，著者不详，见《西山书院学范》卷4，转引自顾明远主编：《中国教育大系・历代教育制度考》，第1467页。梁家园位于今北京市西城区，惜字会馆为绅士周之极在乾隆末年所建义学，新中国成立后为梁家园小学所在地。

② （明）黄佐：《泰泉乡礼》卷3《乡校》，文渊阁《四库全书》第142册，第619页。

③ （清）张炤：《凤梧书院附设义塾规条》，见《中国书院学规集成》，第428页。张炤生卒年不详，于光绪二十一年（1895）任浙江龙游知县时重修凤梧书院，后在书院两旁设训蒙义塾。

每句大义。又通，说每段大义。即令自反复说通，面试通乃已。久之，才觉文义粗通，能自说，即使自看注，沉潜玩索。使来试说，更诘难之，以使之明透。"① 要求做到"字求其训，句求其义，章求其旨"，这明显受朱熹《四书章句集注》体例及其《读书之要》提法的影响，是属于比较高的要求。这一做法为后世很多人继承，如贺长龄《塾规》、黄之骥《宏远谟斋家塾程课条录》等都有类似规定。很多人主张讲解遵循"总—分—总"的思路，如沈鲤云："讲书，先说大旨：这一章书，是为甚么说。次训字，次逐字俗讲，次收缴，次分截段落。中间有关紧德行伦理者，便说与学生知道：你也要这等行，才是好人。"② 刘宗周亦有类似看法："讲书先说大旨，这一章书是为什么的。次训字，次逐句俗讲，次收缴通章主意，次分数段落，发明过文脉理。中间有关系德行伦理者，便要揭出，说与诸生知道。"③ 这属于比较细致的讲解，对学生掌握"文理"、以后作八股文或写文章比较有用。有人对"字求其训"特别重视，如龙启瑞规定："上生书，师长先依经讲解逐字实义，毕，再讲实字虚用、虚字实用、本义有引申、异义有通假之法（以《说文解字》《尔雅》《广雅》《玉篇》《广韵》为主）。其每一字得声则有古音（古谓周秦先汉）、今韵（今谓魏晋以下）、方言之互殊、双声迭韵翻切之相贯，然后析其章段，离其句读，条其意指。讲毕，命学生复述一遍（看其有见解否）。乃就位念一百遍。"④ 这样的要求学术性较强，可用于书香世家，一般学塾很难做到。

与理解相关的方面还有识字、读注、自学、默写（抄写）、开讲时间⑤、践行等，古人都有很好的见解，有些上文已连带提及，不再一一细述。

由上可见，很多古人不但主张童蒙教育要讲解、理解，而且结合到童

---

① （元）程端礼：《程氏家塾读书分年日程》，见《丛书集成新编》第 3 册，第 4 页。程端礼（1271—1345）治朱熹之学，曾官建平县学教谕、建康江东书院山长、台州路儒学教授等，《程氏家塾读书分年日程》对后世影响深远。

② （明）沈鲤：《文雅社约·义学约》，见《四库全书存目丛书》子部第 86 册，第 603 页。

③ （明）刘宗周：《小学约》，见《刘宗周全集》第 4 册，第 429 页。

④ （清）龙启瑞：《家塾课程》，见《丛书集成新编》第 33 册，第 595 页。龙启瑞（1814—1858），状元出身，曾官湖北学政、江西布政使等，有多方面学术成就。

⑤ 开讲：很多塾师在学童的基础知识掌握到一定程度后，才开始正式讲书，谓之"开讲"。

蒙的心理特点、接受能力和培养目标，提出了具体的实施原则和方法，其中很多都为真知灼见。

三、重视理解的原因及益处

（一）重视理解的原因

专责记诵与重视理解两种童蒙学习方式各有其形成的背景和原因。就专责记诵而言，其形成因素主要有：官方应试教育导向，塾师水平有限，教学目标偏低，对“书读百遍，其义自见”观念的片面理解等，不再细述。对于重视理解的做法，原因主要有以下两方面：

其一，了解童蒙生理、心理的独特性。王阳明作为心学宗师，特重人的心理推求，敏锐地指出：“大抵童子之情，乐嬉游而惮拘检，如草木之始萌芽，舒畅之则条达，摧挠之则衰痿。今教童子，必使其趋向鼓舞，中心喜悦，则其进自不能已。”① 张行简也认为：“人生童年，得春令发生其气。善教者，总以诱掖奖劝为主。”② 对童蒙要顺其兴趣，注重启发奖劝，保持其生气活力，不能只是强制灌输，而理解无疑符合这一要求，故王阳明和张行简都主张要讲解。另外，虽然普遍认为少儿多记性而少悟性，但也意识到是“有悟性”的，上文所引的一些看法，如“勿因童蒙而忽之也”“学生是人，不是猪狗”等，都是对其理解力的认可和重视。现代儿童心理研究表明，小学生的理解能力是逐步发展的：从识记特点看，六至十二岁固然是机械性识记的黄金时期，但理解性识记也在不断发展，并与机械性识记日益接近，有意识记、抽象识记更是不断发展并取代无意识记、形象识记而占主导地位；从思维的主要形式看，小学阶段是由具体形象思维逐步过渡到抽象逻辑思维（当然仍带有很大的具体性）③。古代很多学人虽不能认识得如此科学和精细，但凭观察和自身体验，也大体了解了其基本特点。

---

① （明）王阳明：《训蒙大意示教读刘伯颂等》，见《传习录校释》，第 128 页。

② （宋）张行简：《塾中琐言》，见其《啸孙轩攒存》卷 5，第 2b 页。

③ 参见刘晓东主编：《小学生心理学》第四、五、七章，人民教育出版社 2003 年版。

其二，借鉴成人读书法，认识到理解的必要性。有古人及今人常认为古代读书理念就是“书读百遍，其义自见”，读多了自然就懂了，实则是误解。这句话最早见于《三国志·魏书·董遇传》裴松之注引《魏略》：“遇善治《老子》，为《老子》作训注。又善《左氏传》，更为作朱墨别异。人有从学者，遇不肯教，而云‘必当先读百遍’，言‘读书百遍而义自见’。从学者云：‘苦渴无日。’遇言‘当以三余’。或问三余之意，遇言：‘冬者岁之余，夜者日之余，阴雨者时之余也。’由是诸生少从遇学，无传其朱墨者。”① 这句话后世遂成为影响深远、被普遍遵循的读书观念，许多塾师以此为依据，认为童蒙读多了自然就理解了，用不着讲解，但实际情况并非多读自然懂这样简单。汉语声调的固定性、汉字的形象性、语法的灵活性都决定了诵读对于记忆和理解的重要作用，特别是古人所谓诵读实际上是“吟诵”，诵读本身就是理解的一种方式，故就我们所知，古代童蒙及成人教育者无一例外都强调多读、熟读，但这并非说诵读本身自然就等同于理解。从董遇抛出这一观点的语境可以看出，他明显是为拒人求学，这一理念的后果则是师从其一生的生徒都无法得其真传，这显然不符合教育的目的及古代教育的传统，作者在叙述中也有否定之意，我们简单地将其作为一种理念来推崇并不合适。

事实上，古代成人读书法很重视理解（尤其是不以科考为目的时），主张熟读与理解并重。《论语·为政》已强调“学而不思则罔，思而不学则殆”，朱熹认为：“学便是读……若读得熟，而又思得精，自然心与理一，永远不忘。”② 并据此提出“熟读精思”之说，成为经典之论，对后世影响巨大。③ 他认为：“读诵者，所以助其思量，常教此心在上面流转。若只是口里读，心里不思量，看如何也记不子细。”④ “大抵观书先须熟读，使其言皆若

① （晋）陈寿撰，裴松之注：《三国志》卷 13，中华书局 1999 年版，第 316 页。

② （宋）朱熹：《读书法上》，见黎靖德辑：《朱子语类》卷 10，《朱子全书》第 14 册，第 323 页。

③ 朱熹自己直接提出的读书法是循序渐进与熟读精思，南宋时齐熙、张洪在朱熹门人辅广的整理基础上，根据其他论述，提炼增加了虚心涵泳、切己体察、着紧用力、居敬持志四条，成为朱子读书法六条。见（宋）张洪、（宋）齐熙：《朱子读书法》，文渊阁《四库全书》第 709 册，第 354 页。

④ （宋）朱熹：《读书法上》，见《朱子语类》卷十，《朱子全书》第 14 册，第 324 页。

出于吾之口；继以精思，使其意皆若出于吾之心，然后可以有得尔。”[①] 指出熟读是为了精思，理解是直接目的。朱熹也强调“书读千遍，其义自见”[②]，但他所谓的读并非单纯性诵读，而是理解性诵读，强调熟读中要有精思，这样才能真正达到多读而晓义的效果，所以他特别强调读书时不但眼到、口到，而且要心到。后世有很多重视童蒙理解的人也都引用、强调“书读百遍（甚至说‘千遍’），其义自见”这句话（如前述崔述之父、石成金），其实暗含着读中要积极思索之意。熟读精思之法自然对童蒙教育有直接启发，最明显的例子是元代程端礼所定《程氏家塾读书分年日程》，特意先将朱子读书六法引用叙述一番，具体日程中对理解也作了很多细致规定。后世主张童蒙教育要理解的人对朱熹的主张一般都是熟知的，对程氏日程常推崇引用或转化创新。

由上可见，童蒙教育重视理解其实渊源有自，主张者历代颇多，其中有不少是著名学者和塾师。那为何普遍的做法还是重记诵而轻理解，没有或很少受到他们主张的影响呢？除塾师水平有限、家长期望值不高等原因外，还与童蒙教育管理制度密切相关。古代童蒙教育分官学和私学两大系统，虽然历代情况有差异，但总体而言，官学有体制单一、科举导向、投入有限等天然局限，故普及率远不及私学。私学在体制、内容、教法、师资等方面都非常灵活，更能适应各地、各阶层不同民众的需求，因此广泛存在。这同时也就意味着私学处于民间自生自灭的状态，是国家监管、督导的盲区，除少数有远见的官员重视社学外，很少有人去做师资培训，或主动、大规模推广、交流科学有效的教学理念，很多真知灼见往往限于一时一地一人，广大塾师还是按照传统的观念及自己的认识去施教。

（二）理解性学习的益处

理解性学习除能直接达成学习目的、促进智力发展外，还有以下益处：

一是促进记忆。张载早就指出：“不记则思不起，但通贯得大原后，书

① （宋）朱熹：《读书之要》，见《晦庵先生朱文公集》卷74，《朱子全书》第24册，第3583页。

② （宋）朱熹：《童蒙须知》，《朱子全书》第13册，第374页。

亦易记。”① 这一观点后世常被引用。唐彪认为：“读书能记，不尽在记性，在乎能解……少时不能解，故不能记；壮年能解，所以能记也。”② 成人的理解性记忆超过童蒙，故有时总体记忆力反而会更好。童蒙背诵时往往只用口耳，不用心目，若在其记忆时加入理解性成分，则总体记忆效果自然变优，如石成金云：“小学生读书，先将字义体贴朱注，粗粗讲说，若明白书中意味，自然不难记诵。”③ 郑燮也明确指出不理解而单纯读诵是低效的：“读书以过目成诵为能，最是不济事。眼中了了，心下匆匆，方寸无多，往来应接不暇，如看场中美色，一眼即过，与我何与也？”④ 明白基本意思后才能更用心地去读和记，这也早已为现代心理学广泛证明。另外，理解也可更好地避免误记，如蒋祥墀认为讲解除了有培养德行规范的重要意义外，还应在学生背错时注重讲解：“背时有差谬字句，即与讲解书理，可冀启动聪明，加功不难矣。”⑤

二是避免学习艰涩、枯燥。小儿整日诵书，感觉会单调、枯燥，内容艰涩时更会感觉痛苦。若能理解所读内容，则可主动参与其中，有效减轻枯燥和痛苦。桂萼指出：“今之教者，或严立课程、急其记诵以伤其魄，强所不能、令其思索以损其魂，甚至父子相责以伤天性，师生较利以为勤惰，此小学弟子所以同归于无成，而教与养胥病矣。”⑥ 认为单纯严责背诵会损伤童蒙魂魄，将危害提到很严重的程度，故其特重讲解与习礼，以使童蒙有身心放松之时。崔述回忆小时读书，其父遇到题字及读蒙书时，即随为讲说，至授书时，“已识之字多，未识之字少，亦颇略解其义，不以诵读为苦。”⑦ 上

---

① （宋）张载：《张子全书》卷6《义理》，文渊阁《四库全书》第697册，第167页。张载（1020—1077），进士出身，学宗二程，为理学大师。

② （清）唐彪：《父师善诱法·能记由于能解》，见其《家塾教学法》，第59—60页。

③ （清）石成金：《学堂条约》，见其《传家宝全集》第1册，第30页。

④ （清）郑燮：《家书·潍县署中寄舍弟墨第一书》，见《郑板桥全集》，扫叶山房1917年石印本（藏国家图书馆），第23a页。郑燮（1693—1765），进士出身，曾任范县、潍县知县，后辞官，为“扬州八怪”代表人物。

⑤ （清）蒋祥墀：《蒋丹林学使义学规条》，见蒋德钧辑：《求实斋丛书》，第2a页。

⑥ （明）桂萼：《论修明学政疏》，见其《文襄公奏议》卷3，《四库全书存目丛书》史部第60册，第80页。

⑦ （清）崔述：《先君教述读书法》，见其《考信录·考信附录》卷1，《续修四库全书》第455册，第877页。崔述（1740—1816），举人出身，曾任罗源、上杭等地知县，为著名学者。

文提及的不少重视讲解者都指出理解对增加童蒙活趣的作用。

理解性学习的实际效果，可以从一些名人的回忆中看出。唐代著名史学家刘知几小时读书，其父授之古文《尚书》，艰琐难读，却喜听其父为兄讲《春秋左氏传》，后父授之《左传》，一年后而讲诵都毕①。之所以学习《左传》效果突出，一是因为有故事情节，二是因为难度较小可以理解。王筠将小时先生不讲书作为苦楚看待："我幼年所受之苦，附书于此。读'四书'时，见《大学》《中庸》注，皆题朱某'章句'，《论语》则多用朱某'集注'，不知古人注书，多名'章句'……不敢问之师也……惟十一岁从王惺斋师（名朝辂），事事皆讲，遂知用心，以有今日。"② 若没有王朝辂的讲解，仅靠他自读自悟，恐怕成不了乾嘉学派的代表学者，其"学生是人，不是猪狗"的激愤之语也正源于少时的痛苦经历。胡适少时接受的是传统旧式教育，不到三岁开始识字时，父亲即为其讲字义，进入学塾后母亲又另多给先生束脩，嘱其为自己单独讲书，而先生给其他学童都不讲书，只是背书。他后来感慨道："我一生最得力的是讲书：父亲母亲为我讲方字，两位先生为我讲书。念古文而不讲解，等于念'揭谛揭谛，波罗揭谛'，毫无用处。"③ 其后来的学术思想成就与小时讲书有直接关系。通过以上几例，可以窥见理解性学习对这些学者的巨大效果。对一般人而言，效果可能没有如此巨大，但应该也是很显著的。很多提倡理解者对一味记诵的不足与危害进行了或多或少的批评，这从反面说明他们认为或经实践证明理解对学习有积极效果。

四、结　语

历代有学养并有责任感的教师、学者、官员对童蒙教育中的理解做了

① （唐）刘知几：《史通》卷10《自叙第三十六》，上海古籍出版社2008年版，第204页。

② （清）王筠：《教童子法》，见《丛书集成新编》第33册，第405页。

③ 胡适：《四十自述·九年的家乡教育》，见欧阳哲生编：《胡适文集》第1册，北京大学出版社1998年版，第49页。

不懈探索，取得了多方面很有价值的成果，并积极推向实践。其基本观点可概括为两句话：一是随读随解，二是大体理解字面意思。记诵在古代童蒙教育中占有突出地位，而理解的重要性却只有少数人意识到，运用得并不普遍。但不普遍不等于不正确，更不等于可以忽略。古人对理解在理论上的探索并不逊色，达到了时代可以达到的高度，是童蒙教育思想中的宝贵部分。当然，在今天看来，古人对于理解的认识还存在一些不足，如没有很好地区分蒙学作品、经学作品与文学作品各自的特点，将六七岁至十五岁作为一个不变的年龄段而略嫌粗略等。

当前国学教育正走向兴盛，少儿阶段的教育理念与方法还处在探索期，看法比较纷乱，特别是需不需要理解，如何理解，理解到什么程度，诵读与理解的关系等问题，困扰着专家学者和一线教师，而古代童蒙教育的理念与方法无疑可提供很多启发与借鉴，可以使我们对相关问题认识得更为全面和深入，有助于探究科学有效的学习方法，构建合理规范的教育体系。

浅谈近五年童蒙读物的变化趋势

王功玲　马　晶　路随通*

摘要：儿童是一个国家的未来、民族的希望，儿童的成长备受社会各界关注，近年来，随着我国国民教育意识的提高，社会和家长更加重视童蒙教育，童蒙读物作为帮助儿童认识世界、建立道德观念、培养兴趣的重要媒介，在童蒙教育中占据着很重要的位置，但童蒙读物发展至今，还存在一些不足。本文以民办学校哈尔滨王功玲致哲速读学校儿童的读书情况为例，研究近五年童蒙读物的变化趋势，探究原因并提出合理化解决方案。

关键字：童蒙读物；绘本；创新

一、绪　论

（一）研究背景及意义

童蒙教育作为个体终生学习的重要基础阶段，在整个教育体系中发挥着重要的作用。自从我国进入改革开放阶段尤其是进入 21 世纪后，对童蒙教育有了很大的重视，中国幼教之父、著名儿童教育家陈鹤琴认为：幼稚期是人生最重要的一个时期，什么习惯、语言、技能、思想、情绪、态度

* 作者简介：王功玲，哈尔滨职业技术学院讲师，中国管理科学院思维科学研究所研究员。

都要在此时期打一个基础，若基础打得不稳固，那健全的人格就不容易形成[①]。而童蒙读物作为童蒙教育的一个重要载体，一直在童蒙教育中发挥着不可或缺的作用，童蒙读物是儿童形成世界观、人生观、价值观的重要资源。也对儿童理解生活、理解生命有着不可磨灭的作用。儿童通过阅读构建知识，在阅读中认识他人、反思自己，从而得到多元化的情感体验。教师与家长通过培养儿童阅读的习惯，让儿童在阅读中学习，在阅读中成长[②]。从《山海经》《古文观止》到《十万个为什么》，从过去的连环画到今天的绘本，无一不是我们中华民族的智慧凝结，然而任何书籍都无法脱离其时代背景，都会带有其时代特有的文化特征和衍生的负面思想，因此，我们要时刻关注童蒙读物的内容、形式、传播以及发展，将童蒙读物带入更加良性的发展轨道。

（二）童蒙读物的相关概念以及分类

童蒙读物是适合儿童阅读的知识读物以及各种文艺作品的总称，按内容分类主要有生活认知、品德品格、科普百科、生命教育、想象幻想、人文艺术、历史文化、学习工具（字典、图鉴、识字等）、益智游戏等[③]。按装订方式不同，可以分为精装图书、简装图书、挂图卡片、纸板书等。按体裁划分，主要有儿歌、儿童诗、儿童童话、儿童寓言、儿童故事、儿童小说、儿童散文、儿童曲艺、儿童戏剧、儿童影视、儿童科学文艺和图画文学等。按作者国籍分类，主要有中国、美国、日本、英国、法国、瑞士、澳大利亚、意大利等。

（三）研究样本及方法

样本选取在2011—2015年，每年分别从王功玲致哲速读学校的5—14岁儿童中选出50名儿童的读书记录作为样本，研究内容包括书名、作者、作者的国籍、文体、出版年代等。对各研究内容5年内变化情况统一进行线

---

① 白艳霞：《0—3岁幼儿早期教育的重要性》，《赤峰学院学报》2013年第29期。

② 郑媛：《浅析阅读对儿童情感教育的重要性》，《亚太教育》2015年第30期。

③ 巴特尔：《关于儿童读物的现状分析及思考》，《中国校外教育》2011年第7期。

性趋势分析。研究方法主要为文献分析法和调查法，对搜集到的资料进行分析、综合比较、归纳，综合当前的教育制度改革、家长们的教育观念、童蒙读物市场等进行分析，从而得出结论。

二、对近五年童蒙读物的变化趋势的研究结果

（一）国外书籍阅读量呈上升趋势

在国外书籍中，英、美、日占很大比重，《安徒生童话》在儿童心中的地位一直居高不下，稳居榜首，几乎是人人必读的书籍。近五年，不仅《小王子》《格列佛游记》《海底两万里》等一些经典国外书籍的阅读量稳居不下，《五毛钱的愿望》《公主故事》等一些出版年代较近的书籍的阅读量也在不断攀升，而且新兴国外书籍的阅读也呈多样化、递增趋势发展（如图 1 所示）。

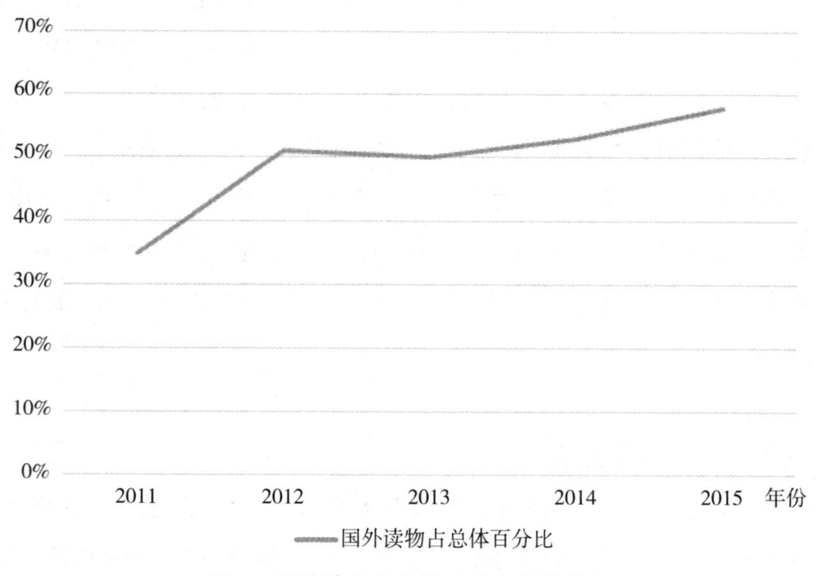

图 1　国外读物占总体比重变化趋势图

（二）绘本大受追捧、科普读物和文学读物反而呈缓慢下降趋势

绘本，顾名思义就是“画出来的书”，指以绘画为主，并附有少量文字的书籍。绘本不仅是讲故事、学知识，而且可以全面帮助儿童建构精神世

界，培养思维模式。国际公认“绘本是最适合幼儿阅读的图书”。5年来，儿童的绘本阅读量呈上升趋势，而科普读物和文学读物反而呈缓慢下降趋势（如图2所示）。

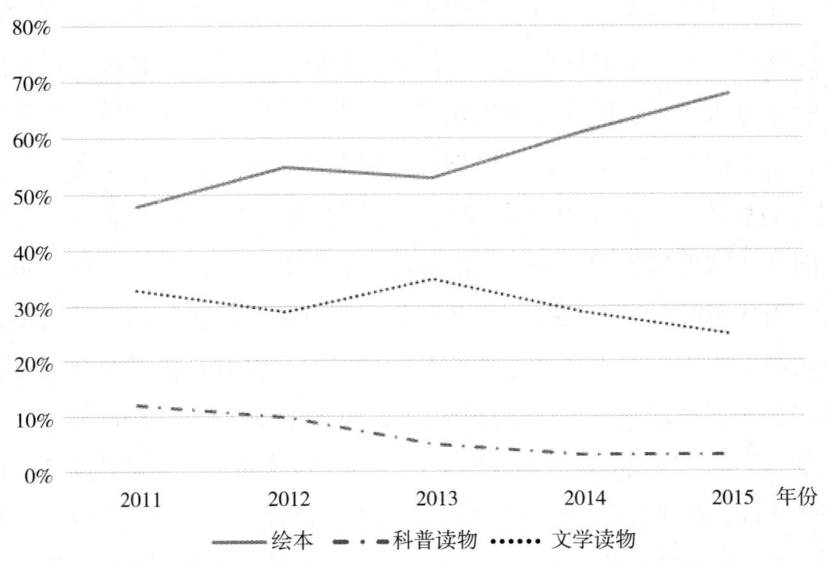

图2　绘本、科普读物和文学读物占总体变化趋势图

有些儿童的读书统计表上几乎全是绘本，有些儿童的读书清单里几乎都是文学读物，而且大都出自一个作家或一家出版商。

三、对近五年童蒙读物的变化趋势的原因探究

（一）多元文化观念的流行

我们处在一个经济全球化、文化多元化的时代，当今社会越来越复杂化、信息流通越来越发达，文化的更新转型也日益加快，为了适应多元化的文化环境，很多家长们会给儿童培养多读国外书籍的习惯，让儿童了解多国文化，有助于开阔儿童的视野，丰富儿童的文化世界；很多家长有将来送儿童出国留学的打算，因此有意识地让儿童从小学习多种语言、了解多国文化背景，以便未来能适应异国生活。

（二）与国外童蒙读物相比，本土读物存在不足

巴特尔《关于儿童读物的现状分析及思考》一文认为，国外童蒙读物能从万里之遥来到中国，而且并没有明显的“水土不服”，而我们国内的很多作品在通往世界舞台的道路上困难重重，这样的反差值得中国现代儿童文学的反思。从外国书籍方面看，首先，它更符合儿童的思维特征，儿童的天性是追求快乐，能让儿童以玩儿的心态读书是儿童文学的一个重要目标。瑞士心理学家、发生认识论创始人皮亚杰认为：儿童思维是一种不同于成人的思维，与人类整体混沌初开的原始时代的原始思维意识几乎一致，国外作家更加善于站在儿童的立场上，用儿童的眼睛看，用儿童的耳朵听，用儿童的心灵去感受，而我国很多图书从“说教”的目的出发，往往是叫好不叫座，大人看好而小儿童不爱看的原因就是作者的立足点存在偏差。其次，国外的图书产业经历了几个世纪的发展，运作体系成熟、竞争激烈。在童书领域的设计与开发上常常打破传统模式，强调趣味性、创新性，在材料的选择上有考虑儿童的生活习惯，设计了塑料书、地毯书、洗澡书等，书籍的形状也做了创新，不只局限于传统的矩形书，而是将书设计成水果形、动物形、花卉形等等。最后，其分类也更细致，每本读物都有自己明确的定位：面向什么年龄段的儿童、男孩还是女孩、针对的是儿童的哪种心理等等。①

从本土儿童书籍方面看，近些年无论在装订设计还是在内容方面都有了很大提升，但仍存在一些不足，近年来较受追捧的绘本或是过去的图画书中普遍存在一种问题：字体偏大、内容匮乏、依靠一幅又一幅图片来填补位置；内容形式单一、缺乏创新，很多书籍虽然出版社不同，但翻开书，我们不难发现内容都是大同小异、相互复制的，或者经典图书不断改版、重新出版，例如《十万个为什么》这本经典之作已经出版过不止 10 次②。这种营销手段不仅没有对蒙童读物产生正面影响，而且更是一种资源的浪费；内容方面，我国的很多童蒙读物都是以“一则小故事 + 一个道理”的

① 参见巴特尔：《关于儿童读物的现状分析及思考》，《中国校外教育》2011 年第 7 期。

② 马红娟：《浅析时下我国儿童读物的现状》，《科教文汇》2007 年第 11 期。

模式，这种模式过于死板，而且也暗示了让儿童读书不是为了让儿童快乐，而是让他们学到什么，这种模式以目的性出发，更注重结果，而非过程。这种教育模式会生产出很多“懂事”的儿童，而非具有创造力的儿童，这或多或少地扼杀了儿童试错的机会。这与我们国家的传统教育观有很大关系。我国是一个注重“诗教”的国度，强调“文以载道”，这在我国历史书籍中有明显体现，时至今日，这种方式仍明里暗里左右着我们的思想，当然，童蒙读物是应该有教育意义的，但要符合儿童的成长天性，不应太过注重目的性。

（三）绘本具有审美性、故事性和易理解性

随着绘本的日益普及，绘本阅读对儿童的益处已经在国际上得到认可，而且随之新兴了绘本馆的童书营销模式[①]。经过分析，笔者认为当今绘本占领童蒙读物市场主要有以下几个原因：

1. 审美性及艺术性

绘本是一种“图文并茂”的体现形式，在对绘画风格的选择以及图文排版的过程中，都需要给予精心的设计，而儿童都喜欢漂亮和色彩丰富的事物，绘本的审美性及艺术性恰好满足了儿童的这一特性，因此，绘本以其美感吸引了人们的眼球。很多成年人喜欢看几米漫画，其实几米漫画也是绘本的一种，由台湾作家Jimmy绘成，可见富有审美性及艺术性的绘本受众是很广泛的。儿童早期接触绘本，也有助于培养他们的阅读欣赏能力和审美意识。在调查中，王功玲致哲速读学校的一位儿童家长反映他的孩子在读过几本绘本后产生了兴趣、受到了启发，自己动手制作绘本，锻炼了儿童的动手能力，也可以使儿童获得成就感。

2. 故事性和趣味性

故事性和趣味性是绘本的一个重要特点，而其中的故事以虚构成分居多。绘本可以培养儿童从小阅读的习惯，在阅读中倡导良好的亲子关系，并

---

① 刘敏、郝景江：《儿童绘本馆——悄然兴起的童书读书模式》，《出版广角》2014年第12期。

通过绘本中的一则则小故事，培养儿童正确的是非观、价值观、人生观。好的故事内容可以让儿童改变快餐式的阅读方式，让他们把阅读当成一种享受，从而对儿童产生潜移默化的影响。有些绘本的画风属于可爱夸张类的，这大大提高了书籍的趣味性，让儿童因此爱上阅读。

3. 易理解性

儿童的整体认知水平和理解能力还相对较低，对于文字较多的文章，阅读理解能力比较弱，而图文结合方式恰好有帮助儿童理解的作用，也可以锻炼儿童的思维能力。

相反，科普读物、文学读物在这三方面都不占优势，它们最大的特点是知识性和文学性，对儿童的吸引力并不够，而且科普类读物的市场份额比重很小，这都造成儿童对其阅读量呈下滑趋势。

四、对童蒙读物的改善建议

（一）对本土童蒙读物进行创新

如果国外读物占我们儿童书籍市场的很大比重，就很可能造成“文化渗透”或“文化侵略”现象，如果我们未来的儿童不知道愚公移山、女娲补天这样的神话故事，却对外国文化了如指掌，那将是一件多么可怕的事情。因此，我们的童蒙读物作家及出版商要有危机意识，面对国外书籍，我们不能采取“堵”的方式，而是要对本土读物进行创新。

1. 理念的创新

我们应该注重儿童在阅读过程中的快乐，让儿童在阅读的过程中自己领悟和学习知识，为儿童创造一个身心自由发展的童年，而不要有过强的教育导向性，像 2015 年火热畅销的英国《秘密花园》涂色绘本，不但可以让儿童体会过程的快乐，还有助于儿童建立多元思维。通过读物看教育，我们的应试教育体制发展到今天，的确创造出某些领域的科研人才，但随之而来的负面产物是思维的统一和僵化，近些年来，有一些高知家长更加注重儿童早期教育中思维方式的养成，而我们的义务教育在高考制度下变得具有功利性和急迫性，没有老师会专门训练儿童的思维方式，所以我们要做的可能不是补课，而是养成思维方式，这会让儿童在未来的文化课学习中事半功倍。

2. 内容的创新

我们要从儿童的认知角度出发，让儿童接受是第一步，我国的儿童读物出版业也曾风光一时，在二十世纪六七十年代出版过一些像《哪吒闹海》《大闹天宫》《水浒传》等具有民间特色的连环画，深受读者喜爱。其实，我们的中华传统文化有很多值得挖掘的地方，2016 年的电影《大鱼海棠》中很多我国传统元素深受观影者好评，很多家长也选择带自己的孩子一起看，笔者认为，童蒙读物的作者们应改变浮躁的心态，静下心来好好研究我们国家自己的文化中值得挖掘、运用的地方，像庄子的《逍遥游》、古神话《山海经》，如果结合现代创作理念，相互融合，会是一个不错的题材。当然，并不是所有传统的典故、道理都可以被引用，我们应该考虑其适用性，比如“孔融让梨”就并不完全适应当今时代，但是我们可以进行改编与创新，让儿童不只是知道这个故事，更了解它丰富的信息内涵，要有一定的思维挑战，不仅仅因为主人公的善感动读者，还可以注入更有时代精神的元素，使它在儿童的眼中变得更美，让生活在二十一世纪的儿童感悟到阅读这样的故事带给自己的触动，这就从内容上有了新意。因此，童蒙读物既要很经典，又要针对儿童这一阅读主体，激活出有时代特色、有内容的创新的读物。

3. 形式的创新

童蒙读物的形式应该是变化多端的。但从目前来看，幼儿和小学阶段，仍然以纸质的绘本阅读为主，尽管绘本有文字、有图片，也适合幼儿和小学生阅读，但是仅仅这样是不够的，在信息技术不断升级的今天，完全可以创作出既有文字、图片，又有声音，甚至有动态的 3D、2D 等效果的形式的童蒙读物。让儿童在阅读过程中，不仅仅读文字、读图文匹配，还可以做到文字和图片两者之间的转换。这样的读物语言精准、形式鲜活、内容有新意，与儿童的认知阶段相匹配。看到这样的读物，引发联想和想象，把图转换成文，或者把文转换成图，就是对儿童大脑阅读潜能的最有效激活。儿童的阅读潜能激活后，就会形成逻辑思维与形象思维的转换能力，这种能力正是优秀人才的重要能力。因此，我们要从童蒙读物开始培养这样的基础转换能力，这种能力对儿童终身学习有着巨大的作用。另外，我们可以通过与电台或是看电影结合的形式阅读，迪斯尼公司将很多经典动画改编成卡通动画，也是其大受欢迎的原因所在。初中和高中阶段，是培养一个人思辨能力的阶段，学生们要建立自己的世界观、价值观，就要有深度的、有一定级量的文本性的阅读，这才是真正有效的阅读。

（二）对阅读资源的升级优化

1. 多样化

谈到童蒙读物资源，古代的童蒙读物在我们先辈心目中，自然是单调的、唯一的，但是今天，是资讯发达、资源共享、各大媒体平台激烈竞争的时代，童蒙读物也不只局限于书籍，现在的童蒙读物，需要以不断翻新的形式作支撑，给儿童提供鲜活的、有效的、有利于情感投入的优质阅读资源显得尤为重要。这不仅包括纸质的，而且包括电子的和数字化的。毫不夸张地说，信息技术对童蒙读物的影响越来越大了。

二十世纪六十年代，就开始出现录音带、唱片等童蒙读物资源。八十年代后增加了录像带、VCD、DVD 等，童蒙读物的资源由平面向立体转变。到 2008 年以后，随着数字化技术的普及，我们已经体验到了更大的创新与变革。O2O 线上线下结合，任何人在任何地方、任何时间都能通过互联网搜索到自己想要的数字化读物。网络将虚拟和实体的童蒙读物资源结合，形成了混合式阅读资源。仅仅从形式上看，童蒙读物也已经不再是我们原来所理解的那种狭隘的概念了，电子图书馆等必将给童蒙读物带来一场阅读的革命，这是对现阶段童蒙读物的补充、提升和丰富。

2. 层次化

首先我们强调，通过阅读让儿童感悟到一点东西，知道阅读的内容是什么，但不仅知道读物的书名、作者、出处等基本信息，更重要的是要知道其基本内容、重要事实、作者观点等有用信息，通识阅读之后，还要有自己的感受。这样才能在阅读中获取有用的信息、丰富人文精神、提高修养与文化，同时掌握阅读当中的思维和处理信息的能力。请大家注意，会读书的人，都是能够通过有效阅读处理信息的。大家都听说过，很多学生在出国后的一周之内，要读大量的书籍，我们中国的儿童会特别不适应。按照我们现在的教学方法，我们不可能完成这一点，这反映了我们在思维上的储备不足。因此，今后的阅读，我们该认识到阅读童蒙读物是一个多层次智力活动，只关注认字与语言的教学，不是真正的阅读教学，也不是开发思维的教学。

（三）对童蒙读书出版环节的强化监督

民族文化值得我们用毕生的时间去挖掘、整合和表现。出版社应该本着对儿童成长负责的态度，多设计一些有中国特色、内容活泼、生动形象、色彩鲜明的儿童书籍，能够让我们的出版物越来越受儿童家长们的青睐，让我们的书籍也能在国际市场上站稳脚跟、树立民族新形象。对于市场上“套书”以及捆绑销售的现象，有关部门应加强监督，一些商人看中童蒙读物市场，为谋取利益，不断改版出版，为避免内容重复、粗制滥造的儿童读物流通于市场，相关部门一定要严加把关，为儿童、家庭和我们的未来负责。

（四）重视科普读物和文学读物

近年来的高考改革制度中，文理不分科和重视语文学科的趋势已经越来越明显，有些地区已经在尝试实施，这说明我们国家更注重培养复合型人才，而科普读物里面有一些物理化学、天文地理方面的小知识，如《奇妙的地球》一书介绍地球的形状和大小、自转和公转、地球的内部、地球的外表、地轴和地球上的灾害等关于地球的最基本知识。《通俗自疗病发》则专述通常卫生及浅近医学知识①。这些都有助于儿童了解自然、建立兴趣、了解自身长处，以及提高处理生活中突发事件的能力。建议出版商在科普读物的配图和整体设计上多下功夫，一旦儿童接受科普读物，那么他们很可能会爱不释手。儿童早期读文学读物对语文学习有很大帮助，文学读物可以帮助

① 王春秋：《中国近代科普读物发展史》，华东师范大学硕士学位论文，2007年。

儿童认识世界、了解别人的生活、对事物有深刻的认识，有助于早期世界观、价值观的形成，读过很多文学读物的儿童长大后普遍有较强的阅读能力和文学素养，大多数儿童的语文成绩不会太高也不会太低，高中时过 125 分可能就是高分成绩了，有文学读物积累的学生一般还会有上升的空间，而对于没有文学读物积累的儿童，120 分可能已经是瓶颈了。因此，社会、学校和家长一定要重视早期的科普读物和文学读物阅读量，量变导致质变，它会变成一种能力，助力儿童未来的学习成长。

由《启童说约》看越南童蒙教育的改变*

耿慧玲**

摘要：越南蒙书主要分作三类，一为中国童蒙书籍在越南重刻或重抄；二为以中国童蒙书为底本加上越南学者的注释或内容重编；三则为越南新编童蒙书。前两类足见中国蒙书对越南之影响，而第三类则可见越南国家意识之建立。越南阮朝时期范望《启童说约》即是第三类蒙书的代表，本文透过《启童说约》的创作背景、版本及内容之介绍，以观察越南童蒙教育的发展与特色。可以发现《启童说约》所代表的是，阮朝在越南政治情势改变之下，知识分子借由蒙书的编撰，以建立幼童的国家意识，以及促进民族精神的凝聚。

关键词：启童说约；越南；童蒙教育；民族精神

一、序　言

人是社会的动物，为了要凝聚一个社会，需要建立规范，也就是涂尔干所说的"集体意识"。这种"集体意识"可以将"一群乌合之众变成一

*　本文为 2016 年度国家社科基金重大项目"童蒙文化史研究"（16ZDA121）阶段性成果。

**　作者简介：耿慧玲，史学博士，台湾朝阳科技大学通识学院教授，香港大学饶宗颐学术馆名誉研究员，西安碑林博物馆客座研究员，主要研究方向为越南史、金石学。

个具有凝聚力的团体”①；也可以让一个群体中的个体因为这种集体意识而产生归属感，并感觉幸福。最近英国诺丁汉特伦特大学（Nottingham Trent University）的研究团队发现，个人对家庭、小区或因兴趣结合的特定团体认同度愈高，生活过得愈快乐，这种归属感的建立与群体的认同有密切的关系。计划主持人威克菲德博士（Juliet Wakefield）指出，“我们常常忘记，要表现出最棒的自己，常常需要别人的支持”②。群体与个人就在这样的相互的涵融下，建立社群、社会与国家、民族。而让成员能够顺利地进入社会，让社会得以运作，这是教育重要的目的③。这样的认同当然应该从孩童时候开始，其效果最显著，因而童蒙教育，基本上，担负着让群体中的孩童以后成为怎样的人的重责大任。

越南与中国的关系十分微妙，在历史长河中，中越关系大致可以分成百越民族时期、郡县时期、羁縻时期、宗藩时期，以及近代三国势力交会的时期④。自郡县时期开始，作为中国的一个地方行政区划，越南便开始使用汉字，成为汉型文化的遂行者，其间虽然曾有意识地创造属于当地地方音韵的喃字，但因为喃字的基础仍是汉字，即便以汉字作为个别图像记忆，不一定要理解汉字的意义，但不懂汉字仍然无法理解喃字⑤，致使喃字的使用反

① ［法］涂尔干著、渠东译《社会分工论——涂尔干社会学的奠基之作》第3卷《结论》：“一般而言，我们认为道德规范的特性在于它阐明了社会团结的基本条件。法律和道德就是能够把我们自身和我们与社会联系起来的所有纽带，它能够将一群乌合之众变成一个具有凝聚力的团体”。［（台北）左岸文化公司2006年版，第479页］

② 根据英国每日电讯报记者Mark Molloy的报道：http：//www.telegraph.co.uk/good-news/2016/05/21/whats-the-secret-to-happiness-scientists-may-have-found-the-answ/，发布时间2016年5月23日。

③ ［英］怀德海著、刘慧珍等译《教育的目的》云：“教育也是一种工具，他的作用不在于让受教育的人在当是时有什么成就，而在于他们以后成为怎样的人”。［（台北）桂冠图书公司1997年版，第1页］

④ 耿慧玲、潘青皇：《从不规范到规范——黎朝科举制度之特色》，《厦门大学学报》2016年第4期。

⑤ 喃字的构造大致可以略分为借用汉字与运用汉字自造字两大类。借用汉字，不论是借音、借意，都必须先懂汉字才能知道音、意为何，如何借用。而自创字无论是加笔、省划还是双合，仍然是采取会音、会意、形声的方式，将中国字拆组而成，因此，不管造出来的字与汉字是否已有极大的差异，但在理解喃字的过程中，仍然需要透过对于汉字

而不如汉字方便，故千百年来，越南地区知识的取得必须透过汉字的系统，做汉文书籍的阅读。长期濡染之下，越南知识分子常以儒学正统自诩，尤其在中国汉人政权移转的宋元或明清之际，都可以看到越南以虏视元、清的现象。即至十九世纪，越南使臣李文馥于明命十二年（1831，清道光十一年）出使中国，至福建，见迎宾馆匾额称“粤南夷使公馆”，心感不满，因而“诮让馆伴官，声色俱厉，不入馆，令行人裂碎‘夷’”①。如果直至十九世纪，越南知识分子仍然有强烈的华文化认同，却又如何会有“南国山河南帝居，截然定分在天书”② 及“惟我大越之国，实为文献之邦。山川之封域既殊，南北之风俗亦异。自赵、丁、李、陈之肇造我国，与汉、唐、宋、元而各帝一方”③ 的国家意识呢？本文尝试从越南蒙书探讨这个问题。

二、有关越南阮朝的几部蒙书

阮朝与中国的关系，与之前各朝略有不同，阮朝的建立从开始便与法国有着密切的关系。败退嘉定的广南国主后裔阮福映，为了抵挡西山朝对其之攻击，希望借助法国来获得援助。透过巴黎外方传教会传教士百多禄的关系，曾应允割让沱瀼港（今岘港）和昆仑岛给法国，换取法国对于阮福映的军事协助。但由于法国正值法国大革命，无暇东顾，阮福映自行趁着西山朝内乱的机会，灭了西山朝，建立阮朝。法国虽未实际协助阮朝的建立，但嘉

的认识方能完成造字、解意的功能。如越南的喃字数目，二为“𠄩”、三为“𠀧”、四为“𦊚”、五为“𠄼”之类。有关喃字的研究状态，可参考黄芳梅：《汉字派生文字的构造：越南京喃字、岱喃字与中国方块壮字之比较》，世界汉字学会第四届年会“表意文字体系与汉字学科建设”（韩国釜山市，2016 年 6 月），第 91 页。

① 陈益源：《清代越南北使诗文蠡探——以李文馥和他的作品为例》，“东亚文化之型塑”系列演讲，（台北）“中央研究院”史语所 2008 年版，第 5 页。

② 陈荆和编校：《校合本大越史记全书 · 本纪》卷 3“陈仁宗太宁五年三月”，（东京）东京大学东洋文化研究所附属东洋学文献センター，1984—1986 年，第 249 页。

③ ［越］裴辉璧编：《皇越文选》卷 5《诏制策 · 平吴大诰》，阮明命六年希文堂存庵家藏本，法国远东学院微卷编号 A3163，第 3 页上。

隆帝（阮福映）始终维持与法国的友好交往，并借由法国的力量建立维系海上力量的海军，进行繁茂的海上贸易，一时之间阮朝成为东南亚地区强大的新兴势力。然而，继立之明命帝（阮福皎）因宗教问题与法国冲突，两方关系开始恶化。故当其子嗣德帝即位后，法国开始采取强力的方式进入越南。嗣德十一年（1858，清咸丰八年），法国攻陷土伦港（岘港）。嗣德十二年（清咸丰九年），法国在南圻取缔儒学教育，并抵制科举制度、大力推行罗马拼音字。嗣德十五年（清同治元年），法国迫使阮朝签订第一次《西贡条约》，割让边和、定祥、嘉定等地。嗣德二十七年，越法签订第二次《西贡条约》，法国承认越南的主权，但南圻成为法国领地，并拥有在越南境内自由来往、经商之权。嗣德三十六年（清同治十三年），法国占领顺安港，并与阮朝签订《顺化条约》，越南承认为法国的“保护国”；同时，法国也加强对于越南教育的改革与控制。成泰十六年（1904，清光绪三十年）起，乡试增加考核法语和越南国语字互译的题目，并成为定例。启定二年（1917），法国颁布《印度支那联邦公共教育法令》，启定四年（1919），阮朝最后一次举办科举考试。

在法国势力进入越南逐步遂行殖民政策期间，越南没有一个统一的教育体制，传统的教育体系受到沉重的打击，因而在阮朝出现了多样的童蒙书籍，本文根据越南现今公布的书籍资料，整理出一批蒙书①，借以窥视阮朝时期童蒙教育的概况。在搜检过程中以越南学者建议其幼时及越南普遍理解

① 越南学术研究因为长年的战乱，迄今仍未有比较妥善的资料整理，目前收录古籍最多的应属汉喃研究院与越南国家图书馆。1980 年开始成立 Vietnamese Nôm Preservation Foundation，近年此基金会与越南国家图书馆、Thắng Nghiêm temple、Phổ Nhân temple 及一些个人合作，推行“汉喃古籍文献典藏数字化计划”，将许多珍本书籍数字化，并建立公开网站公布，对于一向比较难获得越南书籍数据的学者研究越南学术有相当重要的价值。These digital libraries from the Hán-Nôm collections of the National Library of Vietnam and Thắng Nghiêm Buddhist Temple（Chùa Thắng Nghiêm 胜严寺）were created by the Vietnamese Nôm Preservation Foundation. Our work was funded through grants from the Chino Cienega Foundation（U.S.A.），the International Music and Art Foundation（Liechtenstein），the North Carolina State University Libraries，the College of Humanities and Social Sciences at NC State University，and the U.S. Embassy（Hanoi），as well as from donations from individuals worldwide. 见 http：//lib.nomfoundation.org/。

之蒙书为搜检对象，如神童诗、状元诗、一千字等；其次以中国传统童蒙书如《三字经》《千字文》《幼学琼林》为基础，由于《幼学琼林》又称《幼学须知》《成语考》《故事寻源》，故加入“幼学”“故事”“须知”为检索关键词，搜检出二十七本书，见附表一。

这些书籍又可以分成三类：1. 中国童蒙书籍在越南重刻或重抄；2. 以中国童蒙书为底本加上越南学者的注释，或依据原来中国童蒙书籍的内容重编；3. 越南新编童蒙书。

第一类的书籍共有五本：（明）陈选集注，[越] 陈士冕校镌《子朱子小学全书》（明命二十年，1839，清道光十九年）；山阴吴登（巨川）《初学灵犀》（嗣德三十四年，1881，清光绪七年）；乌程严衡（平叔）辑《女小学》；（新会）黄用端著《改良妇孺浅史歌》；琼山邱濬（仲深）著，楚澴杨应象（界右）《新订故事寻源详解全书》（以上三本不详年月）。

第二类的书籍有十二本：吴时任《三千字解音》（明命十二年，1831，清道光十一年）；李文馥《明伦撮要歌》（绍治三年，1843，清道光二十三年）；万安陈氏编《女则演音》两种；不著撰者《幼学五言诗》（嗣德十六年，1863，清同治二年）；不著撰者《初学问津》（嗣德三十五年，1882，清光绪八年）；不著撰者《三字经解音演歌》（同庆三年，1890，清光绪十六年）；（明）范立本《明心宝鉴释义》（同庆三年）；东青氏《三字经六八演音》（成泰十七年，1905，清光绪三十一年）；阮秉《五千字译国语》（维新三年，1909，清宣统元年）；不著撰者《三千字解译国语》（维新九年，1915）；不著撰者《女子须知》（启定六年，1921）；朱玉芝译《明道家训》（保大六年，1931）。

第三类的书籍有十本：范望《启童说约》（嗣德六年，1853，清咸丰三年）；不详作者《天南四字经》（疑嗣德二十七年，1874，清同治十三年）；黄道成《越史新约全编 / 大越史约》（成泰十八年，1906，清光绪三十二年）；马云鹏、卢痴繄《安南初学史》（成泰十八年）；裴向诚、段展等《南国地舆幼学教科书》（约成泰年间）；不详作者《改良蒙学国史教科书》（成泰十八年）；东京义塾编《新定伦理教材》（维新元年，1907，清光绪三十三年）；杨琳等《幼学汉字新书》（维新二年，1908，清光绪三十四年）；范光璨《幼学普通说约》(维新二年);不著撰者《幼学国史五言诗》(不详年月)。

从以上的书籍编著出版状况来看,第一类与第二类对于中国童蒙书的重刊或者重编、翻译的书籍年代均比较早;第三类书籍出版的时间则较晚,除范望《启童说约》著作于嗣德六年(1853)之外,其余书籍都著作于二十世纪初期。即便是《启童说约》,据现在所有版本,可知其最早的刻本是在嗣德三十四年(1881),也近于二十世纪。且越南新编的十本书籍,大多成书在成泰年间(1889—1906)。按,越南自阮朝开国之初,即与法国有着密切的联系,而法国势力的介入,对传统中越关系产生了极大的冲击。随着法国控制力的逐渐加强,由南而北阮朝政府已经逐渐失去了主动性,嗣德之后嗣君的继立,几乎已经无法由越南自主,嗣德三十六年(1883,清光绪九年)越南承认为法国的"保护国";建福二年(1885,清光绪十一年),中法签订《中法会订越南条约十款》,清政府承认法国与越南建福元年(1884,清光绪十年)所签订的第二次《顺化条约》;越南不再承认清政府为宗主国。而成泰帝的继位正在建福二年的五年后。这些政治形势的改变,一定程度影响了越南知识分子以及政府对于国家的定位。

如此,作为较早的新编越南童蒙书,就值得我们进行探讨。下面先就《启童说约》的版本及内容进行探讨。

三、有关《启童说约 KHẢI ĐỒNG THUYẾT ƯỚC》的版本

根据越南汉喃研究院对于《启童说约》之介绍,此书为范望(字金江,号复斋)所著。作者范望,据《国朝乡科录》的记载,为北宁省武江金堆人,绍治元年(1841,清道光二十一年)辛丑科河内场举人①。

《启童说约》据 2002 年越南汉喃院编纂之书籍目录记载,传世共有六

① [越]高春育编:《国朝乡科录》卷 2《绍治辛丑·河内》,Paris SA.HM.2223,第 35 页上。

个印本，五个抄本①，而根据阮氏香（Nguyễn Thị Hường）在2013年的研究，“《启童说约》的版本，现存有二十种，十种是刻本，十种是手抄本。其中只有一种刻本藏在史学院，其他十九种都藏在汉喃研究院”②，考据汉喃院与阮氏香之资料，可以制表如下：

<table>
<tr><th>编号</th><th>尺寸</th><th>版本</th><th>出版时间</th><th>备注</th></tr>
<tr><td>VHv.1488</td><td rowspan="3">24cm × 16cm，84tr.</td><td rowspan="3">刻本</td><td rowspan="7">嗣德三十四年（1881）</td><td rowspan="3">尺寸阮氏香作24cm × 14cm，84tr.</td></tr>
<tr><td>VHv.1257</td></tr>
<tr><td>A.889</td></tr>
<tr><td>AB.11</td><td rowspan="4">24cm × 16cm，84tr.</td><td rowspan="4">刻本
灵山寺藏本</td><td rowspan="4">尺寸阮氏香作24cm × 14cm，84tr.
Hv.37 为史学院藏本</td></tr>
<tr><td>VHv.3297</td></tr>
<tr><td>VHv.4024</td></tr>
<tr><td>Hv.37</td></tr>
<tr><td>VHv.3200</td><td>23cm × 14cm，104tr.</td><td>刻本
闲云亭藏本</td><td>嗣德三十六年（1883）</td><td>阮氏香补</td></tr>
<tr><td>PARIS.SA.EC.871</td><td rowspan="3">26cm × 18cm，32tr.</td><td rowspan="3">刻本
富文堂藏本</td><td rowspan="3">保大七年（1932）</td><td>PARIS.SA.EC.871 为法藏本</td></tr>
<tr><td>VNv.132</td><td></td></tr>
<tr><td>VNv.564</td><td>VNv.564 为阮氏香所补</td></tr>
<tr><td>VHv.964/1</td><td>24cm × 16cm，132tr.</td><td>viết. 抄本</td><td>未著年月</td><td>尺寸阮氏香作28.5 cm × 15.5cm，181tr.</td></tr>
</table>

① 汉喃院书目原文为：“Phạm Phục Trai 范复斋（Phạm Vọng 范望）ở Kim Giang soạn. In lần đầu năm Tự Đức 34（1881）. Chu Ngọc Phiến 朱玉片 dịch ra chữ Nôm và chữ Quốc ngữ.6 bản in，5 bản viết，1 tựa，1 mục lục，có chữ Nôm và chữ Quốc ngữ. VHv.1488，2.VHv.1257，3.A.889. 4.AB.11：84 tr.，24x16，IN.VNv.132：Phúc Văn đường in năm Bảo Đại 7 1932 32 tr.，26x18.PARIS.SA.EC.871：CHÙA LINH SƠN IN ĂM 1881，86tr.7.VHv.964/1-2：132tr.，24x16，viết.8.VHv.489：176tr.，18x16，viết.9.VHv.1238：96tr.，24x18，viết.10. VHv.2554：16tr.，14x18，viết.11.VHb.79：40tr.，20x15，viết.” 见汉喃研究院网站：http：//www.hannom.org.vn/trichyeu.asp？ param=3599&Catid=248。

② ［越］阮氏香（Nguyễn Thị Hường）：《汉文和喃文越南历史教科书研究（Nghiên Cứu Cách Dạy Lịch Sử Việt Nam Viết Bằng Chữ Hán Và Chữ Nôm）》，（河内）世界出版社 2013 年版，第 89 页。

续表

编号	尺寸	版本	出版时间	备注
VHv.964/2	26.5cm × 14.5 cm，56tr.	viết. 抄本	嗣德三十三年（1880）	尺寸据阮氏香
VHv.489	18cm × 16cm，176tr.	viết. 抄本	未著年月	尺寸阮氏香作28cm × 15cm，179tr.
VHv.1238	24cm × 18cm，96tr.	viết. 抄本	未著年月	26cm × 14cm，92tr.
VHv.2554	14cm × 18cm，16tr.	viết. 抄本	未著年月	14cm × 18cm，14tr.
VHb.79	20cm × 15cm，40tr.	viết. 抄本	未著年月	21cm × 13cm，42tr.，本书后附有《孝传》一篇
A.1224/2	30cm × 20cm，308tr.	viết. 抄本	未著年月	本编号为《万选新编 Vạn Tuyển Tân Biên》第二册，64a-98a 收《启童说约》

在汉喃院原目录的基础下，阮氏香补充了三个刻本，分别为 VHv.3200（闲云亭藏本）、Hv.37（史学院藏本）、VNv.564（富文堂藏本）；抄本部分阮氏香重新检定 VHv.964/1 与 VHv.964/2 为两个不同的抄本；并补加 A.1224/2、VNv.2、VHv.1369、VHv.2033 四个抄本①，共有十个刻本，十个抄本。然而除 A.1224/2 之《万选新编（Vạn Tuyển Tân Biên)》，为杂录中越作品之选集②，

① 刘春银等编纂：《越南汉喃文献目录题要》，也谓《大南国史演歌》，（台北）“中央研究院”文哲研究所2002年版，第141—232页。另外，《乂安人物志》第105—127页、《万选新编》第128—195页、《三字经》第82—116页等皆附载有此书。见越南汉喃文献目录数据库系统，http：//140.109.24.171/hannan/。

② 《万选新编（Vạn Tuyển Tân Biên)》乃中越作品选，有批注及介绍，书中收录《三字经》《阳节潘氏》《三皇纪》《夏纪》《汉纪》《启童说约》及高伯适、高伯迓、潘清简、嗣德帝、清道光帝、劳崇光的作品，有诗、赋、诏、敕、奏、启、帖、榜、谕、祭文、铭文、传奇、对联各文体；书中附载《大南状元录》《举业传奇》以及文章杂记（包括人物作品），汉文间有喃文，原目编为4167号。（上文翻译引自刘春银等《越南汉喃文献目录题要》原文）

在叶六十四上至叶九十八上有收《启童说约》，可列为一个抄本之外，编号VNv.2为嗣德时期《大南国史演歌》，系以喃文编写越南历史，若以《启童说约》中所载国史世次翻写为喃文，不可能如阮氏香所云仅有“叶七十一上至一百一十下为《启童说约》”，若仅为摘录部分内文，是否足以称为是一个版本，值得商榷。而编号VHv.2033为《三字经解音演歌》，乃将中国《三字经》以喃文注音释义的方式著录，也不可能与《启童说约》有何关连，亦不能成一版本。编号VHv.1369为不详撰者的《乂安人物志》，其书著录乂安黎直、枚德伯、黎文张、黎炯等共九十四人的小传，并附有各传主的诗文作品，《启童说约》作者非乂安人，书之内容亦非著录乂安人物，《乂安人物志》亦不可能录入《启童说约》全文，致可成为一个版本。故而，本文未将此三种纳入《启童说约》版本中。

据表可知越南翰林院所藏（含汉喃所与史学所）计有十一种刻本，七种抄本。而越南国家图书馆则有编号R.562、R.1892、R.2031、R.2032四种版本，其中编号R.562者越国图据作者序言所署年代，标为嗣德六年（1853），其余三种则为嗣德辛巳（即嗣德三十四年，1881）的刻本，如此，则《启童说约》目前可见刻本计有十五种。

另有范氏垂荣在《阮朝教科书涉及黄沙长沙（Sách giáo khoa triều Nguyễn dạy về Hoàng Sa，Trường Sa）》一文中，介绍一本收藏于清化岑山镇文族祠堂的《启童说约》，此书为一抄本，据云与汉喃院所收诸书不同，除著作者范望外，尚有一润书者吴世荣①，首页作“《启童说约》上册”，总计37页，书上未有年月，范氏垂荣判断应是较早之抄本②，且与汉喃院所收编号VHv.964/1-2、VHv.489、VHv.1238、VHv.2554诸本又有不同，由汉喃院

① ［越］高春育编《国朝科榜录》明命十年己丑科第三甲同进士出身第六名：“吴世荣，南定南真沛阳。举人立之祖，癸亥二十七、戊子举人。”（法国远东学院藏本，编号MF.261（A.37））

② 《Sách giáo khoa triều Nguyễn dạy về Hoàng Sa，Trường Sa》，VOV-Đài tiếng nói Việt Nam Online，https：//www.facebook.com/notes/nguy%E1%BB%85n-tu%E1%BA%A5n/s%C3%A1ch-gi%C3%A1o-khoa-tri%E1%BB%81u-nguy%E1%BB%85n-d%E1%BA%A1y-v%E1%BB%81-ho%C3%A0ng-sa-tr%C6%B0%E1%BB%9Dng-sa/2266823424715/，发布时间：2012年8月22日。

所收五种抄本页数之不同（13、176、96、16、40），且编号 VHb.79 之抄本还附有“孝传”一篇，可推测《启童说约》不同之抄录者，有不同抄录方式，抄本之多样显示流传之广泛。根据范望自序，《启童说约》完成于嗣德六年（1853）①，是否当时即已刊刻流布，并未有相关资料说明，但多样的抄本，显示本书引起了许多的共鸣，终于在嗣德三十四年（1881）有了迄今最早之刊本——收藏于法国编号 PARIS.SA.EC.871 之法藏本，即为嗣德三十四年灵山寺本的代表。而编号 VNv.132 出版于保大七年（1932）的富文堂本，附有朱玉片（Chu Ngọc Phiến）翻译之喃文及越南文②，则是目前所知最晚的刻本。至于抄本多数没有署名年代，据阮氏香的考证，编号 VHv.964/2 为嗣德三十三年（1880）的抄本，也是迄今有明确年代的抄本。

四、《启童说约》的内容

根据越南国家图书馆编号 R.562 的印本，《启童说约》分上下两集，上集包含天图、星图、三元歌、地图、人图、国号、年号、山水、异人、宝货十个单元；下集则包含子、丑、寅及历代世次四个单元。

天图绘有天九重图、四时五行八卦图；星图记载五星方位、并绘有二十八宿图（东方七宿、北方七宿、西方七宿、南方七宿）、北斗七星图、太微垣之图、紫微垣之图、天市垣之图。三元歌用七言韵文说明上元太微宫、中元紫微宫与下元天市宫各星的位置。地图绘有“本国地图”一幅，后有南北圻各十六省的名称及行政区划，以及皇城承天的属县村社数。人图有人身全图一幅，五脏注引、六腑注引及三焦位置。历代国号记录了自雄王以来越南地区十一个国号：赤鬼国、文郎国、瓯貉国、南越国、交趾郡、万春

---

① ［越］范望：《启童说约・自序》，越南国家图书馆藏书编号 R.562，第 1 页下。

② 汉喃院书目提要原文：“1623. KHẢI ĐỒNG THUYẾT ƯỚC 启童说约：Phạm Phục Trai 范复斋（Phạm Vọng 范望）ở Kim Giang soạn. In lần đầu năm Tự Đức 34（1881）. Chu Ngọc Phiến 朱玉片 dịch ra chữ Nôm và chữ Quốc ngữ.”刘春银等编《越南汉喃文献目录提要》将 Chu Ngọc Phiến 翻译作朱玉芝。

国、南晋国、交趾国、安南国、大越国、大南国；历代年号则记录了自前李至阮朝共一百一十三个年号；接下来的山水，分别简要地记录了北宁省的岩骈山，乂安河的鸿岭山、千仞山，清化省的宝剑山，海阳省的凤凰山，以及全国性的珥河、九龙江与平定省符离县的热潭，兴化省归化府的温泉。异人则记载了董天王、李翁仲、赵妪女及四十六位庭试状头。宝货则以清化良政与乂安葵州的玉桂，谅江等地的参，北宁的山药，南定等地的香，平定等地的琦璃，广安的珍珠，海中的火珠、玳瑁，山岭的犀角，谅山等地的蓍。

下集则以子、丑、寅分述开（天）、辟（地）、生（人）。不同于上集以图为主，下集均以文字序说，将上述天、星、地、人、国、物等分项细说，可以说是上集的进阶。但整体架构仍循着中国传统的史籍记载方式，子、丑两部从星野分界至国家四至、地方行政区划、田土兵丁人民之数，都作了比较详细的记载。至于寅（生人）则述说人伦之道，以胎生之始、生成之始终、人在万物中最贵、父母教养之重。子、丑、寅之后，则叙说自泾阳王以下至阮世祖建国而止的越南世次。

这样的编排内容与第二类以中国童蒙书为底本，或重编，或加注释的著作内容及著作旨趣有何不同？兹录第二类明命十二年（1831）吴时任《三千字解音》、绍治三年（1843）李文馥之《明伦撮要歌》做比较。

吴时任所著之《三千字解音》又称《字学纂要》，是越南蒙书中相当重要的一部。类似《三千字》这样的蒙书，在越南并不只有这一部，有一千字、三千字，也有五千字①。此书与中国蒙书《千字文》的作用相同，主要目的在识读汉字，只是越南必须解决语言与汉文字之间的差异，故而需要再加以训读。作者吴时任本身是越南重要的史学家、文学家，也是青威吴时家重要的代表人物。吴时家族多人中科举、历世有儒臣，著作丰厚，无论诗、赋、词、散文、史均可为世之典范，领一时之风气，故被称为吴家文派。此书之所以受到重视，与作者深厚的儒学底蕴有相当重要的关系。此书共搜集了三千个汉字，编辑成七百五十句韵文，每句四字，以喃文注其音、义。不

① 可参见本文附表一。又，“汉喃古籍文献典藏数字化计划”并未收《一千字》，故本文未收，然其内容应与三千字、五千字相同。

过其押韵的方式，系以越南习惯的诵读方式，与中国不同，是以第一句第四个字和第二句的第二个字同韵。如第一句“天地举存，子孙六三”，作者写作“天吞地坦举拮存羣，子昆孙招六䊷三巴”，而越南读者则会读为 Thiên/trời（汉越音 / 喃音，下同）、địa/đất。cử/cất、tồn/còn。tử/con、tôn/cháu。lục/sáu、tam/ba。因此喃音“地 đất”与“举 cất”协韵，“存 còn”与“子 con”协韵，以下类同。（见附图一）如吴时任序言所云，其著此书之因即在于读书之时，常遇到“音节不同，文字也不同”①。

李文馥之《明伦撮要歌》著作旨要可参见其序文：

> 人之生也，其伦有五，《小学·明伦》一篇朱夫子训之详矣，犹恐童蒙辈未必皆遍观而尽识之，春署之暇，因撮其简要，遣之以韵，颜曰《明伦撮要歌》，欲使子侄初学者，便于成诵，或能领会其一二云尔，若曰附籍于圣贤，则恶乎敢。②

李文馥以中华文化自许，认为当时的越南阮朝是华非夷，《明伦撮要歌》著作之主要目的，即在于传诵朱熹《小学·明伦》所彰显的五伦。作者李文馥《大南正编列传二集》有传③，史谓其有文名，著有《西行见闻录》《闽行

---

① 作者吴时任在其《金马行余》一书中收录《字学纂要序》：“我幼时学文章，现在朝为官，如有不懂之处，就问前辈，互相切磋。如一些音节不同，文字也不同，则无法考证。近来，我在府中做事，可以看书，搜集各种文字数据，翻译批注，意与音同，又押韵，约三千字，取名《字学纂要》。书写完，叫人刻印。”（本段文字由中正大学历史博士班越南籍学生潘青皇翻译为汉文）原文引自吴德寿主编《国家图书馆汉喃书目》（越南国家图书馆）：“Tôi từ thuở trẻ được học về văn chương. Nay được làm quan trong triều，nếu có ý nghĩa gì còn nghi ngờ thì hỏi các bậc cao cả，bèn cùng bàn bạc hỏi han nhau. Còn có những âm tiết không giống nhau，chữ viết cũng khác，không xét vào đâu cho đích xác được. Gần đây，nhân được dự việc trong tướng phủ，được xem các sách hay，tìm rộng trong các tài liệu chữ nào hiểu được，thu nhặt cất đi，phiên âm giải nghĩa，nghĩa liền với vần，vần lại đối nhau，gồm được ba nghìn chữ，đặt tên gọi là Tự học toản yếu. Sách này làm xong，đưa ván khắc in.” 第354—355 页。

② ［越］李文馥：《明伦撮要歌》，越南国家图书馆藏书编号 R.1671。

③ 越南国史馆编：《大南正编列传二集》卷 25，［日本］庆应义塾大学言语文化研究所复印本，1980 年，第 3 页下—第 4 页下。

诗草》《粤行诗草》《粤行续吟》《镜海续吟》《周原杂咏》，均为其出使小西洋、新嘉波、广东、闽南等地纪实、感怀之作。史传谓其“为官屡踬复起，前后阅三十年，多在洋程效劳，风涛惊恐，云烟变幻，所历非一”①，然其晚年课子侄②，仍以朱熹思想作为核心的课业，并未特别强调中越之间的差异，然其所著《明伦撮要歌》，却以越南六八体的方式著述。（见附图二）在本论文序言处提到李文馥使越时，强烈质疑若将越南“谓之夷，则吾不知何如为华也”，可见其对于汉文化的认同，但在著述之时，却以越南特殊的文体作为著录的范式。如李文馥对于朱熹理学的重视，也同样反映在另一本出版于明命二十年（1839，清道光十九年）的《子朱子小学全书》的蒙书上。此书原为明陈选所著，陈选《明史》卷一一三有传，越南国家图书馆所收编号 R.1478/R.1480，则为越南明命时期所刊刻的越南本，书扉页有“明命二十年吉月谷日”“先儒陈士贤集注”“后学陈士冕校镌”，并附有“陈选序并传”“朱文序并传”及题辞总论。由此可知，在阮朝初期蒙书系以中国儒家思想为核心（尤其重视朱熹思想），以读识汉字为基础。

《启童说约》的内容其架构仍然是以中国传统对于知识的建立方式为主，开宗明义就是“天地人三才”，所谓九重天、三元星、五行八卦、三焦五脏六腑、人于万物最贵、父母教养恩德最重，无一不与中国传统知识系统相合，那么《启童说约》又与传统中国蒙书有何不同？

五、由《启童说约》看民族精神教育的改变

范望在《启童说约》本文前有一篇序文，说明编纂此书之因由：

余童年，先君子从俗命之，先读《三字经》及三皇诸史，次则读

① 越南国史馆编：《大南正编列传二集》卷 25，第 4 页。

② 李文馥生于后黎显宗景兴四十六年（1785，清乾隆五十年），卒于阮翼宗嗣德二年（1849，清道光二十九年），而《明伦撮要歌》则书毕于阮宪宗绍治三年（1843，清道光二十三年）。

经传，习时举业文字，求合场规，取青紫而已。其余上之天文、下之地理、中之人事，及本国之世次先后，未有一日讲也。幸蒙严训、承先荫，绍治元年辛丑恩科，预领□□，言乎三才，则似童稺，深自惭悔。承之南真，幸得县小民稀，琴堂少事，搜集群书，仅窥一二，爰摘取天文、地理与人事之大概，历代之世次，编成一集，分为三部，每句四字，四句二韵，平仄换更，俾便诵读，颜曰“启童说约”，使家童习之，庶得略知三才之绪余，本国之要约，亦以自广畴曩之见闻耳，若曰通三才而谓之儒，则余乌乎敢。

皇朝嗣德万年之六癸丑季春三月立夏前序①

事实上，如范望一般，想要借己之力，重新编纂蒙书以教育子侄家人者，在后黎愍帝昭统元年（1787），即有驩州进士裴扬沥著作《裴家训孩》②，有幸者，此书也有一篇序言：

余尝居乡，见人家训孩，多用周嗣兴《千字文》，熟读终无所得，或易以《孝经》《小学》，而句法参差不齐，孩亦苦其难。余谓孙孩有记性，而神识尚短，不限为格律，则口吻佶涩，而怠心易起；不示以旨趣，则心知罔象，而持守不真。爰辑其要约，上自天地人物之生、继以帝王历数之叙、我越分合之迹，次及道学相传之统，末及小子为学之方，折衷群先儒发明讲贯之说，便文叶韵，平仄相错，为四言句律，凡二千句，使家门孩提初学者学焉，命曰《裴家训孩》，盖欲顺孩之性而道之，非为经约也。③

由两本书的序言中，可以知道越南的童蒙教育从后黎至阮朝，其教材不脱《三字经》《千字文》《孝经》《小学》、三皇诸史及各经传。范、裴二人重编

① ［越］范望：《启童说约》，第 1 页。

② 裴扬沥，据《鼎锲大越历朝登科录》黎愍帝昭统元年（1787，清乾隆五十二年）丁未科第二甲进士第一名：“裴扬沥。罗山安全会元，内翰供奉使、员外郎，三十（中）。”

③ ［越］潘辉注：《历朝宪章类志》卷 45《文籍志 · 传记类》，汉喃研究院藏书编号 A.1551。

蒙书的架构与内容也大致相同，裴书以“天地人物之生、继以帝王历数之叙、我越分合之迹，次及道学相传之统”为主体，范书亦以“三才之绪余，本国之要约”为内容。然而两者的最终目的与方法，则有不同。裴扬沥并不是对原来的蒙书有意见，只是着重于在学习方法上要“顺孩之性而道之”，但是范望则是对于启蒙教育学习的知识与目的提出质疑，并尝试改变。换句话说，范望对于要教育子侄成为怎样的人有了思想上的改变，他希望子侄的童蒙教育最起码不应该如他儿时一般仅“习时举业文字，求合场规，取青紫而已”。由此可知，裴扬沥着重于在方法上提出便于诵记的技术性改进；而范望在编纂上采取了具有系统性编排方式：上集以图释为主，更适合于初学者或年纪较小者学习；下集则采分项细说，更具体地呈显一些理念或理论性的知识。尤其范书更多地注入了对于“本国”史、地、人、物的知识。在此之前，也并非没有这方面的知识，但在蒙书上，则比较少见，诚如明命二十年（1839）越南重刻明陈贤集注《子朱子小学全书》与李文馥《明伦撮要歌》中所标志的旨趣：

> 学之必自小学始，子朱子《小学》一书，其教在于明伦，其要在于敬身，盖作圣之基也。从事于斯，岂惟读其辞而已耶。①

这与中国所谓“幼儿养性、童蒙养正、少年养志、成年养德”的传统是一致的，因此，“童蒙之学，始于衣服冠履，次及言语步趋，次及洒扫涓洁，次及读书写文字。及有杂细事宜，皆所当知”。② 即便如裴扬沥《裴家训孩》中所录“我越分合之迹”，却也只是“天地人物之生、继以帝王历数之叙、我越分合之迹，次及道学相传之统”中间的一部分。在《启童说约》中，则除了各人身体与天文四时之外，国号、年号、山水、异人、宝货，无不以越南为唯一的记载对象；至下集，更对于星野分界、国家四至、地方行政区划、帝王世次，甚至田土兵丁人民之数都有叙说。基本上在童蒙教育中，已

---

① （明）陈贤集注，陈士冕校镌：《子朱子小学全书》，越南国家图书馆藏书编号 R.1478。

② （宋）朱熹：《童蒙须知序》，见（清）陈宏谋：《养正遗规》，线装书局 2015 年版。

经完整地、明确地建立了一个越南国家的架构。在此之前，尽管不断地强调“南国山河南帝居，截然定分在天书”，但在所有的知识系统中，都是中国的先圣先贤，道德架构，也无怪乎李文馥等士人对于被称为“夷”要大怒，诚心至意地认为自己才是“华”的正统。

我们不知道范望的《启童说约》仅是个人思想的自觉，还是因应当时情境的变化所产生的自觉。因为在《启童说约》之时，中国已经不是唯一的知识系统来源，自阮朝建立之初，甚至在阮主广南国时期，南方的越南与北方越南所接触的世界已经有所不同，阮朝初期的统一与独立，更具有自主性的因子，嘉隆帝以法国并未真正履行协助其击溃西山，拒绝法国的要索；明命帝拒绝法国天主教的传教，都是自行完成统一之后的自信，然而随着法国势力的逐渐强大，强大到将越南千余年来的宗藩绳索解开，但当维系千年的绳索都不复存在，那么越南究竟要如何定位？如果连千年的羁绊都可以解开，又何必再陷入另一次的束缚？

我们可以看到此后的新编蒙书，逐步走出使用传统中国蒙书的范畴，越来越多以新的思维来强调爱国心与民族精神的重要，尤其由东京义塾所编纂的教科书更是代表。而这些都成为接下来反法独立战争的基础。

六、结论：新国家的建立与民族精神教育的蒙书

在本文附表一中，第三类的书籍共有十本，除范望的《启童说约》、不详作者的《天南四字经》及不详作者《幼学国史五言诗》之外，全部都是成泰十八年至维新二年间（1906—1908）的书籍。这些新编的蒙书有些是阮朝政府所编纂，如黄道成《越史新约全编·大越史约》（成泰十八年，1906），杨琳等《幼学汉字新书》（维新二年，1908）；有些是法国政府所主导，如马云鹏、卢痴緊《安南初学史》（成泰十八年，1906）；也有民间自著，如东京义塾编《新定伦理教材》（维新元年，1907），范光璨《幼学普通说约》（维新二年，1908），不详作者《改良蒙学国史教科书》（约成泰十八年，1906），裴向诚、段展等《南国地舆幼学教科书》（约成泰年间）。然而不管是哪一种

立场出版，以越南国家为主体，要求爱国思想的内容，已经成为蒙书中共同的心声。姑不论以宣传维新思想、民族自决为主旨的东京义塾所编定的《新定伦理教材》，即以法国政府主导的《安南初学史》与阮朝政府所编辑之《幼学汉字新书》为例，呈显如下，《安南初学史》于结论中云：

> 阮朝一统，创业英主世祖高皇帝也，辰（时）有法人助之。法之助阮，乃南国近世史上特笔之事也。大法不惟助成一统之业，又逼令清帝认为独立国，南国数千年来蟒伏于中国治权之下，即南帝自主辰，中国亦且视之为藩邦，今则不负为所羁縻矣。且又合牢蛮以广其幁幅，泱泱乎东洋第一大国者，南国也。
>
> 夫惟是也，法祝南国以统一区宇，而疆界日广者，国势亦日进也。殷富之效，征诸商界十五年来，比前三倍矣，其将列诸远东强国之林也，又奚是焉。然则法欲扩张南国之盛业，须使南□与法人共事，日相亲密，非此不为功也。近来，法有□□之一人者，全权大臣晡公也，公建节南邦辰，尝□□□示民，今所重布之以驯人心也……①

《幼学汉字新书》共分两册，与传统蒙书内容相似，第一册分为字学、韵学、句学；第二册则为修身伦理课，分成敦伦、处己、接物、合群、爱国几个范畴。然而在这种传统的字学、韵学语句学的编纂内容中，出现的是：

> 河有源，源远支流繁；人有祖，祖肇山河固。
> 我为南国人，生长南国土，饮河当思源，爱国莫忘祖。
> 吾祖鸿厖氏，肇始泾阳王。丁皇一统后，南族帝南方。
> 昔经北属时，旧耻已难忘，况念缔造功，子孙宜自强。

而在修身格言中，则谓：

① ［越］马云鹏、卢痴繄：《安南初学史》，越南国家图书馆藏书编号 R.306。

> 身非吾所独有。其幼也，为父母之身；其壮也，为国家所有之身；其老也，为后世所关重之身，则身重矣。

又：

> 周望登第后，谓友人曰："像时迷陋规，视一科名以为竟正；如海师妄认鱼背为渊岸，须大开眼界。"今日学者亦须磨去科举二字，放眼大洋，寻洲觅岸，不可妄认鱼背。今之科举，则又水母，比不得鱼背也。
>
> 虽然徒言厌科举之学，而不切思想之学，听其言则美，施于用亦无。俗语云"说千丈不如行一尺"，夫不能行也，更恐寸步不过，况一尺乎！则亦所谓贵耳贱目之学耳。①

由以上越南新编蒙书所显现的讯息，可以看到越南在二十世纪之初，童蒙教育的教材所呈现凝聚国民民族精神的强烈企图。如果如越南丁克顺教授对于越南村社在教育上所具有的普遍性的网络结构来看，② 这样强烈的民族意识，或许在这个时期就已经透过这些村社的网络渠道，具备了抗法独立的决心。

---

① ［越］杨琳等：《幼学汉字新书》，越南国家图书馆藏书编号 R.561/R.1636。

② 见陈立：《越南高等教育发展研究》第一章《越南传统教育（939 年至 1858 年）·庞大的教育网络的形成》及《藩属时期的教育：官学、私学与村社制度》，浙江大学出版社 2011 年版，http：//www.ireader.com/index.php？ca=Chapter.Index&bid=10117486&cid=1。

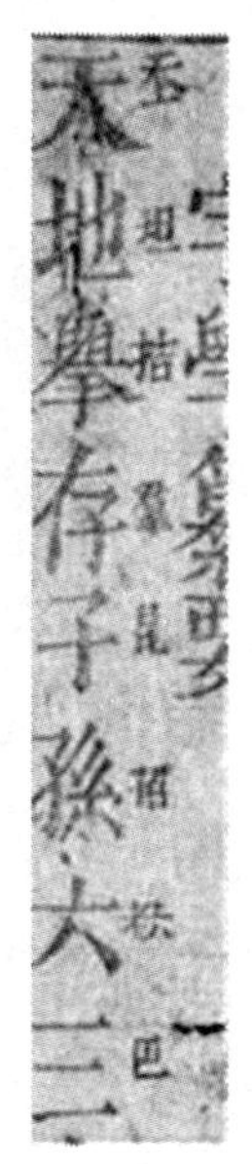

天𡗶 • Thiên /trời
地坦 • địa/đất。
举拮 • cử/cất
存羣 • tồn/còn。
子昆 • tử/con
孙招 • tôn/cháu。
六𦒹 • lục/sáu
三巴 • tam/ba。

附图一 《三千字解音》押韵示意图

六八体

平平仄仄平平○
平平仄仄平平○ 仄平◎/
平平仄仄平平◎
平平仄仄平平◎ 仄平/●

2+4 4+2 2+2+2 3+3
4+4 2+2+2+2

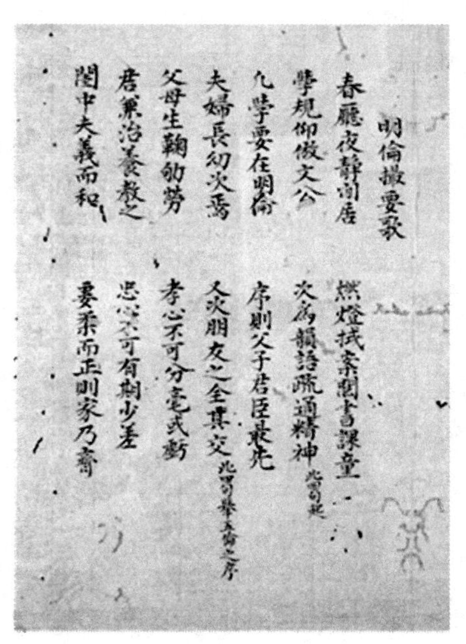

明倫撮要歌
春廳夜靜閒居 燃燈拭案閱書課童
學規仰倣文公 次爲韻語疏通精神 此四句起
凡學要在明倫 序則父子君臣最先
夫婦長幼次焉 又次朋友之全其交 此四句舉五倫之序
父母生鞠劬勞 孝心不可分毫弍虧
君兼治養教之 忠心不可有毫少差
閨中夫義而和 婦柔而正則家乃齊

附图二 《明伦撮要歌》所示越南六八体

附表一 阮朝蒙书表

书名	作者	出版时间	越南国家图书馆藏书编号	内容	备注
◎三千字解音	吴时任	明命十二年（1831）富文堂藏板	R.468/R.493/R.131	26cm × 15cm 24 叶 半叶 6 行，行 11 字，总计 3013 字，每字均有喃字解音与义	扉页有“皇朝辛卯年孟秋上浣新刊”“富文堂藏板”，据汉喃古籍文献典藏数字化计划考订，辛卯为明命十二年（1831）。 吴时任，字希尹，号达轩。越南历史学家、文学家、儒学学者，越南吴家文派人物之一。曾先后在后黎朝、西山朝为官。所谓吴家文派，即青威县左青威社吴时家族历世为儒臣，文章引领一时风气，无论诗、赋、词、散文、史均可为典范，故为世所称，形成的文派。除吴时任之外，尚有吴时仕、吴时亿、吴时俧、吴时皇、吴时悠、吴时位等人。 本书又名“字学纂要”。初学者的教科书，大约 3000 个汉字，喃文解释，有韵文，750 句，每句 4 字。作者用韵的方法是，第一句的第四个字和第二句的第二字押韵如：Thiên trời địa đất，cử cất tồn còn，tử con tôn cháu，lục sáu tam ba，gia nhà quốc nước... 所以容易背诵。书无撰者，书名写在第 16 页：“字学纂要”。吴时任的《金马行余》有《字学纂要》序，说自己编撰《字学纂要》，里面的一段内容为“我幼时学文章。现在朝为官，如有不懂之处，就问前辈，互相切磋。如一些音节不同，文字也不同，则无法考证。近来在府中做事，可以看书，搜集各种文字数据，翻译批注，意与音同，又押韵，约 3000 字，取名《字学纂要》。书写完，叫人刻印”。从此可以确定《三千字解音》和《字学纂要》是吴时任所撰。刻印年份，书上只写辛卯两字。可以确定是明命辛卯十二年（1831），因为 1771 辛卯那年，吴时任尚未考中进士，与序文说他是大官不合，也不是辛卯 1891 年，因为书中的“时”字都没有避嗣德讳。（见《越南汉喃遗产目录提要》，第 354—355 页）
⊙子朱子小学全书	（明）陈选集注 ［越］陈士晃校镌	明命二十年（1839，清道光十九年）	R.1478/R.1480	陈选序并传 朱熹文并传 题辞总论 内篇 立教第一、明伦第二、敬亲第三、稽古第四 外篇 嘉言第五、善行第六	《明史》卷 161：“陈选，字士贤，临海人。选自幼端悫寡言笑，以圣贤自期。天顺四年会试第一，成进士。授御史，巡按江西，尽黜贪残吏。时人语曰：‘前有韩雍，后有陈选。’……作《小学集注》以教诸生。”

续表

书名	作者	出版时间	越南国家图书馆藏书编号	内容	备注
◎明伦撮要歌	[越] 李文馥（邻之）	绍治三年（1843，清道光二十三年）	R.1671	29cm × 16cm 37 叶 抄本 明伦撮要歌 摘字解音歌 对句歌 四传正文集对（四字）（五字）（六字） 诗经集对（四字）（署名安泰李文雅）	本书作者以六八体著述。 李文馥《大南正编列传二集》有传。其六世祖中国福建龙溪人，在明朝为“科宦显阀”，明清之际移居越南，其祖父李克敦，后黎朝以科举入仕为官，父李致位则为儒医。李文馥以中华文化自许，认为当时的越南阮朝是华非夷，明命十二年（1831）李文馥出使中国福建，不满行馆匾作“粤南夷使公馆”，令行人裂碎“夷”字，其后又撰《夷辨》申明越南仍流传着中国的制度文化、学术思想，社会习俗，若越南“谓之夷，则吾不知何如为华也”。可参见陈益源《越南汉籍文献述论・越南李文馥笔下十九世纪初的亚洲饮食文化》正文及注文（中华书局 2011 年版，第 263 页）。
◎女则演音	万安陈氏编辑	绍治五年（1845，清道光二十五年）	R.96	18cm × 12cm 18 叶 半叶 9 行，计 648 句	全为喃字。六八体。 本书尚有据盛文堂藏本刊印于嗣德二十一年（1868）者，版式完全一样。
●启童说约	范望（复斋）	嗣德六年（1853）/嗣德三十四年（1881）/保大七年（1932）	R.562	分上下两集 上集：天图、星图、三元歌、地图、人图、国号、年号、山水、异人、宝货。 下集：子开、丑辟、寅生、历代世次	作者为北宁省武江金堆人，绍治元年（1841）辛丑科河内场举人。根据作者范望（字金江，号复斋）序言，书著成于嗣德六年，本为教育子侄所著，嗣德三十四年有第一个刻版，最晚的刻本为保大七年。 除刻本外，本书尚有许多手抄本。不同的手抄本，其内容均依据抄录者有所增补。
◎幼学五言诗	不著撰者	嗣德十六年新刊学文堂藏版	R.482	20cm × 13cm 18 叶 ×4 行 ×2 页 ×2 排，共 270 句 每句均有喃文解音	扉页有“状元诗”；页末有“辛巳之岁孟春幼学书成”，由于扉页有“嗣德十六年仲秋新刊”“学文堂藏板”，且全书均有喃文解音，故“辛巳”岁应在嗣德十六年之前，而在此之前越南辛巳年应在阮朝明命二年（1821），当道光元年。 本书以（宋）汪洙《神童诗》为底本，由于《神童诗》已经历代编补修订，集录历代诗词，各本收录内容不尽相同。

续表

书名	作者	出版时间	越南国家图书馆藏书编号	内容	备注
◎女则演音	（万安陈氏编辑）	嗣德二十一年盛文堂藏板	R.52	12cm × 18cm 18 叶	本书未著编著者姓名，其内容版式与编号 R.96，出版于绍治五年者同。
●天南四字经	不详	嗣德二十七年	R.1661	25cm × 13cm 35 叶 手抄本 半叶 4 行，行 2 句 19 叶之前为四字越南国史，276 句 19 叶以后为神童诗	本书无年月，有关“天南四字”之书籍，越南国家图书馆仅有此一版本，汉喃院收藏版本较多，出版时代亦有不同，有署年月者两本，一为嗣德二十七年（1874），一为成泰元年（1889）。则可推断天南四字著作年代应不早于嗣德二十七年。
⊙初学灵犀	山阴吴登（巨川）	嗣德三十四年辛巳河内福文堂藏板	R.1911/R.1912	23cm × 14cm 97 叶	本书为八股文作文方式，并附范例。
◎初学问津		嗣德三十五年壬午	R.1018/R.444	20cm × 13cm 18 叶 长文堂藏板 半叶 4 行 8 句	叶一至九上为中国国史，叶九下为越南国史。半叶 4 行，行 8 句，每句四字韵文。 越南国家图书馆还有一本，编号 R.444，为启定二年（1917）手抄嗣德三十四年辛巳（1881）昭文堂藏板。 盛文堂 1874 年

续表

书名	作者	出版时间	越南国家图书馆藏书编号	内容	备注
◎三字经解音演歌	不著撰者	同庆三年（1888）观文堂藏板	R.653	26cm × 15cm 22 叶 前七页为区适子、王应麟二版本比较，及王应麟本注释。后十五叶则于《三字经》原文下有喃文解音及释义	《三字经》传统标识为南宋王应麟著录，然亦有主张为广东区适子所著，李健明在 2007 年第 8 期《学术研究》中考订《三字经》真正撰者应该为区适子。本书则兼论王应麟与区适子两个版本。
◎明心宝鉴释义	（明）范立本	同庆三年孟春重刊	R.1626/R.624	全书分为二十篇，分别为：继善、天理、顺命、孝行、正己、安分、存心、戒性、劝学、训子、省心、立教、治政、治家、安义、遵礼、存信、言语、交友、妇行；全书均有喃文解音	原书由 20 篇、六七百段文字组成，全书内容皆出自《尚书》《易经》《诗经》《礼记》《论语》《孟子》《庄子》《太上感应篇》《说苑》《颜氏家训》《景行录》等中国历代经典中的格言、警句，杂糅儒、释、道三教学说，荟萃孔子、孟子、荀子、老子、庄子、朱熹等先圣前贤有关个人品德修养、安身立命的论述精华。明朝以后，此书即为通俗读物，也是最受欢迎的劝善书、启蒙书之一。

续表

书名	作者	出版时间	越南国家图书馆藏书编号	内容	备注
⊙女小学	乌程严衡（平叔）辑	成泰十四年壬寅（1902）南定劝善坛藏板	R.1022	26cm×14cm 24叶 讲述妇女的榜样故事。接下来是喃文训女歌演音，41条训条：女德、女工、女容、女言、出行、夜行、许嫁、从夫兼敬夫、安分、事舅姑、不偏私、和妯娌、奉祖先、谨枕席、遵胎教、训子女、守葬礼、嫁女、娶妇、重师道、为继母、容众妾、和家室、不凌嫡、和兄弟、睦宗族、睦乡邻、戒恶口、待女婢、宽负债、信交易、务勤俭、供宾客、戒杀生、敬灶君、从子、守贞洁、不预事、不偏爱、广积福、老皈佛（寿，页289—290）①	乌程严衡有《闺门必读》，1861维经堂藏板，第104页。又有《闺门必读》，内容包括《女诫》《女论语》《女孝经》，1800年巨经堂藏板。

① 汉喃院书目提要。

续表

书名	作者	出版时间	越南国家图书馆藏书编号	内容	备注
◎三字经六八演音	东青氏	成泰十七年（1905）柳文堂藏板	R.129/R.2055	27cm × 15cm 17 叶 有以六八体撰写的引文。 内容包含“引”，“本经演音”，区适子、王应麟二版本比较，王应麟本注释，《三字经》要旨及纲领说明	
●安南初学史	马云鹏、卢痴繄	成泰十八年（1906）	R.306	29cm × 16cm 46 叶 抄本 分为三十四节讲述越南历代之历史	“泰东考古场编集”“安南初学史略卷之一”“大法远东学堂清话班教师马云鹏、文学科进士充南圻诸学堂监督卢痴繄仝著”“大南副榜光禄寺卿充廉访使范文树、举人原丹凤尹记补督学阮允硕仝译”。
●越史新约全编 / 大越史约	黄道成	成泰十八年（1906）	R.1416（卷上）、R.1418（卷下）	河内行桃庯 / 家数弍十四 / 盎轩藏本 28cm × 16cm 62 叶 自雄王至西山朝越南历史	赐戊戌科第二甲进士庭元承旨藻陂陶元溥盥手书。 翰林院直学士充东洋案院梅园段展奉阅。 次庚辰科进士协办大学士家川杜文心奉阅正。 翰林院著作源领教授金缕黄道成菊侣奉编纂。 赏授九品文阶大盎阮驩奉检。 国家图书馆此书上册尚有 R.576、R.1417、R.198 三本书；卷下尚有 R.214。此外有 R.499、R.1414、R.1415。以上均为成泰丙午（1906）观文堂本。
●南国地舆幼学教科书	裴向诚、段展等	不详	R.563	23.5cm × 15.5cm 44 叶 抄本 含 1. 裴向诚《南国地舆幼学教科》 2. 段展《幼学政治事略教科书》 3.《本国历代史传行事大略幼学科书》	本书原不著年代，然作者之一段展，曾为成泰十八年黄道成《越史新约全编 / 大越史约》阅稿者，故此书约在成泰年间。

续表

书名	作者	出版时间	越南国家图书馆藏书编号	内容	备注
●改良蒙学国史教科书	不详	不详（不早于成泰十八年，1906）	R.1946	除序文一、跋一，尚有五篇，第一篇上古时代凡三节，第二篇北属时代凡九节，第三篇中古勃兴时代凡九节，第四篇近世统一时代凡三十三节，第五篇最近统一时代	书强调维新新学，强调爱国心来自于读史。 本书无时代，然其序言与 R.1416《越史新约全编 / 大越史约》跋同。《越史新约全编 / 大越史约》出版年代为成泰十八年（1906）冬十一月上澣，则《改良蒙学国史教科书》著作时间应不早于成泰十八年。
●新订伦理教材	东京义塾	维新元年（1907）	R.1493	27cm × 15cm 37 叶 第一章总论：国体、忠孝 第二章对国：国、尊王爱国、守法、兵役、纳税、选举议员、教育子女 第三章对家：家族、夫妇、父子、兄弟 第四章对己：己、卫生、牖智、进德 第五章对人：尊师、敬长、交友 第六章对社会：社会、公义、公德 第七章对庶物：博爱、动物、植物	本书为东京义塾的教科书，宣传维新思想。 东京义塾成立于 1907 年 3 月，主要创办者为梁文玕（越南语：Lương Văn Can?）以及其他著名爱国者如潘佩珠、潘周桢。他们主张放弃儒家思想，学习西方和日本的新思想。东京义塾于 1908 年被殖民地政府下令封锁，文言文也遭到废除，殖民当局并通过国语字向法语过渡，使得亲法的越南人增加了。 法国殖民当局在 1907 年 11 月将其关闭。1908 年 3 月，法国人将越南中部地区的抗税活动和一起企图毒杀法国士兵的事件归咎于该校的领导人。随后，该校所有的负责人皆被逮捕，该校的出版物也受到了打压。 《越南国史略》《国民读本》 《国文教科书》《文明新学策》

续表

书名	作者	出版时间	越南国家图书馆藏书编号	内容	备注
●幼学汉字新书	杨琳等	维新二年	R.561/R.1636	21cm × 15cm 64 叶 半叶 6 行，行 16 字 抄本 初编第一节：字学、韵学、句学 第二册修身伦理课：敦伦、处己、接物、合群、爱国	太子少保、署协办大学士杨琳；署巡抚、充上审院议员段展；光禄寺少卿、领按察使裴伯诚；协办大学士、充北圻统使、有副监督杜文心奉旨编辑。 R.1636 尺寸 21cm × 15cm 96 叶，半叶 5 行，行 12 字。亦抄本。
●幼学普通说约	范光璨	维新二年	R.126	24cm × 15cm 19 叶 本书分为八个单元，分别为：伦理、卫生、算法、博物、格致、天文、地理、地舆	按，越南国家图书馆与越南汉喃院目录均署年维新戊申，即二年（1908）。然 R.126 目录前有序，并记“维新己酉端午后二日鄂亭主人书于山墅之东轩”，而维新己酉为维新三年（1909），出版于二年之书籍不应有三年之序言，故本书应至少为维新三年刻本。 本书编辑大意：“今当学界一新之日，而民间讲习尤多株守旧套，盖以我国千余年来汉文传习久已，印于国民之脑中，而国语新学汗漫难通，进化之阻力实根于此，则敢摘取幼学国语新书，译出汉字，间亦参以己意，编辑成篇，句连四字，四句一韵，颜曰‘幼学普通说约’，必童蒙易于记忆，或亦升高行远之一助云耳，若云开智则恶乎敢！维新戊申年腊月上浣，经呈阅依。鄂亭举人范光璨奉书。”
◎五千字译国语	阮秉	维新三年（己酉）	R.1554	27cm × 16cm 64 叶 海阳版	有序文：“敬启者。今当文明日进学界改良国语字，其关切也幸得此书，乃前人之所著，其字义连络，音律贯通，颜之曰“五千字文”，窃孔其愈久而愈差，遂查之字典，颇属精详，译出国语字，以便当辰（时）之学习。且书内类编各有条目，有似乎日用常谈，而更出于常谈之右，非广如《康熙字典》而亦撮乎字典之微。此书也，不但幼学之所易晓，而中学者其庶乎小补云。岁己酉中秋。五千字译出国语字，书成付之锓梓以广其传焉。海嘉石柳原补授正总阮秉拙笔谨白。”

续表

书名	作者	出版时间	越南国家图书馆藏书编号	内容	备注
◎三千字解译国语	不著撰者	维新九年	R.1667/R.102	26cm×16cm 46叶	有序文："三千字书之作，流传已久，一字一义，叶以音韵，所以便初学之记诵也，前此注以喃字，或一字而可叶数音，未足为据。自有国语字注，而书各有字，字各有音，截然不相混乱，善哉国语字体，诚为吾国普通学之第一法门也。第旧本考究未确，镌刻未精，览者殊为不便。嗟夫，书经三写，乌焉成马，古人之所深叹，况此国语字为初学之津梁，讵可听其舛谬，而莫之正乎，爰取而改镌之，凡属国语之字画标志□一精别，以免帝虎鲁鱼之误，诸君子其垂察焉，幸甚，是为序。"由此可知此本为针对《三千字解音》的增补本。
◎女子须知	不著撰者	启定六年（1921）	R.1939	19cm×13cm 8叶 河内福安藏板	全部喃文。
◎明道家训	朱玉芝据程颢原本翻译	保大六年（1931）	R.1555	25cm×15cm 27叶 半叶5行，行2句。共260句 河内福文堂藏板	朱玉芝将程颢《明道家训》翻成喃文及国语。
⊙改良妇孺浅史歌	（新会）黄用端著	不详年月	R.141	19cm×13cm 25叶 半叶8行，行2句，句五字 河西抄本	记中国自盘古至义和团历史。

续表

书名	作者	出版时间	越南国家图书馆藏书编号	内容	备注
●幼学国史五言诗	不著撰者	不详年月	R.220	25cm × 15.5cm 15 叶 抄本 54 件史事，每件载以五言绝句，每事件标题下均有简短说明	记鸿庞氏至西山朝历史，共计有五十四件历史事件与人物："南邦起祖""龙泡百卵""雄王总咏""媚娘归伞""安阳建国""扶董天王""河上双仙""赵武称帝""世子质汉""征王起义""女王立国""九真女将""朱鸢杜守""前李南帝""赵李分王""后李佛子""驩枚黑帝""唐林冯兴""赵昌神梦""曲节度""杨节度""前吴王""后吴晋王""十二使君""丁先皇帝""黎将伐丁""李祖兴王""江神退虏""李师伐宋""僧入王家""苏尉辅高""女主禅陈""东阿日出""六字题旗""陈忠义王""三王破虏""图赐季牦""后陈二帝""否极泰来""黎祖为王""圣母梦仙""猪王袭鬼""莫师弄行""世尊中兴""郑立显尊""洞庭焚表""阮公整""虎视西山""女嫁西邻""昭统倚人""光中独立""阮祖扶黎""郑太师""山河托意"。
⊙新订故事寻源详解全书	琼山邱濬（仲深）著，楚濆杨应象（界右）辑注	不详	R.621/R.622	25cm × 14cm 105 叶 /25cm × 14cm 80 叶 R.621 扉页有"楚濆杨界右先生辑注，五云楼梓行""校正无讹海宁嘉柳范堂新作" R622 为卷四至卷六，无扉页，叶首卷四有"琼山邱濬（仲深甫）著""楚濆杨界右先生辑注""五云楼梓行"三行字	书目题提要记"（海兴）书林五云楼梓行"。 《明史》："邱濬，字仲深，琼山人。幼孤，母李氏教之读书，过目成诵。家贫无书，尝走数百里借书，必得乃已。举乡试第一，景泰五年成进士。改庶吉士，授编修。濬既官翰林，见闻益广，尤熟国家典故，以经济自负。" 中国有清程允升著。原名《幼学须知》。嘉庆间经邹圣脉增补，改名《幼学琼林》，简称"幼学"，共四卷。博采自然、社会、历史、地理等方面的知识典故，编为骈语，以便诵记。 楚濆杨界右先生辑注琼山邱濬仲深甫著《新增幼学故事寻源》共四册八卷。古代国学教育名著（附 28 宿分野皇清地舆总图）禅山右文堂藏版，同文堂发兑，刻本（长 21.4cm × 宽 13.2cm × 高 4.6cm）。

注：⊙中国书籍越南刻本或抄本

◎中国书籍越南注释或重编

●越南新编童蒙书

越南《幼学五言诗》初探*

刘怡青　徐筱妍**

摘要：越南蒙书《幼学五言诗》以广东地区流传的《训蒙幼学诗》为底本，增补《神童诗》与越人自编之内容以成书，既受中国影响亦有其发挥之处，在越南韵文类蒙书中具有独特地位，故本文以分析与介绍《幼学五言诗》为主题，讨论此书与《训蒙幼学诗》《神童诗》之关系，继而延伸讨论越南韵文类蒙书之概况，借此了解《幼学五言诗》之特殊性，以及可延伸讨论之方向。

关键词：越南蒙书；幼学五言诗；训蒙幼学诗；神童诗

一、前　言

越南从汉武帝元鼎六年（前111）置交址郡，到明宣德三年（1428）黎利建立黎朝，这一千多年中越南深受中国的影响，在文教部分，透过明高熊徵《安南志原》记载可以了解，明永乐年间于交州设立府学之前，越南

* 本文为2016年度国家社科基金重大项目“童蒙文化史研究”（16ZDA121）阶段性成果之一。

** 作者简介：刘怡青，陕西师范大学中国史研究博士后；徐筱妍，台湾朝阳科技大学通识教育中心讲师，中正大学历史系博士生。

在汉唐时属于中国的州郡之一，故以中国的制度为主①。至两宋时，虽对于越南李陈朝的掌控降低，但在文化上越南仍以中国为主，亦曾乞求市书于中国②。明代在越南建立州学仅有21年，其成效是否如同《安南志原》所述尚不可考，但在阮朝《历朝宪章类志·文籍志》“经史类”中所收之经类书籍③，有陈朝朱文贞《四书说约》，黎朝郑泰芳《周易国音》④，黎贵惇《易经肤说》《书经演义》《群书考辨》⑤，阮俦《策学提纲诗》，阮辉僼《性理纂要》《四书五经纂要》，吴时任《春秋管见》，范阮攸《朱训汇纂》等书，以上书籍皆为中国经籍的考辨或汇集。可知长期在中国文化的浸淫之下，越南在思想、文化上脱胎于中国。

在此情况下，越南在教育制度与取才上亦是以中国为原型，如前黎朝

---

① （明）高熊徵《安南志原》卷2《学校》云：“交趾任延治九真，始教以礼法，稍兴学校以治其民。自是人文渐著，由汉至唐，如李琴、张重、姜公辅诸公，皆由科第出身，显名天府。李陈之时，尤称为盛，文人才士，彬彬辈出，其学校制度，卑隘简陋，无足瞻仰，故有志于学者，往往以私习于其家。国朝永乐五年（1407）以后，布政司官以交州久淹夷习，即以兴起斯文丕变风俗为先务，于附交址等府设学，择民间俊秀者入为生徒……永乐六年（1408）奉礼部勒令开，八年（1410）七月内，始依中国学校定制一体建立，兴夫生徒之舍，庖廪之所，皆须勉励谆切，务臻成效，故人皆有愿学之志。”（法国远东学院1932年本，第106—107页）

② 《宋史》卷488《交趾传》：“大观初，贡使至京乞市书籍，有司言法不许，诏嘉其慕义，除禁书、卜筮、阴阳、历算、术数、兵书、敕令、时务、边机、地理外，余书许买。政和末，又诏以交人自熙宁以来，全不生事，特宽和市之禁。宣和元年，加乾德守司空。建炎元年，诏广西经略安抚司禁边民毋受安南逋逃，从其主乾德之请也。四年，安南入贡，诏却其方物之华靡者，赐敕书，厚其报以怀柔之。”（（台北）鼎文书局1980年版，第14070页）

③ [越] 潘辉注（一作潘辉浩）撰《历朝宪章类志·文籍志》（汉喃研究院图书编号A.1551）“经史类”所收为“凡历代儒林著述，或发明经籍义理，或纂述南北诸史，并依世次先后，列为经史类，得书目二十七部”。

④ 《历朝宪章类志·文籍志》“经史类”于作者姓氏之旁又标注“邓”字。

⑤ 黎贵惇除《易经肤说》《书经演义》外，另有《群书考辨》一书，据书《序》所言曰：“仆生于安南，见闻未广，幼奉庭训，兼陪贤士、大夫游，累代典籍，幸得窃窥奥旨，间曾上下史传，而有志焉。每见王伯大略，将相英凡，何曾不顾想景行，再三举节，至于叔季遗踪，回遹旧案，叹慨惋悼，亦复不已于怀，辄率浅意，想象情景，标榜眼目，妄生评论，随笔拈出，遂成数十百条，因以《群书考辨》名之。”故此书以纂写史传评论为主，非为经类书籍。

大宝三年（1442，明正统七年）皆可见中国制度①，特别是文中言“以重道隆儒为首务，以吁俊尊帝为良图”，此观念亦是源于儒家观念。越南在以儒家为重，且以中国科举制度为依据的情形下，童蒙教育又会是何种情况？

针对此问题，或许可从现存的越南蒙书着手讨论。笔者目前所见越南蒙书资料中，多以阮朝时所刊刻的书籍为主，除时代较近书籍易于收藏留存之外，另外在嘉隆帝阮福映建立阮朝之后，嘉隆二年（1803，清嘉庆八年）有大臣奏言申定教条以教育人才②，据《大南实录》记载，规定如下：

> 其法，社则一人有德行文学者，免其徭役使，以其学教授邑中子弟，人年八岁以上，入《小学》，次及《孝经》《忠经》，十二岁以上先读《论》《孟》，次及《庸》《学》，十五岁以上先读《诗》《书》，次及《易》《礼》《春秋》，旁及子史，有敢酒博、从歌唱者，告官惩治以儆其情。③

由上述记载，可见阮朝社学授学仍以中国儒家典籍为主。在正式进入社学之前，针对学童的启蒙，则有赖蒙书的引导，建立观念后正式进入经典的学习，其中韵文类蒙书文字简短，易带领学童背诵，以中国蒙书为例即《三字经》《千字文》《神童诗》等。在越南韵文类蒙书中，除有中国蒙书《三字经》外，亦有越人自行编撰的作品，如《幼学越史四字》等书，其中《幼学五言书》一书则较为特别，此书源自于中国《神童诗》与《训蒙幼学诗》，却亦有越人编改之处，除有中国蒙书“因地而改”的编撰特色外，亦见对于越南蒙书的影响。故本文以《幼学五言诗》一书为中心，除分析讨论书籍概况外，亦透过此书观察中国蒙书对于越南的影响与越南韵文类蒙书的发展特色。

---

① 《汉喃碑刻拓片总目》拓片编号 01358。

② ［越］张登桂等编《大南实录·正编第一纪》卷 22（嘉隆二年）：“嘉定留镇臣阮文仁等奏言：为国必本于人才，行政莫先于教化，曩者天造草昧，笔砚荒废，今山河再造，海宇清平，正学者得成其业，请宜申定教条，俾多士有所成就，以副圣上投戈讲艺之意。”（（东京）庆应义塾大学语学研究所 1961 年版，第 18 页）

③ 《大南实录·正编第一纪》卷 22“嘉隆二年”，第 18 页。

二、越南《幼学五言诗》书籍概况

《幼学五言诗》一书据《越南汉喃遗产书目提要》（Di Sản Hán Nôm Việt Nam Thư Mục Đề Yếu）所录，藏于越南汉喃研究院有两个版本，分别为阮朝嗣德十六年（1863，清同治二年）富文堂本（AB.230）与成泰帝成泰九年（1897，清光绪二十三年）聚文堂本（VNb.62），另在法国国家图书馆东方写本部藏有嗣德十六年（1863）印本（A.55）①。

本文所引用之版本则为越南国家图书馆所公开的嗣德十六年（1863）学文堂本②，馆藏编号 R482，尺寸 21 厘米 ×24 厘米，全书 18 叶，单栏，叶 1 右栏为书名页，中间书名题“幼学五言诗”，书名之右题“状元诗”，左则题“学文堂藏板”，顶题“嗣德十六年仲秋新刊”。全书版心上鱼尾下题“状元”二字，下鱼尾上则标注叶数，每栏主要内容 4 行，每行 10 字 2 句，共 8 句，每句右侧皆有小字，字数不一，以喃文注释、注音，正文总计 270 句，1350 字。其书影如下：

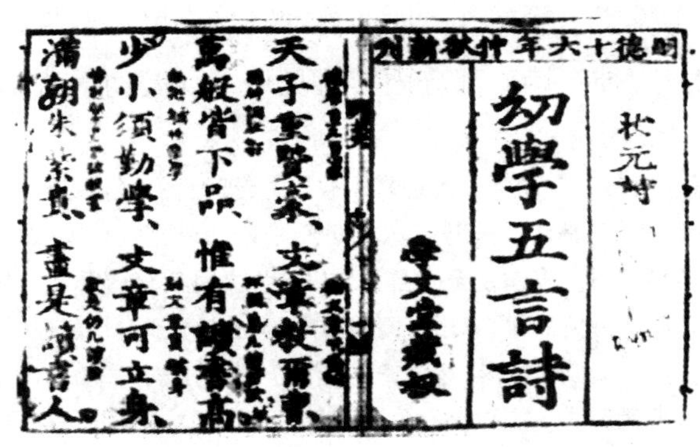
嗣德十六年仲秋新刊
狀元詩
幼學五言詩
學文堂藏板
天子重賢豪，文章教爾曹。
萬般皆下品，惟有讀書高。
少小須勤學，文章可立身。
滿朝朱紫貴，盡是讀書人。

① 陈义、François Gros 主编：《越南汉喃遗产书目提要》，中国社会科学出版社 1993 年版。

② 资料来源：http：//hannom.nlv.gov.vn/hannom/cgi-bin/hannom？ a=d&d=BNTwEHieahcPB1863.1.1&e=-------vi-20--1--txt-txIN%7ctxME------。此外越南国家图书馆馆藏编号 R1661 的《天南四字经》，19 页至 35 页标题作“五言诗”，内容则为《幼学五言诗》，由于附于《天南四字经》之后，且未有任何参考讯息，故仍以《幼学五言诗》为主。其余有关《幼学五言诗》之内容亦散见于“Cổ Hán Văn 古汉文”网（http：//www.cohanvan.com/Tu-hoc/can-ban/ngu-ngon-thi），此网站建有“Thần Đồng Thi 神童诗”一栏，除收有“神童诗”之外，亦录有《幼学五言诗》八首。

此书于末叶记“辛巳之岁孟春幼学书成”，在嗣德十六年（1803）之前，辛巳年为阮朝明命帝阮圣祖明命二年（1821，清道光元年），此文末以“位列上中下，才分天地人；五行生父子，八卦定君臣”作结，据查此语出自于天理教要诀，可见于清徐珂《清稗类钞》所记嘉庆十八年（1813）癸酉之变[①]，故《幼学五言诗》之内容，最晚约在嘉隆十三年（1814）到明命二年之间集结而成[②]。在内容部分，大部分源自于中国《神童诗》与《训蒙幼学诗》二书[③]，若再细究三者之关系，则须对三书之内容进行比较，故以下分别对此三书相互关系作简单的讨论，以观越南《幼学五言诗》之特色。

三、由《神童诗》与《训蒙幼学诗》看《幼学五言诗》内容与特色

《神童诗》《训蒙幼学诗》与《幼学五言诗》三者之间，就时间与普及度而言，以《神童诗》为先，且可见于文献记载，后出的《训蒙幼学诗》《幼学五言诗》，除未见于史籍之外，所通行的区域亦以广东与越南为主，通过三书内容的比对，《神童诗》部分内容可见于《训蒙幼学诗》中，而《幼学

---

① （清）徐珂《清稗类钞·宗教类·天理教》载：“天理教，又名八卦教，以其列八卦为入股也。其首领有三：曰林清，曰冯克善，曰李文成。嘉庆癸酉，清倡乱京畿，冯、李蹂躏豫东。……癸酉二月，安国复至金乡，告以今岁九月后交白洋劫。劫数到时，教主给白布小旗，树于门，可免杀戮。安国引士俊与张建木偕至滑，谒文成，刘国明为之引进。士俊与建木拜文成，文成受礼毕，谕之曰：‘汝曹善自用功，一劫能造万劫之苦，一劫能修万劫之福，汝曹悉归去，有事，问尔师傅可也。’士俊再拜出，安国言之曰：‘今岁孟冬一月中行三节气，此即白洋劫。劫前七日，白旗传遍。凡无旗者杀杀之，留而不杀者，分上下。’其要诀云：‘位列上中下，才分天地人；五行生父子，八卦定君臣。’国明语之曰：‘白洋劫，山西为洋头，河南为洋腹，山东为洋尾也。’”（中华书局1984年版，第1973页）

② “位列上中下，才分天地人”，笔者查此语目前可见于明万历十年（1582）郑之珍所撰的《新编目连救母劝善戏文》中，可见此语最晚于明万历年间流传，唯将“位列上中下，才分天地人；五行生父子，八卦定君臣”编排传颂者，目前仅见于清嘉庆年间的天理教要诀，故以此推断《幼学五言诗》最晚的成书时间。

③ 详细内容比较，请参考附件“《幼学五言诗》重复《训蒙五言诗》《神童诗》内容资料表”。

五言诗》则以中国《训蒙幼学诗》为底本，部分参酌《神童诗》的内容有所改变①。通过比对，亦可反映三书之间的关系，以及了解越南《幼学五言诗》的特色，以下则简述三者比对之后的相互关系与特色。

（一）《神童诗》与《训蒙幼学诗》之比较

《神童诗》现存的计有180句，关于此书成书之缘由，据《万姓统谱》所述：

> 汪洙，字德温，鄞人。九岁善诗赋，时牧鹅黉宫，见殿宇颓圮，洙心窃叹之，题其壁曰：颜回夜夜观星象，夫子朝朝雨打头；万代公卿从此出，何人肯把俸钱修？上官奇而召见，时衣短褐，问曰：神童衫子何短耶？洙辄对曰：神童衫子短，袖大惹春风；未去朝天子，先来谒相公。世以其诗诠补成集，用训蒙学为《汪神童诗》。②

故《神童诗》源自于汪洙诗句，以汪洙稚龄赋诗，内容中有“神童”而名之，实际上为集自众人之作的训蒙之书。其成书时间尚不可考，但据吕毖《明宫史·内府职掌》“内书堂读书”记载：

> 凡奉旨收入官人，选年十岁上下者二三百人，拨内书堂读书……至书堂之日，每给内令一册，《百家姓》《千字文》《孝经》《大学》《中庸》《论语》《孟子》《千家诗》《神童诗》之类次第给之。③

内书堂成立于明宣宗宣德年间（1426—1435）④，而《神童诗》为内书堂读本

① 比对情况请见附件“《幼学五言诗》重复《训蒙五言诗》《神童诗》内容资料表”。

② （明）凌迪知：《万姓统谱》卷46，文渊阁《四库全书》，（香港）迪智文化2007年版，第3页。

③ （明）吕毖：《明宫史》卷2《内府职掌》，文渊阁《四库全书》，第4—5页。

④ 《明宫史》卷2《内府职掌》“内书堂读书”小注言：“宣德年间创始，命大学士陈山教授之，后以内臣任焉。”（第4页）

之一，故大致上可以推测《神童诗》最晚成书于明宣德年间之前。在内容结构上，《神童诗》以五言绝句为主，除汪洙原本的诗句外，亦以儒家经典、唐宋元作品等为取材对象，如《神童诗》首句“天子重英豪”①，即典自唐代何坚《除授太学国子监司籍之职因赋》“九重天子重英豪”一句，② 又“达而相天下，独则善其身”则典自《孟子·尽心上》的“穷则独善其身，达则兼善天下”③。

《神童诗》作为训蒙之作，主要作用与《三字经》《千字文》相同，皆是启蒙的入门书籍，清人余治《训蒙记事》即载：

> 予尝询一乡人曾读书否，其人曰：“曾入塾五年。”问以塾师曾训汝做人道理否，曰：“未也，不过日读四书一首，写字数行耳。”又问开蒙时先读何书，曾读《孝经》《小学》《弟子职》否？曾讲说《日记故事》《二十四孝》否？曰：“未也，启蒙时先读《神童诗》《千家诗》，以后即读《学》《庸》《论》《孟》，至于《孝经》等书目且未见。”④

作为启蒙作品，《神童诗》首句“天子重英豪，文章教尔曹；万般皆下品，唯有读书高”点明了《神童诗》主要的启蒙目的，以勉励初学之孩童立定读书求取功名之志向，特别是文中一语“为官须作相，及第必争先”直指中国科举制度下，士人以考试与任官的最高目标。《神童诗》除上述内容外，后半部分则多为日常生活之诗句，包含四季、节日、自然景色等，典自于笔记、名人诗句等，如“争如郝隆子，只晒腹中书”源于《世说新语·排调》郝隆之事⑤，

① 李宗为：《千家诗·神童诗·千家诗》，上海古籍出版社 1993 年版，第 309 页。

② 陈尚君辑校：《全唐诗补编》卷 22，中华书局 1992 年版，第 975 页。

③ 《孟子注疏》卷第 13 上《尽心上》，《十三经注疏》，（台北）艺文印书馆 1979 年版，第 230 页。

④ （清）余治辑：《得一录》卷 10《变通小学义塾章程》“训蒙记事”，清同治八年（1869）苏城得见斋藏板，第 2 页。

⑤ （南朝宋）刘义庆《世说新语笺疏》卷下之下《排调》记：“郝隆七月七日出日中仰卧。人问其故？答曰：‘我晒书。’”((台北）华正书局 1984 年版，第 803 页)

“九日龙山饮”数句则引自李白诗①，对由这些内容与佳句的吟诵，利于学童掌握相关文句，继而在日后引用时能代入。

《训蒙幼学诗》，又称《状元五言诗》或《鉴韵幼学诗帖》，其成书之情况尚不可考，但就笔者所搜集到的资料来看，此书主要流行于清代广东地区②，目前存有34组五言绝句共136句680字，每组皆设有诗题，在内容中仅有6首为《神童诗》全诗引用，如开头即同《神童诗》篇头，并有诗题作《劝学》，内容如下：

> 天子重贤豪，文章教尔曹；万般皆下品，惟有读书高。
> 少小须勤学，文章可立身；满朝朱紫贵，尽是读书人。③

其中“天子重贤豪”一句与《神童诗》原作“重英豪”而有所不同，在此开头之后以《劝学》为诗题者另有10首，包含《神童诗》中“朝为田舍郎，暮登天子堂；将相本无种，男儿当自强”一首，至于其余9首则与《神童诗》内容有所不同。整体内容再三言“教子以诗书”“养子教读书”“养子切须教”，以强调对于幼童读书的重视，并以“但教仙桂在，终是胜耕锄”“一子受皇恩，全家食天禄”“手拈一管笔，到处不求人”，以明读书能求取功名，继而全家受惠，此观念更以“昔日一贫儒，今乘驷马车；乡人皆叹惜，养子

---

① 《神童诗》内容中“九日龙山饮，黄花笑逐臣；醉看风落帽，舞爱月留人”与“昨日登高罢，今朝更举觞；菊花何太苦，遭此两重阳”，可见于（明）周履靖《夷门广牍》所收之李白作品《青莲觞咏》中。（（明）周履靖辑刊：《夷门广牍·青莲觞咏》卷下《五言绝句》，第51页）

② 就目前笔者所找到的资料而言，有：《天宝楼状元幼学诗》封面题“遵依国子监原本，铺在佛镇福禄大街”；《状元幼学诗》封面题“遵依国子监原本，广州市第八甫华兴书局”；《训蒙幼学诗》封面题“诸名家选本，舒近仁写，省城香藏板”；《训蒙幼学诗》封面题“遵依国子监原本，广州光中路民智书局”；《训蒙幼学诗》封面题“遵依国子监原本，广州市第七甫大新书局板”；《训蒙幼学诗》封面题“遵依国子监原本，广州市第七甫以文堂校刊”；《幼学诗释句》封面题“省城九曜坊守经堂藏板”，查“九曜坊”为地名，即位于广东省广州市。

③ 本文针对《训蒙幼学书》所参考之资料以《状元幼学诗》为主，资料来源：http：//nla.gov.au/nla.obj-46205368/view#page/n0/mode/1up。

教诗书”加强读书对于身份上的改变。故《训蒙幼学诗》在《劝学》中主要围绕着“惟有读书高”而发。此外，在《劝学》诗中亦有拆解自《神童诗》的内容以成诗，其所引用为“一举登科第，双亲未老时；锦衣归故里，端的是男儿”将此作改为“一举登科第，双亲未老时；历阶趋宰辅，犹挂老莱衣”，将原作少年得志，改为即便是金榜题名、位任高官，亦如老莱子彩衣娱亲，表现出对于孝道的重视。

《训蒙幼学诗》在10首《劝学》之后，另有《及第》4首，《神童》《宫词》3首，《偶书》《春雨》《夏日》《秋露》《冬日》《题笔》2首，《题墨》《题砚》《诫知己》2首，《远山》《龙山》《减日》1首①。在《及第》4首诗中除引汪洙《神童诗》外，亦依《神童诗》内容有所改写，其改写内容为“衫长堪扫地，袖大好招风；有志朝天子，无心谒相公”，此诗置于《神童诗》之前，并传达出以入朝为官拜见天子之志向。除《及第》有引及改写《神童诗》内容外，《宫词》3首中“诗酒琴碁客”一首出自于《神童诗》，并且将“无事散神仙”改作“无事小神仙”，《龙山》一诗亦是全诗引入，即李白《九日龙山饮》一诗的抄入。

借由以上所述，可推测《神童诗》虽亦流传于广东地区，已被改编为《训蒙幼学诗》②，而广东地区除《训蒙幼学诗》外，另有余治《续神童诗》③，据余治《得一录》所记，粤东义学将《续神童诗》作为启蒙读物之一④，余治《续神童诗》亦取《神童诗》篇首为开头，唯“惟有读书高”改为“为善最为高”，点明《续神童诗》以“培养性情，开豁心地”为目的。《训蒙幼学

---

① 此诗虽题名为《减日》，实际上乃是引自（唐）元稹《岁日》诗。

② 《神童诗》原本即为集结之作，且蒙书在编纂过程中，亦有改编或续作的情况，关于蒙书的改编或续作，可参见徐梓《〈千字文〉的续作及其改编》（《中国典籍与文化》1998年第3期）一文，由《千字文》的续作和改编情况，可知中国蒙书的编纂此情况可视为常态。

③ 余治《续神童诗》收于《得一录》卷10《蒙馆条约》（第3—6页），作者署名为“梁溪寄云山人”，此实为余治之号。

④ 余治《得一录》卷10《粤东议设启蒙义学规条》：“义塾之设专为贫户童蒙，若遍读经书非但力有不能，实亦迫不及。待宜将明白显浅之书，先为训读并属塾师随口讲解，先读《新刻续神童诗》，次及《续千家诗》《感应篇》《阴隲文》《文昌孝经节本》《觉世经》《朱子治家格言》，读毕后方读四子书。”（第6—7页）

诗》则承继《神童诗》的启蒙思想，仍有19%的内容采自《神童诗》而加以改编，结构概念受《神童诗》之影响，以《劝学》《及第》以言读书与功名之间的关系，在《神童》以下则言及生活周遭。细究两者关系，《训蒙幼学诗》本出《神童诗》，乃属于广东地区的训蒙之书。

（二）《幼学五言诗》之内容与特色

透过《神童诗》与《训蒙幼学诗》的比较，可了解通行于广东一带的《训蒙幼学诗》虽受到《神童诗》影响，却又可独立于《神童诗》之外，而越南《幼学五言诗》与两者间的关系又何为？

《幼学五言诗》内容以《训蒙幼学诗》为本，再加入《神童诗》与越人自行撰写、选编之内容，书名部分以《训蒙幼学诗》又称《状元幼学诗》为依据，改名为《幼学五言诗》，并亦称作为《状元诗》。进一步看内容与书名之间的关系，查《训蒙幼学诗》与《神童诗》原文并未见“状元”一词，仅在《神童诗》有“玉殿传金榜，君思赐状头；英雄三百辈，附我步瀛洲”，《幼学五言诗》存此诗外，更于前加入了“青青荷叶盖，袅袅柳丝鞭；步步摇金勒，声声谒状元”，而“状头”与“状元”在概念上相同，同指进士一甲第一名，对于科举考试者而言视为殊荣，得以见越南士人对于中式的重视。

在内容的部分，《幼学五言诗》270句的内容里，透过附件“《幼学五言诗》重复《训蒙五言诗》《神童诗》内容资料表”，其成书主要状况如下图：

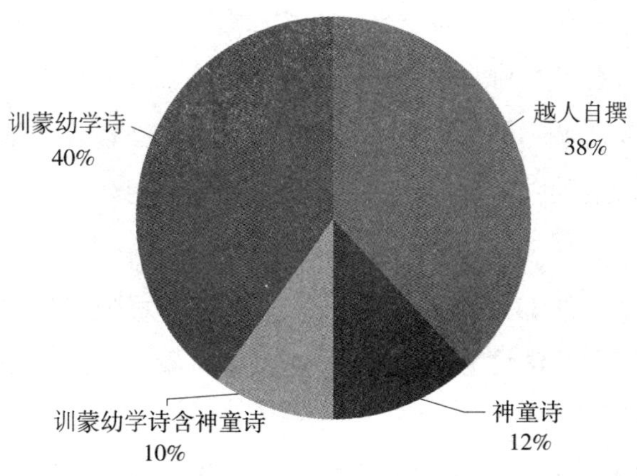

根据上图其详细情况则如下：

1. 以《训蒙幼学诗》为底本，其约占《幼学五言诗》内容的50%，除全书引用外，在诗句次序上更动不大，仅有《及第》诗前两首“直上蟾宫去”与“来岁春三月”位置改动，前者夹在《劝学》诗中间，后者移到“衫长堪扫地”与“神童衫子短”两诗之后。

2. 越人自行编写或选录之作品为次，就此部分约占全书38%，计有101句，而在这101句内容里，提及“年生方七岁，背读五车书”“七岁神童子，双鬓犹未梳”“七岁神童子，诗书六艺通”“年幼自心聪，当辰七岁终”“天赋聪明性，神童七岁初”等句，再加上《训蒙幼学诗》“七岁应神童，天生我性聪”，在前引嘉隆二年之记载中，阮朝8岁入社学，可推测此书所启蒙的学童以7岁为主，在正式进入社学教育之前，先以吟诵《幼学五言诗》，以建立读书的观念与志向。

3. 以《神童诗》为内容之补充，在《幼学五言诗》中重复《神童诗》仅有59句，约占内容的22%，但有26句实来自于《训蒙幼学诗》原引，《幼学五言诗》又录有《神童诗》33句，计有8首全诗，另外一句则取《神童诗》中“端的是男儿”，改作“及第待何辰，春来折桂枝；名标金榜上，端的是男儿”。至于《训蒙幼学诗》未收入8首五言绝句，其中三首见于前，与越人自编之作品穿插于《训蒙幼学诗》的诗句之中，以完成整体的概念，如：

教子学前贇，休令恃少年；吾家无重宝，经史是良田。
遗子满金箱，何如教一经；姓名书桂籍，朱紫列朝卿。
养子教读书，书中有金玉；一子受皇恩，全家食天禄。
养子切须教，莫言家里贫；手捻一管笔，到处不求人。

以上诗句中，首句来自于越人自编之作品，第二句则出自《神童诗》，三、四句则出自《训蒙幼学诗》，透过教子、遗子、养子的重复叙述，强调家庭须使幼童读书的必要性。

透过以上的大致介绍，《幼学五言诗》全书内容以《训蒙幼学诗》为底，越人编纂及《神童诗》为辅，故除在篇幅上长于《训蒙幼学诗》与《神童诗》外，亦可见此二书传入越南后，对于越南童蒙书籍编纂之影响。《幼学五言诗》作为越南启蒙书籍，虽是以汉字为基础，但亦加入了越南本身的语言文字，特别是在每句诗旁皆添注喃字以注音，以此在带领学童吟诵时，语音与字义可以相互应对。另在汉字写定的内容中亦有异体字与避讳字，如在首句“天子重贤豪”将“贤”刻为异体字“贒”，《龙龛手鉴·贝部》言此字“贒，古文，音贤，良也，能也”，[①] 就构字情况似有“臣忠为贤”之意味，且末叶以一句“八卦定君臣”作结，与“天子重贒豪”之寓意有所呼应。在避讳的部分，由于避嗣德帝阮福时之讳，故举凡原诗作“时”皆改为“辰”，[②] 如“及第待何辰”“青云得路辰”“双亲未老辰”“当辰七岁终”“金榜挂名辰”，又如为避阮世祖阮福映（原名阮福暖）之讳，故将“暖”改为“噢”，故改“暖日浮金殿”为“噢日浮金殿”。因此《幼学五言诗》在内容中涵容了中国蒙书的内容，却亦保有自身语言文字的特色，展现出越南与中国在文化、思想上的既相似又有区别的特色。

四、由《幼学五言诗》看越南韵文类蒙书

越南以“五言诗”作为童蒙之作，除《幼学五言诗》之外，另有《幼学国史五言诗》[③]。《幼学五言诗》参酌《训蒙幼学诗》《神童诗》内容编纂而成，《幼学国史五言诗》不知撰者，在内容上以咏“鸿庞”至“西山朝”的历史为主题，以人物或事件为主体，总计收有54首五言绝句诗[④]，属于越人

---

① 见台湾“教育部”异体字字典：http：//dict.variants.moe.edu.tw/yitia/fra/fra03967.htm。

② 何婧：《浅谈越南汉籍中的避讳字——以嗣德三十年〈会庭文选〉为中心》，《汉字文化》2015 年第 6 期。

③ 《幼学国史五言诗》（Ấu học quốc sử ngũ ngôn thi），越南国家图书馆存有一抄本，馆藏编号 R220，封面有题“东威阮家原本”。

④ 《幼学越史五言诗》内容共收入“南邦起祖”“龙泡百卵”“雄王总咏”“媚娘归伞”“安阳建国”“扶董天王”“河上双仙”“赵武称帝”“世子质汉”“征王起义”“女王立国”“九真女将”“朱鸢杜守”“前李南帝”“赵李分王”“后李佛子”“驩枚黑帝”“唐林冯兴”“赵昌

历史启蒙书籍。虽同为“五言诗”，《幼学五言诗》强调于“读书”的重要，在整体思想上及内容取材上，深受中国文化的影响，而《幼学国史五言诗》以“国史”发展为主题，强调越南历史发展的独立性。透过此二书的不同，进一步来看越南的童蒙书籍，以韵文形式成书者如三言、四言、五言，据《越南汉喃文献目录提要》所收计有 18 种①，其资料见下表：

《越南汉喃文献目录提要》所收韵文类蒙书书目表

书名	作者	内容提要	版本 / 尺寸
三字经解音演歌 (Tam Tự Kinh Giải Âm Diễn Ca)	宋王应麟原作 注者不详	喃文书 《三字经》的六八体喃译本，并有喃注，按：成泰十七年抄本无注释，维新八年抄本附载《启童说约》，参见原目编为 1623 号之单行本	今存印本 3 种：一为明命十七年（1836）印本，46 页，高 26 厘米，宽 15 厘米；两本藏于巴黎，一为盛文堂 1888 年印本，45 页；一为 44 页，高 15.5 厘米，宽 13.5 厘米 又存抄本 3 种：136 页抄本，高 26 厘米，宽 15 厘米，抄于维新八年（1914）；48 页抄本，高 24 厘米，宽 13 厘米，抄于成泰十七年（1905）；52 页抄本，高 29 厘米，宽 17 厘米

神梦”“曲节度”“杨节度”“前吴王”“后吴晋王”“十二使君”“丁先皇帝”“黎将伐丁”“李祖兴王”“江神退虏”“李师伐宋”“僧人王家”“苏尉辅高”“女主禅陈”“东阿日出”“六字题旗”“陈忠义王”“三王破虏”“图赐李牦”“后陈二帝”“否极泰来”“黎祖为王”“圣母梦仙”“猪王袭鬼”“莫帅弄行”“世尊中兴”“郑立显尊”“洞庭焚表”“阮公整”“虎视西山”“女嫁西邻”“照统倚人”“光中独立”“阮祖扶黎”“郑太祖”“山河托意”。

① 刘春银、王小盾、陈义主编：《越南汉喃文献目录提要》，（台北）“中央研究院”中国文哲研究所 2002 年版。《越南汉喃文献目录提要》一书主要依据《越南汉喃遗产目录》（Di Sản Hán Nôm Việt Nam Thư Mục Đề Yếu）整理而成，另亦于网络上建有搜寻系统（http：//140.109.24.175/pasweb/）以利汉喃文献书目资料搜寻。

续表

书名	作者	内容提要	版本 / 尺寸
三字经撮要（Tam Tự Kinh Toát Yếu）	武惟清	喃文书 《三字经》的喃文译注本 辛亥年（1851）制科榜眼武侯（武惟清）（一作武维清）演音并批注	今存抄本 1 种：46 页，高 29 厘米，宽 17 厘米
三字经释义（Tam Tự Kinh Thích Nghĩa）	宋王应麟原作 注者不详	喃文书 《三字经》的六八体喃译本 附载部分有《男女教训歌》（20 页）和劝诫男女守德的喃歌，内容包括劝男子勤学、勤劳、毋酗酒赌博，劝女子培养“四德”等；又附载《刘阮传》13 页，讲述刘阮入天台，结交两位仙女的故事	今存印本 3 种：一本 48 页，印行于 1869 年；两本 44 页，由越南校文堂刊印于 1873 年，三本皆藏于巴黎 又存抄本 1 种：53 页，高 24 厘米，宽 13 厘米，藏于河内 按：抄本中，正文共 20 页
初学问津（Sơ Học Vấn Tân）	撰人不详	喃文书 四言体汉喃对照的童蒙历史教科书 按：此书内容包括自盘古至清道光的中国历史和自泾阳王至阮嘉隆的越南历史，每一页上栏为汉文，下栏为喃文；书中附载 1 篇关于儒佛道三教的论述	今存印本 2 种，皆藏于巴黎，一本为嗣德二十七年（1874）印本，36 页，高 21 厘米，宽 14 厘米；一本为嗣德三十五年（1882）印本，18 页
启童说约（Khải Đồng Thuyết Ước）	范复斋	汉文书 四言形式的童蒙教科书 金江人范复斋（范望）撰，朱玉芝译为喃文和越南文 嗣德三十四年（1881）第 1 次印刷，有序及目录 此书讲述社会与自然知识，有太阳、月亮、人体等插图	今存印本 6 种，其中一为灵山寺 1881 年印本，现藏于巴黎；一为富文堂保大七年（1932）印本 抄本 5 种，篇幅规格亦不同，厚 16—232 页，高 14—24 厘米，宽 15—18 厘米

续表

书名	作者	内容提要	版本 / 尺寸
幼学五言诗（Ấu Học Ngụ Ngôn Thi）	撰人不详	幼学教科书的喃注本，原文为五言汉诗	今存印本 3 种，均 36 页，一本高 21 厘米，宽 24 厘米，为富文堂嗣德十六年（1863）印本；一本高 14 厘米，宽 14 厘米，为成泰九年（1897）；一本高 16.3 厘米，宽 11 厘米，为 1863 年印本，今藏法国
五字经（Ngu Tu Kinh）	撰人不详	汉文书 五言韵文体的童蒙伦理教科书，含凡例、目录各 1 篇	河内成利号成泰己亥年（1899）刻印 108 页，高 26 厘米，宽 15 厘米
幼学越史四字（Ấu Học Việt Sử Tứ Tự）	黄道成	汉文书 四言体的童蒙教科书，讲述自雄王至阮朝的越南历史	今存观文堂成泰十九年（1907）印本 2 种：一本 38 页，高 23 厘米，宽 15 厘米；一本高 24 厘米，宽 15 厘米
三字书新汇（Tam Tự Thư Tân Vựng）	宋王应麟原作 注者不详	喃文书 《三字经》的六八体喃译本，中有典故批注，含引文，有汉字，附载 1 篇关于读书方法的喃歌	今存印本 1 种，维新五年（1911）印于南定省河乐书堂，56 页，高 27 厘米，宽 15 厘米
蒙学越史三字教科书（Mông Học Việt Sử Tam Tự Giáo Khoa Thư）	拙士元子成	汉文书 童蒙历史教科书，内容为自鸿庞氏至阮朝的越南历史，三言诗体，含序文 1 篇	今存抄本 1 种，拙士元子成（号瑞兴堂）序于启定九年（1924），40 页，高 29 厘米，宽 16.5 厘米
四字训蒙（Tứ Tự Huấn Mông）	陈日省	汉文书 四言体教科书，以圣贤名言连缀成篇，共 500 句 鸿胪寺少卿、端雄府知府陈日省编撰并序于保大七年（1932），翰林院侍读、四圻县助理邓武堪考正，翰林院侍读黎文柄题辞	今存抄本 1 种，藏于巴黎，保大七年（1932），76 页，高 21.8 厘米，宽 14.5 厘米

续表

书名	作者	内容提要	版本 / 尺寸
课儿小柬四字国音体（Khóa Nhi Tiểu Giản Tứ Tự Quốc Âm Thể）	阮文评	喃文书 四言体童蒙教科书，举人阮文评撰，有1952年序文，此书共400句，述及纲常、伦理、史记、应酬、对祖国的责任等，喃文间有越南文	今存抄本1种，40页，高24.5厘米，宽14厘米
古愚正误四言诗（Cổ Ngu Chính Ngộ Tứ Ngôn Thi）	撰人不详	汉文书 正字法书，对容易写错的若干汉字加以说明，四言体，其说明方式有“厚当百子”“规可见夫”等等，每句之后并有句义解释	今存抄本1种，20页，高27厘米，宽16厘米
圣教三字经（Thánh Giáo Tam Tự Kinh）	阮海珠	汉文书 三言韵文体的科学、文学、宗教常识读本，内容涉及孝悌、礼义、三才、三光、佛道、因果、上乘、儒教等	今存抄本1种，题“范阮海珠撰于佛历2965①”，45页，高23.5厘米，宽14.5厘米
课幼诗集附录圣贤颂诗（Khoa Ấu Thi Tập: Phụ Lục Thánh Hiền Tụng Thi）	撰人不详	汉文书 此书共两册，上册即《课幼诗集》，内容为诗篇和佳句，并有摘自中国经史典籍的名言“学而时习之”“齐桓晋文事”等；下册包括三部诗集，其一为《圣贤颂诗》，共15首诗，咏及孔子、子贡、子夏、子游、颜子、子思等人；其二为《课幼传诗》，载录以“大学道”“明明德	今存抄本1种，354页，高21.5厘米，宽14.5厘米

① 查佛历计算公式为：公元年加上534为佛历纪年。提要言“范阮海珠撰于佛历2965年”，以此来看佛历2965年为公元2431年，实不合理，由于《圣教三字经》笔者尚未找相关资料，故存留原记录而存疑。

续表

书名	作者	内容提要	版本 / 尺寸
		新民止至善”等经典常言为题的若干诗篇；其三为《泰轩咏史集》，题泰轩居士号坚如甫编辑于庚戌年，共 80 首诗，咏及王子陵、陶潜、韩信等人物	
三字经（Tam Tự Kinh）	宋王应麟原作 注者不详	喃文书 《三字经》的喃注本， 此书附载六种，除程颢《明道家训》外，有《初学问津》，为中越历史的启蒙读物；有《天南四字经》，用四言韵文体叙述黎末之前的越南历史；另有范望《启童说约》《小状五言诗》《阳节》等	今存抄本 1 种，164 页，高 27 厘米，宽 15 厘米
三字解音（Tam Tự Giải Âm）	陈忠	喃文书 《三字经》的六八体喃译本 附载阮忠信所撰的六八体《铜钱传》，叙述钱破坏人伦关系的故事，参见原目编为 1161 号《铜钱传》条；又附载论述四民、五伦、世俗的文章以及关于乡村风俗习惯的记载	今存抄本 1 种，34 页，高 26 厘米，宽 16 厘米
天南四字经（Thiên Nam Tứ Tự Kinh）	阮勉轩 阮子济校订	汉文书 又名《天南四字经批注》（Thiên Nam Tứ Tự Kinh Chú Giải） 自鸿庞氏至黎昭统的越南历史，用四字韵文撰写，汉文间有喃字	今存印本 2 种、抄本 1 种，120 页，高 31 厘米，宽 20 厘米，有越文和法文

以上 18 种书籍中，若依内容提要可以区分为：一为中国蒙书喃文批注，此类有 7 种，其中有 6 种为《三字经》，另一种则为《幼学五言诗》，在《三

字经》的部分保留中国《三字经》的内容，而以喃文重新诠释；二为综合性蒙书，主要以日常知识等为主要内容，主要有《五字经》《启童说约》《圣教三字经》《课儿小柬四字国音体》4 种；三为讲史类，以讲述越南历史为主，有《幼学越史四字》《蒙学越史三字教科书》《初学问津》《天南四字经》4 种；四为名言锦集，以集结名贤或经典之佳句为主，有《四字训蒙》《课幼诗集附录圣贤颂诗》2 种；最后则为汉字字书，《古愚正误四言诗》1 种。

借由以上的分类，大致可以了解越南蒙书的两大面向，一是以中国传统蒙书为主，透过如《三字经》或取材自《训蒙幼学诗》与《神童诗》的《幼学五言诗》，以教授学童文化思想、人伦关系，以及强调读书科考的重要性。虽此类取自中国经典，却会再以喃文进行注释、释音或改写，如《三字经解音演歌》内容即包含“原文”“解音”与“演歌”三大部分，其书样如下①：

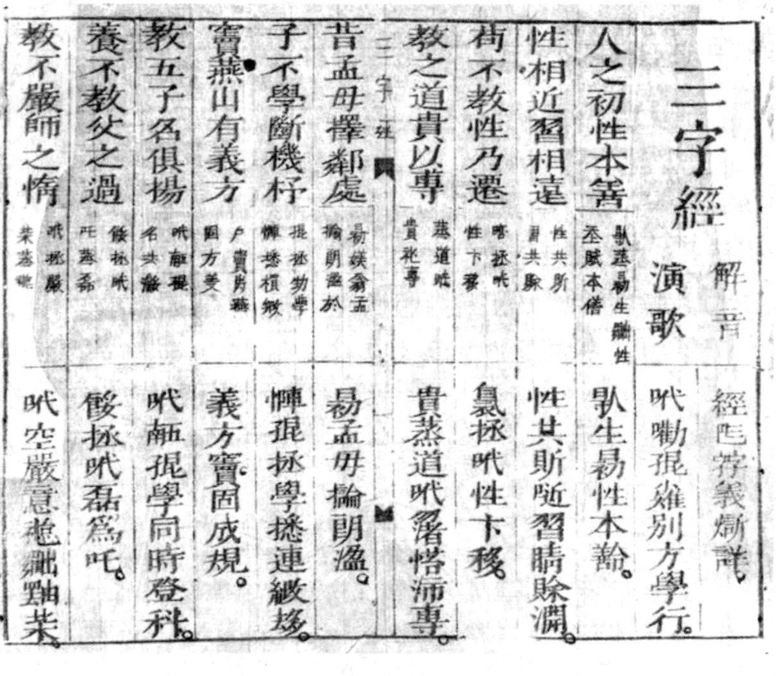

① 《三字经解音演歌》，阮朝同庆三年（1888，清光绪十四年）观文堂藏板，越南国家图书馆藏编号 R653，资料来源：http：//lib.nomfoundation.org/collection/1/volume/613/。

“原文”存留为中国《三字经》内容，对照原文之下的“解音”则以喃字标音，至于“演歌”则是将原文改写为越南六八体[①]，亦带入了越南本身的文字语言，以作为教授的内容，《三字经》主要的处理方式如此，而《幼学五言诗》则在汉字内容上部分有所更动，并以喃文作注。

建立起越南的历史、文化、伦理等则是越南蒙书的另一项发展，即如范复斋在《启童说约·自序》所言：

> 余童年先君子从俗命之，先读《三字经》及三皇诸史，次则读经传，习时举案、文字，求合场规，取青紫而已。其于上之天文，下之地理，中之人事，及本国之世次先后，未有一日講也。[②]

范复斋序言完成于嗣德六年（1853，清咸丰三年），由范复斋的序言可以了解到越南蒙学所学多为科举考试之用，故中国典籍影响甚深，针对于自身的历史文化却少有讲授，面对此情况除有范复斋以四言编写蒙书，内容则搜集群书，摘取天文、地理与人事之大概，以及越南历代世次，目的在于“使家童习之，庶得略知三才之绪余，本国之要约，亦以自广畴曩之见闻”。故《启童说约》《五字经》《圣教三字经》《课儿小柬四字国音体》等书皆是此种形态。以诗歌方式讲述越南历史发展，亦是此类型的主要项目，除《幼学国史五言诗》之外，《越南汉喃文献目录提要》所录四言体有《幼学越史四字》《初学问津》《天南四字经》，三言体则为《蒙学越史三字教科书》，在《越南汉喃文献目录提要》所录书籍中，笔者目前可见之书仅有《初学问津》[③]与《天南四字经》两书，《初学问津》总计有272句，就内容上《初学问津》分

① 据雷慧翠研究所述，越南六八体为越南文人在唐律的基础上，以民间等口头文学为主的新诗体，主要流行于十五世纪初，在结构上简单、韵律灵活自由，符合越南语音变化的特点与习惯，为越南喃字文学中主要的诗歌体裁。雷慧翠：《浅析越南独特的诗歌体裁——六八体和双七六八体》，《东亚文献纵横》2004年第8期。

② ［越］范复斋：《启童说约·自序》，越南国家图书馆藏编号R562。资料来源：http：//lib.nomfoundation.org/collection/1/volume/789/。

③ 《初学问津》，嗣德三十五年（1882）长文堂藏板，越南国家图书馆馆藏R1018，第9页。资料来源：http：//lib.nomfoundation.org/collection/1/volume/909/。

作三个部分，前为中国历史由盘古开天到道光，并言此段历史为“事属中朝，载于北史”，在此之后以“其言本国”启泾阳王到阮朝嘉隆帝的历史，并直言“简编记载，学者须知”，最后提及士农工商，但“惟儒为正”，而言儒者德行、学习等事。《初学问津》非纯以越史为内容，《天南四字经》则以咏越史为主，《天南四字经》总计有276句①，前主要叙述鸿庞氏至后黎昭宗的历史，末则咏历朝重要人物，此书编写之目的见于文末，乃言“衡门茅屋，孤陋寡闻，不自揣量，略述而申；训诱蒙童，恐难诵读，潦草成章，以便初学”。

对于国史的重视，始自于越南在政治上脱离中国的统治，查《历朝宪章类志》中“经史类”对于史书的搜罗，最早为陈·黎文休所编之《大越史记》30卷，其所记录的时间起自南越国王赵佗（约前203）到李朝昭皇这段历史，后则有《越史纲目》《史记续编》《大越史记全书》等共14本，皆是希望越南历史能独立于中国之外，故在史书撰写的影响之下，对于国史启蒙亦成越南蒙书中的重点，亦借由此得以观察到越南蒙学的特殊性，即中国儒学思想的深植，以及越南史观的建立。

五、结　语

借由《幼学五言诗》与越南韵文类蒙书的基本概况的了解，可以发现越南童蒙教育受到中国蒙学影响甚深，如对于《三字经》的重视，以及《幼学五言诗》所呈现出的内容，显示出在思想上，越南仍深受中国儒家思想的影响，但对于国家史观的建立，亦是越南蒙学的重点之一。进一步可以思考的是，《幼学五言诗》的内容取自流行于广东地区的《训蒙幼学诗》，由于地缘的关系，广东地区的蒙学是否亦影响到越南，如越南与广东之间蒙书的流通，以及广东地区与越南童蒙教育的异同，仍值得深究。

---

① 《天南四字经》越南国家图书馆藏有一抄本，馆藏编号R1661，此一版本有35页，前18页标题作“天南四字经”，19页至35页标题作“五言诗”，内容则为《幼学五言诗》。以此结构来看，《天南四字经》仅以前18页为主，全篇有276句。

在越南，蒙书除《幼学五言诗》之外，尚存有许多资料，特别是这些来自中国蒙书的作品，越南是以何种方式加以演化或变革，以符合越南本身的语言文化，是可以继续延伸的议题。本文透过《幼学五言诗》的初探，仅从中获知一二，特别是在以《训蒙幼学诗》为本、《神童诗》为辅的情况下，越人自行所增补的内容，在诗句与观念的传达上，与中国之间的同与异，对于中越之间童蒙教育与蒙书关系，可作为讨论切入点，亦是本文日后所关注的重心之一。

附件 《幼学五言诗》重复《训蒙五言诗》《神童诗》内容资料表

（●全诗引用，○部分诗句引用，◎全诗引用但位置调换）

序号	幼学五言诗	训蒙幼学诗	神童诗	备注
	天子重贤豪，文章教尔曹；万般皆下品，惟有读书高。	●	●	训蒙幼学诗题作“劝学”，“贤豪”神童诗作“英豪”
	少小须勤学，文章可立身；满朝朱紫贵，尽是读书人。	●	●	训蒙幼学诗题作“劝学”
	教子以诗书，何劳更外图；但教仙桂在，终是胜耕锄。	●		训蒙幼学诗题作“劝学”
	诗书宜广读，今古事多知；富贵皆由命，荣华自有期。			
	白日莫闲逸，青春不再来；窗前勤苦学，马上锦衣回。			
	学者如禾稻，愚夫似草叶；草叶人所恶，禾稻国之财。			
	教子学前贒，休令恃少年；吾家无重宝，经史是良田。			
	遗子满金箱，何如教一经；姓名书桂籍，朱紫列朝乡。		●	神童诗作“赢满金”与“书锦轴”
	养子教读书，书中有金玉；一子受皇恩，全家食天禄。	●		训蒙幼学诗题作“劝学”
	养子切须教，莫言家里贫；手拈一管笔，到处不求人。	●		训蒙幼学诗题作“劝学”

续表

序号	幼学五言诗	训蒙幼学诗	神童诗	备注
	七岁应神童，天生我性聪；有才朝圣主，何必谒相公？	●		训蒙幼学诗题作“劝学”
	朝为田舍郎，暮登天子堂；将相本无系，男儿当自强。	●	●	训蒙幼学诗题作“劝学”，“本无系”两书皆作“本无种”
	凿山通大海，炼石补青天；世上无难事，人心自不坚。	●		训蒙幼学诗题作“劝学”
	学行方始正，道字未能全；问说何经史？朗然诗百篇。			
	昔日一贫儒，今乘四马车；乡人皆叹惜，养子教诗书。	●		训蒙幼学诗题作“劝学”，“四马车”作“驷马车”
	嘱咐孩童子，当今入学初；要通今古书，须读五车书。			
	刮镜光方彻，淘沙始见金；世人如欲学，须用下真心。	●		训蒙幼学诗题作“劝学”
	年生方七岁，背读五车书；多少辛勤学，光荣尽不如。			
	少年初登地，皇都得意回；禹门三汲浪，平地一声雷。		●	
	及第待何辰，春来折桂枝；名标金榜上，端的是男儿。		○	仅取神童诗“端的是男儿”一句
	青青荷叶盖，袅袅柳丝鞭；步步摇金勒，声声谒状元。			
	玉殿传金榜，君思赐状头；英雄三百辈，随我步瀛洲。		●	
	金榜题名日，青云得路辰；文章方显贵，天下霭声知。			
	诗书传家宝，文章冠世师；名标龙虎榜，身到凤凰池。			
	清世文章客，他年折桂香；金园池上路，争看绿衣郎。			

续表

序号	幼学五言诗	训蒙幼学诗	神童诗	备注
	独占一名高，风流压众豪；探花归去晚，香气满蓝袍。			
	雷震惊天地，宏声遍九州；江南生瑞气，翻水出鳌头。			
	御墨披红锦，春风动绿衣；芦花轻拂马，桂影弄斜晖；长安春色好，携酒买花枝。			
	昨日尧阶试，今朝挂绿袍；归去亲未老，方信读书高。	●		训蒙幼学诗题作“劝学”
	直上蟾宫去，蓝袍惹桂香；花街红粉女，争看绿衣郎。	◎		训蒙幼学诗题作“及第”
	一举登科日，双亲未老辰；历街趋宰辅，犹挂老莱衣。	●	○	训蒙幼学诗题作“劝学”，仅取神童诗“一举登科日，双亲未老辰”两句
	衫常堪扫地，袖大好招风；有志朝天子，无心谒相公。	●		训蒙幼学诗题作“及第”
	七岁神童子，双鬓犹未梳；腰间缝紫带，也学带金鱼。			
	七岁神童子，诗书六艺通；殿前先射策，紫诏拜三公。			
	神童衫子短，袖大惹春风；未去朝天子，先来谒相公。	●	●	训蒙幼学诗题作“及第”
	年幼自心聪，当辰七岁终；名标金榜上，古作小神童。			
	天赋聪明性，神童七岁初；早通今古事，背读五车书。			
	负笈三千里，挑书一百通；有才思圣主，释褐有神童。			
	来岁春三月，花香衬马蹄；有人在平地，看我上云梯。	◎		训蒙幼学诗题作“及第”
	后园梨落篱，神童知不知；不是风摇动，便是鹊惊枝。			

续表

序号	幼学五言诗	训蒙幼学诗	神童诗	备注
	骑马执玉鞭；平步上青天；莫讶登科早，姮娥爱少年。			
	暵日浮金殿，风和动玉除；宫娥调雅乐，帝子诵诗书。	●		训蒙幼学诗题作“神童”
	一看栏杆绝，清风水际间；白云飞过去，天外见青山。	●		训蒙幼学诗题作“宫词”
	花开蝶满枝，花谢蝶还稀；惟有堂前燕，主人贫亦归。	●		训蒙幼学诗题作“宫词”
	诗酒琴棊客，风云雪月天；有名闲富贵，无事小神仙。	●	●	训蒙幼学诗题作“宫词”，神童诗“小神仙”作“散神仙”
	往事多如梦，流年只断魂；不堪春日尽，细雨又黄昏。	●		训蒙幼学诗题作“偶书”
	尽直春多雨，摧残花易空；不知春态度，犹在雨阴中。	●		训蒙幼学诗题作“春雨”
	人皆苦炎热，我爱夏日长；熏风自南来，殿阁生微凉。	●		训蒙幼学诗题作“夏日”
	向晓铺阶湿，如烟帐碧天；几回芳草上，珠样不胜圆。	●		训蒙幼学诗题作“秋露”
	枫落吴江冷，霜横楚岸寒；晴烟飞水面，爱日上云端。	●		训蒙幼学诗题作“冬日”
	任人舒复卷，笔落似蚕声；写进相思字，因风寄有情。	●		训蒙幼学诗题作“题笔”
	七札弓何勇，千钧弩不强；手持七寸管，容易达朝堂。	●		训蒙幼学诗题作“题笔”
	香胶和永烟，捣作方圆片；日日见消磨，自身却不见。	●		训蒙幼学诗题作“题墨”
	紫石为奇砚，无痕妙处多；烦君收拾取，免被别人磨。	●		训蒙幼学诗题作“题砚”
	有过不能改，知贤不肯亲；虽生人世上，未得谓之人。	●		训蒙幼学诗题作“诫知己”

续表

序号	幼学五言诗	训蒙幼学诗	神童诗	备注
	荷德如山重，承恩赐海深；莫将风火性，烧断岁寒心。	●		训蒙幼学诗题作“诚知己”
	山色无远近，看山终日竹；峰峦随处改，竹客不知名。	●		训蒙幼学诗题作“远山”
	九日龙山饮，黄花笑逐臣；醉看风落帽，舞爱月留人。	●	●	训蒙幼学诗题作“龙山”
	一日今年始，一年前事空；凄凉百年事，应与百年同。	●		训蒙幼学诗题作“减日”
	日月光天道，山河壮帝居；太平无以报，愿上万年书。		●	
	国正天心顺，官清民自安；妻贤夫内助，子孝父心宽。			
	道院迎仙客，书堂隐相儒；庭栽栖凤竹，池养化龙鱼。		●	
	春游芳草地，夏赏绿荷池；秋饮黄花酒，冬吟白雪诗。		●	
	春水满四泽，夏云多奇峰；秋月扬明耀，冬岭秀孤松。		●	
	久旱逢甘雨，他乡遇故知；洞房花烛夜，金榜挂名辰。		◎	神童诗作“题名时”
	兔边分玉树，龙底跃铜仪；雨余常同澡，不负问官私。			
	位正上中下，才分天地人；五行生父子，八卦定君臣。			

博士生论坛

唐代童蒙教育中的劝学思想*

常苳心**

摘要：唐代童蒙教材、童蒙诗歌、家训家书等童蒙文献中出现了大量劝导儿童向学的内容，这些内容虽然继承了传统劝学思想，但也有其新的发展和时代特征。随着科举制度的推行，士人通过学习进入仕途，获取高官厚禄，改变门庭，甚至影响选举和婚姻观念，这也导致了唐代童蒙教育的目的和内容发生变化。唐代童蒙教育中的劝学思想也反映了唐代社会风气、社会教育，以及婚姻观念的变化。

关键词：唐代；童蒙教育；劝学思想；科举制度

劝学思想自古有之，早在春秋战国时期，《礼记》《论语》《荀子》等经典中就有劝导人们学习的言论。随着汉代教育制度的兴起，官学与私学大力发展，儿童教育也越发受到统治阶层的重视。唐代是童蒙教育发展的高峰，出现了大量劝导少年儿童向学的文献作品。虽然对于孩童劝学的目的都是勤奋向学，但是劝学内容所反映出的社会教育目的和社会学习风气却不尽相同。对于历代劝学思想前人已有论之①，但对童蒙教育中劝导幼童学习的内

---

* 本文为2016年度国家社科基金重大项目“童蒙文化史研究”（16ZDA121）阶段性成果之一。

** 作者简介：常苳心，首都师范大学历史学院博士研究生，国家图书馆馆员，主要从事隋唐史、敦煌学、童蒙文化研究。

① 论及劝学思想的论著有：宋祥：《中国古代劝学文研究》，东北师范大学文学院博士学位论文，2011年；《中国古代劝学文发展简论》，《古籍整理研究学刊》2009年第5期；《中国古代劝学思想及其现代价值》，《社会科学家》2012年第4期。吴民祥、路世鹏：《中国古代劝学思想的流变与教育内容之变迁》，《湖州师范学院学报》2015年第12期。

容尚无人具体讨论。本文就唐代童蒙教育中的劝学思想进行探讨。

一、劝学思想回顾

先秦时期，《论语》《尸子·劝学》《礼记·学记》《荀子·劝学》等诸子的经典中，皆有劝学内容，或对劝学思想的阐释。《论语·季氏》有“不学诗，无以言”“不学礼，无以立”①，强调学习的目的是立言立身。《论语·卫灵公》有：“君子谋道不谋食。耕也，馁在其中矣；学也，禄在其中矣。君子忧道不忧贫。”②强调学习的目的是“谋道”。《礼记·学记》中有：“发虑宪，求善良，足以谀闻，不足以动众；就贤体远，足以动众，未足以化民。君子如欲化民成俗，其必由学乎！”③则是以教化治国为劝学目的。荀子的《劝学》提出“古之学者为己，今之学者为人。君子之学也，以美其身；小人之学也，以为禽犊”，即学为君子、圣人的劝学目标，同时“不积跬步，无以至千里；不积小流，无以成江海”④，则强调了勤奋积累的学习精神。当时诸子积极创办私学，广收弟子，言传身教，不断劝勉和鼓励向学，宣传自己的学说和主张。随着周室衰微，世卿世禄制被打破，出现了“学而优则仕”思想，学习的目标则集中在修身与治国教化两方面。先秦的劝学思想开启了后世劝学之先河，勤奋好学的精神和修身治国的劝学宗旨也对后世劝学思想产生了深远的影响。

秦汉时期，随着中央官学制度的逐步建立，学校教育的发展，社会学风日盛。在继承先秦劝学思想的基础上，汉代出现了一些劝学励志的文章，对学习的相关问题进行了阐述。贾谊的《新书·劝学》、董仲舒的《对贤良

① 《论语注疏》卷16《季氏》，见（清）阮元校刻：《十三经注疏》，中华书局1980年版，第2522页。

② 《论语注疏》卷15《卫灵公》，见（清）阮元校刻：《十三经注疏》，第2518页。

③ 《礼记正义》卷36《学记》，见（清）阮元校刻：《十三经注疏》，第1521页。

④ （唐）杨倞注，（清）卢文弨校：《荀子·劝学篇》（丛书初编集成），中华书局1985年版，第11页。

策》、马融的《论语注》、蔡邕的《劝学篇》即为代表。这一时期的劝学主题继承并完备先秦的劝学思想，更多论及学习的重要性。扬雄在《法言·学行》中谈到了学习的重要性和学习动机："人而不学，虽无忧，如禽何？学者，所以求为君子也。求而不得者有矣，夫未有不求而得之者也……曰：'大人之学也为道，小人之学也为利。'"① 这一篇章明确提出学习的重要性，认为人不学习与禽兽无异，并强调学子应该重道轻利，学为君子，劝勉学生不要只追求名利，而要注重内在的修养的提升，追求"道"的养成。

魏晋南北朝时期，虽然九品中正制名义上对才学有一定的要求，但由于后来被士族门阀所垄断，成为维护士族利益的工具，导致社会阶层固化，出现"上品无寒门，下品无士族"的状况，读书学习很难成为进入仕途有效途径。这一时期由于家学的兴起，家诫、家训文献出现并广泛流行，其劝学主旨仍以提高个人才干和修养为主。颜之推的《颜氏家训·勉学》则最为代表这一时期的劝学思想："古之学者为人，行道以利世也；今之学者为己。修身以求进也。夫学者是犹种树也，春玩其华，秋登其实；讲论文章，春华也，修身利行，秋实也……所以学者，欲其多知明达耳……夫所以读书学问，本欲开心明目，利于行尔。"② 表明学习的目的是"修身求进""多知明达""开心明目"亦即提高个人修养，增加智慧。

二、唐代童蒙教育中劝学内容及其特点

唐代的童蒙教育文献中，无论是童蒙教材、家训家书抑或是童蒙诗歌，都渗透着对孩童勤学苦读的劝勉。

（一）唐代童蒙教材中的劝学内容

《蒙求》为唐代李翰所作，是唐五代时期盛行的童蒙读物。全文共

---

① （汉）扬雄撰，（唐）李轨注：《扬子法言》，中华书局1981年版，第4页。

② 《颜氏家训》卷3《勉学》（丛书集成初编），中华书局1985年版，第53—55页。

五百九十二句，包含五百八十六个历史人物典故，其编纂形式为四字一句，对偶押韵。文中“匡衡凿壁，孙敬闭户。孙康映雪，车胤聚萤。王充阅市，董生下帷。文宝缉柳，温舒截蒲。德润佣书，君平卖卜。苏章负笈，颜回箪瓢。常林带经，高凤漂麦。董遇三余，谯周独笑”①。这些语句皆为劝学内容。《蒙求》列举匡衡凿壁偷光，孙敬悬梁苦读，孙康、车胤映雪聚萤读书等历史上勤学苦读的人物事迹，劝导幼童学习。《古贤集》也是唐五代时期民间流行的蒙书之一，全书采取七言诗体，与《蒙求》类似，也列举了很多历史人物劝勉少年儿童勤学忠孝。此书后世亡佚，唯敦煌有所保存，所载劝学诗句有：“相如盗入胡安学，好读经书人不闻……匡衡凿壁偷光学，专锥刺股有苏秦。孙景（敬）悬头犹恐睡，姜肱玩业不忧贫。车胤聚萤而映雪，桓荣得贵赍金银。”② 以上匡衡、孙敬、王充、司马相如的典故在不同蒙书中反复出现，说明了勤奋好学的典型人物在当时的教育价值观里所受推崇的程度之高。他们多出身于乡鄙，却都通过学习而有所成就，或官至公卿或成为经论大家。这种用当时世人皆知的典故进行劝学的方式，进一步强化了人们通过学习获得成功的希望与信念。

《杂抄》又名《珠玉抄》《随身宝》，是敦煌蒙书中的一部常识类教材，以抄撮一般日常知识与基本学养，用以随身备忘之用。《杂抄》录文中涉及劝学思想之处主要在论学一段：

> 论始欲学之事。昔晋平公问师旷曰：“吾年六十，始欲学道，恐年将暮矣，如之何”？师旷对曰：“小而学者，犹如日出东方；长而学者，如日中之光；老而学者，如灯焰之光。人生不学，冥冥如夜行。”（孔子）叹曰：“奇哉！吾朝闻道，夕死可矣乎!”一言所（可）为千金。昔者子路南游，往辞孔子曰：“愿赐一言，所（可）为千金。”孔子曰：“君子不整身则无功，不广学则无以辅君，不行仁义则无信，不行谦恭

① （唐）李翰撰，徐子光补注：《蒙求集注》，文渊阁《四库全书》第892册《子部·类书类》，第657—758页。

② 郑阿财、朱凤玉：《敦煌蒙书研究》，甘肃教育出版社2002年版，第253页。

则无敌。思此四章，可为千金。”[①]

《杂抄》引用师旷的语录，说明年少时学习，犹如日出的阳光；壮年学习，如正午的阳光，老年学习，犹如燃烛的光亮。而人生若不学习，则如黑夜中前行，强调学习要趁早，人生不能不学。而后引用孔子言论，指出学为君子，一言堪比千金，强调学习的重要性。《新集文词九经抄》是唐五代时期西北地区较为流行的童蒙教材[②]，全书汇集九经诸子史书之精粹而成。在其序中有“人之一焉，量则有深浅。视深窥浅，咸由悬学而成，以贤则（测）愚，莫不因学而成智……昔偷光慕道，善自前闻；刺骨悬头，传之往典”[③]。认为勤奋向学是造成人“量有深浅”的主要原因，只有不断学习才能够增加智慧。之后则利用匡衡和孙敬勤学苦读的典故劝学。其正文所引名言则有：

（一三七）要诀云：“世人读经书者，为求其利，利能生智，智自断耶。若人虽造经书不能耽玩，而盛于函筐之中者，犹人结网以捕鱼鳖，鱼在深水，若网成高悬不入水，无以得鱼鳖，有经书不读，福智无由生也。”

（一五二）孙良曰：二日不谈，口边急；三日不行，道荆棘。习无不利，学必专精。

（一五四）孟子曰：积土成山，累学成圣；切磋琢磨，以成宝器。

（二六〇）礼云：三余之暇可以学文矣。冬是岁之余；夜是日之余；风雨月之余。

（二六一）孔子曰：学如不及，犹恐失之。学如（而）不思则罔；思而不学则殆。[④]

① 郑阿财、朱凤玉：《敦煌蒙书研究》，第 166 页。

② 郑阿财、朱凤玉：《敦煌蒙书研究》，第 287—289 页。

③ 郑阿财：《敦煌写卷新集文词九经抄研究》，（台北）文史哲出版社 1989 年版，第 181 页。

④ 郑阿财：《敦煌写卷新集文词九经抄研究》，第 216—284 页。

所引言论指出：不读书便不能增加福智，强调读书的目的是增长智慧；引用孙良的话，表明要不断学习，学业才能专精；假借孟子的名义，说明学习需要不断积累，才能达到圣人的程度，强调学习不能倦怠；引用孔子言论，强调学习需要不断思考。另有一五五、一九六、二六二、二六三、三四八、三六一、三六四、三六五、三七四、四二七等条均涉及劝学思想，此处不一一列举。这些言论多为引用或假借儒家圣贤之语，意在强调学习的重要性以及自强不息的勤学精神和孜孜不倦、学习不止的优秀品格。

《百行章》为唐代杜正伦所撰，是少数名门士族所编撰且由官方颁发的一种训蒙读物，主要内容为摘引儒家经典中的名言警句。《百行章》中的劝学内容集中在《学行章》第卅四："良田美业，因施力而收；苗好地不更，终是荒芜之秽。人虽有貌，不学无以成人。但是百行之源，凭学而立，禄亦在其中矣。"[①] 强调百行的源头在于学习，只有凭借不断学习才能立身，而利禄也会随之而来。《勤读书抄》是敦煌所出一部抄撮典籍中有关勤学的嘉言懿行排比而成的蒙书教材，摘引《论语疏义》《史记》《颜氏家训》《庄子》《抱朴子》《风俗通》等书中有关勤学事类，教之后辈，以资劝勉教诫之用[②]。

唐代童蒙教材中多以两种方式劝学：其一，以出身寒门却通过努力学习获得成功的历史人物的实例来劝学，强化人们通过学习获得成功的希望与信念；其二，以摘引或假借先贤言论的方式劝导儿童学习，强调学习的重要性以及勤学的精神。通过以上内容可以发现，唐代童蒙教材中的劝学内容多是对前代劝学思想的继承与发展。

（二）唐代家训家书中的劝学内容

《太公家教》是格言谚语类家训蒙书，在中唐至北宋时期流行于民间。郑阿财先生认为，《太公家教》当是唐代村塾教者以家庭长者的口吻教谕儿童的格言谚语式通俗读物。其中涉及劝学思想的内容有："勤耕之人，必丰谷食；勤学之人，必居官职……人生不学，言不成章。小而学者，如日出之

---

① 郑阿财、朱凤玉：《敦煌蒙书研究》，第 320—321 页。

② 屈直敏：《敦煌古钞〈勤读书抄〉校注》，《敦煌学辑刊》1999 年第 2 期。

光；长而学者，如日中之光；老而学者，如日暮之光；人生不学，冥冥如夜行……勤是无价之宝，学是明月神珠。积财千万，不如明解一经；良田千顷，不如博艺随躯。”① “勤学之人，必居官职”指出学习勤奋之人，必然会学优登仕，走向仕途，以官职来鼓励儿童努力学习。而后强调勤学胜似珠宝，经书堪比千万财富，同样肯定了学习的重要性。而“人生不学，言不成章。小而学者，如日出之光；长而学者，如日中之光；老而学者，如日暮之光；人生不学，冥冥如夜行”之句在《太公家教》《杂抄》《新集文词九经抄》等多部童蒙文献中出现。西汉刘向《说苑·建本》篇有“师旷曰：‘盲臣安敢戏其君乎？臣闻之，少儿好学，如日出之阳；壮而好学，如日中之光；老而好学，如炳烛之明，孰与昧行乎。’”② 写于南北朝之际的《颜氏家训·勉学》篇中也有：“幼儿学者，如日出之光；老而学者如秉烛夜行，有贤乎瞑目而无见者也。”③ 由此可以看出，这些先贤经典言论在唐五代时期颇为流行，人们普遍认同其所传达的思想内容与价值。同时，相似言论的反复使用也反映出这些童蒙读物的撰写年代相近，它们之间存在着一定的传抄借鉴关系，受到当时人们的普遍欢迎。

唐人李恕的家训《戒子拾遗》中劝导内容有：“男子六岁，教之方名。七岁，读《论语》《孝经》。八岁，诵《尔雅》《离骚》。十岁，出就师傅，居宿于外。十一，专习两经。志学之年，足堪宾贡，平、翼二子，即是其人。夫何异哉，积勤所致耳。擢第之后，勿弃光阴，三四年间，屏绝人事，讲论经籍，爰迄史传，并当谙忆，悉令上口……汝辈后生，始从卑仕，禄俸所获，仅以代耕，宜减省家人，谨身节用，阖门昼掩，镇安关钥，家童敛迹，无出府廷……谯周语云：‘圣人学之于天，君子学之于圣’。又云：‘进者犹行也，朝发而异宿矣；益者其犹取菜乎，勤则顷筐盈矣’……曾子云：‘书功不过百日’。”④ 李恕劝导子孙学习的内容比较丰富。首先教导子孙学习

① 郑阿财、朱凤玉：《敦煌蒙书研究》，第352—354页。

② （汉）刘向：《说苑·建本》（丛书集成初编），中华书局1985年版，第27页。

③ 《颜氏家训》卷3《勉学》，第59页。

④ （宋）刘清之：《戒子通录》卷3，文津阁《四库全书》第233册，商务印书馆2005年版，第586页。

《论语》《孝经》《尔雅》《离骚》等经书，并以六岁、七岁、八岁、十岁等时间为节点，为子孙制定出严密的学习计划，希望他们可以勤学经书并登科及第，及第之后仍要学习不辍，熟读经籍史论以获取官职。同时引用谯周、曾子等先贤语录劝导子孙珍惜时间，激励他们向圣人学习勤读诗书。

唐人李华的家书《与外孙崔氏二孩书》中云："妇人亦要读书解文字，知今古情状，事父母舅姑，然可无咎……汝等当学读《诗》《礼》《论语》《孝经》，此最为要也！"① 李华劝导子孙要勤读书，女孩也不例外，要知"古今情状"，学习古今人物典故以及道德规范，如此才能侍奉舅姑而没有过错，男孩则读《诗》《礼》《论语》《孝经》等儒家经典最为重要。李华不仅劝导子孙多读书，还为子孙规定了所读之书的具体内容。李翱《寄从弟正辞书》言："借如用汝之所知，分为十焉，用其九学圣人之道，而知其心，使有余以与时世进退俯仰"②。李翱劝诫其弟努力学习圣人之道，而后才能进退俯仰于世。唐代李观在《报弟兑书》中也曾说："年不甚幼，近学何书？拟举明经，为复有文？明经世传，不可堕也；文贵天成，不可强高也。"③ 李观劝其弟所读之书是为"明经"，并强调"明经世传，不可堕也"，同时也强调锻炼文采，但认为"文贵天成"，不能够强行要求提高。这也从侧面反映出了当时社会对文学重视程度。

元稹写给侄子的家书则以自己勤学及第的经历言传身教，劝导诸侄读诗书以求荣达："忆得初读书时，感慈旨一言之叹，遂志于学。是时尚在凤翔，每借书于齐仓曹家，徒步执卷，就陆姊夫师授，栖栖勤勤其始也。若此至年十五，得明经及第，因捧先人旧书，于西窗下钻仰沉吟，仅于不窥园井矣。如是者十年，然后粗沾一命，粗成一名……今汝等父母天地，兄弟成行，不于此时佩服诗书，以求荣达，其为人耶？其曰人耶？"④ 元稹回忆了自己的读书过程，勤恳读书至十五岁明经及第，而后又继续苦读十年才勉强成

---

① 《全唐文》卷 315 李华《与外孙崔氏二孩书》，中华书局 1982 年版，第 3195—3196 页。

② （唐）李翱撰，郝润华校点：《李翱集》卷 8《寄从弟正辞书》，甘肃人民出版社 1992 年版，第 65 页。

③ 《全唐文》卷 533 李观《报弟兑书》，第 5414—5415 页。

④ （唐）元稹：《元稹集》卷 30《诲侄等书》，中华书局 1992 年版，第 355—356 页。

名。劝导诸侄要像自己一样勤学苦读、“佩服诗书”以求荣达。

唐代家训家书中的劝学内容更为全面，不仅鼓励、鞭策子孙读书，还为其制订学习计划，规定学习内容，显示出了唐代家庭对于后代教育的重视，并希望他们以先贤前辈为榜样，勤学苦读，提高修养，通过学习获得官职和成就从而立身于世的美好愿望。

（三）唐代童蒙诗歌中的劝学内容

一卷本《王梵志诗》是晚唐五代到北宋初期广泛流行于敦煌地区的通俗诗歌，其中充满了教训、说理、格言诗篇，郑阿财先生认为敦煌民众用它来作为一般百姓及儿童训蒙教材，其中的劝学言论有：“黄金未是宝，学问胜珠珍。丈夫无伎艺，虚沾一世人。养子莫徒使，先教勤读书。一朝乘驷马，还得似相如。”[①] 认为学问和技艺胜似黄金珠宝，强调了学习的重要性，指出养育孩子要先教其读书，通过勤学读书才能如同司马相如一样获得官职和荣耀。诗中同样利用司马相如的典故劝导少年儿童读书以获得成功。唐代的童蒙诗歌中，不乏以功名利禄劝学的内容，敦煌写卷中具有蒙书性质的P.2564《齖魺新妇文》中有《十二时》的劝学诗歌：

> 平旦寅，少年勤学莫辞贫。君不见买未得贵，犹自行歌自负薪。
> 日出卯，人生在世须臾老。男儿不学读诗书，恰似园中肥地草。
> 食时辰，偷光凿壁事殷勤。丈夫学问随身宝，白玉黄金未是珍。
> 隅中巳，专心发奋寻读书。每忆贤人羊角哀，求学山中并粮死。
> 日中午，读书不得辞辛苦。如今圣主招贤才，去尔中华用我武。
> 日昳未，暂进贫贱何羞耻？昔日相遇未遇时，栖惶卖卜于缠市。
> 晡时申，悬头刺股士苏秦。贫病即令妻嫂行，衣锦还乡争拜秦。[②]

这首诗歌以劝学为主题，首先劝导少年要珍惜时光，勤学苦读，以

---

① 朱凤玉：《王梵志诗研究》（下），台湾学生书局 1987 年版，第 287—288 页。

② 上海古籍出版社、法国国家图书馆编：《法藏敦煌西域文献》第 16 册，上海古籍出版社 1995—2005 年版，第 14 页。

“肥地草”比喻不读诗书的后果，强调了读诗书的重要性。并以匡衡凿壁偷光的典故劝导幼童勤学，并认为学问是随身宝，胜似黄金白玉，仍然强调学问的重要。而后指出读书不应怕辛苦，“如今圣主招贤才”反映出了唐代科举制度唯才是举的观念。最后用苏秦学成衣锦还乡的典故，显示出通过学习获得官职和荣耀的劝学思想。敦煌所出诸多《十二时》诗歌中都涉及了劝学内容，P.2952《十二时·劝学》残卷有：“平旦寅。奉劝有男须入学，莫言推道我家贫。从小父娘□□□，到大偻猡必越人。纵然未得一官职，笔下安国养二亲……正南午。读书便是仕（随）身宝。高官卿相在朝廷，幼时入学曾辛苦。”同卷《十二时·求宦》：

> 晡时申。劝君交（教）子胜留银。不见昔时勤学仕，意（衣）锦还乡朱买臣。
>
> ……
>
> 黄昏戌。官职比来从此出。文章争不尽心学，有智勿令生愧悔。
>
> 人定亥。先王典籍合敬爱。若能读得百家书，万劫千生名横（价）在。
>
> 夜半子。春榜即写才文字。朝唐（堂）上下聘词章，万个之中无有二。
>
> 鸡鸣丑。权隐在尘非长久。一朝肥马意（衣）轻裘，富贵荣华万物有。①

这些民间童蒙诗歌都劝导孩童不能因为家贫而放弃读书，而勤学苦读反而会使他们获得高官卿相和富贵荣华。同时也以苏秦、朱买臣等出身贫困但通过学习获得官职衣锦还乡的典故强化劝学的信念。值得注意的是，这些诗歌中劝导儿童所学之书不仅仅是经书，更强调了读“诗书”及“文章”。

除了民间大众化的童蒙读物充斥着大量以功名劝学的内容，唐代士大夫的训蒙诗歌中亦不乏其事。特别是寒素阶层通过科举入仕的士大夫，往往以自身经历劝导幼童向学。自称“家贫不足以自活，应举觅官”的韩愈②，

---

① 《法藏敦煌西域文献》第20册，第213页。

② （唐）韩愈撰，马其昶校注：《韩昌黎文集校注》卷2《上兵部李侍郎书》，上海古籍出版社1986年版，第143页。

就以“为公为相”之语劝诫其子韩符认真读书：

> 木之就规矩，在梓匠轮舆。人之能为人，由腹有诗书。诗书勤乃有，不勤腹空虚。欲知学之力，贤愚同一初。由其不能学，所入遂异闾。两家各生子，提孩巧相如。少长聚嬉戏，不殊同队鱼。年至十二三，头角稍相疏。二十渐乖张，清沟映污渠。三十骨骼成，乃一龙一猪。飞黄腾踏去，不能顾蟾蜍。一为马前卒，鞭背生虫蛆。一为公与相，潭潭府中居。问之何因尔，学与不学欤。金璧虽重宝，费用难贮储。学问藏之身，身在即有余。君子与小人，不系父母且。不见公与相，起身自犁锄。不见三公后，寒饥出无驴。文章岂不贵，经训乃菑畬。潢潦无根源，朝满夕已除。人不通今古，马牛而襟裾。行身陷不义，况望多名誉。时秋积雨霁，新凉入郊墟。灯火稍可亲，简编可卷舒。岂不旦夕念，为你惜居诸。恩义有相夺，作诗劝踌躇。①

韩愈先以木材成为规矩，需要匠人辛勤制作的道理作为比喻，指出人之所以有作为，皆因读诗书之故，必须勤奋向学，才能有所收获。而后以两个童子的成长经历为例，说明勤学与否将导致人生境遇完全不同：两家童子年幼时一起玩耍毫无差别，随着年龄稍长，学与不学的区别渐渐凸显，到三十岁时竟变成“一龙一猪”的天壤之别，一个成为地位低下的马前卒役，一个则成为公卿宰相拥有豪华府邸。生动地强调了学习的重要性，指出努力学习的结果将是飞黄腾达、为公为相，不读书的后果则是“寒饥出无驴”。后又强调黄金藏身不如学问藏身更为有用，不论父母财富多寡，成为君子与小人的区别都在于是否勤学苦读。

通过以上对唐代童蒙教育中劝学内容的分析，我们发现这一时期劝学思想虽有对传统劝学思想的继承，但也有鲜明的时代特征。首先，唐代童蒙教育中的劝学内容多样化，不仅涉及多种文体，且方式多样。无论在《蒙

---

① （唐）韩愈撰，钱仲联集释：《韩昌黎诗系年集释》卷9《符读书城南》，上海古籍出版社1984年版，第1011页。

求》《古贤集》等童蒙教材还是《十二时》童蒙诗歌中，都出现了以匡衡、孙敬、朱买臣等典故劝学的内容。利用这些历史上出身贫贱之人通过学习获得官职进而改变社会地位与自身命运的人物典故来劝导向学，也体现出唐代社会对于学习改变命运的价值观的认同。此外，诸如《杂抄》《新集文词九经抄》《勤读书抄》以及《戒子拾遗》等训蒙文献中则引用或假借先贤的言论言及学习的重要性，并劝导儿童勤奋学习圣人之道。而在元稹《诲侄等书》等家训中，出现了以自身经历言传身教劝导儿童读书的方式，特别是士大夫阶层，往往通过勤学苦读科举及第的经历劝导子孙学习，这种以身边长辈的经历劝学的方式更能激发幼童的学习热情。其次，劝导儿童所学的内容更为具体，这一点尤其体现在唐代的家训文献中。《戒子拾遗》《与外孙崔氏二孩书》中都对儿童所读之书以及适龄读物做出具体的学习计划。通过这些文献，我们也可以发现《论语》《孝经》等书是唐代儿童的必读之书。并且，在一些劝学诗歌中也出现了劝导儿童读“诗”及“文章”等内容，要求少年儿童读经书的同时还要注重文采的提高。最后，从以上三类童蒙文献中可以发现，唐代童蒙教育中的劝学目的相对于唐以前的劝学思想更为功利，出现了大量以求登科及第的方式诱导少年儿童勤奋学习。学以登科入仕的思想，成为这一时期劝导少年儿童学习的主流思想。

三、科举制度对唐代劝学思想的影响

唐代童蒙教育中大量出现以功名利禄劝学的内容，为这一时期劝学思想的显著特点。汉代的察举制度虽然在设立之初有“开弟子员，设科射策，劝以官禄”的作用①，但到东汉出现了“窃名伪服，寖以流竞，权门贵仕，请谒繁兴”的情况②，察举制后来不但不能公正地选才，反而成为维护权贵阶层利益的工具。而真正将读书和入仕相结合，却是在隋唐时期科举制度创

① 《汉书》卷58《儒林传》，中华书局2007年版，第884页。

② 《后汉书》卷61《左周黄列传论》，中华书局2007年版，第2042页。

立和发展后才日益凸显。

首先，隋唐科举制度的实行，打破了九品中正制的门第观念，确立了“以文取士”的原则，将“学而优则仕”付诸实践，使“文以干禄”成为选官主流①。科举制度公正平等，不分士庶，各个阶层的贤能得以脱颖而出，为许多读书人提供了改变命运的机会，“学而优则仕”的读书观更加明确，也使劝导幼童学习的目标更为清晰，即通过考试取得官位，以改变自身的社会地位。李百药在上书唐太宗的《封建论》中云：“弘奖名教，勤励学徒，既擢明经于青紫，将升硕儒于卿相，圣人之善诱也”②，指出应劝诫学徒参加科举以改变身份。中晚唐以后，科举政策开明，对更广阔的地域和更多的社会阶层开放③，令更多的人能够进入士人阶层并享有诸多特权。科举考试为世人带来了实际的利益，在经济上也颇为优待。唐穆宗《南郊改元德音》云：“将欲化人，必先兴学，苟升名于俊造，宜甄异于乡闾。各委刺史县令，招延儒学，明加训诱，名登科第，即免征徭。”④这条诏令明确规定了科举出身可以免去征徭的规定。特别是科举中进士及第者，可以享受轻税和免役的经济特权，被称为“衣冠户”⑤。甚至是国子监、州、县的学生也享有优待：“郡王及五品以上祖父兄弟，职事、勋官三品以上有封者若县男父子，国子、太学、四门学生、俊士……皆免课役。”⑥正是因为科举入仕后让世人享受到更多实际利益，人们纷纷趋之若鹜，因此“学以干禄”成为劝学越来越凸显的目的之一。

其次，科举考试中的童子科入仕也令这一时期童蒙教育中的劝学特征更为凸显。对于唐代童子科的记载，《新唐书·选举志》载：“凡童子科，十岁以下能通一经及《孝经》《论语》，卷诵文十，通者予官；通七，予出身。”⑦也就是说，十岁以下孩童只要熟读《孝经》《论语》等儒家经典，就有机会通过童子科考试被授予官职。如：杨炯“神童举，拜校书郎，为崇文馆

① 金滢坤：《中国科举制度通史·隋唐五代卷》，上海人民出版社 2015 年版，第 13 页。
② 《旧唐书》卷 72《李百药传》，第 2576 页。
③ 韩昇：《南北朝隋唐士族向城市的迁徙与社会变迁》，《历史研究》2003 年第 4 期。
④ 《全唐文》卷 66 穆宗《南郊改元德音》，第 704 页。
⑤ 韩国磐：《科举和衣冠户》，《厦门大学学报》1965 年第 2 期。
⑥ 《新唐书》卷 51《食货志一》，第 1343 页。
⑦ 《新唐书》卷 44《选举志上》，第 1162 页。

学士”[①]；吴通玄“幼应神童举，释褐秘书正字、左骁卫兵曹、大理评事”[②]；刘晏“举神童，授秘书省正字”[③]等。以上人物皆从童子科入仕并有所成就。由童子科入仕的少年儿童往往也会成为唐代社会所艳羡的对象，不断有诗人写诗称颂，李端《赠赵神童》云：“圣朝殊汉令，才子少登科。每见先鸣早，常惊后进多。独居方寂寞，相对觉蹉跎。不是通家旧，频劳文举过”[④]；王建《赠司空神童》云：“杏花坛上授书时，不废中庭趁蝶飞。暗写五经收部秩，初年七岁着衫衣。秋堂白发先生别，古巷青襟旧伴归。独向凤城持荐表，万人丛里有光辉。”[⑤]这些诗歌均称颂中举神童勤奋向学，万里挑一，是唐代儿童学习的楷模。因此，在童子科的影响下，唐人更加重视童蒙教育，从而敦促儿童从小熟读经书，并灌输“官职比来从此出”的劝学思想。《戒子拾遗》《与外孙崔氏二孩书》等家训文献中劝导幼童学习《论语》《孝经》也是期望晚辈们可以早日童子科及第以获得官职来光耀门楣。

总而言之，“学而优则仕”学习目的虽然在劝学思想萌生之初就已出现，但在隋唐时期随着科举制度的推行，更多的平民子弟通过学习进入仕途，学习才和做官更为紧密地联系在一起。唐代选官制度的改变，直接激发了社会大众的学习热情和动力，使得功名利禄对世人立志勤学苦读更有诱惑力。科举制度的实行成为了唐代童蒙教育的劝学思想转变的主要原因。唐晚期诗人杜牧在写给侄子的家训诗中云：“愿尔一祝后，读书日日忙，一日读十纸，一月读一箱。朝廷用文治，大开官职场。愿尔出门去，取官如驱羊！”[⑥]反映出了读书求官的坚定信心和热忱。由此也可以看出，科举考试对社会教育的深远影响，在中晚唐五代朝廷通过科举考试“官员比来从此出”的观念已经根植于世人心中[⑦]。

---

① 《旧唐书》卷190《杨炯传》，第5000页。

② 《旧唐书》卷190《吴通玄传》，第5057页。

③ 《旧唐书》卷123《刘晏传》，第3511页。

④ 《全唐诗》卷285李端《赠赵神童》，第3254页。

⑤ 《全唐诗》卷300王建《赠司空神童》，第3409页。

⑥ （唐）杜牧：《樊川文集》卷1《冬至日寄小侄阿宜诗》，上海古籍出版社1978年版，第9—10页。

⑦ 金滢坤：《中国科举制度通史·隋唐五代卷》，第804页。

四、唐代童蒙教育中劝学内容所反映的社会变化

纵观唐代童蒙读物中的劝学内容，可以发现它反映出了当时社会的种种变化。

首先，童蒙教育中的劝学思想反映出社会价值观和社会学习风气变化。先秦时期的劝学言论虽有“君子谋道不谋食。耕也，馁在其中矣；学也，禄在其中矣。君子忧道不忧贫”。但更多的是强调君子重道。汉代虽将读书和入仕相结合，但大多数知识分子仍以扬雄“大人之学也为道，小人之学也为利”为主要思想，更加重视修为、得道。而隋唐时期，“学以干禄”的劝学思想已被各阶层认同。白居易的劝学诗《狂言示诸侄》云：“世欺不识字，我忝攻文笔。世欺不得官，我忝居班秩。”[①]显示出自己以文才获得官职的狂傲情绪。韩愈的另外一首劝学诗《示儿》更是以功名利禄以劝学：“主妇治北堂，膳服适戚疏。恩封高平君，子孙从朝据。开门问谁来，无非卿大夫。不知官高卑，玉带悬金鱼。问客之所为，峨冠讲唐虞。酒食罢无为，棋槊以相娱。凡此座中人，十九持钧枢。又问谁与频，莫与张樊如。来过亦无事，考评道精粗。跹跹媚学子，墙屏日有徒。以能问不能，其蔽岂可祛。嗟我不修饰，事与庸人俱。安能坐如此，比肩于朝儒。诗以示儿曹，其无迷厥初。”[②]韩愈以一次与卿大夫们的宴请经历教导其子，所示皆功名利禄。而最下层的普通民众也普遍认同以学习获得功名、改变生活的劝学思想。敦煌遗书中多件学郎诗抄也表达出了这种认同，如：P.2746有“读诵须勤苦，成就如似虎。不词（辞）杖捶体，愿赐荣躯路。”[③]BD4291有“高门出贵子，存（好）木出良在（才），丈夫不学闻（问），观（官）从何处来。”[④]说明功名

① （唐）白居易著，朱金城笺校：《白居易集笺校》卷30《狂言示诸侄》，上海古籍出版社1988年版，第2093页。

② （唐）韩愈撰，钱仲联集释：《韩昌黎诗系年集释》卷9《示儿》，第952页。

③ 《法藏敦煌西域文献》第18册，第55页。

④ 中国国家图书馆编：《国家图书馆藏敦煌遗书》第58册，北京图书馆出版社2005—2011年版，第79页。

利禄的劝学思想已经深入到了民众的童蒙教育中，并被这些幼童深深认同，他们将其抄写于经书之后，用以激励自己勤奋学习。这两首劝学诗歌及其变体在敦煌遗书和吐鲁番文书中有诸多发现，说明此类儿童劝学诗歌在敦煌吐鲁番地区颇为流行。由此可见，科举制度的实施导致了社会风气的转变，不同阶层的劝学言论皆可见科名对其影响，上至官僚公卿下至普通民众无不希望自己的子孙通过科举光耀门楣或是继续家族荣耀。以科举及第及其带来的实际利益为劝学目的成为整个唐代社会从统治阶级到社会民众普遍认同的劝学思潮，反映出了唐代社会对科举入仕的愈加崇重，也反映出了整个社会学习风气的变化。

第二，童蒙教育中劝学内容可以反映出唐代在人才选取方面的变化。各个阶层的劝学内容都表现出通过科举入仕以获得成功的美好愿望，这也反映出唐代国家选取人才的基本方针，即不看重出身只看重才能。唐太宗曾说“天下一家，凡在朝士，皆功效显著，或忠孝可称，或学艺通博，所以擢用”①。这条记载明确表示需要忠孝和学艺通博的人才，科举考试也正是体现了这种公平公正的原则，让各个阶层人士有动力学习知识从而获得登科入仕机会。唐玄宗在《令举实才诏》中提到：“天下有业擅专门，学优重席，堪师授者，所在具以名闻。自今以后，贡举人等，宜加勖勉，须获实才……称朕意焉。”② 这封诏书也明确号召读书人应该重视学习，朝廷将通过考试奖励和选拔有真才实学的人。另外，劝学内容也可以反映出科举考试风气的变化，从而显示社会所重视的人才需求的变化。《报弟兑书》中的“文贵天成，不可强高也”虽然指明文采不可强行提高，但也体现出其弟努力提高文采的愿望。《十二时》中“文章争不尽心学，有智勿令生愧悔……朝唐（堂）上下聘词章”等语，也反映出学习文采词章对于科举考试的重要性，劝学诗中更是多次提到要学“诗书”。唐中期以后，科举考试越发重视文采，《通典》有记：“开元以后，四海晏清，士无贤不肖，耻不以文章达，其应诏而举者，多则二千人，少犹不减千人，所收百才有一。”③“以文章达”成为对人才的

① 《旧唐书》卷 65《高士廉传》，第 2443—2444 页。

② 《全唐文》卷 26 玄宗《令举实才诏》，第 299 页。

③ 《通典》卷 15《选举典三》，中华书局 1984 年版，第 84 页。

要求，甚至出现“非以辞赋登科者，莫得进用”的状况①。可见，选官制度对社会人才的要求在对童蒙教育中的劝学内容中也有直接反映，国家需要什么样的人才，童蒙教育中就会劝导孩童学习什么样的知识。因此，可以说劝学内容也是人才需求的一面镜子。

第三，童蒙教育中的劝学内容反映出社会教育的变化。首先，童蒙教育中的劝学内容反映出了唐代社会教育的普及化。敦煌所出童蒙教材《蒙求》《太公家教》《百行章》等教材都反映出了敦煌地区教育的繁盛程度。登科入仕的劝学思想已经普及到唐代社会最底层大众的学习生活中，也由此促进了社会下层文化识字率的提高和知识的普及。其次，由于童子科考试的推动，童蒙教育中“五尺童子耻不言墨”风气盛行，从而导致对幼童过度教育的问题出现。李恕教导子孙七岁读《论语》《孝经》，八岁诵背《尔雅》《离骚》。这对于成年人尚不能轻易做到，对于七八岁的幼童来说必然会十分困难。超前教育会导致童子对所学知识并不能真正消化，从而导致童子“每当就试，止在念书。背经则虽似精详，对卷则不能读诵”②。本应是游戏的年岁，却要面对枯燥的经书，有些孩子难免会贪玩而荒于学业。因此，一些家长还会以惩戒的方式管教孩童学习。学郎诗中“不词（辞）杖捶体，愿赐荣躯路”就表现出了读书以求荣达不惜棍杖加身的劝学教育。刘知几在《史通》自叙中说：“予幼奉庭训，早游文学，年在纨绮，便受《古文尚书》，每苦其辞艰琐。难为讽读，虽屡逢捶挞，而其业不成。”③提到了自己由于《尚书》难读而遭受父亲管教捶挞的经历。过于注重功名而强迫孩童读书势必会对幼童的身心造成不利的影响。一些神童的英年早逝也与过度教育不无关系，如：诵得《孝经》《论语》《尔雅》《尚书》的萧元明九岁早卒④、“幼有敏志”的权顺孙十三岁早卒⑤。

---

① 《旧唐书》卷 119《崔祐甫传》，第 3440 页。

② 《全唐文》卷 855《请罢童子科奏》，第 8968 页。

③ （唐）刘知几撰，黄寿成点校：《史通》卷 10《自叙第三十六》，辽宁教育出版社 1997 年版，第 85 页。

④ 周绍良、赵超主编：《唐代墓志汇编续集》元和 11 号《□□仁勇校尉守左卫率府翊府翊卫萧元明墓志》，上海古籍出版社 2001 年版，第 809 页。

⑤ （唐）权德舆著，霍旭东点校：《权德舆文集》卷 16《殇孙进马墓志铭（并序）》，甘肃人民出版社 1999 年版，第 196 页。

第四，童蒙学郎诗也从侧面反映出了唐代嫁娶观念变化。敦煌遗书S.3713《大宝积经》卷背有学郎诗一首：“今日好风光，骑马上天堂（大唐）。[阿]须（谁）家有好女，嫁如（与）学士郎”[①]。法藏P.3305、P.4787号皆为此诗的变体，说明这首学郎诗也在敦煌地区广为流传。此诗歌反映出了学郎通过学习渴望在大唐功成名就，自诩前程远大，从而征婚的心理期望。随着中晚唐科举出身社会地位的提高以及士族的衰落，唐人婚聘逐渐从先前重“五姓女”即门第的观念，向科名、门第并重的观念发展[②]。学郎们的诗抄也反映出了通过学习改变身份从而娶到“好女”的婚姻观变化。唐代童蒙教育中的劝学思想对后世也产生了极大的影响，宋真宗的《劝学诗》云：“安居不用架高堂，书中自有黄金屋；出门莫恨无人随，书中车马多如簇；娶妻莫恨无良媒，书中有女颜如玉。男儿欲遂平生志，六经勤向窗前读。”则将这种劝学思想发挥到了极致。

综上所述，唐代童蒙教育中的劝学内容虽然继承了传统劝学思想，但也有其新的发展和鲜明时代特征。随着科举制度的广泛推行，阶层僵化得以打破，使更多的平民子弟通过学习进入仕途，学习逐渐变为获得官位和社会地位的最主要方式之一。科举制度的推行直接导致了童蒙教育学习内容和学习目标的改变，以功名利禄诱导童子学习的内容开始大量出现。而这种劝学思想的变化反映出了唐代社会对科举入仕的愈加崇重，反映出了整个社会学习风气的变化；同时童蒙教育中的劝学内容也反映出了社会选才为官的变化和社会教育的普及化，甚至反映出了唐代婚姻嫁娶观念的转变。

---

① 中国社会科学院历史所等编：《英藏敦煌文献》第5卷，四川人民出版社1990—1995年版，第144页。

② 金滢坤：《唐五代科举的世界》，复旦大学出版社2014年版，第207页。

唐代女子教育研究

——基于《女论语》和《太公家教》的分析

景凤安*

摘要：中国古代重视对女子贤良淑德、孝敬恭顺、仁慈礼让的道德教育，更重视对女子生活技能、教育子女能力的培养，力求女子成为孝敬舅姑、相夫教子的贤妻良母。唐代的女子教育在继承传统教育的同时，也凸显出自己的一些独有特征。研究唐代的女子教育有助于丰富中国古代教育史的研究。

关键词：女子教育；女论语；太公家教；蒙养教材

植根于中华文化儒道共生的土壤之中，尊崇阴阳相合的传世价值，隐行于我国两千年父权体制之下以“三从四德”为圭臬的传统女子教育在中国教育史上具有极为深远的影响。在当下的学校教育方面，加强对女子教育的重视也是必要和必须之举。① 习近平主席在妇女与可持续发展国际论坛开幕式上致辞，肯定了“妇女是推动人类文明进步的伟大力量。没有妇女事业的进步，就没有全社会的进步。没有全球妇女的积极参与，就不可能真正实现人类社会的可持续发展”②。表明女子对于人类的贡献也是极大的。现实是历

---

* 作者简介：景凤安，东北师范大学教育学部研究生，主要研究方向为中国古代教育史。

① 熊贤君：《中国女子教育的传承与嬗变》，《华中师范大学学报（人文社会科学版）》1994年第3期。

② 习近平：《在妇女与可持续发展国际论坛开幕式上的致辞》，2011年11月9日，见 http://news.xinhuanet.com/politics/2011-11/09/c_122258278_5.htm。

史的积淀，对历史问题的研究对解决现实问题有一定的作用。对于当下女子教育的缺失，笔者认为有必要从传统女子教育中汲取一定的精华。

一、唐代女子教育的目的

在中国古代，作为女子，她们最高的人生价值、美德规范就是做一个淑女、贞妇、贤妻、良母，这也是古代女子道德教育的目的，即把封建社会的价值观念和道德规范转化为女性自身的一种道德行为。

（一）淑女——琴棋书画，样样精通

古代女子教育以家庭教育为主，主要是经史子集等文学教育和琴棋书画等艺术教育，绝少公共教育。妇女几乎没有进入专门学校学习的机会，而只能在家庭接受来自父母兄长特别是母亲的言传身教。“大抵人家，皆有男女……训诲之权，亦在人母。”[①] 在家庭教育中，一些有条件的家庭还专门延请“傅母师保”等专职家庭女教师负责女子教育。另外，也有开明的父母专门在家中设立家塾或学馆，让女子同其兄弟一起读书，但这毕竟属于少数。

唐代李华给外孙女的信中说：“妇人亦要读书解文字，知古今情状，事父母舅姑，然可无咎”，“汝等当读《诗》、《礼》、《论语》、《孝经》，此最为要也。”[②] 这也正是章学诚所谓“妇人本自有学，学必以礼为本”。在唐代中上层仕宦家庭普遍重视女子文化教育，士大夫诗礼之家的女子也有不少习文读书的。当然根本目的还是在于使她们知书而达“礼”，以便更好领会“三从四德”等“事人之道”。《女论语》也体现了对女子要识文懂礼的要求：“大抵人家，皆有男女。年已长成，教之有序”[③]，“女不知礼，强梁言语。不识

---

① （清）陈宏谋辑：《教女遗规注》，中国华侨出版社 2013 年版，第 1 页。

② 《全唐文》卷 315 李华《与外孙崔氏二孩书》，中华书局 1982 年版，第 3195 页。

③ （唐）宋若莘撰：《女论语 · 训男女章》，收入《蒙养书集成（二）》，三秦出版社 1990 年版，第 22 页。

尊卑，不能针指。辱及尊亲，有玷父母”①。另外，才华出众的女性在社会上也是受到广泛赞扬的：“汉家婕妤唐昭容，工诗能赋千载词。自言才艺是天真，不服丈夫胜妇人。”② 这是诗人吕温的《上官昭容书楼歌》，热情歌颂才女上官婉儿的出众才华。社会要求女子内主中馈，不需要过问世事，但也期望她们教育子女、主持家政、光耀门庭。

（二）贞妇——兰不厌馨，从一而终

中国自古以来就重视女子贞节，贞静不淫乱是对女子最高的道德要求。贞节观自先秦就有之，《礼记·内则》就规定了男女有别：“男不言内，女不言外。非祭非丧，不相授器……道路：男子由右，女子由左。”③

事实上，从传统蒙养教材中所强调的贞节观来看，包含两方面的内容：一是婚前守身如玉；二是婚后要对丈夫从一而终。在此，笔者只对后者做介绍（因这部分介绍的是贞妇）。为了家族和子女，即使丈夫亡故后，妻子也要做到对已故丈夫忠贞不贰，孤独终老。班昭在《女诫》中说道：“故曰，夫者，天也。天故不可违，夫故不可离也。行违神祇，天则罚之。礼义有愆，夫则薄之”。④ 最先提出婚后丈夫可以再娶，而女子要忠贞不渝。她认为，丈夫是妻子的天，天命不能违，所以妻子不能背弃自己的丈夫，如若背弃，“天则罚之。”《女论语》也强调了贞妇的重要性：“古来贤妇，九烈三贞。名标青史，传到而今。后生宜学，亦匪难行。”⑤ 这样标榜“贞烈”之妇，对古代女子来说是一种人权的绑架。《女论语》对如何做贞妇做了进一步解释：“夫妻结发，义重千金。若有不幸，中路先倾。三年重服，守志坚心。保家持业，整顿坟圭。殷勤训后，存殁光荣。”⑥ 结发夫妻，恩深义重。如若丈夫

① 《女论语·训男女章》，第 24 页。

② 《全唐诗》卷 371 吕温《上官昭容书楼歌》，康熙四十五年扬州诗局刻本，第 44 页。

③ （汉）郑玄注，（唐）孔颖达疏：《礼记正义·内则》卷 28，收入（清）阮元校刻：《十三经注疏》，中华书局 1980 年版，第 1471 页。

④ （汉）班昭：《女诫·夫妇第二》，收入《蒙养书集成（二）》，三秦出版社 1990 年版，第 39 页。

⑤ 《女论语·守节章》，第 28 页。

⑥ 《女论语·守节章》，第 29 页。

不幸身亡，妻子应重服守丧三年，为死去丈夫守节之心不能变，要延续好家业，殷勤教育子女成人，让他们能够继承父志，为家门争光。“守贞持节”对于古代女子来说，实质上属于一种戕害、一种人权的绑架，但它在当代这个物欲横流的大社会、大环境下亦能规范女子的品行。

（三）贤妻——柔顺贞静，儒雅友善

有人指出，贤妻指的是妻子的本分和职责为满足丈夫的需要而存在，既要对丈夫的生活、事业有所帮助，成为贤内助；又要为丈夫忠贞守节，从一而终，唯丈夫的利益高于一切。古代社会认为男子应以阳刚为贵，女子应以柔弱为美。《女论语》中也提出：“夫刚妻柔，恩爱相因。”丈夫的阳刚和妻子的阴柔是夫妻间恩爱和合的保障。女子要柔顺贞静，夫妻感情才会深重，家庭才能幸福。另外丈夫对妻子要有“道义”，妻子对待丈夫要做到“道顺”。《礼记·昏义》中规定：“婚姻者，合二姓之好，上以事宗庙，下以继后世。”[①] 在家庭中夫妇双方各自承担了不同的责任。班昭对男女不同之“贤”做了诠释：“夫不贤则无以御妇，妇不贤则无以事夫。夫不事妇，则威仪废缺。妇不事夫，则义理堕阙。方斯二者，其用一也。”[②] 夫妻关系中，丈夫的“道义”是为“贤”，妻子的“道顺”也为“贤”，但两者的“贤”要求并不相同。丈夫的“贤”是“贤明”，是说男子有独立的人格和能力，能够承担起家庭经济责任，上对得起列祖列宗，下照顾好子孙后代。妻子的“贤”是要“贤惠”，要顺从并跟从丈夫，共同为光宗耀祖、家庭幸福这个“道”而努力。班昭强调的是夫妻之间应以“贤”为基准，要求夫妇双方要善待彼此，互相尊重，实际上也是在一定程度上赋予了夫妻之间平等、坦诚相待的实质。可见，妻子因“道”而是否顺从丈夫，不仅关系到家族的兴亡，还关系到整个国家的兴衰，即“贤妻良母”善治“家政”进而善治“国政”。

---

① （汉）郑玄注，（唐）孔颖达疏，吕友仁整理：《礼记正义》，上海古籍出版社 2008 年版，第 1681 页。

② 《女诫·夫妇第二》，第 40 页。

（四）良母——贤良淑德，良师益友

古代把教育子女的重任委以母亲，子女“年已长成，教之有序，训诲之权，实专于母”①。母主内事，男女幼小居处于内，故母教为专，把子女教育看作“内事”，一则是家内事，一则是分内事，故强调母亲对未成年子女的抚养、教育义务。母亲期望将子女教育成明人伦、守秩序、讲道德的人，以其成年后能够作为朝廷忠臣，成为社会需要的人。刘向《列女传》中的《母仪传》说道：“惟若母仪，圣贤有智。行为仪表，言则中义。胎养子孙，以渐教化。既成以德，致其功业。姑母察此，不可不法。”②除此外，《列女传》还描述了很多良母的形象，这些母亲懂礼善良而有才智，大部分以教子著名：“弃母姜嫄”教给儿子弃植桑种麻的技能，而使其成为尧舜时期的农官；“邹孟轲母”教化孟子善于诱导，使他明白伦常大道；“齐田稷母”训斥儿子收取贿赂，教育田稷须行忠孝、廉洁奉公。还有一些母亲勇敢救子，如“鲁臧孙母”，根据臧文仲平日言行，母亲预测其将要遭遇迫害，提前求人帮助使儿子得以得救；“楚江乙母”在江乙被害入狱后，亲赴王宫，用巧妙持中的言辞将儿子救回。作为继母或婆母，部分母亲也表现得大度、仁爱：“齐义继母”欲以亲子代替丈夫前妻之子死；“卫姑定姜”于儿子死后，将寡居的儿媳送走，以免断送青春。这些母亲都是大仁大义，值得传颂的。这对中华民族形成母慈祥和、子女贤淑的优良传统功不可没。

二、唐代女子教育的内容

儒家思想是积极的入世哲学，极为重视修身、齐家、治国、平天下的内在联系，修身齐家是治国平天下的前提条件，而修身又是齐家的基础。《礼记·昏义》：“教以妇德、妇言、妇容、妇功。”③古代社会非常重视女子

① （清）陈宏谋辑：《教女遗规·训男女第八》，线装书局2015年版，第96页。
② （汉）刘向：《列女传·母仪传》，商务印书馆1936年版，第1页。
③ 《礼记正义·内则》卷28，第1681页。

的德行修养，养德是女子伦理思想最主要的。女子只有修养好自身，才能成为贤妻良母，从而才能善治“家政”，进而善治“国政”，所以，女子的一切作为都是为了“齐家”“治国”和“平天下”。

（一）修身

1. 妇言：口之所宜

“妇言，不必辩口利辞也”，“择辞而说，不道恶语，时然后言，不厌于人，是谓妇言。”①另外，《女孝经》对女子的言行举止提出了极为严格的要求。女子必须束身自缚，其一言一行，一举一动，绝对不允许轻佻失态，“动则合礼，言必有经”②，一切均不得逞强，走路要走边上，站立不得在门当中；不可随便议论评价他人的疵点，甚至不苟言笑，并远远回避除丈夫以外的男性。这些封建规条，虽将女子层层包裹，扼杀了个性，但对维系家庭稳定，颇有效用。《太公家教》中对女子的言语也进行了规定，女子需要谨言慎行，行言得宜，“敬慎口言，终身无苦”③。意思是如果可以做到说话智慧得体，懂得考虑何时说、在哪说和如何说，就可以一辈子都不会受苦。看来说话真的是一门艺术，不论哪个时代的女子，都应当学会说话，因为我们是必须通过语言进行交流和沟通的，合理、得体的言语交流会让你的生活得到意想不到的惊喜。

2. 妇容：婉娩因时

《礼记·内则》云：“女子十年不出，姆教婉娩听从。”“婉娩”指的是女子的容貌要温婉柔顺，端庄雅致。班昭《女诫》中对女子仪表也有一定的要求：“盥浣尘秽，服饰鲜洁，沐浴以时，身不垢辱，是谓妇容。”④班昭所指为身体洁净，服饰华美。班昭又进一步解释道：“礼义居洁，耳无涂听，目无邪视，出无冶容，入无废饰……入则乱发坏形，出则窈窕作态，说所不当

① 《女诫·妇行第四》，第43页。

② 《女孝经·广守信章》，收入孙培青编选：《隋唐五代教育论著选》，人民教育出版社1993年版，第273页。

③ 郑阿财、朱凤玉：《敦煌蒙书研究》，甘肃教育出版社2002年版，第345页。

④ 《女诫·妇行第四》，第43页。

道，观所不当视，此谓不能专心正色矣。”[1] 意思是说女子要执守礼义，居止端洁，非礼勿听，非礼勿视，外出时不妖冶艳媚，在家时不蓬头垢面，不和女伴聚会嬉游，不在户内窥视门外，才可以做到专心、正色。如果举止轻率，回家乱发坏形，出门窈窕作态，说不该说的，看不该看的，这就是不能专心正色。这一点在当代社会也是有很大的借鉴价值的。想必你一定听到过这句话：“你如今的气质里，藏着曾经见过的人，走过的路，读过的书。”[2] 有智慧有气质的女孩子远比那些空有外貌，只靠衣着的女孩子有魅力得多。容颜会随着岁月的变迁而消逝，但是你的气质和智慧只会随着你的人生阅历的丰富而变得更有价值和魅力。要用心对待生活中的“每一个”不同的自己，因为生活是，你给予她什么，她回馈你什么。

3. 妇功：家政技能

《太公家教》训诫道：“希见今时，贫家养女，不解麻布，不娴针线”[3]。可以看出我国古代女子从小就开始接受习采桑麻、缫丝织布、准备饭食的教育，这是封建社会女子所必备的技能。

（1）养蚕缫丝

早在春秋时期，就有关于女子接受这方面教育的记载。管子曾说：“一女必有一针一刀，若其事立”，“一农不耕，民或为之饥；一女不织，民或为之寒者”。[4]《女论语》中也有专门的章节来教育女子学做女工：“凡为女子，须学女工。纫麻缉苎，粗细不同，机车纺织，切莫匆匆。看蚕煮茧，晓夜相从，采桑摘柘，看雨占风……补聊纫缀，百事皆通。能依此语，寒冷从容。”[5] 在古代最基本的分工格局“男主外，女主内”的情况下，唐代女子在养蚕缫丝、织布等方面对家庭的贡献十分重大。

① 《如何高质量的告别单身》，见 http：//www.xue163.com/1608/11010/16083493.html。

② 郑阿财、朱凤玉：《敦煌蒙书研究》，第 345 页。

③ 姜涛：《管子新注》卷 80《轻重甲》，齐鲁书社 2006 年版，第 539 页。

④ 《女论语・学作章》，第 13 页。

⑤ 《内则衍义》卷 15，转引自曹大为：《中国古代女子教育》，北京师范大学出版社 1996 年版，第 121 页。

（2）整饬酒食

除了养蚕缫丝织布以外，准备饭食也是古代女子必学的生活技能。根据《周礼》记载，当时宫中所设的酒人、浆人、笾人、醢人、醯者……盐人等等“皆有女人各治其事”[①]。可见在先秦时期，女子就和准备饮食有着密切的关系。唐代也要求女子能够整饬酒食，《女论语》中有专门的章节呈现出女子在这方面劳作的一个场景：“凡为女子，习以为常。五更鸡唱，起着衣裳，盥漱已了，随意梳妆。拣柴烧火，早下厨房，摩锅洗镬，煮水煮汤……三餐饭食，朝暮相当。”[②]教育女子要养成早起的习惯，盥洗完毕后为大家准备饭食，而且要做到干净整洁，搭配合理，时间恰当，要求十分细致。另外还列举了反面典型“懒妇”的表现：“莫学懒妇，不解思量，黄昏一觉，直到天光，日高三尺，犹未离床……丑呈乡里，辱及爷娘，被人传说，岂不羞惶。”[③]通过反面的例子更加突出女子在这方面需要学习和掌握的一些技巧，要求女子在这方面做得好，不然会被外人说道和耻笑。

（二）齐家：“妇德”

1.“仁”——孝悌之道

（1）孝之义

《论语·为政》中：“子游问孝，子曰：‘今之孝者，是谓能养。至于犬马，皆能有养。不敬，何以别乎？’”[④]从赡养到关注父母的精神生活，使父母身心都达到愉悦才是孝。唐代对于女子的孝伦理教育更加重视，《女孝经》开篇即言：“夫孝者，广天地，厚人伦，动鬼神，感禽兽，恭近于礼，三思后行，无施其劳，不伐其善，和柔贞顺，仁明孝慈，德行有成，可以无咎。”[⑤]女子的孝行可分为两个部分，一是对自己父母长辈尽孝道，二是对舅

---

① 《女论语·早起章》，第16页。

② 《女论语·早起章》，第17页。

③ 《女论语·早起章》，第17页。

④ 杨伯峻：《论语译注》，中华书局2006年版，第15页。

⑤ 《女孝经·表》，收入孙培青编选：《隋唐五代教育论著选》，人民教育出版社1993年版，第266页。

姑行孝。《女论语》孝敬父母的内容："女子在堂，敬重爹娘。每朝早起，先问安康……四时八节，孝养相当。父母有疾，身莫离床……追修荐拔，超上天堂。莫学忤逆，咆哮无常。才出一语，应答千张。便行抛掉，说著相伤。如此妇人，教坏村坊。"① 《太公家教》中也有涉及："惭耻尊亲，损辱门户"。主要就是教导女子在出嫁前怎样侍奉自己的父母，分别从饮食起居、父母训诫、床前侍疾、丧葬哀思等多方面具体做了介绍，最后是举了反面例子训斥不孝的子女有辱家门。

"女子之事姑舅也，敬与父同，爱与母同。"《女论语》中也对此做了具体要求："阿翁阿姑，夫家之主。既入他门，合称新妇。供承看养，如同父母。敬事阿翁，形容不睹，不敢随行，不敢对语……日日一般，朝朝相似，传教庭帏，人称贤妇……天地不容，雷霆震怒，责罚加身，悔之无路。"《太公家教》中曰："女年长大，聘为人妇，不敬君家，不畏夫主……本不是人，状同猪狗。"② 由此可以看出，唐代对于女子孝敬公婆也是要求甚严，具体到了日常起居的方方面面，同时还要符合公婆的心意，不得使其感觉到惊忤。那些不孝敬公婆、稍怠慢公婆的媳妇就被当作是"恶妇"，是要进行责罚的。其实对于现代社会，很多女子在家是娇生惯养，的确是和婆婆"水火不容"，不孝敬长辈，与唐代在这方面的价值观念形成了鲜明对比。

（2）悌之道

自古"孝"与"悌"是不可分的。古代女子的"悌"之道一是与自己手足的相处之道，二是与夫家叔妹的相处之道。对于和自己手足的相处："秦穆公姬"舍命救弟晋惠公；"合阳友娣"在丈夫杀害亲兄后自杀；"鲁义姑姊"为救兄长儿子舍弃自己儿子；"梁节姑姊"未成功救出兄长之子而投火自尽等。这些都说明了手足情深。在夫家，对于如何和叔妹和谐相处，《女论语·和柔章》训诫道："处家之法，妇女须能，以和为贵孝顺为尊。翁姑慎责，曾如不曾，上房下户，子侄宜亲。是非休习，长短休争，从来家丑，不可外闻。"③ 对公婆的怒责，谨记己错而改之；即使冤枉自己，也不应

① 《女论语·事父母章》，第 17 页。

② 《女论语·事姑舅章》，第 19 页。

③ 《女论语·和柔章》，第 27 页。

该计较，更不可心存芥蒂。对子侄之辈，要怜爱、亲恤。妯娌之间，不要议论是非，争竞长短，同为一家人，想要家庭和睦，要学会“置身事外”；视诽谤和抱怨如过眼云烟。如果家庭内部貌合神离，则过失错误皆将为外人所知也，正所谓“家丑不可外扬”。《书》云：“惇睦九族。”《诗》云：“宜其家人，主乎内者。体君子之心，重源本之义。”一个真正贤惠的妻子，是懂得和睦九族，使家人都从中享受到和谐快乐的女子，这就是对丈夫最大的体谅和支持，是真正懂得家和之道的贤妻良母。由是推之内和而外和，一家和而一国和，一国和而天下和矣。可不重哉。

2.“义”——夫妇之义

《女论语》中专门论述了夫妇关系的要义：“女子出嫁，夫主为亲，前生缘分，今世婚姻。将夫比天，其义匪轻，夫刚妻柔，恩爱相因。”① 在夫妇关系中，首先使女子认识到珍惜夫妻缘分的重要性，同时也明确了家庭婚姻生活的目标即和乐瑟琴，恩爱相因。进一步指出了具体方式：第一，从心理上上明确居家相待，相敬如宾的夫妻关系。落实到具体生活中就是夫有言语，侧耳详听。夫有恶事，劝谏谆谆。夫若出外，须计途程，黄昏未返，瞻望相寻，停灯温饭，等候敲门。粗丝细葛，熨帖缝纫。莫教寒冷，冻损夫身，家常茶饭，供待殷勤。莫教饥渴，瘦疾苦辛。第二，遇到问题和矛盾时的避让策略。夫若发怒，不可生嗔，退身相让，忍气低声。莫学泼妇，打闹频频。同甘共苦，同富同贫。所以这种夫妻相处之道，在很大程度上缓解了由于简单粗暴处理家庭矛盾而引起的家庭破裂问题。在夫妇关系上，《女论语》继承了儒家敬长上，和为贵，尊爱幼，谦恭忍让的良好传统，这对于中国传统社会形成原雍祥和、少有所养、老有所终的家庭气氛和维护家庭的完整，在一定程度上起到了很大作用。

3.“礼”

（1）持家之礼

古代女子持家之礼中最重要的就是“勤俭”。《女论语》专章写营家，核心词为勤俭。“营家之女，惟俭惟勤。勤则家起，懒则家倾，俭则家富，奢

① 《女论语·事夫章》，第21页。

则家贫。”[①] 以此点明克勤克俭对于家道兴衰的重要作用。把女性在家中早起、洒扫、耕作、炊饭等职责逐一规范：“凡为女子，不可因循。一生之计，惟在于勤。一年之计，惟在于春……耕田下种，莫怨辛勤。炊羹造饭，馈送频频。莫教迟慢，有误工程，积糠聚屑，喂养孳牲。呼归放去，检点搜寻。莫教失落，扰乱四邻。”[②] 女子懂得勤俭持家对于家庭经济状况的改善好处很多：“夫有钱米，收拾经营。夫有酒物，存积留停。迎宾待客，不可偷侵。大富由命，小富由勤……酒浆食撰，各有余盈。夫妇享福，欢笑欣欣。”[③] 由此可以看出一个女子就能掌控一个大家庭的幸福和谐，另外对整个社会风气的优化和国家的富强、稳定都有极大的影响。

（2）守节之礼

《千字文》中对女子贞节也有一定的要求：“女慕贞洁，男效才良”。[④] “凡为女子，先学立身。立身之法，惟务清贞。”[⑤] “清”指端雅安静，冰清玉洁，志行光明；“贞”指纯一守正，柏操松坚，岁寒不改。这里把女子的贞节当作女子立身的基本要务，可见女子贞操之于女子的重要。要做到清贞，就要从男女有别、男尊女卑出发，在行、语、坐、立、听等方面都要合乎妇德准则。《女论语·立身章》要求：“行莫回头，语莫掀唇，坐莫动膝，立莫摇裙，喜莫大笑，怒莫高声。”[⑥] 另外，《守节章》中也有详细的要求：“古来贤妇，九烈三贞，名标青史，传到而今。后生莫宜学，初匪难行，第一守节，第二清贞。有女在堂，莫出闺庭，有客在户，莫出厅堂。不谈私语，莫起淫言，黄昏来往，秉烛掌灯。暗中出入，恐惹不情，一行有失，百行无成。”[⑦] 婚姻生活中对丈夫的忠诚，是女子是否贞节的重要表现，贞妇那部分笔者已详细说明，在这只是论述出嫁前的守节。

---

① 《女论语·营家章》，第 24 页。

② 《女论语·营家章》，第 24—25 页。

③ 《女论语·营家章》，第 25 页。

④ 郑阿财、朱凤玉：《敦煌蒙书研究》，第 357 页。

⑤ 《女论语·立身章》，第 12 页。

⑥ 《女论语·立身章》，第 12 页。

⑦ 《女论语·守节章》，第 28 页。

4.“智”

（1）接人待物之智

《女孝经》云：“为妇之道，分义之利，先人后己”，“然后先之以泛爱，君子不忘其孝慈……《诗》云：‘既明且哲，以保其身。’”[①] 说的是女子应懂得先人后己，尊敬谦让他人，学会明哲保身，既是为人处世之道，也是生存之道。《女论语》亦介绍了待客之道，《待客章》中讲女子要热情大方地招待宾客，与丈夫细声商量，然后“杀鸡为黍”。做到“红日含山，晚留居住”。一切尊礼又不失周到，“次晓相看，客如辞去”。博得丈夫、客人、他人的称赞认同。而“客来无汤，慌忙失措。夫若留人，妻怀嗔怒。有箸无匙，有盐无醋。”[②] 这是可耻的。《和柔章》将与子侄等人的相处与左邻右舍的往来也进行了讲解：“上房下户，子侄宜亲……东邻西舍，礼数周全。往来动问，款曲盘旋。”[③] 柔顺、宽容、少言是安宁生活之道。

（2）教育子女之智

古代教育子女是母亲的主要职责，教育子女的道理主要在于“导之以德义，养之以廉逊，率之以勤俭，本之以慈爱，临之以严恪，以立其身，以成其德。”[④]《女论语·训子女章》指出了对子女进行男女有别的教育训诫：“男人书堂，请延师傅……朝暮训诲，各勤事务”[⑤]。避免男子“斗闹贪杯，讴歌习舞。官府不忧，家乡不顾”；避免女子“强梁言语。不识尊卑，不能针指。辱及尊亲，有玷父母”。另外，《女论语》中说道：“扫地烧香，纫麻缉苎。”这即是说，母亲应该教给女儿烧香敬祖之礼和持家女红之道。此外要懂得运用恰当的方法，“慈爱不至于姑息，严恪不至于伤恩，伤恩则离，姑息则纵，而教不行矣。《诗》曰：‘载色载笑，匪怒伊教。’”[⑥] 和颜笑貌地使孩子乐于听从教诲。

---

① 《女孝经·庶人章》，收入孙培青编选：《隋唐五代教育论著选》，人民教育出版社 1993 年版，第 266—268 页。

② 《女论语·待客章》，第 26 页。

③ 《女论语·和柔章》，第 27 页。

④ 郭齐家、李茂旭：《中华传世家训经典》，人民日报出版社 2009 年版，第 1277 页。

⑤ 《女论语·训男女章》，第 23 页。

⑥ （明）王相笺注：《女四书·内训》四卷，清光绪六年刻本。

三、唐代女子教育的方法

从唐代流传的这些传统蒙养教材中可以看到一系列丰富且合乎教育规律的女子教育方法，主要包括以下三个方面：

（一）树立榜样

在女子教育的方法上，古代女子教育者尤其重视榜样的示范、激励作用。榜样人物的事迹典范，具有极强的说服力和感染力，能使人产生“见贤思齐，见不贤内自省”的道德情感，从而自觉地将自己的行为与榜样相对照，变成趋善避恶、择善而从的道德行为。“身教重于言教”是我国的一条古训，在女性道德教育中指的是通过母亲的示范，对子女起到熏陶和潜移默化的作用。《列女传》就专门记载和表彰了古代杰出女性的事迹，无数典型的贤母，在教育子女方面做出了极大贡献，如东周齐王孙贾的母亲以忠义教子；楚孙叔敖的母亲以仁爱教子；齐田稷的母亲以廉洁教子。希望当时的母亲们以她们为榜样，注重品德的陶冶，以便教育好后代。在强调榜样示范作用的同时，也举了些反面事例来警醒世人。《女论语》中也可见此方法。见贤思齐，学习好的榜样；见不善而自警，引为鉴戒，这样才能使女子受到比较全面而深刻的教育。

（二）循序渐进

循序渐进是指教育者根据女子不同时期的发展特点对其进行教育。如早在西周时期，周代贵族家庭就有一套按照儿童年龄安排教育的程序。《礼记·内则》便记载了女子从出生到十岁的家庭教育，十岁之后即“女子十岁不出，姆教婉娩听从，执麻枲、治丝茧、织纴组驯、学女事、以供衣服；观于祭祀，纳酒浆笾豆菹醢，礼相助奠。”①出嫁时，父母还要对她大加教育，

① 王文锦译解：《礼记译解》，中华书局2001年版，第399页。

使女子具有事舅姑和丈夫的素养以及治家的基本知识和技能。正是通过这种由浅及深的教育方法，使女子接受道德教育。尽管这种方法有过于僵硬的倾向，但总体来说，在古代，教育者能够根据受教育者不同发展时期身心发展的情况实施符合教育规律的教育，实属不易。

（三）寓教于生活

古代很重视通过日常生活琐事对女子进行教育，即在潜移默化、耳濡目染中使女子受到教育。《女论语》中就说“五更鸡唱，起着衣裳”，“捡柴烧火，早下厨房”①，是教育女子要养成勤劳早起的好习惯。并从学礼、营家、待客等生活细节对女子进行启发教育。“一生之计，惟在于勤。一年之计，惟在于春。一日之计，惟在于寅”，使女子懂得光阴似箭，岁月如梭，时间如生命般宝贵，应懂得珍惜。要利用好春季、寅时进行勤俭持家，更能使家道殷实，生活安康。我们至今仍需牢记这样的古训，它是一种财富。我国古代的女子教育基本上都是教育者通过生活中的点滴对其进行的“及时”教育，这样的教育方法易于接受，收效也甚好，适合古代女子教育的特点。

四、小　结

由上文可以看出古代女子的教育于当下是有许多可借鉴之处的。对于当下女子教育我们可以根植于本土化，注重发展多元化。另外，胡适先生曾借“美国的妇人”之口说：“做一个良妻贤母，何尝不好。但我是堂堂的一个人，有许多该尽的责任，有许多可做的事业，何必定须做人家的良妻贤母，才算尽我的天赋，才算做我的事业呢?”② 社会在进步，贤妻良母也在“与时俱进”，当下的女子教育要培养的应是一个具有完全人格的人，脱离封

---

① 《女论语·早起章》，第 16 页。

② 胡适：《美国的妇人——在北京女子师范学校讲演》，收入《胡适文存》第 1 集，首都经济贸易大学出版社 2013 年版，第 395 页。

建礼教束缚的社会人，有独立经济能力和精神追求的自由人。即把女性的培养目标从“相夫教子”的“贤妻良母”升华到有知识、有文化、有能力、有理想的新女性。总之，笔者期望世间的女子都可以努力成为一个“知性而优雅”“精致而有品”“柔顺而贞静”“贞德而友爱”的独特女子。陶冶心性、培育品格、完善人格的过程，是一项持久的系统工程，希望家庭教育、社会教育与学校教育能够在终身教育理念下相携共为。

敦煌写本《上大夫》相关问题研究*

任占鹏**

摘要：敦煌写本《上大夫》是唐五代时期在敦煌流行的识字、习字蒙书，共29件写本。从写本来看，与《上大夫》连抄的“牛羊千口，舍宅不售，甲子乙丑，大王下首，之乎者也”等语，不是一部单独的蒙书，而是《上大夫》的一部分。《上大夫》的意义与孔子及教化三千弟子有关，有明显的儒家劝学意味。在敦煌流行着两个版本的《上大夫》，“七十士，尔小生”是倾向书面用法的版本，“七十二，女小生”是较为口语化的一个版本。宋代发展成为《上大人》，舍弃了“牛羊千口”等语，加上了“佳作仁，可知礼也”，内容全部成为三字韵语，韵脚统一，更加朗朗上口。其由于笔画简易，具备习字的基本笔画，成为后世学童习字的宝典。

关键词：敦煌写本；上大夫；上大人；童蒙教育

敦煌文献中有关《上大夫》的写本有29件，不仅为后世流传的习字宝典《上大人》提供了追根溯源的材料，而且对进一步研究《上大夫》的性质、内容变化及产生变化的原因有着非凡的意义。早年刘复在法国便对P.3145V进行了录文①；王利器比较早地对敦煌写本《上大夫》的内容、后世

* 本文为2016年度国家社科基金重大项目“童蒙文化史研究”（16ZDA121）阶段性成果之一。

** 作者简介：任占鹏，日本广岛大学综合科学研究科博士研究生，主要从事童蒙文化、敦煌学研究。

① 刘复辑：《敦煌掇琐》，国立中央研究院历史语言研究所1925年版，收入黄永武博士主编：《敦煌丛刊初集》第15册，（台北）新文丰出版公司1985年版，第355页。

的流传及用途进行了介绍①；刘铭恕在《上大人、丘乙己跋》中讨论了《上大夫》的历史及使用情况与文字的意义，提出了应重视此类文字，考察敦煌本与宋后所传本的异同②；朱凤玉对《上大夫》的研究很有建树，对写本的叙录、内容与性质、时代与流传、《上大夫》与俗文学的关系等方面均有详细的考证和说明，极大推进了《上大夫》写本的研究③；刘长东在前面学者的基础上，进一步关注到了"上大夫"写本中的诗歌内容，指出"尚仕由山水"和"王子去求仙"等五言诗是与《上大夫》结合在一起的启蒙教育教材，研究意义不可忽视④；张涌泉在《敦煌经部文献合集》中对 P.3145V 和 S.4106V 等写本进行了校录，且认为"牛羊千口"等语属于另一则训蒙读物⑤；日本学者海野洋平从具体的写本出发，对一些写本进行了细致的内容和时代方面的考证，分析了《上大人》诞生之初的文本及变化，而且不局限于《上大夫》本身，认为写本中"牛羊千口"等语是《上大人》的姐妹篇，并进行了校释⑥。另外，近年来丁志军、徐梓、吴乔、邓凯等学者对《上大

---

① 王利器：《跋敦煌写本〈上大夫〉残卷》，《文献》1987 年第 4 期；《敦煌写本〈上大夫〉残卷跋尾》，《社会科学战线》1990 年第 3 期；《试论"上大人"的用途》，《河北师院学报（社会科学版）》1992 年第 4 期；《"上大夫"备考》，载《晓传书斋集》，华东师范大学出版社 1997 年版，第 499—506 页。

② 刘铭恕：《敦煌遗书丛识》，《敦煌语言文学论文集》，浙江古籍出版社 1988 年版，第 51—55 页。

③ 朱凤玉：《敦煌蒙书写本〈上大夫〉研究》，载《第五届唐代文化学术研讨会论文集》，（高雄）丽文文化事业公司 2001 年版，第 87—104 页；郑阿财、朱凤玉：《敦煌蒙书研究》，甘肃教育出版社 2002 年版，第 139—156 页；朱凤玉：《敦煌俗文学与俗文化研究》，上海古籍出版社 2011 年版，第 216—235 页。

④ 刘长东：《论中国古代的习字蒙书——以敦煌写本〈上大夫〉等蒙书为中心》，《社会科学研究》2007 年第 2 期。

⑤ 张涌泉：《训蒙书抄（一）伯三一四五背》《训蒙书抄（二）斯四一〇六背》，见《敦煌经部文献合集》第 8 册《小学类字书之属》，中华书局 2008 年版，第 4127—4142 页。

⑥ [日] 海野洋平：《童蒙教材〈上大人〉の順朱をめぐって：敦煌写本 P.4900（2）P.3369v に见る〈上大人〉黎明期の诸问题》，《历史》第 117 号，2011 年，第 1—29 页；《敦煌童蒙教材〈牛羊千口〉史料辑览》，《一关工业高等专门学校研究纪要》第 46 号，2011 年，第 7—30 页；《敦煌童蒙教材〈牛羊千口〉校释：蒙书〈上大人〉の姊妹篇》，《一关工业高等专门学校研究纪要》第 47 号，2012 年，第 7—22 页。

人》的功能和在流传过程中意义变化等多方面进行了研究①。

前人成果如此丰富，但是关于《上大夫》的内容及发展变化，依旧充满了疑问。笔者发现敦煌本《上大夫》存在两个版本，而且与后世流传《上大人》的内容有一些的差别。以下就写本中“牛羊千口”等语与《上大夫》的关系，《上大夫》全文的内容与含义，以及与后来的《上大人》的关系进行探讨。

一、《上大夫》的内容与含义

敦煌写本《上大夫》迄今发现有29件，是S.747V、P.4900（2）、P.2738V、P.3369V、P.3705V、S.6960V、P.2564V、P.3797V、S.5441、S.5631V、P.3145V、S.264V、S.1232V、S.1472V、S.4106V、S.5754V、S.6019V、S.6606V、S.8668V、P.2178V、P.3806V、P.tib.2219、BD1640、BD1745V、BD1774V、BD3955V、BD7089、Дx.6050V、Дx.8655V。以下以这些写本为依据，探讨《上大夫》的内容与含义。

（一）“牛羊千口”等语是《上大夫》的一部分

关于敦煌写本《上大夫》的内容，现在普遍认为是“上大夫，丘乙己，化三千，七十士，尔小生，八九子”，而之后的“牛羊千口，舍宅不售，大王下首，甲子乙丑，之乎者也”等语被认作是另外一则训蒙读物，原因之一就是宋代以后的《上大人》全文为：“上大人，丘乙己，化三千，七十士，尔小生，八九子，佳作仁，可知礼也”，并不见“牛羊千口”等语；原因之二是敦煌29件写本中，“八九子”之后接“牛羊千口”的只有13件，剩余的写

① 丁志军：《从习字训蒙到大众娱乐——论蒙书〈上大人〉功能的历史演变》，《湖北民族学院学报（哲学社会科学版）》2012年第2期；徐梓：《〈上大人〉浅说》，《寻根》2013年第6期；吴乔：《从敦煌“上大夫”看唐代民间书写》，《大众文艺》2013年第10期；邓凯：《“上大人”文本传播中功能与涵义的变迁》，《中南大学学报（社会科学版）》2015年第5期。

本都没有抄完，并不能确定完整的内容；原因之三是“牛羊千口”等语为四字韵语，韵脚和内容都与前边的三字韵语不衔接。

纵观敦煌《上大夫》写本，可以确定内容完整者，只有 S.4106V、S.5631V、P.3145V、P.3806V 四件，除了 P.3806V 结尾是“可知其礼也”外，前 3 件中“八九子”之后都接有完整的“牛羊千口，舍宅不售，大王下首，甲子乙丑，之乎者也”，前四句是押韵的（“口”属上声厚韵，“售”属去声宥韵，“首”“丑”二字属上声有韵），“之乎者也”是语气助词，说明“牛羊千口”至“之乎者也”这五句是一个整体。那么它是不属于《上大夫》的独立教材或者说是《上大夫》姐妹篇吗？

再从没有抄完的写本来看，其中“八九子”之后接“牛羊千口”等语的写本有 10 件，列表如下：

写本编号	P.2738V	P.3369V	P.3705V	P.2564V	P.3797V	S.1232V	S.1472V	S.8668V	P.tib.2219	Дx.6050V
后接内容	牛▨(羊)	牛▨(羊)万口，舍宅不受，甲	牛羊千口	牛羊千口，舍宅……之乎者也	牛羊千口，宅字	牛▨(羊)千口，舍宅不受	羊（牛）羊千口，舍	牛羊	牛	牛羊千▨(口)

加上前文提到的 3 件内容完整的写本，共 13 件写本，比例将近占到了《上大夫》写本的一半。在其余的写本中，除了 P.3806V 外，都没有抄写完，而且没有一件是以“八九子”收尾，可以说缺乏《上大夫》就是以“八九子”结尾的明证。

假如“牛羊千口”等语是一则独立的蒙书，学童在学习的时候，完全可以不用按照先抄写《上大夫》，再抄写“牛羊千口”的顺序，就是说写本中可能会出现“牛羊千口”在前，《上大夫》在后的抄写次序。但是，这种颠倒顺序的抄写方式的写本尚未见到。

再以 S.4106V 和 P.3145V 为例，两个写本都有“上士由山水”诗。S.4106V 中，诗抄在《上大夫》之前；P.3145V 中，诗抄在《上大夫》之后，说明二者不是一个整体，抄写顺序是自由的。再以S.1472V和S.5631V为例，两个写本中都有数字“一二三四五六七八九十”。S.1472V中，数字在《上大夫》之前；S.5631V中，数字在《上大夫》之后，二者的抄写顺序也是自由的。返回来再看有“牛羊千口”等语的13件写本，都是在“八九子”之后紧接“牛羊千口”，抄写顺序是完全固定的，说明二者不是姐妹篇，而是一个整体。而且在敦煌文献中，尚未发现单独出现的“牛羊千口”等语。

再从《上大夫》中前半部分“上大夫……八九子”和后半部分“牛羊千口”等语的性质来分析。《上大夫》主要用于学童识字，结构简单，易于掌握。

S.1313《大乘百法明门论开宗义记序释》载：

> 言满半满于言派者，且如世小儿上学，初学“上大夫”等为半字，后聚多字成一字者，今尽识会为满字。

梁释僧祐《出三藏记集》卷1载：

> 梵书制文有半字满字。所以名半字者，义未具足，故字体半偏，犹汉文月字亏其傍也。所以名满字者，理既究竟，故字体圆满，犹汉文日字盈其形也。故半字恶义以譬烦恼，满字善义以譬常住。又半字为体，如汉文言字，满字为体，如汉文诸字，以者配言方成诸字，诸字两合即满之例也，言字单立即半之类也。半字虽单为字根本，缘有半字得成满字。①

可以理解为学童是把《上大夫》看作是“半字”，如偏旁部首一般，先学偏旁部首，再学习把“半字”聚合在一起，便识会满字。② 进一步理解的

① ［日］高楠顺次郎、渡边海旭编：《大正新修大藏经》第55卷《目录部全》之《出三藏记集》卷1《胡汉译经音义同异记第四》，（东京）大正一切经刊行会1928年版，第4页。

② 关于“半字”“满字”的说明，请参见笔者《从敦煌文献看唐五代的童蒙习字》，收入金滢坤主编：《童蒙文化研究（第一卷）》，人民出版社2016年版，第289页。

话，“半字”可以指单个的字，所谓“义未具足”；“满字”可以指造句作文，所谓“理既究竟”。

清王筠《教童子法》：

> 蒙养之时，识字为先，不必遽读书。先取象形、指事之纯体教之。识“日”“月”字，即以天上日、月告之；识“上”“下”字，即以在上在下之物告之，乃为切实。纯体既识，乃教以合体字。又须先易讲者，而后及难讲者。①

这里王筠提到的“纯体”就是“半字”，日、月、上、下四字从汉字的结构来说，都是单一结构，与《上大夫》相似。“纯体既识，乃教以合体字”，那“合体字”不就是“满字”吗。

“牛羊千口”等语中除了“舍宅不售”一句，其他几句中的字都比较简单，都可以作为学习的“半字”，尤其是“之乎者也”四字，是造句作文必不可缺的，也符合唐人的“半字”“满字”的说法。可见“牛羊千口”等语在性质上与前半部分是非常相似的。

《上大夫》不仅是识字、习字教材，而且是一种三字与四字韵语相结合的容易记忆的口诀，与宋代的《三字经》颇为类似。《上大夫》前半部分和后半部分都包含有押韵和平仄的技巧。如：

上大夫，丘乙己。（“己”上声止韵）

化三千，七十士。（“士”上声止韵）

尔小生，八九子。（“子”上声止韵）

牛羊千口，（“口”上声厚韵）

舍宅不售，（“售”去声宥韵）

---

① （清）王筠：《教童子法》，见王云五主编：《丛书集成初编》（986），商务印书馆1937年版，第1页。

大王下首，（“首”上声有韵）

甲子乙丑，（“丑”上声有韵）

之乎者也。

前半部分以仄平、仄仄为主，后半部分以平仄为主，共同点是都用仄声收尾，容易朗诵记忆。前半部分作为学童识字、习字口诀，共6句18字，虽有贯通的意义，然而过于简短了些。笔者猜测，可能当时教书先生认为前半部分内容太少，因而把“牛羊千口”等语作为基础知识的补充添加了进来，内容简单，笔画数少，与前半部分一起构成了一个全新的口诀，然后在敦煌地区流传。

综上所述，从“上大夫……八九子”与“牛羊千口”等语的固定抄写顺序、性质、音韵等方面，分析了二者之间的密切关系，旨在说明二者是一体的，它们并不是两篇独立的蒙书，可能是教书先生把它们合在了一起，组成了新的蒙书。随着时代的发展，三字韵语的前半部分由于笔画简单，诵读更为上口，流传越来越广泛；而“牛羊千口”等语由于是四字韵语，且与前文三字韵语韵脚不同，内容也越来越不可解，于是逐渐被淘汰。《上大夫》写本中，抄写到“牛羊”二字者多，抄写完整者少，说明学童抄写到“牛羊”二字的时候，就不愿意再抄写后面的部分，恰好反映出“牛羊千口”等语被学童冷落的情况。

（二）《上大夫》的含义

敦煌本《上大夫》，南宋以后作《上大人》，篇幅短小，笔画简单，然而其内容究竟是何意，明清时期对其含义已经多不能解，抑或是根据自己的理解自圆其说。

明叶盛《水东日记》卷10“描朱”条载：

上大人，丘乙已，化三千，七十士，尔小生，八九子，佳作仁，可知礼也……已上数语，凡乡学小童，临仿字书，皆昉于此，谓之描朱。尔传我习，几遍海内，然皆莫知所谓。或云：仅取字画简少，无他义。

或云：义有了了可解者，且有出也。①

《上大人》已经是传遍海内，凡是乡学中的小童都用以习字，但是很少有人知道它的含义，或者有解释也是有错误的，甚至有的人认为它是没有意义的。

明祝允明《猥谈》中猜测“上大人”意为孔子给其父的书，所以在“上父书”条云：

“上大人，丘乙己，化三千，七十士，尔小生，八九子，佳作仁，可知礼。”右八句，末曳“也”字，不知何起。今小儿学书必首此，天下同然。书坊有解，胡说耳。《水东日记》记言：“宋学士晚年写此，必知所自。”又《说郛》中曾记之，亦未暇检。向一友谓予：“此孔子上其父书也。‘上大人’句，上，上书；大人，谓叔梁纥。‘丘’句，圣人名。‘乙己化三千七十士尔’句，乙，一通言，一身所化士如许。‘小生八九子佳’句，八九七十二也，言弟子三千中七十二人更佳。‘作仁’句，作，犹为也。‘可知礼也’，仁礼相为用，言七十子善为仁，其用礼可知。”大概取笔画稀少，开童子稍附会理也。②

祝允明认为书坊的解释都是胡说，他相信的是一位朋友告诉他的版本，然而笔者认为这个版本的解释有对有错，对的是《上大人》与孔子及其教化三千弟子有关，错的是认为是孔子给自己父亲的书信。从敦煌本作“上大夫”，就可以排除这个错误。其实把《上大人》与孔子联系在一起，早在南宋就出现了。南宋陈郁《藏一话腴》载：

孩提之童才入学，使之徐就规矩，亦必有方，发于书学是也。故“上大人，丘乙已，化三千，七十士，尔小生，八九子，佳作仁，可知

① （明）叶盛撰，魏中平点校：《水东日记》卷10，中华书局1980年版，第105—106页。

② （明）祝允明：《猥谈》，载（明）陶宗仪等编：《说郛三种》之《说郛续》卷46，上海古籍出版社1988年版，第2097页。

礼也”，殊有妙理。予解之曰：大人者，圣人之通称也。在上有大底人，孔子是也。丘是孔子之名，以一个身已，教化三千徒弟，其中有七十二贤士，但言七十者，举其成数也。尔是小小学生，八九岁底儿子，古人八岁始入小学也。佳者，好也。作者，为也。当好为仁者之人。可者，肯也。又当肯如此知礼节，不知礼，无以立也。若能为人知礼，便做孔子也做得。凡此一段也，二十五字，而尔字居其中，上截是孔子之圣也，下截是教小儿学做孔子。其字画从省者，欲易于书写，其语言叶韵者，欲顺口好读，已、士、子、礼四字音韵相叶也。之一字，乃助语以结上文耳。言虽不文，欲使理到，使小儿易通晓也。①

陈郁的解释很有道理。他解释“上大人”为孔子，结合敦煌本《上大夫》，首句是“上大夫”，“孔丘曾为鲁司寇，位在上大夫之列”②，第二句是“丘乙已”，那么两句联系在一起，指代孔子的可能性很高。

元谢应芳《龟巢稿》卷 14“学书”条云：

字书之学，训蒙者率以“上大人”二十五字先之，以为点画简而易习也。然所云“三千”、“七十”，殆若指孔门弟子而言，是则第四字乃圣人名讳，理合回避，岂宜呼之以口以渎万世帝王之师乎？其末两句之乖剌尤甚。③

考“孔丘”之语，在宋代以前的典籍中，出现次数很多，并无避讳，那么《上大夫》在晚唐产生并流行，自然不会过于注重“丘”的避讳，陈郁在解释《上大人》的时候也并未提及避讳，可见谢应芳此说并不可取。

陈郁解释“丘乙已，化三千，七十士”是孔子以一已之力教化三千弟

① （宋）陈郁：《藏一话腴》，载《说郛三种》之《说郛》卷 60，第 911 页。

② 张涌泉：《敦煌经部文献合集》第 8 册《小学类字书之属》，第 4130 页。

③ （元）谢应芳：《龟巢稿》卷 14，影印文渊阁《四库全书》（1218），（台北）商务印书馆 1986 年版，第 329 页。

子，其中有七十二贤士，“七十”是取整，比较符合古人用语习惯。实际在P.3797V和Дx.8655V中，底卷作“丘一已”，正好与陈郁的解释相合，或许是“一”字过于简单，而且与数字重复，遂改为“乙”。再看“七十士”，在《上大夫》写本中作“七十二”的有16件，解释为“有七十二贤士”就更容易理解了。陈郁解释“尔小生，八九子”是“你是小小学生，八九岁底儿子，古人八岁始入小学也”,《上大夫》写本此句多作“女小生”，有16件，作“尔小生”有3件。《集韵·语韵》：“女，尔也，通作汝。”《古今韵会举要·庚韵》：“生，诸生弟子之称”，“尔小生”或“女小生”的意思就是你这个小学生。以上说明，陈郁说“上截是孔子之圣，下截是教小儿学做孔子”，这样解释应该最合《上大夫》的原意。

“牛羊千口，舍宅不售，甲子乙丑，大王下首，之乎者也”，这五句不容易理解，而且宋以后消失了，现在要解释通彻更为不易。海野洋平在研究“牛羊千口”等语的时候，曾对敦煌文献中“牛羊”“口”“舍宅”“大王”等进行了统计举例，为数很多，确实是常用的词语，但是没能解释这些话的具体含义①。

“牛羊千口”，有的写本作“牛羊万口”，直接意义就是牛羊众多，表示富裕。《说文》曰：“羊，祥也。从𦍌。象四足角尾之形。孔子曰：牛羊之字以形举”，根据这段话笔者猜测“牛羊”二字出现在训蒙读物中，不仅是因为表示常用，或许与圣人之言有一定的关系。

“舍宅不售”，有的写本作“舍宅不受”，“售”与“受”在敦煌文献中经常通用，此处当作“舍宅不售”，直接意义就是不出售舍宅。唐人寒山有诗：“教汝数般事，思量知我贤。极贫忍卖屋，才富须买田。”② 就是说再贫穷也不能出卖房子，项楚注曰：“古人以卖屋为败家之事。”单以“极贫忍卖屋”此句来推断“舍宅不售”的含义，就是告诫学童贫不卖房。

“大王下首”，有的写本作“大王下手”，“下首”和“下手”都有指代位次较低的一边的含义。传统“大王”的含义，一是指对君主或者是诸侯王的

① ［日］海野洋平：《敦煌童蒙教材〈牛羊千口〉校释：蒙书〈上大人〉の姊妹篇》，第7—22页。

② 项楚：《寒山寺注》，中华书局2000年版，第384页。

敬称，敦煌文献中多指归义军节度使；二是指王羲之①；三是指周文王的祖父古公亶父；四是指佛陀。可见“大王”可以指社会地位高的人或者是受敬仰的人。那么，“大王下首”一句就是指社会地位高的人和社会地位低的人。

“甲子乙丑”，是天干地支的简称。大诗人李白“五岁诵《六甲》”②，《六甲》就是指六十甲子。敦煌蒙书《孔子备问书》有：“问曰：六十甲子？”“甲子、乙丑、丙寅、丁卯、戊辰……辛酉、壬戌、癸亥也。”敦煌文献中有关的《六十甲子纳音》的写本较为完整的有：S.1815V、S.3287、S.3724V、P.2255V、P.3984V、P.4711、BD490V，抄写不完整的有 P.2249V、P.2556V、P.2609V、P.3305V、Дx.2898、Дx.5890V 等，是学童学习六十甲子的具体表现。

“之乎者也”，语气助词。《千字文》的结尾亦有“谓语助者，焉哉乎也”。古人作文都离不开这几个词，正如古谚语云：“之乎者也矣焉哉，用得成章好秀才”。

把以上五句话的含义连接起来，应该是表达：不论是富贵、贫穷，还是高贵、低贱，都要学习或者使用“甲子乙丑”“之乎者也”，也就是说要学习知识。

综上所述，敦煌写本《上大夫》前半部分与孔子教化三千弟子有关，具有劝学性质；后半部分“牛羊千口”等语，也是告诫学童不管身处什么样的环境都要学习，所以《上大夫》是具有儒家劝学意义的蒙书。

二、《上大夫》的版本及与《上大人》的关系

敦煌写本《上大夫》共 29 件，除去只有几个字的写本，仔细对照就会发现，其实存在两个版本。而且，宋代以后出现的《上大人》，与《上大夫》有怎样的关系，内容有什么变化，也值得探讨。

---

① （唐）李倬撰、萧逸校点《尚书故实》载：“太宗酷好书法，有大王真迹三千六百纸。”（收入《唐五代笔记小说大观》，上海古籍出版社 2000 年版，第 1158 页）

② （清）王琦注：《李太白全集》卷 26《上安州裴长史书》，中华书局 1977 年版，第 1243 页。

（一）敦煌写本《上大夫》有两个版本

《上大夫》的全文是："上大夫，丘乙已，化三千,七十二（或作'七十士'），女小生（或作'尔小生'），八九子。牛羊千口，舍宅不售，大王下首，甲子乙丑，之乎者也。"

敦煌本中最为明显的就是"七十二"与"七十士"、"女小生"与"尔小生"的不同。除了P.3369V漫漶不清，无法断定是"七十二"还是"七十士"，可以明确是作"二"字的写本共有16件，"士"字的写本共有3件；作"女"字的写本共有16件，"尔"字的写本共有3件，其中P.3806V中作"二小生"，可以校作"尔小生"，也算进去。兹把可考的写本的时代和相关内容列举如下：

写本编号	写本年代	相关内容
S.747V	元和十二年（817）	七十二、女小生
P.4900（2）	咸通十年（869）	七十士、尔
P.2738V	咸通十年（869）	七十二、女小生
P.3369V	乾符三年（876）	七十二，女小生
P.3705V	中和二年（882）	七十二、女小生
S.6960V	同光三年（925）	［七］十二、女少（小）生
P.2564V	同光三年（925）	七十二、女小生
P.3797V	太平兴国二年（977）	七十二、女小生
S.5631V	太平兴国五年（980）	七十二、女小生
P.3145V	端拱元年（988）	七十二、女小生
S.1472V	10世纪前期	七十二、女小生
S.4106V	10世纪中后期	七十二、女小生
P.3806V		七十士、二（尔）小生
S.5754V		七十二、女
S.1232V		七十二、女小生
P.tib.2219		七十二、女小生
Дx.6050V		七十二、女小□（生）
S.6606V		七十士、女小子
Дx.8655V		七十二、尔

从表中可以看出，抄写年代是咸通十年（869）的P.4900（2）和P.2738V，前者作“七十士，尔小生”，后者作“七十二，女小生”，说明当时在敦煌地区同时流传着这两个版本。而且从S.6606V和Дx.8655V中可以看出，也存在着“七十士，女小生”和“七十二，尔小生”的混用现象。写本中作“二”“女”的件数明显较多，说明在敦煌地区主要流行的是“七十二，女小生”的版本。

在前文分析押韵和平仄的时候，可以看到“已”“士”“子”均属上声止韵，“二”属去声至韵，虽然“士”与“二”都是仄声，但是从口诀记忆的角度来看，“士”应该更符合《上大夫》的韵律。而“七十二”可能是为了便于学童理解“有七十二贤士”所改，可能是口语化的一个版本。“女小生”的“女”作为人称代词的用法在甲骨文中已经出现，东汉以后被“汝”和“尔”取代，但是从敦煌变文的材料来看①，“女”作为口语，一直到10世纪仍在敦煌地区被使用。所以笔者推测，“七十士，尔小生”是较为书面用法的版本，“七十二，女小生”是敦煌地区流行的口语化的版本。

（二）敦煌写本《上大夫》与《上大人》的关系

宋以后《上大人》的全文是：“上大人，丘乙已，化三千，七十士，尔小生，八九子，佳作仁，可知礼也。”

关于首句“上大夫”和“上大人”的不同。敦煌写本中均作“夫”，宋以后的文献中均作“人”。从年代来看，“上大夫”应该在先，后演变为“上大人”。“人”与“佳作仁”的“仁”同韵，可能是在增加“佳作仁”一句的时候所改。其变化的年代已无从考证。南宋普济《五灯会元》卷4《睦州陈尊宿》载：“问：‘如何是一代时教？’师曰：‘上大人，丘乙已。’”② 王利器言：“陈蒲鞋是唐僖宗时人，已经引用及此，则此词在唐代自必盛行。”③ 此处虽

① 敦煌变文中保存了当时大量的口语材料。笔者查阅敦煌变文资料后，发现“女”作为人称代词的用法出现次数非常多，但是“尔”字尚未见到。

② （宋）普济著，苏渊雷点校：《五灯会元》，中华书局1984年版，第233页。

③ 王利器：《跋敦煌写本〈上大夫〉残卷》，《文献》1987年第3期。

作“上大人”，然而是宋人的记载，不能判定“师曰”之语究竟是“夫”还是“人”。不过可以断定的是，大抵在南宋，《上大人》就已经成形。

《上大人》中“己”“士”“子”“礼”四字是押韵的，均是仄声。仔细再分析，其实“上大人”“佳作仁”中“人”“仁”（均属上平真韵）二字也是押韵的，“化三千”“尔小生”中“千”（属下平先韵）和“生”（属下平庚韵）虽然韵目不同，但是读起来与“人”“仁”二字也有音韵相协的感觉，且都是平声。全文是三字体，达到了整体韵律的统一，更加便于儿童诵读。

综上所述，“七十士，尔小生”应该是《上大夫》较为书面的一个版本，“七十二，女小生”是在敦煌地区流行的口语化的一个版本。到了南宋，《上大夫》消失，出现了《上大人》。从这一变化可以看出，口诀的内容追求简洁、韵律追求统一是发展的趋势。三字口诀更为简短，表意更为单纯直接，读起来朗朗上口、轻快活泼，容易被学童所接受。

三、《上大夫》的描朱

《上大夫》作为基础的识字书，是如何学习的呢？学童识字，除了要不断地读，还要依赖抄写，达到手熟，尤其是《上大夫》还兼有习字功能，是宋代以后学童初学写字首用的教材。敦煌写本《上大夫》中以全文抄写或者是两字习写为主。

宋陈元靓《事林广记》丁集“速成门”中“小儿写字法”条提到了《上大人》的学习方式：

> 写字时，先写“上大”二字，一日不得过两字。两字端正，方可换字。若贪字多，必笔画潦草，写的不好。写得好时，便放归。午后亦上学。①

① （宋）陈元靓：《事林广记》，收入《和刻本类书集成》第1辑，上海古籍出版社1990年版，第253页。

一天写两个字“上大”，写好了，才能换字。字虽然简单，但是要求是很严格的。与敦煌的习字学习相似，如 S.1618V《兰亭序习字》，一字习写两行，工工整整。

明叶盛《水东日记》卷 10 把《上大人》的习字称为“描朱”，其云：

> “上大人，丘乙己，化三千，七十士，尔小生，八九子，佳作仁，可知礼也。”“尚仕由山水，中人坐竹林。王生自有性，平子本留心。”“王子去求仙，丹成入九天。山中方七日，世上已千年。”已上数语，凡乡学小童，临仿字书，皆昉于此，谓之描朱。尔传我习，几遍海内。①

后世多称小孩习字，为“描朱”或“描红”，意思是用朱笔写范字，让学童临摹。其实在敦煌写本中便保存有 P.4900（2）《上大夫》的描朱。

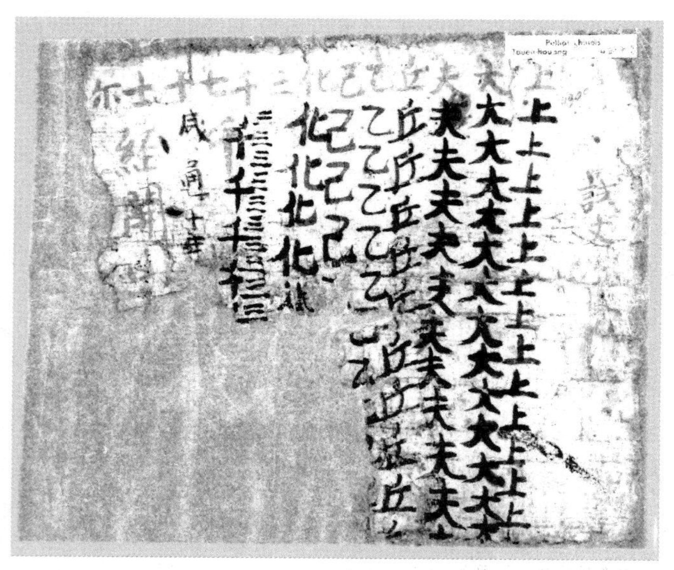

首题朱笔“试文”，每行首字为朱笔，应该是范字，有“上大夫，丘乙己，化三千，七十士，尔”，从书法的角度看，称不上精妙。朱字下每字习写一行，只写到“千”字，“千”字的下一行有朱笔“千”字，应该是先生

① （明）叶盛：《水东日记》，第 105—106 页。

表示习写到此，随后题有墨笔“咸通十年”，书法明显比前边习字好，疑是先生所书。最后是朱笔“经开□”，可能是对学童鼓励的话。第四行“夫”、第六行“乙”、第七行“己”中有朱笔印记，疑是先生对习字的矫正。从形式上说，此卷可能是先生对学童习写《上大夫》成果的一个测试，称为“试文”。

可见描朱的形式，在唐代咸通年间已经出现，而《上大夫》作为描朱的教材，一直延续到清末民初。关于《上大夫》在民间的流传以及对世俗文学的影响，朱凤玉《敦煌写本蒙书〈上大夫〉研究》和郑阿财、朱凤玉《敦煌蒙书研究》已经有非常详细的说明，兹不赘述。

四、结　论

敦煌写本《上大夫》作为9、10世纪重要的识字蒙书，在宋代以后的童蒙教育中影响甚大，然在唐五代的传世文献中没有任何记载，可能是晚唐的民间文人或教书先生所作。

《上大夫》写本中，“牛羊千口，舍宅不售，甲子乙丑，大王下首，之乎者也”一句，不是一部单独的蒙书，而是《上大夫》的一部分。随着时代的发展，三字韵语的部分由于笔画更为简单，诵读更为上口，流传越来越广泛；而“牛羊千口”等语越来越不可解，逐渐被淘汰。其内容意义与孔子及教化三千弟子有关，有明显的儒家劝学意味。

敦煌本《上大夫》应该是从中原地区流传到敦煌的。其中“七十士，尔小生”是倾向书面用法的版本，“七十二，女小生”是较为口语化的一个版本，两个版本同时流行于敦煌地区。宋代以后变成了《上大人》，舍弃了“牛羊千口”等语，加上了“佳作仁，可知礼也”，内容全部成为三字韵语，韵脚统一，更加朗朗上口。其由于笔画简易，具备习字的基本笔画，成为后世学童习字的宝典。明清时代的文人和教书先生已经不明白《上大人》的含义，多附会解释，正是由于一直以来大家注重其习字功能，其原本的含义已经不重要了。

传记史料中的晚清传统童蒙读物研究

潘　帅*

摘要：近年来，蒙学研究持续升温，涌现出众多有关童蒙教育方法和蒙学教材的研究。本文另辟蹊径，在对童蒙读物的定义进行界定的前提下，用微观史学的视角，通过对晚清传记史料的整理研究，提炼出这一时期儿童启蒙常用的读物，进行分类，并对这些童蒙读物的特点进行了分析。

关键词：传记史料；微观史；童蒙读物

二十世纪八十年代以来，我国掀起了一股“蒙学热”，带动了人们对于蒙学的越来越多的关注①，蒙学研究不再是学术研究的“冷板凳”，关于蒙学教材、塾师、蒙学教育方法和教育原则等方面的研究也逐渐增多。本文试图从微观史学的新角度，采用传记史料作为文献来源，探究通过传记史料开展童蒙教育研究的可能性，以及新视角下晚清童蒙读物的使用情况。

一、通过传记史料研究传统童蒙读物的可能性

（一）童蒙读物的定义与已有研究

“童蒙”二字源于《周易·蒙卦》：“蒙，亨。匪我求童蒙，童蒙求我。”

---

* 作者简介：潘帅，北京师范大学教育学部博士研究生，主要研究方向为传统文化教育、家庭教育及童蒙教育。

① 徐梓：《蒙学热透视》，《中国典籍与文化》1992 年第 3 期。

对于这一爻辞，朱熹在《周易本义》中将“蒙”注释为“昧也，物生之初，蒙昧未名也”[①]。也就是说，儿童出生后的状态是蒙昧无知的。因此，古人非常重视“蒙以养正”，将童蒙时期的教育视作修身处世的基础。而童蒙读物，顾名思义，就是古代童蒙教育阶段，专为儿童所作的读物。有学者比较重视童蒙读物的搜集与整理，呈现出一些有价值的学术著作。比如，张志公先生的《传统语文教育初探》和《传统语文教育教材论——暨蒙学书目和书影》从语文教育的角度对蒙学教材、教法和一些史料进行了详细的梳理。[②] 徐梓在《中华蒙学读物通论》中对蒙学读物作了详尽的阐述与介绍，[③] 并总结了蒙学读物的特点。另外，中国华侨出版社出版的《中国蒙学经典大全集》，陈才俊的《中华蒙学精粹》，夏初和惠玲的《蒙学十篇》，徐梓和王雪梅编写的《蒙学要义》《蒙学歌诗》《蒙学须知》《蒙学便读》等著作，[④] 以及李良品的《试论古代蒙学教材的类型、特点及教育功能》，吴洪成和李文慧的《清代前期蒙学教材研究》，王兴中的《童蒙教育及“蒙书”》，任登波的《中国清代前期的蒙学教材探微》，张静的《明清时期蒙学教材发展研究》，于兴汉的《中国古代蒙学教材的编选特色》等，[⑤] 也对我国古代尤其是清代主要童

---

① （宋）朱熹撰，廖名春点校：《周易本义》，中华书局 2009 年版，第 53 页。

② 《传统语文教育教材论——暨蒙学书目和书影》由中华书局于 2013 年出版，系张志公先生在由上海教育出版社 1962 年出版的专著《传统语文教育初探》基础上修订而成，在内容和编排上，都有较大的变动。

③ 该书最初题为《蒙学读物的历史透视》，1996 年由湖北教育出版社初版，2014 年由中华书局再次校订出版，更名为《中华蒙学读物通论》。

④ 《中国蒙学经典大全集》编委会主编：《中国蒙学经典大全集》，中国华侨出版社 2010 年版；陈才俊：《中华蒙学精粹》，海潮出版社 2007 年版；夏初、惠玲：《蒙学十篇》，北京师范大学出版社 1990 年版；《蒙学要义》《蒙学歌诗》《蒙学须知》《蒙学便读》四部著作均由徐梓、王雪梅编写，山西教育出版社 1991 年版。

⑤ 李良品：《试论古代蒙学教材的类型、特点及教育功能》，《甘肃社会科学》2004 年第 3 期；吴洪成、李文惠：《清代前期蒙学教材研究》，《广州大学学报（社会科学版）》2007 年第 9 期；王兴中：《童蒙教育及“蒙书”》，《孔学研究（第七辑）——云南孔子学术研究会第七次暨海峡两岸第五次孔子学术研讨会论文集》，云南孔子学术研究会，2000 年 9 月；任登波：《清代前期的蒙学教材探微》，《教书育人》2005 年第 35 期；张静：《明清时期蒙学教材发展研究》，《滁州学院学报》2011 年第 4 期；于兴汉：《中国古代蒙学教材的编选特色》，载《纪念〈教育史研究〉创刊二十周年论文集（4）——中国学科教学与课程教材史研究》，2009 年。

蒙读物进行了选择性的整理与评析，还有一些学位论文如顾月琴的《日常生活变迁中的教育——明清杂字研究》，黄灿的《〈弟子规〉研究》，郭泽芳的《清代〈弟子职〉研究》，马莉的《〈弟子规〉的德育文化价值及特点》等对某种或某一类童蒙读物进行了专门研究。①

总体上来讲，这些研究成果一般集中在蒙学教材上，或将蒙学教材等同于童蒙读物，这是将童蒙读物的定义狭窄化了。“读物”一词，是阅读材料的意思。因此，从广义上来讲，“童蒙读物”应该是蒙童能够阅读到的所有材料，蒙学教材应该是包含在童蒙读物的范畴之中。

（二）传记史料的价值

传记史料在历史研究中的正式使用，是始于国外的年鉴学派和微观史学理论。二十世纪四十年代以来，法国年鉴学派历史学家将研究的视野下移，更加关注底层民众群体的微观日常生活，出现了《菲利普二世时代的地中海和地中海的世界》《蒙塔尤》这样“新史学”的代表作。研究视野的改变，也改变了传统的历史文献来源，在传统的“正统史料”之外，日记、笔记、报刊、回忆录等更私人化、私密和琐碎化的史料开始得到人们的重视。

“所谓传记史料，即反映人物生平历史的素材。这种材料，可以是记叙历史全貌的，也可以是片断的”②。传记史料的应用对于教育史研究具有重要的价值。“历史人物的传记能够生动地、形象地反映人类社会生活的历史，在一定程度上再现人类富有色彩的社会生活。或许可以认为，历史人物是形象的历史，是历史的镜子”③。而这一点是历来倚重于档案等正统史料的教育史研究方式所难以呈现的。尤其是由历史亲历者自己的记述，可以透视出亲历者本人在彼情彼境之下最直接的体验与认知。也许一个人的体验不具有代表

① 顾月琴：《日常生活变迁中的教育——明清时期杂字研究》，华东师范大学博士学位论文，2009 年；黄灿：《〈弟子规〉研究》，上海师范大学硕士学位论文，2011 年；郭泽芳：《清代〈弟子职〉研究》，湖北大学硕士学位论文，2012 年；马莉：《〈弟子规〉的德育文化价值及特点》，山西师范大学硕士学位论文，2014 年。

② 冯尔康：《清代人物传记史料研究》，天津教育出版社 2006 年版，第 3 页。

③ 冯尔康：《清代人物传记史料研究》，第 2 页。

性，但诸多人的体验汇聚在一起的时候，就能够体现出生动而全面的效果。

对于童蒙读物研究来说，现有的成果更关注已经发现的童蒙读物的分类、考证和解读，对于真正去学习这些读物的儿童的体验，较少探究，而这一方面，恰恰能够成为现有研究的有益补充，为童蒙教育这张拼图，拼上生动鲜活的一块。

传记史料的采用，也存在着一定的争议，最突出的就是主观性问题。不可否认的是，传记史料中必然带有不可避免的主观性，但如果以客观的态度，来研究这些在以往的研究中“缺席”的“非正统”史料，可以作为现有教育史研究方法的一个有意义的补充。而且，胡适认为：“一切自传，最特殊的部分必定是幼年与少年时代。写到入世做事成名的时期，就不能不有所顾忌，不能不‘含蓄’‘委婉’了。”① “一般来说，从浪漫主义时代直至今天，自传中最生动的部分，都是有关童年时期经验的。”② 本文认为，自传中关于童年时代的记述，并未涉及利益纠葛和政治因素，回忆者往往带着深厚的感怀，去回味童年时的趣味，因此，基本上是可信的。

本文所用的传记史料来源于从《北京图书馆藏珍本年谱丛刊》中筛选出来的自叙年谱，以及已经出版的自传、日记、回忆录。因清代中叶以前自传性年谱较少，又多亡佚，本研究所选取的谱主或传主均生于晚清。又因本研究的研究对象为传统童蒙读物，谱主的生年便被局限在1840年至1900年，即清末新政之前。在此筛选条件下，最终采用自叙年谱以及自传、回忆录各42部。

二、传记史料中的童蒙读物种类

古人称十五岁为成童，十五岁以下为幼童，从出生后开始，蒙昧无知的数年为婴、稚。《汉书·食货志》云：“八岁入小学，学六甲五方书记之

① 沈宗翰：《沈宗翰自述》（胡适序），（台北）正中书局 1975 年版。

② Jerome Hamilton Buckley，*The Turning Key*：*Autobiography and the Subjective Impulse since 1800*，Harvard University Press，1984，p.46.

事，始知室家长幼之节。十五入大学，学先圣礼乐，而知朝廷君臣之礼。”①将幼童和成童的教育分为不同的两个阶段。然而，随着科举成为入仕的主要渠道，“万般皆下品，惟有读书高”，对儿童进行启蒙教育的年龄越来越提前。从传记史料统计中可以看到，有些孩子从两三岁开始就“开蒙”（也称“发蒙”，及最初接受识字读书教育），由家人教授识字背诵。五岁入塾最为普遍，而最早的四岁左右就进入私塾学习了，十二岁左右便“开笔”，学习制艺八股，为参加童试、走出科举的第一步做准备。《御览经史讲义》中，对教学内容也表现出担忧：“今之州县，犹古之乡大夫也，而能教民者谁欤？民间之自为教也，童蒙即就塾，即读四子书，而洒扫应对之事不习”②。不过，从传记记载来看，虽然有些蒙童进入私塾后，直接开始学习四书、五经，他们往往在入学之前，以及课后，会由家人教导，学习识字，阅读、背诵一些童蒙读物，而大多数私塾，在幼童入学后，还是会先讲授半年到一年的蒙学教材，然后再开始对经典的学习，因此，童蒙读物与经典学习，是循序渐进的进阶关系，童蒙读物是经典学习的基础。总体来说，传记史料中所呈现出来的童蒙读物主要有以下几种。

（一）字范

《父师善诱法》有“生子至三四岁，口角清楚，知识稍开，即用大小木板方寸许、四方者千块，漆好，朱书《千字文》，每块一字，盛以木匣，令其子每日识十字，或三五字”③。字范，又称方块字、字方、字号儿，是将文字书写在红纸或白纸裁成的、或木片制成的、一寸半左右见方的方块之上，作为蒙童开蒙识字之用。蒙童在识字阶段，一般要学会二三千字之后，才能进入下一个阶段的学习④。因此，幼童开蒙，一般都是从识字学起，辨识字

① 《汉书》点校本卷 24 上，中华书局 2011 年版，第 1122 页。

② 《御览经史讲义》卷 21“礼记”，《景印文渊阁四库全书》第 723 册，台湾商务印书馆股份有限公司 1986 年版，第 35b 页。

③ （清）唐彪：《父师善诱法》，见徐梓、王雪梅编：《蒙学要义》，山西教育出版社 1991 年版，第 194 页。

④ 浦卫忠：《中国古代蒙学教育》，中国城市出版社 1996 年版，第 119 页。

范上的字形和字音，每天学习，积少成多。陆宝忠五岁开始，祖母教识方块字，每天可认十余字，每日父亲还要检查温习的情况，“有遗忘者，挞之”①。

古人认为，幼童目力不济，精神难以长时间集中，所以将大字单独写在方块纸上，比较方便辨认，同时又便于保存收藏。字范上的字分为三类：一是《千字文》，如王伯祥三岁开蒙时，他的祖父用红纸剪成方块，写上《千字文》，教他认读和背诵；二是经史和常识有关的字，如齐如山三岁开始便跟着父亲“认字号儿”：“从前之认字，总须与后来读经求学问有关。”齐如山父亲使用的方块字，一开始是笔画简单的字和数字，之后就是“检择经史中要紧的字眼，如六书、九数、八音、六艺、十二律吕、四季、二十四节，以及四维、八德等的名词，历代的国号、年号，全国省名，十三经、四史等等”②；三是杂字等生活常用字。

方块字的教法，只认识读音和字形，一般不解释意思。有些方块字为了便于幼儿理解，还配有图画③。赵元任四岁开蒙，母亲教他认的方块字，就是大概一寸半见方，一面写字、一面有图画的方纸。有些容易配图的字，如“人”“树”，背面就有相对应的图画，但是有些字没有办法用图画表示，背面就是空白的。赵元任觉得有图画的方块字更容易记住，“有些字我不喜欢认，老学不会，就是因为背后没画儿的缘故”④。

字范可以家中有文化的长辈手写制作，也可以买到印刷的成品。包天笑五岁上私塾，入塾第一天，拜师礼后，先生便用红纸方块写“大富贵，亦寿考”教他认识，之后每天认识约二十个方块字，不到两个月，就认识了一千字了。这些方块字是坊间印刷好的，依照的是《千字文》。除此之外，还有一种千字以外的方块字⑤。这种印刷的方块字，可以说是现代教育幼儿使用的字卡的雏形。

---

① （清）陆宝忠：《陆文慎公年谱》（民国十二年刻本），见《北京图书馆藏珍本年谱丛刊》（177），北京图书馆出版社 1999 年版，第 1 页。

② 齐如山：《齐如山自述》，安徽文艺出版社 2014 年版，第 4 页。

③ 蔡元培、陈独秀：《蔡元培自述　实庵自传》，中华书局 2015 年版，第 3 页。

④ 赵元任：《赵元任早年自传》，广西师范大学出版社 2013 年版，第 33 页。

⑤ 包天笑：《钏影楼回忆录》，上海三联书店 2014 年版，第 7 页。

（二）启蒙教材

古人重视童蒙教育，民间流传的童蒙教材不知凡几，甚至一些学者名家，也亲自动手，编写、增订或校注蒙书。据张志公的《传统语文教育初探》和徐梓的《中华蒙学读物通论》统计，到目前为止，已经发现的蒙学教材已有千余种。对于教材的分类有不同的方法，《四库全书》按照蒙书的内容，将其分别编入经、史、子、集四部。现代一般有两种分法：一是根据蒙书的内容，如常识类、历史类等等；二是根据蒙书的体例，如蒙求体、韵语等。本文采用的，是以蒙书的内容为分类标准。

1. 识字类：《百家姓》与杂字等

陆游在《秋日郊居》诗下自注中写道："农家十月，乃遣子弟入学，谓之冬学。所读杂字、《百家姓》之类，谓之村书。"可见，早在南宋初年，《百家姓》和杂字就已经是蒙童识字的流行教材。而生于晚清的齐白石、包天笑、蔡元培、成全等，也都在自传中表示，《百家姓》是他们小时候开蒙识字所用的教材之一。齐白石八岁入学，跟随外祖父读书，最初学习的就是《四言杂字》和《百家姓》。①

《百家姓》据说由五代十国时期吴越之民所作，全篇472个字，由408个单姓和30个复姓组成，没有特别的意义。杂字也没有特定的主题，天文、地理、度量衡、草木、鸟兽、人物、农事、土木、交通、矿物、身体、珠宝、亲属等等，包罗万象。《百家姓》和各种杂字都是实用类的识字用书，蒙童既可以认识生活中常用的字，也可以了解很多自然与社会常识，即使以后不走科举这条道路，也可以凭借这些，满足基本的书信、诉状、记账等生活需要。

2. 历史知识类：《史鉴节要》《鉴略》《读史论略》《蒙求》等

这类教材主要介绍古代的历史常识与典故。《史鉴节要》全称《史鉴节要便读》，清代鲍东里所作，用四言韵语的形式，介绍了从远古时期到清朝之前的历史。《鉴略》，又称《四字鉴》《鉴略四字书》，也是清代流传很广的教材，为清代王仕云所著。清代学者梁绍壬在《两般秋雨斋随笔》中有引郭

---

① 齐白石：《白石老人自述》，生活·读书·新知三联书店2010年版，第31页。

臣尧《捧腹集》中诗一首，题为“村学诗”，如下：

> 一阵乌鸦噪晚风，诸生齐逞好喉咙。
> 赵钱孙李周吴郑，天地玄黄宇宙洪。
> 《千字文》完翻《鉴略》，《百家姓》毕理《神童》。
> 就中有个超群者，一日三行读《大》《中》。

从这首诗中的《鉴略》，便可以看出此书流传之广，普通民间村学，都使用这个教材。《鉴略》也是四言一句，开篇是“粤自盘古，生于太荒。首出御世，肇开混茫”。尽管气势磅礴，对于幼童来说，还是难以理解。鲁迅被父亲命令把《鉴略》背熟时，就“似乎从头上浇了一盆冷水”①。然而，尽管有着一字不懂却又不得不强记的痛苦经历，鲁迅承认，在当时，“读《鉴略》比读《千字文》《百家姓》有用得多，因为可以知道从古至今的大概”②。

《蒙求》与《儿童故事》是介绍历史人物掌故的蒙书，由唐代李翰所作的《蒙求》更为流行。《蒙求》四字一句，每一句都是一个典故，如匡衡凿壁、王导忠公等。

3. 诗词韵对类：《神童诗》《千家诗》《诗品》《唐诗三百首》《唐诗便读》《酒诗》《声律启蒙》等

《论语·季氏》有“不学诗，无以言”，古人非常重视诗教。给幼童启蒙时，往往都会教授一些诗词，一方面使蒙童逐渐体会、掌握平仄、韵律等知识，儿童也能够从中学习识字、道理与文化常识；另一方面，诗赋也是除八股文外科举考试的重要内容，学习诗词韵对也是为科举考试做准备。如鲁迅所说：

> 彼时的风气，书香家的小儿，多数学念的诗，如“床前明月光”、“三日入厨下”等这些五言绝句，尽因绝句短而易记也。热衷功名的人

---

① 鲁迅：《五猖会》，《朝花夕拾》，人民文学出版社 1973 年版，第 30 页。

② 鲁迅：《五猖会》，《朝花夕拾》，第 30 页。

> 家，教小儿念诗，多是："斗大黄金印，天高白玉堂。不读万卷书，安得见君王。"或者是："学成文武艺，货与帝王家"等这些句子。我们家中教小儿念诗，则稍微两样，大致多是："锄禾日当午，汗滴禾下土。谁识盘中餐，粒粒皆辛苦"，"昨日入城市，归来泪满襟。遍身绮罗者，不是养蚕人"等这类的诗。①

齐如山所描述的晚清蒙童诵读的诗词中，既有唐诗，也有类似于《神童诗》中"满朝朱紫贵，尽是读书人"这样劝人读书奋进以获取高官厚禄的句子。传记中搜集到的诗词类蒙书，以《神童诗》《千家诗》和《唐诗三百首》使用最为广泛。王陈常五岁开蒙，每天都在祖母的督促下，背诵两三篇唐诗绝句。相比其他的童蒙读物，儿童也更容易接受、喜爱朗朗上口的诗词。赵元任儿时，放学后晚上和哥哥姊姊一起背诗，也不以为苦："我倒的确觉着比白天的书好玩儿一点儿，并不拿它当太重的功课。我念的是《唐诗三百首》，我哥哥跟姊姊们还念《千家诗》跟别的诗集。"② 孩子们也喜欢作诗玩耍，赵元任和哥姊就经常"作诗玩儿"，既要讲究声韵，还要追求"诗意"，每次定下一个诗题作诗，还要互相订正指点，最后，在几个孩子的影响下，就连赵家的丫头也跟着学习作诗了③。

属对，就是作对子，是古代童蒙教育中重要的功课，因为作诗、作赋、作八股，都要有属对的功底。清代崔学古就一再强调"辨四声，明虚实"的重要性，认为童幼之时，就要打好属对的基本功，为以后的作诗作文打下良好的基础④。《声律启蒙》就是比较重要的学习属对的蒙书之一，幼年林语堂就是通过这本书学习属对⑤。由于对属对能力的重视，对对子也往往成为长辈考较晚辈的内容。王树枏就曾被来拜访的父亲同年考校，那位姓王的年丈

---

① 齐如山：《齐如山自述》，第 4 页。

② 赵元任：《赵元任早年自传》，第 40—41 页。

③ 赵元任：《赵元任早年自传》，第 42 页。

④ （清）崔学古：《幼训》，见徐梓、王雪梅编：《蒙学要义》，山西教育出版社 1991 年版，第 73 页。

⑤ 林语堂：《林语堂自述》，大象出版社 2005 年版，第 28 页。

出上句“干豹绵驹”，王树枏对“卧龙雏凤”。又出“亦将有以利国乎？”对曰：“何其声之似我君也。”年丈拍案叫绝，又出“风高闻雁唳”，对曰：“月黑见萤飞”。王树枏的父亲不禁赞叹：“此子将来必有一隙之明，但恐生逢乱世耳。”① 因为王树枏属对上的天赋，对其评价甚高。

4. 伦理道德与经义类：《小学》《小学韵语》《朱柏庐治家格言》《朱子易卦歌诀》《孝弟图说》《二十四孝图》等

中国古代是宗法社会，传统文化中的伦理道德色彩一直很浓厚，“孝悌恭俭”“仁义礼智”一直被视作修身齐家的基础和为人处世的准则。于是，带有伦理说教意味的童蒙读物便应运而生，编撰者们希望通过蒙书的学习，教授给儿童伦理道德，启发、引导他们的心灵。

《小学》为朱熹及其弟子刘清之所撰，讲述了幼学的重要性，以及蒙童应该学习的品德。与一般蒙书相比，《小学》语句长短不一，论述的内容远远大于文字的美感，孩童很容易觉得枯燥、难以理解。虽然由于朱熹的地位，《小学》的声望很高，但在实际应用中，并不十分广泛。因此，便有人想办法取长补短，《小儿韵语》就是罗泽南集《小学》要旨而成，将表现形式改为易于记诵吟咏的四言对仗短句，语句也更为浅显，比《小学》更受到人们的欢迎。

还有一类图画故事蒙书，流传广泛。因为伦理道德经义类的蒙书说教性比较强，为了更易于儿童理解，提高幼童的学习兴趣，一些童蒙读物便采取图文结合的形式，使伦理道德故事与图画相辅相成，更加引人入胜。《二十四孝图》和《孝弟图说》就是其中的代表。鲁迅小时候读《二十四孝图》，觉得图画生动，即使不识得几个字，也可以看懂。但是他读到“郭巨埋儿”“老莱娱亲”等情节，却觉得缺乏人性，“把肉麻当作有趣”，反而产生了反感。不过二十四孝的故事连鲁迅家的女仆也可以滔滔不绝地讲一讲②。可见在当时，这本书的传播是相当普遍的。

---

① 王树枏：《陶庐老人年谱》（民国二十四年抄本），见《北京图书馆藏珍本年谱丛刊》（182），北京图书馆出版社 1999 年版，第 505 页。

② 鲁迅：《阿长与〈山海经〉》《二十四孝图》，见《鲁迅全集》第 2 卷，人民文学出版社 2005 年版。

另外，浅显易懂而又贴合生活实际的格言、家训也经常被用来作训蒙之用。古人重视清白家风的建设与传承，有时将经典家训家规化为己用，教导子女，而这类格言往往既容易记诵，也容易实践。赵天锡四岁就蒙父亲教授《朱柏庐治家格言》①，而陈鹤琴即使长大以后，也一直牢记“一粥一饭，当思来之不易；半丝半缕，恒念物力维艰”，直陈《治家格言》的学习，使他懂得为人的道理②。

5. 科技知识类：《步天歌》《括地略》等

蒙童不仅要学习洒扫应对的礼仪规范、历史典故及经义伦理等社会常识，也要学习一些自然常识，对所处的自然环境有一个基本的了解，为以后学习和体会世间的道理和规律打下基础，所以《千字文》的开篇，便是“天地玄黄，宇宙洪荒”，《鉴略》在讲述历史之前，先说“首出御世，肇开混茫”。《步天歌》和《括地略》就是讲授基本的天文地理知识的蒙学读物，前者讲日月星辰，后者讲舆地山川。二者往往刊印在一起发售，因为文字浅近，韵律有致，受到普遍欢迎。

6. 综合类：《三字经》《千字文》《龙文鞭影》《幼学琼林》等

这四部都是久负盛名的蒙书，内容均包罗甚广，有历史典故，也有名物常识，有天文地理，也有人文知识。《三字经》撰于宋代，一直是广泛使用的蒙学教材。“初上学先念《三字经》，书香人家小儿认字较早，有先认字号，再念书的，平常则多是先念《三字经》，一因它有概括论经史的意义，二因此书印字较大而宽松，每半页总是六行，每行总是六字，小儿容易分出个儿来”③。马君武在回忆录也写道，晚清时期，儿童初次上学，举行发蒙仪式的时候，要“读‘人之初’这一部书上四句，就是：‘上致君，下泽民，扬名声，显父母。’”④“人之初”指的就是《三字经》一书，可见此书在当时之普及。

① 赵天锡：《赵鲁庵先生年谱》（民国五年刻本），见《北京图书馆藏珍本年谱丛刊》（177），北京图书馆出版社 1999 年版，第 263 页。

② 陈鹤琴：《我的半生》，上海三联书店 2014 年版，第 91 页。

③ 齐如山：《齐如山自述》，第 5—6 页。

④ 马君武：《马君武自述》，安徽文艺出版社 2013 年版，第 4—5 页。

《千字文》作者为南朝梁周兴嗣，据《梁书》和《尚书故实》记载，周兴嗣应梁武帝之命，将互不重复的千字连缀成韵文，一夜之间，须发皆白。全部由四言写成，格式工整，内容丰富，有天文、历史、伦理等多方面内容。清代褚人获就曾赞叹《千字文》："局于有限之字，而能条理贯穿，毫无舛错，如舞霓裳于寸木，抽长绪于乱丝，固自难展技耳。"① 因为千字不重，而又为人熟知，《千字文》也被用来做识字、计数之用。传记资料中，九名童年时期读过《千字文》的传主中，就有五人用来识字的方块字中，使用了《千字文》。可见《千字文》也是最基本的识字启蒙教材。清代袁枚的《随园诗话》中有"牧童八九纵横坐，天地玄黄喊一年"，形象地展示了村学读书的场景。

《龙文鞭影》是明代萧良有仿效《蒙求》体例而作，原名《蒙养故事》，经杨臣诤修订后改名《龙文鞭影》，开篇四句"粗成四字，诲尔蒙童。经书暇日，子史须通"即表明了此书的体例，也表明了教育的目的。全书 1022 个历史典故，前后对偶，形式整齐而内容丰富，受到人们的重视。清末李恩绶说："明贤《龙文鞭影》一书，风行已久。童子入塾后，为父师者，暇即课其记诵。盖喜其字句不棘口，注中隶事甚多也。"② 马君武的父亲在其入学发蒙时，认为《三字经》"扬名声，显父母"的礼仪太俗，便让他改学《鉴略》和《龙文鞭影》。

程登吉所作的《幼学琼林》在明清时期极为风行。此书采用长短不一的对偶句，内容通俗而丰富，按类编排，几乎囊括所有传统知识类型，堪称一部小百科全书，因此受到人们的青睐喜爱。胡适就很爱读《幼学琼林》和其中的注，认为里面有很多神话和故事，"比四书五经有趣多了"③。陈鹤琴、钱昌照、林语堂等人小时候也都学过《幼学琼林》。曾国藩之女曾纪芬就曾回忆，儿时在开蒙识字之后，有能力则开始读四书，如果学不来，则学《幼

---

① （清）褚人获辑撰，李梦生校点：《坚瓠集》戊集卷 4"千字文"，上海古籍出版社 2012 年版，第 396 页。

② 李恩绶：《龙文鞭影》跋，转引自徐梓：《中华蒙学读物通论》，第 92 页。

③ 胡适：《胡适口述》，华东师范大学出版社 2013 年版，第 39 页。

学琼林》[①]。赵启霖也是在已经学习四书和《诗经》的时候，听同窗读《幼学琼林》，便跟着学会了。可见，可能因为这部书类目、文字众多，一般是在蒙童有了一定的识读基础上，再开始学习。

（三）其他

还有一些读物，不一定是专门为蒙童所作，但因其内容、形式或学习者的需要，也被用作训蒙。

一种是家学传承的专门性读物。王伯祥父祖的职业皆为幕僚，身为幕僚，需要对国家行政体系和地理水文了如指掌。因此，王伯祥小时候，在读了方块字、“三百千”之后，便跟祖父学习《爵秩便览》，记诵抄写由京师到各省、府、厅、州、县的名称，记全国各地的大小地名，“有子承父业的意味在”[②]。张之汉出身书画世家，五岁开蒙起，就通过画款题识识字[③]。胡适的父亲专门为四岁的儿子编写了四言韵文《原学》和《学为人诗》，讲做人的道理和基本的经义哲理[④]。

用作训蒙的，还有一些教化性读物，如《孝经》《圣谕广训》以及一些善书。《孝经》为十三经之一，并不是蒙学教材，但因其是传播孝悌伦理的经典，在初步识字开蒙之后，学习四书期间，一些家庭或私塾会讲授。《圣谕广训》是雍正二年（1724）出版的官修典籍，训谕世人守法和应有的德行、道理，《圣谕广训》源于康熙曾颁布的《圣谕十六条》，雍正皇帝继位后加以推衍解释。清政府在各地推行宣讲，内容简短易懂，宣扬伦理道德，清政府用之于民间教化。蒙童在乡里迎神赛会之类的祭祀庆典活动上，一般都可以听到《圣谕广训》和一些善书的宣讲。同时，因为童生试要考《圣谕广训》的默写，所以在私塾也会教儿童抄写。有趣的是，童试上的默写经

① 曾纪芬：《崇德老人八十自订年谱》（民国二十二年衡山聂氏铅印本），见《北京图书馆藏珍本年谱丛刊》（182），北京图书馆出版社 1999 年版，第 263 页。

② 王伯祥：《清季二十二省府厅州县录》抄本题识，见《庋榢偶识　旧学辨笺述》，华艺出版社 2014 年版，第 4 页。

③ 张之汉：《石琴庐主年谱》，见《北京图书馆藏珍本年谱丛刊》（188），北京图书馆出版社 1999 年版，第 679 页。

④ 胡适：《胡适口述》，第 37 页。

常是这样："各考生都发给一本《圣谕广训》（在交卷时缴回），照抄一段完事，谁也没有去研究它。"① 可见这种开卷的现象，实在已成形式主义的虚应故事了。

三、晚清童蒙读物的特点

从图一统计的蒙学教材分布比率来看，综合类、诗词韵语类以及识字类教材使用最多，而"三、百、千"及唐诗类读物也不负盛名，是最为常用的训蒙用书。

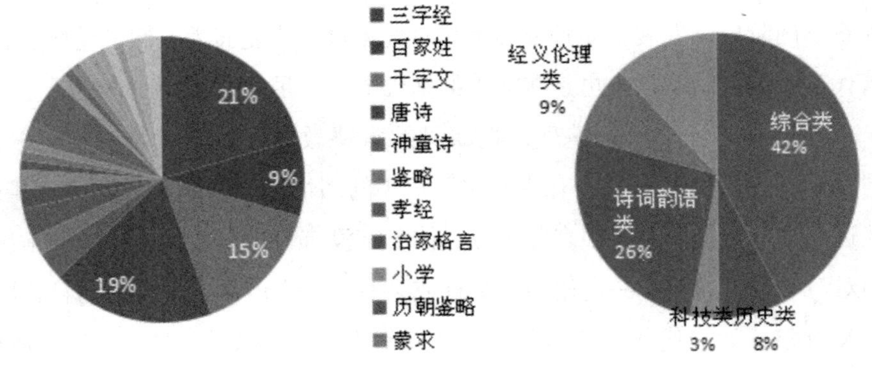

图 1　84 种传记史料中蒙学教材分类比例

总体来说，结合传记谱主们的切实体验描述，这些教材具有以下一些特点：

功能交叉。尽管在内容上，将童蒙读物作了区分，但实际上，一部蒙书可能兼具多种功能。比如《三字经》和《千字文》，虽然是综合类的读物，但也经常用作最初识字之用，被作为字范教授蒙童，而且其内容之中，也有大量类似《蒙求》《鉴略》的历史掌故。

注重韵律。这些蒙书有三言、四言，还有《幼学琼林》式的对偶，读

① 包天笑：《钏影楼回忆录》 上海三联书店 2014 年版，第 85 页。

起来朗朗上口，工整雅致，又易于记诵。齐白石的外祖父教他《千家诗》，"一上口，就觉得读起来很顺溜，音调也挺好听，越读越起劲……因为读着顺口，就津津有味的咀嚼起来，有几首我认为最好的诗，更是常在嘴里哼着，简直的成了个小诗迷了。"① 这类蒙书的注重短句、对仗与韵律，正是适合了幼童的兴趣与学习特点，与艰涩的《小学》相比，更加容易被孩童接受。

图文结合。不论是方块字还是教材，这时期都出现了一些配图的读物，正迎合了儿童喜爱读图、长于形象思维及直观理解的特点，图文并茂，相得益彰。

难易适中。历代的童蒙读物，都是经过了披沙拣金一样的历史择汰，才得以流传下来。在清末盛行的这些童蒙读物，无一不是因为难易程度适合儿童不同阶段的发展，而且内容附和时代需求，才能够为人们广泛接受。而清代学者编撰的蒙书，也是在前人的基础上，立足于时代的产物。

通过对传记史料的整理，晚清时的童蒙教育及童蒙读物可窥见一斑，但也有不少缺失。第一，有些人对于童年的回忆比较简略，或者因为年高，久远的细节记忆模糊，很多蒙书的具体名字没有写出来。如传记中经常出现的对对子、背唐诗，一定使用了某种或某些教材，但并未说明。而且，因为数量所限，如清代同样流行的《弟子规》《小儿语》等，并未出现。所以，在未来的研究中，需要收集更多数量的传记史料，并与传统史料相结合，取长补短。第二，自传回忆录作者和自叙年谱的谱主，一般都具有一定的文化素养，大多数都是政界、教育界和文艺界人士，而传记中提到的一些童蒙读物的制作，如方块字，或自编蒙书，也是需要有一定的文化素养的家庭才能做到。因此，普通人的童年生活涉及甚少，这也是进一步的研究需要解决的问题。

① 齐白石：《白石老人自述》，第31页。

书　评

《诗学正蒙——明代诗歌启蒙教习研究》评介

常志浩*

连文萍教授的《诗学正蒙——明代诗歌启蒙教习研究》是一部以明代诗歌启蒙教习为主题的专题性著作①。该书共分为绪论、上编、下编、结论四个部分。

第一部分绪论共分为三章，在第一章《古典诗学的探究与省思》中作者认为，明代的诗歌传承相较于以往有其独特性，其一在于明代结束了异族的统治，在复兴传统文化的过程中，诗歌是必不可少的环节，这既须继承诗歌文化的传统，也必须赋予诗学新时代的内涵。其二在于明代八股取士不同于唐宋时期诗赋在仕进道路上拥有举足轻重的地位，诗歌不再成为士人干禄之阶，因而就个人而言，明代士人学习诗歌的热情大为降低，这都为明代诗歌传承提出了新问题。作者还通过王世贞年十五学诗及梁桥撰写《冰川诗式》擘画基础诗学的训练两个事例提出本书研究的几个重点问题，即明代举业对儿童习诗的影响，明人擘画的习诗进程，以及举业科名所带来的诗学效益。最后通过对比明人学诗与今人学诗的方式，来探讨古典诗学在当今社会的发展以及永久传承的问题，这也是本书研究的主要目的。第二章作者通过学术史梳理，认为有别于前人的研究，本书由诗学的角度出发，侧重于考察科举对诗歌启蒙教习的影响，是该书的一大特点。第三章作者主要介绍了本

* 作者简介：常志浩，首都师范大学历史学院硕士研究生，主要研究方向为隋唐史、童蒙文化。

① 连文萍：《诗学正蒙——明代诗歌启蒙教习研究》，（台北）里仁书局 2015 年版。

书书名的含义以及本书的研究方法与章节安排。

本书的第二部分，上编教习论述，即着眼于教习的角度探讨明代从儿童到成年士人，从庶民到贵族之间诗歌传承的多元面向。在第一章《最初的诗句——明代儿童的诗歌教习》中，作者认为在明代大多数中上阶层家庭的儿童都能得到属对、作诗等形式的诗歌启蒙教习，但由于受到明代八股取士政策的影响，大多数家长及教师只是把作诗当作“小技”并不加以重视，因此多数明代士人在童年时代不仅无所师承，欠缺诗歌读写的精细训练，也缺乏对诗歌的深入理解，这也是明代诗歌繁盛远不及唐宋的原因之一。但明代儿童诗歌的教习对于明代诗学的发展也并不是全然没有帮助，因为诗歌始终是明人的重要书写方式，以诗言志仍是明代士人的传统，也有一些士人仍将诗学视为家学文种，意欲代代相传，更有像王世贞这样想要开宗立派，勇攀诗学另一高峰的人物。可见，诗歌启蒙教习虽然仅是童年经历，但仍可能在许多明人心中留下深刻记忆，并足以影响日后的人生，在明代诗学的进程中，留下他们的印记。第二章为《合浦还珠——明代士人的诗歌教习》，作者在这一章中指出，明代士人学诗受到多方面因素的影响，其一便是受到家学渊源与师友的影响，如果某人的家庭素有创作诗歌的家学传统，其学诗的行为，甚至于放弃举业专心学诗都有可能获得家庭的支持。也有一些士人虽没有家学渊源的影响，但在日后因为师友的提携引领同样走上了探求诗道的道路。第二种情况便是受到地方环境的影响，如某地诗风盛行，当地子弟就可能受到影响而攻习诗歌。最后一种情况是举业的影响，由于举业的掣肘，在未登科名之前，大多数人对诗歌知识浅尝辄止，缺少对诗歌的深入理解与创作能力，因而诗作整体质量不高，甚至有剽窃及庸俗化的现象。然而在某些情况下，科举也会促使明人学诗。一种情况是有些士人是在登第之后受官场文化的影响转而学习诗歌，另一种情况是某些士人在科场无望之后放弃举业而专心学诗，其目的在于希望能够以诗扬名，以诗传世。但诗歌毕竟易学难工，是否能有所成就也是未定之天。在明代，也不乏以诗学为志的人物，全身心地投入诗学中去。他们学诗正是回归了传统士大夫的读写传统，全心全意地创作，将诗歌作为一生的追索，而且由于成年学诗者有远高于儿童的见识阅历、思辨能力，因而会对诗学的发展做出更大贡献。第三章《玉堂的诗课——明代翰林院庶吉士的诗歌教习》中写道，相对于明代庶众视诗歌为小技，明代的翰林院却十分重视诗歌，进士们想要更进一步成为庶吉士就必须以诗应试，而且翰林院还有诗歌教习，要进行训练与考试。不只如此，翰林院还会组织多种多样的诗学活动。因此诗歌对于明代的进士们而言，既是官方任务、人际往来之所需，也是个人言志抒情的一种方式。这既代表了朝廷对诗歌文化传统的认同与肯定，也对明代士人因专务举业而不知诗的弊病有所矫正。但翰林院的诗歌教习仍有很大的弊端，其教学内容狭隘平庸，风格趋同。这也为明代诗学的发展带来了负面的影响。第四章以《宫廷藩国的初学者——明代皇族的诗歌教习》为题，主要讨论了明代皇族诗歌教习的情况和文艺生活的概貌，以及诗歌教习在明代皇帝及其宗族的教育中的地位，以及这一群体的诗学活动所产生的政治与文学意义。明代始终有“帝王之学不在诗”的观点，因而诗歌教习虽作为帝王教育中的一环，却只被视为余事，而不被重视。但不同于皇帝，对于宗藩来讲，诗歌教习的地位则更加重要，因为诗歌不仅是一种向皇帝委婉讽谏具有“官方”性质的文书，也是宗藩借以娱情，进行日常人际交往的方式，更是为摆脱朝廷猜忌，远嫌避祸的绝佳手段。

书中的第三部分下编为教材论述，即从明代的诗歌教材入手探讨明代诗学发展的新特点。第一章《基础与进阶——明代民间习用的诗歌启蒙读物》主要讨论了明代民间的诗歌启蒙读物，儿童首先要学习《对类》《声律发蒙》《诗学大成》等基础教材，作为基本的读写训练，在此阶段打下一定基础之后，便开始做进一步的诗歌阅读创作训练，其一为基础诗选，诸如《千家诗》《古文真宝》《神童诗》《咏史诗》之类，这些在明代都是广泛刊传的“市本”。其二为进阶诗选，诸如《昭明文选》“唐诗选集”之类，其中《昭明文选》作为古体诗的范本为明代士人所推崇，而学习近体诗则奉唐诗为圭臬，编辑了各种唐诗选集。进阶诗选不仅被明代士人当做启蒙阶段阅读创作的教材，甚至被认为是可以终身涵泳领会的范本。以上可看作明代士人学诗的三个阶段，但就这三点而言，《对类》等基础教材由于明代市场需求高，出现了许多粗制滥造、杂凑失误的作品，对明代诗学的奠基产生了不好的影响。像《千家诗》等基础启蒙诗选也并未触及诗歌深层的美学思辨。如《昭明文选》等进阶诗选主要流行于中上层士人阶层，对诗歌的启蒙教习具有积极的意义，而且不论是原有还是新编的诗选，不论读者还是编者，都各自展现了美学品味与诗学理想。第二章《阅读与习仿——明代宫廷藩国的诗歌启蒙读物》中认为，明代皇帝由于各自喜好及作诗水平不同，所阅读、习仿的诗选也各不相同。如明太祖喜好李白诗，明仁宗更喜爱古体诗，因而看重《昭明文选》，而明神宗作诗水平不高，就更偏爱较为基础的《古文真宝》。明代宗藩对于诗集的选择大体与皇帝相似，皇帝鼓励宗藩从事文学创作，因而会大量赏赐内廷经厂的刊本。明代宦官也需在内书堂接受教育，但对他们的要求也仅是熟悉经史及本朝典制，并不要求他们能够吟诗作对，所以宦官所用教材为司礼监所刻的《千家诗》《神童诗》之类，大体与民间类似。由此可见，明代宫廷对于启蒙诗歌教材的选择基本遵循传统，远宗汉唐，这种复古风尚基本与民间无异。而且明代宫廷对于诗歌的品位也各有不同，文艺创作也少，且未在民间流传，因而明代宫廷对诗学的提倡、诗风的形成也没有什么实际影响。明代宗藩虽有世代业诗，以诗传家的现象，但其习诗多为远嫌避祸，因而在诗学传承上显得保守、也未能展开诗歌美学的新探索，更难以开创诗歌文化的新局面。第三章《诗法汇编与诗学导师——梁桥〈冰川诗式〉的编纂与诗学擘画》主要探讨了明代诗法汇编的编纂与刊刻的特点，并选取梁桥的《冰川诗式》作为代表进行详细讨论。明代的“诗法”是晚唐以来诗法、诗格、诗式等不同名目的诗学论著的总称。就阅读收藏而言，诗法、诗格、诗式等篇幅短小，容易散佚，从宋代就开始以“丛书”的方式刊刻，到了明代为了便于阅读收藏及创作习仿之用，便出现了“诗法汇编”这一形式。书中也会汇集前贤的诗观与诗论，而编者也会以“诗法导师”自任，梁桥便是其中之代表。梁桥素以博学能诗著称，但科场不顺，屡举不第，后虽选贡入仕，但仍为时人所轻，后告官归隐，发奋著述，意欲以诗扬名。因此，梁桥的《冰川诗式》不同于传统的诗法汇编，它还承载了梁桥营构自我价值的愿望，并在其中通过追求体格法式的完备、征引前贤旧说却不注明出处、以自己的诗为范例等方式，力图树立诗学导师的形象。值得注意的是，梁桥所选的道路也是明代文坛许多隐逸之士以率性自由的意志创作诗文，期冀突破困境，重塑自我的生命价值的共同选择。第四章《诗歌与教化——明代道德启蒙诗选的编纂与教习意义》，本章主要以明代士人新编的道德启蒙诗选为研究对象，并以此窥探诗歌启蒙与道德教化之间的关系。儒家素来主张“不学诗，无以言”，素有以诗歌教化儿童道德人格的传统，南宋硕儒朱熹撰写的《训蒙绝句》就是其具体实践。明代士人对于诗歌潜移默化矫正人心的功能也十分看重，有的是制作启蒙诗歌的编写原则，列举训读篇目，作为教学参考；有的则亲自编写启蒙诗选以供教学之用。如明人沈易所编《幼学日诵五伦诗选》所选诗歌便具有体裁多样、情真语挚、立意高远、通俗浅近的特点，但也存在主题单一的缺陷。又如程敏政的《咏史绝句》在选诗上不侧重个人的抒情，而强调诗歌的讽谏功能，希望借诗达到扶世立教的目的。除上述亲自编写诗集的士人外，也有人借由规划地方乡校学塾的课程来提出启蒙诗选的编纂原则与适读诗篇，如黄佐就提出记诵要量力而为，不可强记；读书应先读《孝经》《三字经》、四书等，不可先读《千字文》《百家姓》《神童诗》等；读诗也要以《诗经》为主，古体、律诗、绝句等为辅，切不可出现“金榜富贵”等功利性的词语。又如明中后期的叶春及所提原则大致与黄佐相合，亦可见明代士人经世实政的教育理念有其共通之处。再如吕坤，其标榜的原则就是启蒙诗篇要选择切合纲常伦理、道义身心的汉魏乐府古诗，而不能选唐宋以来应世的新声艳语。道德启蒙诗选原则的确定对启蒙诗选的教化意义和诗歌教习也产生了影响，第一，儒家传统的训蒙方式是背诵理解四书五经等永恒经典，士人编选道德启蒙诗选作为一种启蒙手段，无疑是承认了诗歌的恒久地位与教化价值，这也促进了诗歌的典范化；第二，士人所编选的道德启蒙诗选也有助于维系人伦礼教和社会秩序；第三，士人所编选的道德启蒙诗选也有助于士人的立身行事与人生抉择；第四，明代士人普遍认为诗歌是一种最简约但包容量很大的文字形式，既能包容其他文化知识，又可歌可颂而被纳入儒学启蒙教育系统，但明代士人对诗歌的接受是片面的，他们只看重诗歌的主题、意旨，强调其直白的表达方式，但不够重视诗歌的学习方法与文学美感；第五，明代士人大多认为习诗为末事，应当以道为先，不应本末倒置，徒耗精神。但在问道之余明代士人也不废作诗，只是不要求过分雕章镂句，作无益之诗。因而，明代士人的诗观并未对明代诗学的传承造成阻碍，而他们面向训蒙与教化的价值取向也丰富了诗学的多元论述。

该书的第四部分为全书的总结。作者认为，从儿童诗歌教习上讲，诗歌启蒙教习虽只是童年经历，却可能在许多士人心中留下深刻的印记，足以影响日后的人生或是在诗坛上的表现和作为；从成人诗歌教习而言，由于举业与诗歌的拉锯一直到士人成年，诗歌只能成为余事，或者有人放弃举业致力诗道，但仍面临诗歌易学难工的问题；馆阁的诗歌教习，其对象是庶吉士，这对于登第以前专心举业而无心学诗的明代士人来讲是一个补益的好机会，翰林院的诗课以应制诗的考课最为特殊，有庙堂之上君臣互动的记录，也有个人玉堂的见闻与心声，也是庶吉士个人的抒怀，作为翰林院的诗歌教习顺应词臣的政治任务及君王的诗歌品味，其不免也传承了“台阁气”，这也是诗歌为政治服务的必然结果；明代皇帝和宗藩的学诗方式大体与民间相类，但教习结构和目的则大不相同，皇帝学诗的目的为政教施用，宗藩学诗的目的则较为复杂，大致可分为抒情言志、由诗显德、远灾避祸及立言不朽四项。关于明代诗歌启蒙教习的诗学意义，作者认为，在诗歌的本质功能方面，明代不同于以往文人强调抒情言志的特质，更强调诗歌的启蒙教化作用；在诗体方面，明人强调要以汉魏盛唐为宗，不能学习开元天宝以后人物，讲求复古；在诗法方面，明代的推求不亚于前代，这也是与明代用诗歌作为启蒙教习的情况相适应的，但其诗法对于明代诗学的发展是否有所补益是值得商榷的；在诗学审美上，明代是复古的，其极力推行复古志业所造成的一个后果就是，过分追寻主流正统，继而要求入门要正，立意要高，如此一来便造成了其从根本上见不得诗歌有新见，因而可以说明代诗学虽有鼎足汉唐、上臻风雅的理想，但从诗歌的启蒙教习就已经决定了明代诗歌难以达成“借复古而生新”的理想。从明代诗歌启蒙教习的文化意义上讲，诗学作为古学与明代的“应试之学”在根本上是相悖的，因而明代士人在童年时期就面临着这一两难的抉择，在崇尚科名的社会风气中，诗学必然得不到重视，不免沦落为余事；在道德教化方面，明代儒学以程朱理学为宗，强调道学。后有王阳明心学兴起，强调“尊德性”。两派虽有分歧，但均传承了传统儒家的诗教观念，注重诗歌潜移默化的力量，把诗歌的启蒙教习作为道德教化的一种手段；同样，诗歌启蒙教习的兴起，也是一些科场失意，或者无意举业的士人获得文化权力的别种途径。

以上为全书梗概。纵览全书，笔者认为有以下四点最为值得称道：

一、视野开阔，独辟蹊径。明代一直是文史领域的研究热点，有关明代的社会、教育、文化等方面的研究可以说是汗牛充栋，旧问题的研究业已深入，也很难有新的突破，新问题更难觅踪迹，基于此，连文萍教授能不囿于她所擅长的文学领域，勇于向史学乃至教育学领域进发，通过梳理明代文学、诗学、蒙学及科举学的相关研究，在多学科交叉研究这一原则的指导下，找到"明代启蒙诗歌教习"这一前人所未注意到的领域，这既是对连文萍教授勇于开拓创新的回报，也是连文萍教授深厚文史素养积淀的必然结果。首先，本书一改以往研究诗学多从名诗名家、诗潮流变、诗歌品评等方面入手的情况，着眼于诗学的基础命题，发掘诗学发展的多元面相，进而探讨古典诗学的发展轨迹，为诗学的研究提供了新的思路。其次，本书不同于以往学者的研究，以诗学为视角，侧重于考察科举对诗歌启蒙教习的冲击，论述相关背景与实际教习的事例及其所反映的时代意义，文中既包含儿童、成人学诗，同时也包含翰林庶吉士、帝王宗藩乃至宦官的诗学启蒙教习，不仅对研究科举与诗歌的关系有所补充，也可以说填补了整个明代诗歌基础启蒙教育研究的空白。

二、层次分明，结构严谨。连文萍教授此书虽以"明代诗歌启蒙教习"为主题，但对明代的文学、蒙学、科举等方面都有涉及，而且研究对象也包括儿童、成人、山野士人、翰林学士、帝王、宗藩乃至宦官，基本覆盖了明代的各个阶层。因此本书从纵向上讲对明代诗歌启蒙教习的研究不可谓不深，横向来讲本书涉及范围也非常广泛。如果结构框架搭不好，不仅作者自己写起来事倍功半，读者读起来也会觉得是雾里看花，摸不着头脑。连文萍教授本书的章节安排便很好地解决了这个问题，使整本书看起来层次分明结构严谨，逻辑清晰主旨明确。本书的第一部分绪论作为正文之前导，明确交代了本书的研究动机、目的与价值。上编四章也可分为两部分来看，第一部分为一、二章，分别讨论的是儿童与成年人的教习特色；三、四章讲的是翰林院庶吉士及帝王宗藩的诗歌教习，我们可以视为贵族的诗歌教习。如此来看，上编的写作逻辑十分清楚，即由儿童到成年士人，由庶众到贵族层层递进地探察明代诗歌启蒙传承的多元面相。下编也是四章，第一章讲的是明代民间的诗歌启蒙教材，第二章讲的是明代宫廷藩国的诗歌启蒙教材，第三章则具体分析了明代具有代表性的诗歌启蒙教材《冰川诗式》的相关情况，第四章主要论述的是明代启蒙诗歌教材所承载的时代文化意义。因此下编的框架结构也十分明了，即从庶民到贵族，由整体普遍到单一个别的论述来勾勒出明代启蒙教习读物的面貌及其时代文化意义。第四部分结论共分为三章。第一章是对本书上编所做的总结；第二章则是对下编的总结；第三章则是将本书所讨论的内容置于明代的整个社会背景下加以检视，也希望借此凸显古典诗歌在传承中所面临的挑战。

三、比勘异同，考证严密。统观全书，我们可以看到连文萍教授书中夹有大量的注释，大概要占到本书篇幅的四分之一，而且这些注释并不是简单地标注史料出处，很多都有大量的史料勘正、摘录和评述。如下编第三章在述及《冰川诗式》仅存于《四库全书总目》未被收入《四库全书》的原因时，引用了《四库全书总目·集部·诗文评类存目》里的批评①，同时又对《四库全书总目》所谓“是书成于嘉靖己巳”的说法进行了订误，认为“己巳”当作“乙巳”，不论“己巳”抑或“乙巳”都与作者的论述没有直接关系，但作者仍能指出其错误，可见作者之仔细认真；又如在此书出版之后，作者仍于书后附了一张“勘误表”，除改正一些错字之外，对于上编第一章第 31 页的“张居正在《示季子懋修》谓，懋修自幼颖异，初学作文便知门路”的“懋”又补按云“原版本作‘示季子懋修’，史书作‘懋修’”并附上《新刻张太岳先生文集》卷三五《示季子懋修》的书影，可见作者审慎的态度。除以上所举两例典型之外，尚有不少这样的例子，此不再一一列举。关于史料的摘录与评述，上编第三章中写道，“此外，庶吉士写诗还可能有别的经济利益，即翰林诗文润笔之风”②，此句与本节主旨“庶吉士的学习心态”关系不大，只是捎带提及，但就这一句话，连文萍教授就引用了《山樵暇语》《水东日记》《文正谢公年谱》三本书中数百字的相关史料予以佐

① 连文萍：《诗学正蒙——明代诗歌启蒙教习研究》，第 321 页。

② 连文萍：《诗学正蒙——明代诗歌启蒙教习研究》，第 152 页。

证[①]。又如同章第一节写道，“翰林一词最早出现于汉代，翰林院额的创设则始于唐代，宋、元二代多有因袭”[②]。此句与上述情况类似，本与主旨无涉，只是简要介绍翰林及翰林院的来历，但连教授仍在注2引用了《汉书》《春明梦余录》《明史》等史料以示言之有据，前人有言“文章不写半句空”，此之谓也。其他诸如第117页注77、第150页注82、第215页注10、第320页注49皆属此类情况。如果将这些注文移入正文之中当然可以增加本书的厚度，但必然也会使文章上下文有割裂之感，影响本书宏旨。把这些无关宏旨但又有必要交代的考证放入注文之中，既可保证行文流畅又能佐证文中观点，可以说是一举两得。

四、鉴古知今，见微知著。连文萍教授此书，并不是为了知古而考古，而是有着明显的现实关怀与考虑的，正如其在绪论中写道，“由明代儿童和成人学诗带出的思考，还有不同世代的诗歌摹习传承问题。古典诗歌虽为传统文化的一部分，但已非现代习用语文，如何在新时代继承传写，将是严峻的挑战”[③]。今天的现实情况是，虽然，在我们入学伊始，甚至是在牙牙学语的时候，家长、老师就开始让我们背诵古诗词，但也仅限于背诵，并没有做任何写作上的训练，现如今古典诗歌的启蒙教习对象当是以大学中文专业的学生为主，他们在童年时期就有诗歌阅读的经历，但实际接受系统的学习创作则应是自大学始。如此来看，现代的中文专业的大学生就面临着和明代士人一样的情况，即诗歌的成年初学者。因此考察明代人诗歌基础训练的方法以及他们的教育经验和教材编纂，足以为新时代的大学生提供借鉴和参考。在此基础上，促进新时代学生对古典诗歌的本质、功能、美学的认识与体悟，增进对传统文化的认同及自豪感。因而，连文萍教授这本书绝不仅仅是过往陈迹的考论，其也担负着文化扎根与延续的严肃议题且兼具着诗歌现代与未来传承的使命。

总之，连文萍教授的《诗学正蒙——明代诗歌启蒙教习研究》是在多

① 连文萍：《诗学正蒙——明代诗歌启蒙教习研究》，第152页。
② 连文萍：《诗学正蒙——明代诗歌启蒙教习研究》，第123页。
③ 连文萍：《诗学正蒙——明代诗歌启蒙教习研究》，第8页。

学科交叉研究背景下完成的关于明代诗学研究的上乘之作。此书不仅填补了明代诗歌启蒙教育与传承这一领域的研究空白，对明代文学、蒙学乃至科举文化的研究起到了很大的推动作用，就其研究方法与文章架构来说也值得我们学习与借鉴。

综述与咨讯

中华炎黄文化研究会童蒙文化专业委员会第二届国际学术研讨会综述

刘毅超*

2016年8月24日至26日，由中华炎黄文化研究会童蒙文化专业委员会和云南省社会科学界联合会共同主办，云南省传统蒙学研究会承办的“中华炎黄文化研究会童蒙文化专业委员会第二届国际学术研讨会”在大理风花雪月酒店隆重召开①。来自中国大陆、中国台湾以及日本的70余位专家学者出席了本次会议。此次会议共收到40余篇论文，进行了7场主题演讲，4场分组学术讨论。现就本次会议的主要议程及内容综述如下。

开幕式由中华炎黄文化研究会童蒙文化专业委员会副会长兼秘书长金滢坤教授主持。大理州人民政府副州长曾天山先生代表州政府对会议召开表示热烈的祝贺，向与会的专家学者介绍了大理的自然风光与人文景观，认为国学教育是中国人的“魂”，是“根”，直到现代都有现实意义，要从古代启蒙教育中吸取精华的部分。中华炎黄文化研究会童蒙文化专业委员会会长徐勇教授回顾了学会成立一年来取得的成绩，认为学会的工作不在“量多”而在“质高”，要力争做到“专、精、深、强”，一步一步锻造核心竞争力，并对学会今后的发展提出了三点希望。云南传统蒙学研究会会长郑千山先生宣读了中国文联副主席、中国作协名誉副主席、原中共云南省委副书记丹增先

---

* 作者简介：刘毅超，首都师范大学历史学院硕士研究生，主要从事隋唐史、童蒙文化研究。

① 另见常荩心：《探究童蒙精粹　弘扬传统文化——中华炎黄文化研究会童蒙文化专业委员会第二届国际学术研讨会综述》，《中国考试》2017年第4期。

生的贺信。丹增先生认为，文化是一个国家核心竞争力的重要组成部分，在举国积极弘扬中国优秀传统文化的今天，梳理和展示传统文化，特别是国学基础的童蒙文化与蒙学文化的精髓与魅力，显得尤其重要。本届会议以“蒙学（童蒙）文化与民族文化”以及“童蒙读物与童蒙教育”为主题，将深入挖掘源远流长的蒙学（童蒙）文化，整理和重新认识民族文化，重塑中华民族文化精神，其意义与价值不言而喻。郑千山先生认为，此次会议必将在弘扬童蒙文化的过程中留下浓墨重彩的一笔。之后，大会进入第二项内容：《童蒙文化研究》发布仪式及说明。《童蒙文化研究》主编金滢坤先生对本刊创立的缘由及编委会做了说明。《童蒙文化研究》责任编辑、人民出版社郭星儿女士代表于青副总编辑致辞，并转达了美好祝愿。随后，中华炎黄文化研究会童蒙文化专业委员会副秘书长、圣桥教育集团董事长里京先生致辞，认为信息是一切教育的基础，信息过于单一，就没有思辨性可谈，而《童蒙文化研究》恰恰为本领域提供了一个信息源，也是一个国际性的窗口。最后由文科创新科技有限公司严文科先生致辞。严文科认为，《童蒙文化研究》编委会阵容强大，汇集了国内外相关领域一流学者。本书编写结构科学合理，内容厚重严谨，开创了童蒙文化这门学科的研究格局与基本方向，并对《童蒙文化研究》提出了新的期望。

来自不同学科背景的学者围绕童蒙教育史研究、童蒙读物研究及童蒙教育思想及启示三大议题展开了学术探讨。

一、童蒙教育史研究

童蒙教育史研究是本次会议的重要议题，与会专家学者探讨了自秦汉以来两千多年间童蒙教育的发展历程。陈中龙、杜思慧《从秦汉的墓葬资料看“以吏为师”制度》介绍了秦汉简牍的基本状况，考证了学室的设立过程。运用了丰富的考古材料（主要是墓葬中的出土简牍），发现“秦汉律令之出土，却多集中于基层官吏的墓葬”，认为这些律令有可能是学室学童的教材，在“以吏为师”的制度下，基层官吏也很可能负有教授法令的职责。

这就解释了为何秦汉时期私人墓葬中常常出土法律资料的问题。仇利萍《汉代私学发展初探》探讨了汉代私学，尤其是东汉私人讲学的状况。金滢坤《唐五代儒家经典启蒙教育的考察》全面占有史料，加以分析排比，认为唐五代儒家经典启蒙教育以《孝经》和《论语》为核心，兼及五经。武则天以后，启蒙教育随着科举考试日益重视诗赋而逐渐向诗赋教育转变。此外，作者还重点探讨了经典启蒙教育的方法，其方法主要有三，即背诵、听写默写和教授。教学方式主要是惩戒和因势利导。唐五代经典启蒙教育有得有失，一方面与科举考试互相影响，互相促进，提高了全民文化素质；另一方面，由此导致的过度教育又戕害了儿童，甚至导致儿童早殇，值得现代人吸取经验教训。张靖华《唐代家庭教育的内容、特点和主要成就》认为，唐代家庭教育的主要内容为读书仕进、建功立业、治生理财。教育形式有专著、家族法规及诗训。教育方法有直观形象法、采用寓言法。景凤安《唐代女子教育研究——基于〈女论语〉和〈太公家教〉的分析》从教育目的、教育内容及教育方法三个角度分析唐代女子教育的基本状况，认为古代女子教育的目的就是成为一个淑女、贞妇、贤妻、良母，教育内容围绕修身齐家而展开，教育方法主要有：树立榜样、循序渐进和寓教于生活三种。郭娅《试论宋元时期商贾、农工之家的教育活动》探讨了教子应举与经商并重的商贾教育活动。作者认为宋代与唐代不同，商人的社会地位有所提高，逐渐形成官儒商一体化的趋势，父商子士的理想逐渐流传。商人自卑心理的存在，也是商人送子读书的重要原因。宋代小农经济也出现了新特点，随着社会分工与商品经济的发展，农民也出现了亦农亦商亦工的新状态，决定了农民的教育活动也呈现多元化的趋势。教子读书以振兴门户、教子谋生以应对生活成为农工之家的主要教育活动。至于工匠之家，主要是父子相授、秘不外传的工匠技艺教育。宋元时期商贾、农工之家的教育活动顺应了读书做官的主流价值潮流，同时更趋向于谋生为主的治生教育活动。邹锦良《区域社会视域下的宋代“童子举”问题新探——以饶州为例》追溯了童子举的渊源，从中举数量、入仕经历及家族特色三个角度考察饶州童子举繁盛的表现，并从国家导向与地域发展两个角度探讨宋代童子举兴盛的原因，认为童子举与地方文风、地方童蒙教育有密切的联系。黄彦震《康乾时期索伦部童蒙文化满洲化的表现与成因探析》分析了康乾时期索伦部童蒙文化满洲化的背景、具体表现及成因，认为满洲化教育的目的在于加强文化认同，进而促进政治认同。田建荣《贺瑞麟与养蒙书》介绍了清末教育家贺瑞麟的生平、贡献及著述，从侧面描绘了清末童蒙教育的发展图景。贺瑞麟少有“神童”和“孝子”之名，却放弃举业，潜心学问，成为关中地区颇有影响力的学者。贺氏的贡献主要在于刊刻大型汇编杂纂类丛书《西京清麓丛书》，其中包括多种蒙养书。除刊刻书籍外，他还亲自撰写蒙书，例如亲撰《清麓训词》、修订《女儿经》，体现了贺氏对童蒙教育的重视。

二、童蒙读物研究

童蒙读物研究是本次会议的重点内容。与会学者围绕敦煌吐鲁番蒙书、太行山蒙书、传统蒙书、域外蒙书等议题展开了丰富而有建设性的探讨。

（一）敦煌吐鲁番蒙书

敦煌吐鲁番蒙书作为童蒙文化研究的热点问题，历来受到学界的高度关注。高启安《敦煌蒙书饮食知识系统与敦煌饮食的特殊性——以食物品名为中心》选取了敦煌蒙书记载食物品名这个新角度，运用了丰富的敦煌文书材料，认为唐五代时期敦煌的饮食资料分布于社会经济类文书、各类蒙书及类书，流行在敦煌的文学作品之中，它们构成了当时敦煌的饮食知识系统。通过考察敦煌蒙书中的食物品种，作者认为敦煌地区食物品名具有地方性，这是敦煌作为多种文化荟萃之地在饮食文化上的反映。张新朋《吐鲁番出土〈千字文〉叙录——日本收藏篇》对“大谷文书”中的《千字文》抄本逐一做了叙录，比勘异同，加以缀合。整理出《千字文》抄本18件。作者特别强调了大谷3910号《千字文》抄本及大谷10293（A）+10293（C）+3550等11号缀合而成的《千字文》抄本的重要性，前者是目前所知吐鲁番《千字文》抄本中唯一一件注释本，虽然内容有限，但重要性不可忽视。后者分上下两栏抄写，独具特色。这些抄本，为深化吐鲁番研究提供了宝贵资料。任占鹏《敦煌写本〈上大夫〉相关问题研究》以敦煌写本《上大夫》为主，从音韵学的角度分析了《上大夫》的内容与变化原因。认为敦煌写本《上大夫》及数字、姓氏、诗歌等内容正好构成了与后世“三、百、千”相类似的多功能识字启蒙配套教材。

（二）太行山蒙书

太行山蒙书无疑是本次会议的一大亮点，作为难得的一手材料，具有极高的史料价值。太行山蒙书的整理与研究，将会推动童蒙文化研究与日常生活乃至社会变迁结合起来，不断走向深入。冯小红《邯郸学院藏太行山文书所收蒙学文献概况》介绍了邯郸学院近年入藏太行山文书的概况。这批文书上起明万历年间，下至二十世纪八十年代人民公社解散时期，涵盖晋冀鲁豫四省，总量约 15 万件，种类十分丰富。太行山文书中收录了不少蒙学文献，时间范围自清中叶至新中国成立初期，数量有 600 件左右。大致可分为综合类蒙学文献、知识类蒙学文献、识字类蒙学文献和其他蒙学文献四大类。太行山蒙学文献时间跨度大、编排形式多种多样，充分反映数百年来华北地域社会的变迁。作者还评估了太行山蒙学文献的价值，并为今后如何开发利用太行山蒙学文献指明了方向。邹蓓蓓《民间蒙书：太行山文书所收杂字文献的特点、类型及价值》使用了大量珍贵的一手材料，即太行山文书收录的杂字文献。通过对杂字文献的梳理，归纳出太行山杂字的四大特点与诸多类型。认为太行山杂字文献有重大的价值和意义。首先是为杂字和蒙学研究提供了新材料；其次，杂字文献与官方史书相比，保留了传统地方社会的原始风貌与地域文化色彩，因而具有重要的史料价值，是难得的一手文献。此外，太行山杂字文献对于研究清代民国华北太行山地区的经济、教育及日常生活等诸多方面均具有重要价值。

（三）传统蒙书

传统蒙书依然是童蒙文化研究的热点问题，其中《弟子规》受到了与会学者的广泛关注。仝建平《从序跋看〈弟子规〉的传播和内容系统》以序跋为切入点，论述了《弟子规》的传播与内容系统。从时间上看，从道光朝至民国，《弟子规》越来越流行。从空间来看，传播区域遍及大江南北。《弟子规》的内容系统主要有三种，其中《西京清麓丛书》本《弟子规》与李毓秀《训蒙文》最为接近，《复性斋丛书》本《弟子规》与贾存仁改订本最为接近，成为后代最为通行易见的《弟子规》内容系统。宗亮《晚清民国时期〈弟子规〉传播述略》搜集了数十条材料，回应了《弟子规》在清代知名度不高的观点，认为《弟子规》在晚清民国并非处于一种“无人问津”的状态，其基本功用是教育儿童，甚至部分社会底层人士也是其受众。其在晚清民国时期的传播也符合了大众文化教育的规律。王立刚《〈弟子规〉的历史溯源与现状分析》考订了《弟子规》的作者李毓秀及修订者贾存仁的生平事迹，梳理了《弟子规》的流传过程。认为《弟子规》在清代民国广为流行，“文革”后期，随着“批林批孔”的展开，传统蒙书受到批判，《弟子规》成为众矢之的。“文革”后期出现的《〈弟子规〉批注》存在着诸多问题，并不是正常的学术讨论。改革开放以来，伴随着“国学热”的涌现，《弟子规》再次受到关注，引发了巨大争议。里京《〈弟子规〉用于启蒙教育的思辨性探讨》梳理了社会各界关于《弟子规》的两种截然相反的观点，认为照本宣科地背诵、遵从或抛弃《弟子规》都是极端化的行为，让《弟子规》回归于生活教育，正可作为学生思辨性思维培养的启蒙教材。此外，王凌皓、白少霞《宋明时期道德类蒙养教材的变化特征研究——以〈童蒙训〉〈日记故事〉为例》比较了宋代《童蒙训》与明代《日记故事》两部道德类蒙养教材，从选材内容、内容编排、适用范围及编排形式四个方面总结出宋至明道德类蒙养教材的变化特征，认为由宋至明，道德类蒙养教材发生了巨大的变化：选材内容越来越丰富全面、贴近生活。选材的内容不再仅仅是上层社会的精英或者是历朝历代的圣人，而是增加了很多接近人民的故事，符合儿童的喜好。内容编排更加条理清晰，层次分明。教材适用范围不断扩大，教育对象更为广泛。编排形式更加生动活泼，激发儿童学习兴趣，为故事配相应的插图是道德类蒙养教材从宋代发展到明代最明显、最突出的一个变化特征。明代的蒙养教材在继承中实现了超越与创新。高远、李桂芹《王令〈十七史蒙求〉编纂及其训蒙理念探讨》考订了《十七史蒙求》的编纂过程及内容，阐发其训蒙理念。作者认为，《十七史蒙求》在素质教育、史学普及及教材编纂等诸多方面具有借鉴意义。胡世强、相艳、崔锐、王向阳《中国古代神童诗现象——以寇准〈华山诗〉为例》从《华山诗》的出现、流传及文献出处三个方面对寇准《华山诗》的真伪提出了见解。作者发现，寇准《华山诗》未见于寇准诗集，他人引用《华山诗》时，又存在“层累叠加”的现象，其文献来源也颇为可疑。今题寇准所作的《华山诗》，很可能是因名人效应而加以附会的结果。黄宝权《童蒙读物〈幼学琼林〉编纂特点探析》总结归纳了《幼学琼林》的编纂特点。编排方式采用类书的形式，以类相从。教材内容包罗万象，是古代蒙学教育的“小百科全书”。语言表达风格灵活多样，句式灵活且巧用对偶，修辞手法合辙押韵。《幼学琼林》因此长期受到人们的关注与喜爱。潘帅《传记史料中的晚清传统童蒙读物研究》从微观史学的新角度，对以自叙年谱为代表的传记史料做了深层次的研究，分类整理出晚清儿童启蒙常用的读物。认为传记史料中的童蒙读物具有功能交叉、注重韵律、图文结合与难易适中四大特点。王功玲、马晶、路随通《浅谈近五年童蒙读物的变化趋势》分析了近五年童蒙读物的变化趋势，探究了其原因，并提出了合理化解决方案认为应对本土童蒙读物进行创新，对阅读资源升级优化，对童蒙读物出版环节强化监督，重视科普读物和文学读物。

（四）域外蒙书

域外蒙书的利用与研究是本次会议的一大亮点。本次会议探讨的域外蒙书，主要是越南蒙书。众所周知，越南长期受到汉文化的强力影响，其童蒙教育也打下了鲜明的汉文化烙印。但是同中有异，越南童蒙教育也有自身独特的民族性。耿慧玲《从〈启童说约〉看越南童蒙教育的改变》回顾了越南历史上的百越民族时期、郡县时期、羁縻时期、宗藩时期以及近代三国势力交会（阮朝、清朝与法国）时期，概述了有关越南阮朝的三类 27 种蒙书，并详细介绍了《启童说约》的版本及内容。《启童说约》虽然与中国传统知识系统基本吻合，但仍有明显的时代特色，其特色就在于以新思维来强调爱国心与民族精神的重要性，为反法独立打下基础。越南的童蒙教育也与时代变迁紧密联系，反映在童蒙教材上便是体现出强烈的民族意识。该文将童蒙文化的研究范围拓展到域外，从周边看中国，为广大从事童蒙文化研究的学者提供了全新的视角。刘怡青、徐筱妍《从神童到状元——越南〈幼学五言诗〉初探》介绍了越南阮朝蒙书《幼学五言诗》，并与《神童诗》《训蒙幼学诗》进行比较，进而发掘《幼学五言诗》的内容与特色。《幼学五言诗》以《训蒙幼学诗》为底本，加入了一些越南人自行编写或选录的作品，又以《神童诗》作为内容的补充。虽然以汉字为全书的基础，但是越南喃字也一并附注。认为《幼学五言诗》在内容中涵容了中国蒙书的内容，却仍然保留了自身语言文字的特点，反映出越南与中国在文化、思想上既靠近又疏离的特色。

三、童蒙教育思想及启示

对童蒙教育进行回顾与思考有助于厘清基本概念、指导具体实践，该议题受到了与会专家的高度重视。徐勇《我的童蒙文化研究》回顾了自己数十年来从事童蒙文化研究的缘起与过程，谈到自己在蒙书文献、塾师研究及原则方法等诸多方向取得的成就。徐先生向大家分享了自己的三点研究心得，认为童蒙文化研究天地广阔，还有大量的处女地有待开垦。史料的收集，也没有穷尽。童蒙文化研究具有重大的价值。传统启蒙教育特别是启蒙教材，是了解中国传统文化的一扇非常有效的窗口。通过这扇窗口，可以领略到特定时期文化的风貌，感受这个时代的性格和气质，体味并把握这个时代的心声。换言之，传统启蒙教育是传统文化的一个非常重要的载体。了解了这些，就能了解我们的历史和文化，了解我们身上的文化基因，了解我们为什么会成为我们现在这个样子。郑千山《云南蒙学教育的现状与思考》对蒙学的基本概念做了界定，认为蒙学有广义狭义之分。狭义的蒙学就是指蒙学教材，广义的蒙学则由《蒙卦》演化而来，具有六大含义，其中“启蒙”是学者探讨较多的问题，“正蒙”则是蒙学教育的目的。研究蒙学同时要关注现代教育学及心理学的内容。之后回顾了云南蒙学 12 年来的发展历程，特别谈到云南诸多书院的发展壮大。除此之外，昆明的佛学研究会也为蒙学研究提供了平台。云南传统蒙学研究会在凝聚人才等方面发挥了重大作用。

郑千山认为，对于蒙学教育要正确理解，并规范相关机构，将学术传统与现实生活相结合。

孝文化研究也是本次会议的一大热点。张平仁《〈孝经〉在当代孝道教育中的适用性》梳理了孝道的内涵与评价标准，认为《孝经》对孝道的阐发有两大特点，一是将孝神圣化，二是将孝政治化。除此以外，《孝经》还有强调孝的基础性、衍生性、可操作性及防止孝的极端性等特点。作者还探讨了当代孝道教育需要遵循的思路，认为子女与父母在人格、人权上应当平等，子女对父母不再是单向度地绝对服从和盲从。不能以子女的大害换取父母的小利。孝不再是高于一切的价值观，不能将孝神圣化。孝道教育要按需开展，不能追求形式和作秀。孝道之于伦理道德的基础生发作用还需重视。《孝经》中存在的这种单向度的服从，并不适合于当今社会理念，因此，《孝经》的大部分内容已经过时。然而，孝为德之本的理念却依然值得继承，即便在西方也具有普适性。许刚、许少玲《〈增广贤文〉中的孝道教育》梳理了《增广贤文》中的孝道内容，重点强调了"善事父母"的方法。

石娓娓《〈颜氏家训〉的教育思想对现代家庭教育的启示》从早教、"父母威严而有慈"、言传身教与勤俭持家四个角度，辩证地分析了《颜氏家训》的教育思想。常芪心《唐代童蒙教育中的劝学思想》回顾了唐以前教育思想的发展演变，从唐代童蒙教材、家训家书、童蒙诗歌三类文献中归纳童蒙教育中的劝学内容及其特点。认为唐代的劝学思想具有其时代特征。作者还进一步分析了唐代童蒙教育中劝学思想的影响因素，认为科举制度的实行成为了唐代童蒙教育中劝学思想转变的主要原因。唐代童蒙教育中的劝学内容还反映出社会的种种变化：劝学思想反映出社会价值观和社会学习风气的变化；劝学内容反映出社会人才需求的变化、社会教育的普及和过度教育的弊端，甚至反映出唐代嫁娶观念的变化。周扬波《宋人的儿童观——兼论"近世幼教文化两大路线之争"》提炼出宋代模范儿童的标准，即"宛如成人"，并针对目前学界缺乏儿童观研究的现状，以丰富的史料，从理想和现实两个层面归纳出宋人的儿童观。在此基础上，对熊秉真先生提出的影响颇大的"幼教文化两大路线"的观点进行了有力的商榷，提出了"近世幼教文化两大路线之争是德育与举业之争"的新观点。王睿、王凌皓《朱熹的道德养成教育思想研究——基于其童蒙教材及读物的分析》从朱熹编著的六部童蒙教材及读物入手，归纳出朱熹童蒙道德养成教育思想的特点，并指出其历史局限与积极意义。顾月琴《明清杂字教材对当前新童蒙读物编写的启示》从杂字体例、杂字教育内容、杂字语言与杂字教育思想四个方面提炼出明清时期杂字教材的主要特征并阐发其当代启示。作者认为，虽然杂字教材中存在一些消极的封建意识，但这些负面内容所占比例不大，只要充分发掘其精髓，古为今用，仍具有一定借鉴意义。

此外，江露露《试论古代蒙养与慈幼的双向关系》认为，蒙养与慈幼关系密切，是政治系统与教育系统的关系。二者在学理上渊源一致，并且殊途同归，形成良性循环。李娇龙《礼乐教育初探》论述了礼乐教育的由来与发展。作者还展望了礼乐教育的发展方向。戴大明《易学视角下的蒙学教师修养研究》还为童蒙教育研究提供了新的研究视角。

整体而言，本次研讨会主要有三个特点。一是研究视野的扩张，研究对象由中国蒙书扩大到域外蒙书（如越南阮朝蒙书）。二是新材料的广泛应用，太行山蒙学文献的开发利用无疑是本次会议的一大亮点。三是多学科融合，文学、历史学、教育学等诸多学科不断融合交叉，推动了童蒙文化研究不断走向深入。本次会议取得了丰硕的成果，是童蒙文化研究由开创走向常态化的关键性会议，为今后的童蒙文化研究提供了范例，指明了方向。

2016年童蒙文化研究论著目录

贾瑞芳　刘素红*

本文主要通过中国知网、读秀、日本学术论文数据库等网络检索，[①]搜罗了2016年有关童蒙文化研究成果的论著。本论著目录分为论文与著作两部分，其中论文分为通论、教育机构、童蒙教育、蒙书、儿童文学和儿童生活、家训、学位论文、书评与综述等部分。管见有限，疏漏之处，请专家学者批评指正。

一、论　文

（一）通论

朱子辉：《蒙学传统与百年中国语文教育的反思》，《文艺理论研究》2016年第6期。

冯文全、张倩、马星光：《中国传统蒙学中的德育思想研究》，《教育评论》2016年第6期。

史丽琴：《中国传统蒙学教育思想文献研究》，《改革与开放》2016年第6期。

---

* 作者简介：贾瑞芳，首都师范大学历史学院硕士研究生，主要从事隋唐史、童蒙文化研究；刘素红，兰州市五十三中学高级教师，主要从事中学历史和国学教育。

① 参考的网络索引有中国知网（http：//www.cnki.net/）、读秀（http：//www.duxiu.com/）、日本学术论文数据库CiNii（http：//ci.nii.ac.jp/）等。

徐华：《中国古代童蒙诵读教育研究》，《西南民族大学学报（人文社科版）》2016年第7期。

李影、胡孝忠：《古代蒙学教育与当代学前教育之我见》，《佳木斯职业学院学报》2016年第8期。

田茂、王凌皓：《我国古代蒙学仪式教育的社会教育功能及启示》，《学术探索》2016年第12期。

江露露：《试论古代蒙养与慈幼的双向关系》，载《中华炎黄文化研究会童蒙文化专业委员会第二届国际学术研讨会论文集》，2016年。

刘万海、翁宇新：《儿童学研究：历史演进、主要议题与未来走向》，《天津师范大学学报（基础教育版）》2016年第3期。

（二）童蒙教育

1. 通论

韩昇：《开童蒙论教育的真谛》，载《童蒙文化研究（第一卷）》，人民出版社2016年版。

冯文全、李晓丹：《论蒙学教育对儿童发展的当代价值》，《牡丹江大学学报》2016年第11期。

赵丹妹：《“童蒙养正”应不忘初心——试论儿童国学教育现状》，《中华少年》2016年第31期。

田建荣：《古代童蒙惩罚式家庭教育特点探析》，载《童蒙文化研究（第一卷）》，人民出版社2016年版。

李娇龙：《礼乐教育浅探》，载《中华炎黄文化研究会童蒙文化专业委员会第二届国际学术研讨会论文集》，2016年。

2. 汉唐

张小锋、张菊玲：《两汉童蒙教育与核心价值观的塑造》，载《童蒙文化研究（第一卷）》，人民出版社2016年版。

王倩：《试论颜之推的儿童教育思想》，《西北成人教育学院学报》2016年第4期。

金滢坤：《唐五代儒家经典的启蒙教育》，《学术月刊》2016年第9期。

[日] 荒见泰史：《汉语口诀文化与敦煌的识星诗》，载《童蒙文化研究(第一卷)》，人民出版社 2016 年版。

金滢坤：《唐五代敦煌寺学与童蒙教育》，载《童蒙文化研究（第一卷)》，人民出版社 2016 年版。

任占鹏：《从敦煌文献看唐五代的童蒙习字》，载《童蒙文化研究（第一卷)》，人民出版社 2016 年版。

张靖华：《唐代家庭教育的内容、特点和主要成就》，《内蒙古电大学刊》2016 年第 6 期。

张靖华：《唐代家庭教育的社会文化背景》，《语文学刊（外语教育教学)》2016 年第 11 期。

3. 宋元

王处辉、宗新华：《论“齐家”需求与宋代蒙学教育勃兴的关系》，《广东社会科学》2016 年第 3 期。

万超：《古代教育中宋代蒙学教育发展的特点和原因探究》，《教育现代化》2016 年第 21 期。

郭娅、罗群佳：《宋辽金元时期皇太子经筵教育活动研究》，载《童蒙文化研究（第一卷)》，人民出版社 2016 年版。

朱芸莹：《浅论宋代蒙学教材以及对当今儿童教材编写的启示》，《兰州教育学院学报》2016 年第 4 期。

赵宏欣：《宋代蒙学教育及其现代启示》，《黑龙江教育学院学报》2016 年第 2 期。

王耀祖、黄书光：《元代徽州童蒙教育探析》，《四川师范大学学报（社会科学版)》2016 年第 2 期。

4. 明清

赵克生：《童蒙教育与朱子学的下移——明清时期儿童的〈小学〉阅读》，《社会科学辑刊》2016 年第 1 期。

段宇娟：《王阳明蒙学教育思想对小学思想品德教育的启示》，《濮阳职业技术学院学报》2016 年第 3 期。

马睿：《王守仁的儿童教育思想及其启示》，《开封教育学院学报》2016

年第6期。

姚达兑：《清初蒙学和政治宣传——以李来章〈圣谕衍义三字歌〉为例》，《兰州学刊》2016年第4期。

秦小健：《清代滇西北童蒙教育研究》，《陕西学前师范学院学报》2016年第1期。

黄彦震：《康乾时期索伦部童蒙文化满洲化的表现与成因分析》，载《中华炎黄文化研究会童蒙文化专业委员会第二届国际学术研讨会论文集》，2016年。

沈庆会、孔祥立：《清末民初儿童教育与儿童文学的互动共生》，《语文建设》2016年第10期。

张平仁：《民国中小学读经争论的考察与启示》，载《童蒙文化研究（第一卷）》，人民出版社2016年版。

［日］河住玄：《明代の教育制度（一）》，《人間と環境》第7辑，2016年。

［日］渡昌弘：《明代国子監入学者の一検討》，《东北大学东洋史论集》第12辑，2016年。

5. 其他

陈中龙、杜思慧：《从秦汉的墓葬资料看"以吏为师"制度》，载《中华炎黄文化研究会童蒙文化专业委员会第二届国际学术研讨会论文集》，2016年。

张勤、陈义新：《蔡元培近代儿童教育思想与现代家庭教育》，《上海师范大学学报（哲学社会科学版）》2016年第2期。

蔡洁：《国难下的启蒙："儿童年"与儿童教育（1935—1936）》，《福州大学学报（哲学社会科学版）》2016年第2期。

程瑶、张慎成：《传统年画中的儿童养成教育研究》，《安徽工程大学学报》2016年第3期。

于冬青、葛东娟：《儿童的自然天性与儿童教育》，《东北师大学报（哲学社会科学版）》2016年第4期。

（三）蒙书

1. 通论

郑阿财：《中国传统蒙书在汉字文化圈的传播与接受》，载《童蒙文化研究（第一卷）》，人民出版社2016年版。

李俊艳、吴惠敏：《传统蒙学教材中的德育资源探析》，《蚌埠学院学报》2016年第2期。

王睿、王凌皓：《中国传统识字类蒙养教材的开发利用研究》，载《童蒙文化研究（第一卷）》，人民出版社2016年版。

王功玲、马晶、路随通：《浅谈近五年童蒙读物的变化趋势》，载《中华炎黄文化研究会童蒙文化专业委员会第二届国际学术研讨会论文集》，2016年。

王启涛：《蒙书中的法制史料》，载《童蒙文化研究（第一卷）》，人民出版社2016年版。

2. 先秦

马莉：《管窥〈易经·蒙卦〉中的儿童教育思想》，《黑河学刊》2016年第2期。

刘震：《从〈蒙〉卦看〈周易〉的教育思想》，《周易研究》2016年第6期。

尹田乐：《浅谈〈易经·蒙卦〉对教育的启示》，《新西部（理论版）》2016年第15期。

3. 汉唐

张新朋：《中国藏黑水城汉文文献之〈孝经〉残片关系考论》，载《童蒙文化研究（第一卷）》，人民出版社2016年版。

杨玲：《〈孝经〉的内容及其孝道思想探析》，《蚌埠学院学报》2016年第3期。

张平仁：《〈孝经〉在当代孝道教育中的适用性》，载《中华炎黄文化研究会童蒙文化专业委员会第二届国际学术研讨会论文集》，2016年。

张新朋：《大谷文书中的〈急就篇〉残片考》，《西南民族大学学报（人文社科版）》2016年第11期。

李桂玲：《〈急就篇〉与〈现代汉语常用字表〉的比较研究》，《汉字文化》2016年第4期。

冯文全、范潆引：《论蒙学读物的德育思想在幼儿教育中的渗透——关于〈千字文〉与〈幼儿园教育指导纲要〉的比较分析》，《乐山师范学院学报》2016年第11期。

余淼：《浅析古代蒙学韵文形式对当代新儿歌的发展和启示——以〈千字文〉为例》，《西部皮革》2016年第18期。

高天霞：《敦煌本〈新合六字千文〉对〈千字文〉的改造与创新》，载《童蒙文化研究（第一卷）》，人民出版社2016年版。

程曦：《〈千字文〉与儿童传统文化教育》，《滁州学院学报》2016年第6期。

张新朋：《吐鲁番出土〈千字文〉叙录——日本收藏篇》，载《中华炎黄文化研究会童蒙文化专业委员会第二届国际学术研讨会论文集》，2016年。

屈直敏：《敦煌写本〈兔园策府〉叙录及研究回顾》，《敦煌学辑刊》2016年第3期。

孙士超：《敦煌本〈兔园策府〉与日本古代对策文研究》，《日语学习与研究》2016年第4期。

曹翔：《敦煌写卷王梵志诗在汉语词汇史上的研究价值》，《新疆大学学报（哲学·人文社会科学版）》2016年第1期。

胡云：《从人间百态到社会图景：论王梵志诗的宗教超越性》，《山东农业工程学院学报》2016年第2期。

景凤安：《唐代女子教育研究——基于〈女论语〉和〈太公家教〉的分析》，载《中华炎黄文化研究会童蒙文化专业委员会第二届国际学术研讨会论文集》，2016年。

高天霞：《敦煌写本〈俗务要名林〉编撰体例及编辑思想管窥》，《宁夏大学学报（人文社会科学版）》2016年第1期。

任占鹏：《敦煌写本〈上大夫〉相关问题研究》，载《中华炎黄文化研究会童蒙文化专业委员会第二届国际学术研讨会论文集》，2016年。

王三庆：《敦煌类书与启蒙的初学教育》，载《童蒙文化研究（第一卷)》，人民出版社 2016 年版。

常荩心：《敦煌蒙书中的劝学思想》，载《中华炎黄文化研究会童蒙文化专业委员会第二届国际学术研讨会论文集》，2016 年。

高启安：《敦煌蒙书饮食知识系统与特殊性》，载《中华炎黄文化研究会童蒙文化专业委员会第二届国际学术研讨会论文集》，2016 年。

辛睿龙：《俄藏黑水城 2822 号文书〈杂集时要用字〉疑难字词校补》，《宋史研究论丛》2016 年第 2 期。

［日］内田征志：《智永草書千字文の研究（1）寶墨軒本からの筆意研究》，《二松学舍大学東アジア学術総合研究所集刊》第 46 辑，2016 年。

［日］内田征志：《智永草書千字文の研究（2）日本近代大家千字文の一考察》，《二松学舍大学论集》第 59 号，2016 年。

4. 宋元

秦桐：《从〈三字经〉看古代蒙养经验对当今小学教育的启示》，《科教导刊（下旬)》2016 年第 12 期。

徐雁：《〈三字经〉蕴涵的语文教育观》，《江苏教育研究》2016 年第 Z5 期。

张辽辽、李广龙：《〈三字经〉童蒙教育思想刍议》，《现代语文（学术综合版)》2016 年第 12 期。

朱凤玉：《〈三字经〉在台湾的流行与发展》，载《童蒙文化研究（第一卷)》，人民出版社 2016 年版。

冯文全、陈晓霞：《〈三字经〉对儿童家庭教育的启示》，《牡丹江大学学报》2016 年第 12 期。

苏军帅：《〈童蒙须知〉中儒家蒙学理念窥探》，《湖北经济学院学报（人文社会科学版)》2016 年第 7 期。

魏磊：《〈历代蒙求纂注〉考略》，载《国家教师科研基金管理办公室专题资料汇编》，2016 年。

高远：《王令〈十七史蒙求〉编纂及其训蒙理念探讨》，载《中华炎黄文化研究会童蒙文化专业委员会第二届国际学术研讨会论文集》，2016 年。

陈兴华：《朱熹〈小学〉与其童蒙教化体系的构建》，《教育评论》2016

年第 1 期。

王睿、王凌皓：《朱熹的道德养成教育思想研究——基于其童蒙教材及读物的分析》，载《中华炎黄文化研究会童蒙文化专业委员会第二届国际学术研讨会论文集》，2016 年。

王凌皓、白少霞：《宋明时期道德类蒙养教材的变化特征研究——以〈童蒙训〉〈日记故事〉为例》，载《中华炎黄文化研究会童蒙文化专业委员会第二届国际学术研讨会论文集》，2016 年。

[日] 松野敏之：《宋代訓蒙書と朱熹〈小学〉》，《国学院杂志》第 117 卷，第 11 号，2016 年。

5. 明清

王丹：《〈幼学琼林〉祖本系统考述》，《牡丹江大学学报》2016 年第 1 期。

高岩：《〈幼学琼林〉中成语对称性的研究》，《开封教育学院学报》2016 年第 7 期。

黄宝权：《童蒙读物〈幼学琼林〉编纂特点探析》，《兰台世界》2016 年第 22 期。

许刚、许少玲：《〈增广贤文〉中的孝道教育》，载《中华炎黄文化研究会童蒙文化专业委员会第二届国际学术研讨会论文集》，2016 年。

仝建平：《贾存仁与〈弟子规〉成书》，《中国典籍与文化》2016 年第 2 期。

仝建平：《贾存仁改订〈训蒙文〉成〈弟子规〉的自身因素》，《山西青年报》2016 年 10 月 10 日。

王立刚：《〈弟子规〉的历史溯源与现状分析》，载《中华炎黄文化研究会童蒙文化专业委员会第二届国际学术研讨会论文集》，2016 年。

里京：《〈弟子规〉用于启蒙教育的思辨性探讨》，载《中华炎黄文化研究会童蒙文化专业委员会第二届国际学术研讨会论文集》，2016 年。

仝建平：《从序跋看〈弟子规〉的传播和内容系统》，载《中华炎黄文化研究会童蒙文化专业委员会第二届国际学术研讨会论文集》，2016 年。

宗亮：《晚清民国时期〈弟子规〉传播述略》，载《中华炎黄文化研究会童蒙文化专业委员会第二届国际学术研讨会论文集》，2016 年。

陈伟红：《蒙学经典，塑造良好品行——浅谈〈弟子规〉对幼儿良好习惯的培养》，《科学大众（科学教育）》2016年第3期。

鲍洪辉：《〈弟子规〉对于童蒙教育的当代价值》，载《国家教师科研基金管理办公室专题资料汇编》，2016年。

林红婷：《从蒙学经典看中国的传统教育价值观——以〈弟子规〉为例》，载《第五届世纪之星创新教育论坛论文集》，2016年。

耿慧玲：《由〈启童说约〉看越南童蒙教育的改变》，载《中华炎黄文化研究会童蒙文化专业委员会第二届国际学术研讨会论文集》，2016年。

张秋婵：《徽州私塾读本考》，《学术界》2016年第3期。

顾月琴：《明清杂字教材中的童蒙教育研究》，载《童蒙文化研究（第一卷）》，人民出版社2016年版。

顾月琴：《明清杂字教材对当前新童蒙读物编写的启示》，载《中华炎黄文化研究会童蒙文化专业委员会第二届国际学术研讨会论文集》，2016年。

马春香：《太行山文书HTX01B140001号七言杂字残本研究》，《宁夏社会科学》2016年第6期。

戴元枝：《明清徽州杂字与伦理教化》，《合肥师范学院学报》2016年第5期。

戴元枝：《明清时期徽州杂字盛行原因探析》，《蚌埠学院学报》2016年第6期。

黄自然：《试论徽州蒙学著述的整理与研究》，《安徽农业大学学报（社会科学版）》2016年第4期。

邹蓓蓓：《民间蒙书：太行山文书所收杂字类文献的特点、类型及价值》，《宁夏社会科学》2016年第6期。

王建军：《传统社会民间蒙学读物——杂字文献研究述评》，《广西师范大学学报（哲学社会科学版）》2016年第5期。

林坤：《论道光年间鲍东里编纂的童蒙读物》，《现代语文（学术综合）》2016年第1期。

田建荣：《贺瑞麟与养蒙书》，载《中华炎黄文化研究会童蒙文化专业委员会第二届国际学术研讨会论文集》，2016年。

潘帅：《传记史料中的晚清传统童蒙读物研究》，载《中华炎黄文化研究会童蒙文化专业委员会第二届国际学术研讨会论文集》，2016 年。

史一丰：《民国时期儿童读物出版研究》，《大众文艺》2016 年第 1 期。

［日］河野贵美子：《幼学書　注釈書からみる古代日本の「語」「文」の形成：漢語と和語の衝突と融合》，《アジア遊学》第 199 期，2016 年。

（四）儿童文学和儿童生活

1. 儿童文学

郭丽：《唐代中原儿童诗与敦煌学郎诗的异同及教育成因论析》，《古籍整理研究学刊》2016 年第 1 期。

邹锦良：《区域社会视域下的宋代“童子举”问题新探——以饶州为例》，载《中华炎黄文化研究会童蒙文化专业委员会第二届国际学术研讨会论文集》，2016 年。

胡世强、相艳、崔锐等：《中国古代神童诗现象——以寇准〈华山诗〉为例》，载《中华炎黄文化研究会童蒙文化专业委员会第二届国际学术研讨会论文集》，2016 年。

李丹：《宋代童趣诗中的民俗探究》，《曲靖师范学院学报》2016 年第 2 期。

苗锐：《一颗童心看世界——论杨万里的童趣诗》，《巢湖学院学报》2016 年第 4 期。

刘怡青、徐筱妍：《从神童到状元——越南〈幼学五言诗〉初探》，载《中华炎黄文化研究会童蒙文化专业委员会第二届国际学术研讨会论文集》，2016 年。

吴小玮：《民国童子军歌谣中的儿童教育》，《基础教育》2016 年第 3 期。

孙爱琴：《文化自觉视域下儿童文化的教育诉求及其实现》，《西北师大学报（社会科学版）》2016 年第 4 期。

2. 儿童生活

李绪稳：《唐代儿童体育骑竹马文化考析》，《体育文化导刊》2016 年第 2 期。

魏女：《陕西出土的宋代儿童体育文物》，《大众考古》2016 年第 1 期。

郝勤、高潇：《宋代彩绘童子抱鞠俑考释》，《成都体育学院学报》2016 年第 1 期。

杨晓红、姜喜平：《从古代儿童休闲项目看小学体育教学存在的问题及发展对策——以罗定市罗城镇为例》，《武术研究》2016 年第 6 期。

索长清、王静、但菲：《民间儿童游戏的文化价值、现实失落及其重建》，《辽宁教育行政学院学报》2016 年第 1 期。

李敏：《儿童游戏：德育的重要载体》，《中小学德育》2016 年第 2 期。

张英贤：《民间儿童体育游戏的价值及对学前教育的影响》，《亚太教育》2016 年第 22 期。

张玉敏：《历史视角下的儿童游戏发展性特征分析》，《幼儿教育（教育科学版）》2016 年第 5 期。

陈桃兰：《以儿童生活为中心——叶圣陶对儿童教育理论的探索与实践》，《杭州师范大学学报（社会科学版）》2016 年第 4 期。

葛攀文、王丽芳：《对儿童游戏与儿童文化关系研究述评》，《当代体育科技》2016 年第 35 期。

3. 儿童观

庞庆举：《论先秦经典中的儿童观及其后世流变——从〈易经〉“蒙”卦说起》，《教育学报》2016 年第 5 期。

黄沁茗：《〈世说新语〉中魏晋士人的儿童观》，《文学教育（下）》2016 年第 3 期。

林生海：《敦煌的神童形象》，载《童蒙文化研究（第一卷）》，人民出版社 2016 年版。

胡耀飞：《书写童年：藩镇时代的儿童史研究引论》，载《童蒙文化研究（第一卷）》，人民出版社 2016 年版。

周扬波：《宋人的儿童观——兼论“近世幼教文化两大路线之争”》，《江苏师范大学学报（哲学社会科学版）》2016 年第 5 期。

（五）家训

1. 通论

俞佳奇、孙旭红：《中国传统家训的德育功能研究》，《南方论刊》2016年第1期。

洪丽婷：《家训对当代中国家庭道德教育的启示》，《南方论刊》2016年第2期。

朱冬梅：《中国传统家训中的孝道思想及其当代价值》，《理论导刊》2016年第2期。

杜秋云、张春玲：《传统家训和启蒙经典对当代家庭教育的影响》，《唐山师范学院学报》2016年第4期。

耿瑞珍：《中国传统家训文化对当代家庭德育的启示》，《新课程研究（中旬刊）》2016年第4期。

刘爽：《敦煌写本家训类蒙书的研究综述》，《名作欣赏》2016年第30期。

胡发贵：《试论中国古代家训的特点与要义》，《江苏省社会主义学院学报》2016年第5期。

金莉黎：《论中国传统家训的教化功能》，《当代中国价值观研究》2016年第5期。

郭美琴：《传统家训中的养成教育及其当代启示》，《安阳师范学院学报》2016年第4期。

2. 家训

乔爱丽、史少博：《论先秦家训及现代意义》，《教育探索》2016年第1期。

王晓真：《〈朱子家训〉和〈颜氏家训〉家庭教育思想的比较研究》，《太原学院学报（自然科学版）》2016年第1期。

张蕾：《〈朱子家训〉及其教育价值》，《武夷学院学报》2016年第2期。

曾丽蓉：《〈朱子家礼〉仪式当代传承的思考》，《求索》2016年第1期。

谭洁清：《论〈颜氏家训〉儿童早期教育》，《牡丹江大学学报》2016年第9期。

石娓娓：《〈颜氏家训〉的教育思想对现代家庭教育的启示》，载《中华炎黄文化研究会童蒙文化专业委员会第二届国际学术研讨会论文集》，2016 年。

刘胜梅：《〈颜氏家训〉的孝道思想及其特色》，《武陵学刊》2016 年第 5 期。

张心韵、俞爱宗：《〈颜氏家训〉中的家庭教育内容探讨》，《兰台世界》2016 年第 13 期。

程时用：《从序跋论〈颜氏家训〉的接受与传播》，《山西档案》2016 年第 2 期。

董晓捷：《〈颜氏家训〉对当代家庭教育的启示》，《西部皮革》2016 年第 18 期。

肖群忠：《传统家训价值的传承与现代转化——以〈钱氏家训〉为主要分析对象》，《社会主义核心价值观研究》2016 年第 3 期。

周颖：《试析〈袁氏世范〉道德教育思想》，《江苏第二师范学院学报》2016 年第 2 期。

[日] 細谷惠志：《東洋の學藝我が国における〈朱子家礼〉の受容について：稲葉黙斎〈家礼抄略〉とその講義を中心として》，《東洋文化》第 113 号，2016 年第 4 期。

[日] 三浦国雄：《〈朱子家礼〉の変容—〈応酬彙選〉の場合—》，《関西大学東西学術研究所紀要》第 49 期，2016 年。

[日] 池澤滋子：《〈銭氏家訓〉試訳："呉越銭氏"の現代的意義について》，《中央大学论集》第 37 号，2016 年。

（六）学位论文

郭姗姗：《敦煌蒙书俗字研究》，南京师范大学硕士学位论文，2016 年。

王丹：《〈幼学琼林〉研究》，东北师范大学硕士学位论文，2016 年。

李瑞：《从〈幼学琼林〉看蒙学教材诸民俗功能》，黑龙江省社会科学院硕士学位论文，2016 年。

王玉婷：《王梵志诗副词研究》，云南大学硕士学位论文，2016 年。

杨凯：《宋代劝学诗研究》，沈阳师范大学硕士学位论文，2016 年。

刘喜涛：《〈戒子通录〉整理与研究》，河南师范大学硕士学位论文，2016年。

金侑楠：《吕祖谦蒙学思想初探》，中国计量大学硕士学位论文，2016年。

廖雪君：《明朝蒙学书法教育对当代小学书法教育的启示》，江西师范大学硕士学位论文，2016年。

鲍骏：《徽州蒙学初探》，扬州大学硕士学位论文，2016年。

刘勇：《王夫之蒙学教育观与小学语文教学》，华中师范大学硕士学位论文，2016年。

申鹏：《古典蒙学教材的现代意义浅议》，天津师范大学硕士学位论文，2016年。

黄芳：《传统蒙学教材中的科技意识》，华中师范大学硕士学位论文，2016年。

陈媛媛：《蒙养教材对当今小学语文教材建设的价值研究》，云南师范大学硕士学位论文，2016年。

史丽琴：《传统蒙学教育思想及其在现代小学语文教育中的化用策略研究》，延安大学硕士学位论文，2016年。

高洁茹：《浅论魏晋南北朝家训发展及对家族影响》，华中师范大学硕士学位论文，2016年。

周珊珊：《〈颜氏家训〉的文字学研究》，山东大学硕士学位论文，2016年。

张丽萍：《先秦至南北朝家训研究》，西北大学博士学位论文，2016年。

陈娟：《论〈颜氏家训〉在当代社会转型期家庭教育中的运用》，苏州大学硕士学位论文，2016年。

侯玉洁：《〈颜氏家训〉生命教育思想研究》，山西师范大学硕士学位论文，2016年。

郭同轩：《明代仕宦家训思想研究》，山西师范大学硕士学位论文，2016年。

张宗婉：《我国传统家训中的家庭美德教育研究》，天津师范大学硕士学位论文，2016年。

孙亚晓：《宋代儿童风俗画浅析》，郑州大学硕士学位论文，2016 年。

侯艳兰：《宋代母子关系研究》，兰州大学硕士学位论文，2016 年。

韩东方：《中国传统蒙学读物〈三字经〉的对外传播研究》，山西大学硕士学位论文，2016 年。

王耀祖：《社会变迁中的元代徽州社会教化研究》，华东师范大学博士学位论文，2016 年。

崔新：《〈说文蒙求〉研究》，陕西师范大学硕士学位论文，2016 年。

张益琪：《〈笠翁对韵〉对当代中学语文教育的启示》，上海师范大学硕士学位论文，2016 年。

王有英：《清前期社会教化研究》，华东师范大学博士学位论文，2016 年。

李玉晗：《陆游诗中的儿童形象研究》，云南大学硕士学位论文，2016 年。

周艳：《清代家训文学教育与当代语文教育之关系研究》，云南师范大学硕士学位论文，2016 年。

马利红：《民国时期天才儿童教育思想与实践研究》，华东师范大学硕士学位论文，2016 年。

尤玺栋：《当代中国儿童家庭教育问题的伦理探析》，沈阳师范大学硕士学位论文，2016 年。

王冠：《儒家礼乐文化对当下儿童教育的影响与价值》，南京艺术学院硕士学位论文，2016 年。

（七）书评与综述

李殷：《郑阿财、朱凤玉所著〈敦煌蒙书研究〉评介》，载《童蒙文化研究（第一卷）》，人民出版社 2016 年版。

张嘉雯：《漉酒洗轻尘：〈家训一百句〉之再解读》，载《童蒙文化研究（第一卷）》，人民出版社 2016 年版。

王立刚：《制度化时代的儿童文化再回顾——读〈另一种童年的告别：消逝的人文世界最后回眸〉》，载《童蒙文化研究（第一卷）》，人民出版社 2016 年版。

[日] 河野敏宏：《新刊紹介西原一幸著〈字様の研究唐代楷書字体規範

の成立と展開〉》，《冈大国文论稿》第44号，2016年3月。

林华秋：《敦煌吐鲁番童蒙研究目录》，载《童蒙文化研究（第一卷）》，人民出版社2016年版。

柴栋：《中华炎黄文化研究会童蒙文化专业委员会成立大会暨第一届国际学术研讨会综述》，载《童蒙文化研究（第一卷）》，人民出版社2016年版。

二、著 作

（宋）司马光撰，王宗志、王微注释：《温公家范》，天津古籍出版社2016年版。

（宋）袁采撰，贺恒祯、杨柳注释：《袁氏世范》，天津古籍出版社2016年版。

余长保编译：《孝经全鉴（珍藏版）》，中国纺织出版社2016年版。

胡元斌编：《童蒙须知》，汕头大学出版社2016年版。

迟双明编译：《幼学琼林全鉴》，中国纺织出版社2016年版。

（明）程登吉编，曹日升、谢胜文译注：《幼学琼林》，岳麓书社2016年版。

邓启铜点校：《龙文鞭影》，东南大学出版社2016年版。

魏明世编译：《增广贤文全鉴（珍藏版）》，中国纺织出版社2016年版。

于童蒙编译：《三字经·百家姓·千字文·弟子规全鉴（珍藏版）》，中国纺织出版社2016年版。

杨峰：《〈三字经〉考辩溯源》，山东大学出版社2016年版。

任媛媛编著：《蒙学三书彩图馆》，中国华侨出版社2016年版。

陈君慧编著：《蒙学大全》，北方文艺出版社2016年版。

（清）潘子声：《养蒙针度》，团结出版社2016年版。

（清）潘子声：《养蒙针度》，中国文联出版社2016年版。

饶宗颐主编，区志坚导读，李逸安译注：《中信国学大典：三字经·百家姓・千字文》，中信出版社 2016 年版。

广陵书社编：《传统蒙学丛书》，江苏广陵书社有限公司 2016 年版。

张新国主编：《中华蒙学系列》（全 10 册），北京时代华文书局 2016 年版。

钱文忠：《钱文忠解读〈弟子规〉》，长江文艺出版社 2016 年版。

钱文忠：《钱文忠解读〈三字经〉》，长江文艺出版社 2016 年版。

金滢坤主编：《童蒙文化研究（第一卷）》，人民出版社 2016 年版。

张云鹏：《中华古文明探源：童蒙猜想》，中国广播影视出版社 2016 年版。

王立群：《家风家训》，大象出版社 2016 年版。

程时用：《〈颜氏家训〉传播与接受》，暨南大学出版社 2016 年版。

樊华杰编，覃秀红译：《朱子治家格言》，广西师范大学出版社 2016 年版。

郭宝军注说：《颜氏家训》，河南大学出版社 2016 年版。

陈明编著：《家训》，新星出版社 2016 年版。

庄辉明、章义和译注：《颜氏家训译注》，上海古籍出版社 2016 年版。

陈明主编，韩成才、李军政注：《颜氏家训》，新星出版社 2016 年版。

王利器编著：《颜氏家训集释》，中华书局 2016 年版。

时亮编著：《〈朱子家训・朱子家礼〉读本（附〈朱柏庐治家格言〉）》，中国人民大学出版社 2016 年版。

骆承烈、颜景军、王丽梅：《历代家训、童蒙、学约中的孝亲敬老资料辑释》，光明日报出版社 2016 年版。

赵南：《儿童教育发生学》，中央编译出版社北京图书发行部 2016 年版。

郑益乐：《学前儿童家庭教育》，西安交通大学出版社 2016 年版。

李长安：《逝去的儿童游戏》，中国文史出版社 2016 年版。

朱莉：《家族教育反思视野下的儿童学习与发展》，东北大学出版社 2016 年版。

徐梓等：《名人家风丛书》（全 10 册），大象出版社 2016 年版。

［法］米歇尔・德・蒙田著，单中惠编注：《论儿童教育》，马振骋译，上海人民出版社 2016 年版。

宋辽夏金元童蒙文化研究目录

冯 强*

本目录搜罗了1930年到2017年有关宋、辽、西夏、金、元等朝的童蒙文化研究的成果。编目工作主要参考了中国知网、读秀、日本学术论文数据库、台湾人文及社会科学引文索引资料库等网络检索①，以及《二十世纪宋史研究论著目录》《二十世纪辽金史论著目录》和《20世纪以来国内宋代儿童史研究综述》等论著②。本目录分为论文与著作两部分，其中论文分为童蒙教育、蒙书、儿童诗、儿童生活与游戏、服饰艺术与儿童、养育风俗及儿童慈善救助、儿童医疗卫生、家训、童子举、学位论文、其他和国外论文等十二部分；著作分为通论和蒙书两部分。管见所及，疏漏之处，请相关专家批评指正。

* 作者简介：冯强，首都师范大学历史学院硕士研究生，主要从事隋唐史、敦煌学、童蒙文化研究。

① 参考的网络索引有中国知网（http：//www.cnki.net/）、读秀（http：//www.duxiu.com/）、日本学术论文数据库CiNii（http：//ci.nii.ac.jp/）及台湾人文及社会科学引文索引资料库TCI-HSS（http：//sinica.edu.tw）等。

② 方建新编：《二十世纪宋史研究论著目录》，北京图书馆出版社2006年版；刘浦江编：《二直世纪辽金史论著目录》，上海辞书出版社2003年版；铁爱花、侯艳兰：《20世纪以来国内宋代儿童史研究综述》，《北华大学学报（社会科学版）》2015年第3期。

一、论　文

（一）童蒙教育

1. 通论

黄亚娟：《试论宋代女子教育》，《内蒙古农业大学学报（社会科学版）》2005 年第 4 期。

赵跟喜：《敦煌唐宋时期女子教育初探》，《敦煌研究》2006 年第 2 期。

秦升凤：《宋代求学教育发展消费论析》，《人文杂志》2012 年第 3 期。

顾宏义：《辽代儒学传播与教育的发展》，《华东师范大学学报（教育科学版）》1998 年第 3 期。

黄楠：《浅析辽朝的教育》，《赤峰学院学报（汉文哲学社会科学版）》2011 年第 6 期。

张传燧：《西夏教育发展述略》，《民族教育研究》1994 年第 4 期。

李雯：《试论西夏的文化教育》，《宁夏社会科学》1995 年第 3 期。

刘兴全：《论西夏的文化教育》，《西南民族学院学报（哲学社会科学版）》1996 年第 4 期。

赵倩、张学强：《西夏教育考述》，《鸡西大学学报》2013 年第 2 期。

兰婷：《金代女真族教育特点历史地位及影响》，《社会科学战线》2015 年第 4 期。

兰婷、孙秀秀：《试论金代教育的发展阶段及特点》，《黑龙江民族丛刊》2012 年第 5 期。

杨国勇：《元代教育的几个特点》，《山西大学学报（哲学社会科学版）》1985 年第 1 期。

黄新宪：《对元代教育的重新认识和评价》，《河南师范大学学报（哲学社会科学版）》1989 年第 3 期。

李莎：《元代教育的发展及其影响》，《郑州航空工业管理学院学报（社会科学版）》2008 年第 3 期。

瞿兑之：《宋代之社会教育谈》，《社会问题季刊》1930 年第 1 期。

李弘祺：《宋代理学教育与识字问题》，《明报》1983 年第 208 期。

邹邦奴：《宋代江西的教育》，《上饶师专学报》1985 年第 2 期。

郭宝林：《北宋的州县学》，《历史研究》1988 年第 2 期。

牛梦琪：《宋代社会教育》，《河南财经学院学报》1991 年第 3 期。

包伟民：《中国九到十三世纪社会识字率提高的几个问题》，《杭州大学学报》1992 年第 4 期。

王瑞明：《论宋代教育的主旋律》，《华中师范大学学报（人文社会科学版）》1998 年第 4 期。

周宝荣：《试论宋代教育的“平民化”》，《河南师范大学学报（哲学社会科学版）》2009 年第 4 期。

刘民：《辽金元教育思想概说》，《民族教育研究》1998 年第 4 期。

高福顺：《辽朝教育的发展演变》，《社会科学战线》2010 年第 7 期。

张博泉：《金代教育史论》，《史学集刊》1989 年第 1 期。

2. 儿童教育

刘一聪：《习与智长、化与心成——朱熹的儿童道德教育方法评析》，《教育评论》1985 年第 3 期。

吴霓：《私学的社会化、蒙学化：宋元明清时期私学初级形态的发展特点》，《教育科学》1996 年第 1 期。

王阳安：《宋元蒙学语文教学之研究》，《教育探索》1996 年第 4 期。

刘万伦：《论朱熹儿童教育思想》，《安徽教育学院学报（哲学社会科学版）》1997 年第 3 期。

陈国灿、吴爱芬：《宋代两浙路蒙学初探》，《浙江师大学报（社会科学版）》1998 年第 6 期。

冯达文：《简论朱熹之“小学”教育理念》，《中国哲学史》1999 年第 4 期。

刘文刚：《宋代的儿童素质教育》，《文史杂志》2000 年第 5 期。

李琳琦：《宋元时期徽州的蒙养教育述论》，《安徽史学》2001 年第 1 期。

郭娅：《宋代童蒙教育的主要特点》，《史学月刊》2001 年第 5 期。

何立新：《从两宋蒙学教材看中国古代历史教育在素质教育中的重要作用》，《北方交通大学学报（社会科学版）》2002 年第 2 期。

郭娅：《宋代童蒙教育兴盛的原因及意义》，《湖北大学学报（哲学社会科学版）》2003 年第 1 期。

郭齐：《论小学在朱熹思想体系中的地位》，《四川大学学报（哲学社会科学版）》1999 年第 5 期。

余家春：《论朱熹的童蒙教育思想》，《晋中学院学报》2005 年第 5 期。

郭娅：《试论宋代童蒙教育的大众化》，《光明日报》2006 年 10 月 9 日第 11 版。

张静：《从朱熹的“小学”教育思想看中国古代的蒙学教育》，《滁州学院学报》2007 年第 2 期。

张烨：《宋代理学家对童蒙教育理论的发展》，《绥化学院学报》2009 年第 6 期。

吴洪成：《简论朱熹的小学教育思想》，载《纪念〈教育史研究〉创刊二十周年论文集（2）——中国教育思想史与人物研究》，2009 年。

陈延斌：《简论朱熹的儿童道德养成教育思想》，《武陵学刊》2010 年第 5 期。

屠峰、郭鑫、吕国光：《宋代蒙学教育兴盛的原因探析》，《大庆师范学院学报》2011 年第 5 期。

庄奕莲：《北宋的幼童教育与儿童图画书的诞生》，《韩山师范学院学报》2014 年第 2 期。

陈建锋：《苏辙童蒙教育思想及其当代价值》，《乐山师范学院学报》2014 年第 7 期。

孙建华：《朱熹与张载的蒙学教育思想比较》，《湖北函授大学学报》2014 年第 15 期。

陈林：《论陈淳的蒙童教育思想》，《无锡商业职业技术学院学报》2016 年第 1 期。

赵宏欣：《宋代蒙学教育及其现代启示》，《黑龙江教育学院学报》2016 年第 2 期。

王处辉、宗新华：《论“齐家”需求与宋代蒙学教育勃兴的关系》，《广东社会科学》2016 年第 3 期。

万超：《古代教育中宋代蒙学教育发展的特点和原因探究》，《教育现代化》2016 年第 21 期。

高福顺、陶莎：《辽代蒙养教育述论》，《东北史地》2010 年第 1 期。

杨彦林：《西夏启蒙教育初探》，《兰州教育学院学报》2009 年第 3 期。

杨树娜、杨彦彬：《西夏童蒙教育刍议》，《科教文汇》2009 年第 8 期。

［日］牧野修二：《元代的儒学教育——以教育课程为中心》，《松辽学刊》1987 年第 3 期。

徐勇：《元代的蒙学》，《北京师范大学学报》1992 年增刊。

宋晓希、黄博：《从黑水城习抄看元代儒学教育中的日常书写》，载《西夏学》第 11 辑，2015 年。

王耀祖、黄书光：《元代徽州童蒙教育探析》，《四川师范大学学报》2016 年第 2 期。

颜培建：《元儒苏天爵教育思想初探》，《江西社会科学》2011 年第 4 期。

3. 家庭教育

马斗成、李希运：《眉山苏氏家族教育探析——以三苏时代为中心》，《史学集刊》1998 年第 3 期。

李希运、马斗成：《略论宋代眉山苏氏家学》，《聊城师范学院学报（哲学社会科学版）》1999 年第 4 期。

粟品孝：《宋代士人家庭教育中的母教》，《宋史研究论文集——国际宋史研讨会暨中国宋史研究会第九届年会编刊》，2000 年。

马斗成：《宋代眉山苏氏家法试探》，《山东大学学报（哲学社会科学版）》2001 年第 1 期。

张艳娜：《苏洵教子的启示》，《中国职工教育》2003 年第 1 期。

邢铁、门玥然：《宋元时期的家庭教育》，《河北师范大学学报（教育科学版）》2004 年第 3 期。

马斗成：《宋代眉山苏氏的家庭教育》，《文史杂志》2005 年第 6 期。

贾芳芳：《宋代家庭教育》，《河北大学学报（哲学社会科学版）》2007

年第4期。

刘学：《试论宋代家庭教育与词人创作行为的发生》，《宁夏社会科学》2007年第5期。

刘静：《苏洵“父子知音”说考论——兼谈苏序、苏涣对苏洵的教育和影响》，《乐山师范学院学报》2008年第8期。

詹明瑜：《宋代家庭教育与现代家庭教育的比较及启示》，《科教导刊（中旬刊）》2011年第11期。

朱倩：《宋代的母训与家庭教育》，《内蒙古农业大学学报（社会科学版）》2012年第2期。

李鹏：《宋代东莱吕氏家族母教探微》，《保定学院学报》2012年第5期。

刘黎、杜宏：《从“孟母三迁”看宋代母教问题》，《兰台世界》2014年12期。

张志勇、赖宝成：《契丹世家大族的家庭教育——基于出土的辽代碑刻资料》，《辽宁工程技术大学学报（社会科学版）》2015年第2期。

郭娅、罗群佳：《宋辽金元时期皇太子经筵教育活动研究》，载《童蒙文化研究（第一卷）》，人民出版社2016年版。

刘晓飞：《金代汉族家庭教育方式》，《寻根》2012年第1期。

李玉君：《金代宗室教育与历史文化认同》，《社会科学战线》2012年第8期。

伍雪燕：《元代平民家庭女教初探》，《科教文汇（中旬刊）》2007年第11期。

张建伟：《元代家庭教育与民族文化的“涵化”》，《民族教育研究》2015年第6期。

4. 学校教育

赵铁寒：《宋代的学校教育》，《学术季刊》1954年第2期。

李正宇：《唐宋时代的敦煌学校》，《敦煌研究》1986年第1期。

李并成：《从敦煌算经看我国唐宋时代的初级数学教育》，《数学教学研究》1991年第1期。

袁征：《宋代学校教学内容的变化与理学统治地位的确立》，《教育评论》

1991年第5期。

周愚文：《宋代的小学教育》，《台湾师范大学教育研究所集刊》1995年第36期。

刘祥光：《中国近世地方教育的发展——徽州文人、塾师与初级教育(1100—1800)》，《“中央研究院”近代史研究所集刊》1997年第28期。

池小芳：《宋代小学教育发展简析》，《中国文化月刊》1998年第219期。

朱云鹏：《我国宋代学校教育研究》，《师范教育文献数据库研究》，河北教育出版社1999年版。

王善军：《宋代族塾义学的兴盛及其社会作用》，《中国史研究》1999年第2期。

赵跟喜：《敦煌唐宋时期的女子教育初探》，《敦煌研究》2006年第2期。

张邦炜：《宋代学校教育的时代特征——着眼于唐宋变革与会通的观察》，《四川师范大学学报（社会科学版)》2016年第5期。

马燕云：《唐宋时期敦煌地区教育消费探析》，《北方文学（下旬刊)》2016年第9期。

高福顺：《辽代上京地区官学教育发展探析》，《黑龙江民族丛刊》2007年第2期。

高福顺：《辽朝西京地区官学教育发展探析》，《黑龙江民族丛刊》2007年第6期。

高福顺：《辽朝南京地区官学教育发展探析》，《社会科学战线》2008年第1期。

桑秋杰、高福顺：《辽朝东京地区官学教育发展探析》，《东北师大学报(哲学社会科学版)》2008年第3期。

高福顺：《辽朝中京地区官学教育发展探析》，《黑龙江民族丛刊》2008年第5期。

高福顺：《辽朝私学教育初探》，《求是学刊》2010年第4期。

陶晋生：《金代的官学》，载《女真统治下的中国：金代思想文化史论集》，纽约州立大学出版社1995年版。

兰婷：《金代女真官学》，《东北史地》2006年第2期。

徐曼：《元代意识形态宣教途径及特点》，《民族教育研究》2011 年第 1 期。

易永姣：《元代学堂赋述略》，《桂林航天工业学院学报》2013 年第 1 期。

兰婷：《金代私学教育》，《史学集刊》2010 年第 3 期。

兰婷：《金代汉族地方官学教育》，《社会科学战线》2013 年第 9 期。

王利霞：《金代西京地区教育文化探析》，《山西大同大学学报（社会科学版）》2015 年第 4 期。

韩志远：《元代私学初探》，载《元史论丛》第 9 辑，中国广播电视出版社 2004 年版。

（二）蒙书

1. 通论

熊承涤：《宋代的蒙学教材》，《课程教材教法》1990 年第 5 期。

袁征：《宋代小学的课程和教材》，《河北学刊》1991 年第 2 期。

王阳安：《宋元蒙学新编语文教材述评》，《山东教育科研》1994 年第 4 期。

樊彩萍：《略谈宋代蒙学的教材与教法》，《台州师专学报》1999 年第 2 期。

闵钰、冯文全：《析宋代商品经济对蒙学教材平民化的影响》，《湖南科技学院学报》2006 年第 4 期。

王庆：《试论宋代蒙养读物的价值及缺憾》，《商丘师范学院学报》2009 年第 11 期。

孙赫男：《朱熹童蒙文献的理学传播意义》，《吉林大学社会科学学报》2012 年第 2 期。

朱芸莹：《浅论宋代蒙学教材以及对当今儿童教材编写的启示》，《兰州教育学院学报》2016 年第 4 期。

杜成辉、马新轲：《应县木塔秘藏中的辽代蒙书》，《北方文物》2014 年第 4 期。

兰婷、孙运来：《金代教材建设》，《满族研究》2009 年第 4 期。

何宏米、李德芳、陈封椿：《简议黑城出土的西夏蒙书》，《兰台世界》2014 年第 17 期。

蔡春娟：《元代的蒙古字学》，《中国史研究》2004 年第 2 期。

张延昭：《简论元代“小学”教材的编纂及其借鉴意义》，《上海师范大学学报》2009 年第 5 期。

贾慧如：《元代的蒙学教育与教材》，《教育史研究》2009 年第 3 期。

李汉潮：《元代小学语文教材价值取向》，《现代教育论丛》2014 年第 6 期。

2.《三字经》

［美］刘子健：《比〈三字经〉更早的南宋启蒙书》，《文史》第 21 辑，中华书局 1983 年版。

张子开：《〈三字经〉成书年代小考》，《文史知识》1995 年第 8 期。

张显传：《也从〈三字经〉说到历史教育》，《史学史研究》1999 年第 1 期。

蔡若莲：《〈三字经〉与汉字识字教材》，《淮阴师范学院学报（哲学社会科学版）》2000 年第 2 期。

蔡若莲：《古代识字教材〈三字经〉之研究》，《河北师范大学学报》2000 年第 3 期。

李良品：《〈三字经〉的成书过程与作者归属考略》，《社会科学家》2004 年第 5 期。

李健明：《〈三字经〉作者细考》，《学术研究》2007 年第 8 期。

李鹏辉：《〈三字经〉的劝学主题与宋代劝学文化生态》，《教育评论》2008 年第 5 期。

李健明：《〈三字经〉主要版本内容研究》，《学术研究》2008 年第 8 期。

张如安：《历史上最早记载〈三字经〉的文献——〈三字经〉成书于南宋中期新说》，《北京大学学报（哲学社会科学版）》2009 年第 2 期。

朱维铮：《〈三字经〉岂能是国学——朱维铮教授访谈录》，《社会科学论坛》2009 年第 11 期。

谭建川：《〈三字经〉在日本的流播与衍变》，《西南大学学报（社会科学版)》2010 年第 1 期。

徐志红：《论〈三字经〉与儿童道德行为的培养》，《陕西学前师范学院学报》2014 年第 1 期。

程勇：《〈三字经〉作者和版本研究疑问辑录》，《浙江大学学报（人文社会科学版)》2014 年第 4 期。

郭晋宁：《〈三字经〉对小学教材编写的价值》，《太原大学教育学院学报》2016 年第 1 期。

陈文忠：《论〈三字经〉的四重意蕴——〈三字经〉八百年传播阐释史考察》，《安徽师范大学学报（人文社会科学版)》2016 年第 5 期。

徐雁：《〈三字经〉蕴涵的语文教育观》，《江苏教育研究》2016 年第 5 期。

朱凤玉：《〈三字经〉在台湾的流行与发展》，载《童蒙文化研究（第一卷)》，人民出版社 2016 年版。

秦桐：《从〈三字经〉看古代蒙养经验对当今小学教育的启示》，《科教导刊（下旬刊)》2016 年第 12 期。

张辽辽、李广龙：《〈三字经〉童蒙教育思想刍议》，《现代语文（学术综合版)》2016 年第 12 期。

冯文全、陈晓霞：《〈三字经〉对儿童家庭教育的启示》，《牡丹江大学学报》2016 年第 12 期。

3.《百家姓》

满天晓：《〈百家姓〉考论》，《科教文汇（中旬刊)》2008 年第 10 期。

钱征：《〈百家姓〉著者考》，《江苏教育学院学报（社会科学版)》2009 年第 5 期。

李士奇：《浅析〈百家姓〉的教育文化思想内涵》，《科教文汇（中旬刊)》2010 年第 4 期。

4.《千家诗》

王承昀：《漫议〈千家诗〉》，《读书》1982 年第 1 期。

陈绪万：《〈千家诗〉源流探析》，《人文杂志》1987 年第 4 期。

占鳌：《〈后村千家诗〉一误》，《西北大学学报（哲学社会科学版)》1991 年第 4 期。

于植元：《〈千家诗〉中的名诗及其他》，《中国图书评论》1995年第1期。

李连昌：《〈千家诗〉版本简析》，《贵州文史丛刊》2004年第1期。

伍双林：《论〈千家诗〉的编辑体例》，《南昌教育学院学报》2010年第11期。

肖华风、卢立敏：《从文学启蒙教育看〈千家诗〉》，《文学教育（上）》2011年第4期。

丁志军、徐希平：《〈千家诗〉的版本流传与编辑特点》，《西南民族大学学报（人文社会科学版）》2012年第4期。

张蓓蓓：《黑水城抄本〈千家诗〉残页考》，《敦煌学辑刊》2013年第2期。

伍双林：《试论〈千家诗〉的诗教特色——与其他蒙学读物的比较》，《时代文学（下半月）》2014年第8期。

5.《小学》

王传贵：《朱熹〈小学〉中的童蒙教育思想》，《伦理学与精神文明》1983年第6期。

李越、司晓宏：《朱熹〈小学〉中的道德教育思想拾粹》，《唐都学刊》1991年第2期。

姚郁卉：《朱熹〈小学〉的蒙养教育思想》，《齐鲁学刊》2005年第4期。

黄婉瑜：《从〈小学〉论朱子童蒙教育理念》，《东方人文学志》2006年第3期。

周国林：《朱熹〈小学〉的基本思想及其现代价值》，载《人文与价值——朱子学国际学术研讨会暨朱子诞辰880周年纪念会论文集》，2010年。

郝金金：《朱熹〈小学〉中的德育教育方法及其当代价值》，《教育探索》2015年第6期。

陈兴华：《朱熹〈小学〉与其童蒙教化体系的构建》，《教育评论》2016年第1期。

卢巧玲：《从朱熹〈小学〉看儒家礼仪教育与孝德的契合》，《人文天下》2016年第10期。

王睿、王凌皓：《朱熹的道德养成教育思想研究——基于其童蒙教材及读物的分析》，载《中华炎黄文化研究会童蒙文化专业委员会第二届国际学术研讨会论文集》，2016 年。

6.《童蒙须知》

陈安民、周欣：《朱熹蒙学教材〈童蒙须知〉的价值探究》，《文史博览(理论)》2013 年第 11 期。

苏军帅：《〈童蒙须知〉中儒家蒙学理念窥探》，《湖北经济学院学报（人文社会科学版)》2016 年第 7 期。

7.《十七史蒙求》

陈俊强：《〈十七史蒙求〉初探——宋代童蒙教材研究之一》，《史耘》1995 年第 1 期。

宫钦第：《从〈十七史蒙求〉用韵看北宋江淮方音》，《湖北师范学院学报》2010 年第 5 期。

熊丽：《〈十七史蒙求〉编制理念初探》，《吕梁教育学院学报》2013 年第 4 期。

高远：《王令〈十七史蒙求〉编纂及其训蒙理念探讨》，载《中华炎黄文化研究会童蒙文化专业委员会第二届国际学术研讨会论文集》，2016 年。

8.《叙古千文》

杨宇勋：《〈叙古千文〉与宋代儿童历史蒙书》，《历史教育》1997 年第 2 期。

9.《童蒙训》

潘伟娜：《一部侧重伦理道德教化的童蒙课本——吕本中〈童蒙训〉考析》，《四川大学学报（哲学社会科学版)》2004 年增刊。

曾纪刚：《宋绍定本〈童蒙训〉的刊刻与传藏》，《故宫文物月刊》2013 年第 364 卷。

粟品孝：《吕本中〈官箴〉出自〈童蒙训〉原本考》，《文献》2007 年第 4 期。

10.《名贤集》

史学厚：《〈名贤集〉是“复辟”集》，《文史哲》1974 年第 3 期。

北京师大教育系师生《名贤集》批注小组：《〈名贤集〉批注选》，《北京师大学报（社会科学版）》1974 年第 5 期。

郑州大学中文系：《〈名贤集〉批注》，《郑州大学学报（哲学社会科学版）》1975 年增刊。

田育琴：《民国六年新镌〈名贤集〉在祁县档案馆发现》，《山西档案》2007 年第 2 期。

夏当英、王处辉：《论古代蒙养书〈名贤集〉体现的传统社会生活理念》，《孔子研究》2007 年第 4 期。

11.《史学提要》

靳诺、温玉春：《宋代启蒙历史读物中的史学意识——以〈史学提要〉为中心》，《华中科技大学学报（社会科学版）》2007 年第 5 期。

12.《戒子通录》

沈时蓉：《论刘清之和他的〈戒子通录〉》，《四川师范大学学报（社会科学版）》1995 年第 2 期。

马泓波、王晓斌：《现存文渊阁四库全书本〈戒子通录〉的四种错误类型分析》，《西北大学学报（哲学社会科学版）》2013 年第 4 期。

龙文展：《性别与规范——〈戒子通录〉的母训、女教内容解读》，《湖北第二师范学院学报》2014 年第 12 期。

刘喜涛：《文渊阁四库全书本〈戒子通录〉得失论》，《西南科技大学学报（哲学社会科学版）》2015 年第 3 期。

13.《杂字》

史金波：《西夏汉文本〈杂字〉初探》，载《中国民族史研究》第二辑，中央民族学院出版社 1989 年版。

聂鸿音、史金波：《西夏文本〈碎金〉研究》，《宁夏大学学报（社会科学版）》1995 年第 2 期。

聂鸿音、史金波：《西夏文〈三才杂字〉考》，《中央民族大学学报》1995 年第 6 期。

王静如、李范文：《西夏文〈杂字〉研究》，《西北民族研究》1997 年第 2 期。

马德：《敦煌新本 Дx02822〈杂集时用要字〉刍议》，《兰州学刊》2006

年第1期。

李应存、李金田、史正刚：《俄藏敦煌文献Дx02822“蒙学字书”中之医药知识》，《甘肃中医学院学报》2006年第4期。

王晶：《俄藏敦煌文献Дx.2822〈杂集时用要字〉果子部浅析》，《和田师范专科学校学报》2008年第1期。

文志勇：《从俄藏汉文〈杂字〉看西夏社会发展》，《兰州学刊》2009年第1期。

濮仲远：《Дx02822号文书再探》，《宁夏师范学院学报》2010年第1期。

王使臻：《俄藏文献Дx.2822“字书”的来源及相关问题》，载《西夏学》第1辑，2010年。

韦宝畏、许文芳：《西夏地名考释——以Дx.02822〈杂集时要用字〉为中心》，《宁夏师范学院学报（社会科学版）》2010年第2期。

崔红芬：《汉文〈杂字〉所反映的西夏社会问题探析》，载《西夏学》第10辑，2010年。

李振聚、王晓娟：《宋元杂字书流行考》，《图书馆理论与实践》2013年第12期。

辛睿龙：《俄藏黑水城2822号文书〈杂集时要用字〉疑难字词校补》，《宋史研究论丛》2016年第2期。

14.《番汉合时掌中珠》

聂鸿音：《〈番汉合时掌中珠〉注音符号研究》，《语言研究》1987年第2期。

李范文：《〈番汉合时掌中珠〉复字注音考释之一》，《宁夏社会科学》1989年第5期。

李范文：《〈番汉合时掌中珠〉复字注音考释之二》，《宁夏社会科学》1989年第6期。

马忠建：《从〈掌中珠〉夏汉对音看13世纪前后汉语西北方言声纽系统若干特点》，《中央民族学院学报》1992年第4期。

孙宏开：《西夏语鼻冠声母构拟中的几个问题——从〈掌中珠〉西夏语汉字注音谈起》，《民族语文》1996年第4期。

张竹梅：《〈番汉合时掌中珠〉注音汉字添加符号诠释（二）》，《西北第二民族学院学报（哲学社会科学版）》1998年第4期。

张竹梅：《〈番汉合时掌中珠〉汉文复字注音诠释——尼×》，《西北第二民族学院学报（哲学社会科学版）》2000年第1期。

张竹梅：《从〈番汉合时掌中珠〉看西夏语七品正齿音的音值构拟》，《江苏大学学报（社会科学版）》2002年第1期。

张竹梅：《从〈番汉合时掌中珠〉看西夏语有无舌上音》，《江苏大学学报（社会科学版）》2003年第3期。

景永时：《〈番汉合时掌中珠〉俄藏编号内容复原与版本考证》，《宁夏社会科学》2013年第6期。

穆旋：《〈番汉合时掌中珠〉管窥》，《牡丹江师范学院学报（哲学社会科学版）》2014年第5期。

贾常业：《〈番汉合时掌中珠〉中的异讹字》，《西夏研究》2015年第1期。

景永时：《20世纪〈番汉合时掌中珠〉刊印史考述》，《北方民族大学学报（哲学社会科学版）》2016年第5期。

15.《新集慈孝传》

聂鸿音：《西夏文〈新集慈孝传〉考补》，《民族语文》1995年第1期。

聂鸿音：《西夏文〈新集慈孝传〉释读》，《宁夏大学学报（哲学社会科学版）》1999年第2期。

[法] 向柏霖：《〈新集慈孝传〉导言》，聂大昕译，《西夏研究》2015年第3期。

16.《圣立义海》

汤晓芳：《西夏史研究的两部重要史料——〈圣立义海〉和〈贞观玉镜将〉简介》，《固原师专学报》1996年第1期。

朱海：《西夏孝观念研究——以〈圣立义海〉为中心》，《宁夏社会科学》2006年第3期。

袁志伟：《〈圣立义海〉与西夏“佛儒融合”的哲学思想》，《宁夏大学学报（人文社会科学版）》2015年第3期。

郭明明：《〈圣立义海〉孝子故事史源补考》，《西夏研究》第1辑，

2017年。

17.《程氏家塾读书分年日程》

谢德雄：《〈程氏家塾读书分年日程〉并非书目著作》，《图书馆杂志》1984年第2期。

袁逸：《导读书目的发凡之作——程端礼〈读书分年日程〉评介》，《图书馆学研究》1984年第6期。

路闻、明书：《从目录学史看〈读书分年日程〉》，《河南图书馆学刊》1988年第3期。

施榆生：《程端礼〈读书分年日程初探〉》，《漳州师范学报（哲学社会科学版）》1998年第3期。

张伟、邢舒绪：《程端礼及其〈读书分年日程〉》，《宁波大学学报（教育科学版）》2004年第6期。

张维坤、蒋成瑀：《程端礼的读写教学思想——读〈程氏家塾读书分年日程〉》，《浙江教育学院学报》2007年第1期。

宁俊伟：《〈程氏家塾读书分年日程〉与元代教育思想》，《高校理论战线》2007年第6期。

符永利：《略论程端礼的〈读书分年日程〉》，《社会科学论坛》2011年第3期。

徐雁平：《〈读书分年日程〉与救“科举时文之弊”》，《南京师大学报（社会科学版）》2012年第3期。

王卉卉：《程端礼读书法及其当代价值》，《辽宁教育行政学院学报》2014年第1期。

王照年、罗玉梅：《试论〈程氏家塾读书分年日程〉的性质》，《闽南师范大学学报（哲学社会科学版）》2016年第3期。

杨杨、李新：《从蒙童到成人的课程规划：析程端礼〈读书分年日程〉》，《赤峰学院学报（汉文哲学社会科学版）》2016年第9期。

18.《日记故事》

张炫：《论元代〈日记故事〉中“二十四孝”的流传及影响》，《绵阳师范学院学报》2014年第3期。

张建利、杜秀萍：《熊大木本〈日记故事〉插图的艺术表现形式》，《吉林艺术学院学报》2015 年第 1 期。

张建利、杜秀萍：《古代蒙书〈日记故事〉作者考》，《鸡西大学学报》2015 年第 6 期。

（三）儿童诗

马秀娟：《宋代的神童与神童诗》，《中国典籍与文化》1992 年第 3 期。

唐润：《元代契丹族诗童——耶律铸》，《中国民族》1992 年第 12 期。

汪圣铎：《汪洙及〈神童诗〉考辨》，《中国典籍与文化》2003 年第 2 期。

孙亚敏：《杨万里的童趣诗及其儿童观》，《上海师范大学学报（哲学社会科学版）》2007 年第 3 期。

田月丽：《浅析杨万里的童趣诗》，《井冈山学院学报》2008 年第 3 期。

王友胜：《吴春秋宋代洗儿诗初论》，《中国文化研究》2012 年春之卷。

李丹：《宋代童趣诗中的民俗探究》，《曲靖师范学院学报》2016 年第 2 期。

苗锐：《一颗童心看世界——论杨万里的童趣诗》，《巢湖学院学报》2016 年第 4 期。

胡世强、相艳、崔锐等：《中国古代神童诗现象——以寇准〈华山诗〉为例》，载《中华炎黄文化研究会童蒙文化专业委员会第二届国际学术研讨会论文集》，2016 年。

（四）儿童生活与游戏

王其慧：《从宋代风俗画中看儿童游戏的多样性》，《体育文史》1991 年第 6 期。

杜卫民：《宋代泥玩具》，《收藏家》1996 年第 5 期。

杨秀清：《浅谈唐宋时期敦煌地区的学生生活》，《敦煌研究》1999 年第 4 期。

贾麦明：《宋代民间艺术奇葩磨喝乐变体玩具》，《收藏界》2003 年第 10 期。

卜琳：《从耀州窑童子蹴鞠纹瓷看宋代足球》，《考古与文物》2005 年第 3 期。

陈杰：《从磁州窑彩绘婴戏纹看宋金时期的儿童活动——兼谈磁州窑彩绘婴戏纹的风格特点》，《四川文物》2005 年第 5 期。

王连海：《李嵩〈货郎图〉中的民间玩具》，《南京艺术学院学报》2007 年第 2 期。

姚海英：《宋元社会生活的形象透视——以宋元小说中的儿童形象为视角》，《江西社会科学》2008 年第 4 期。

姚海英：《论宋元小说中的儿童形象类型及艺术特征》，《上海师范大学学报（哲学社会科学版）》2008 年第 4 期。

杜文：《宋代陶塑玩具上所见“七圣刀”幻术》，《中原文物》2009 年第 3 期。

王连海：《从宋代陶模造型管窥宋代游戏风俗》，《中原文物》2010 年第 1 期。

黄林纳、宋兴：《从瓷枕婴戏图品味宋代童趣》，《东方收藏》2010 年第 6 期。

李屏：《儿童冬学闹比邻——宋代私塾中的学生生活》，《河北师范大学学报（教育科学版）》2011 年第 5 期。

王少石：《艺术奇葩　民俗载体——宋金瓷塑玩具》，《收藏家》2012 年第 3 期。

林燕：《从〈婴戏图〉看两宋时期的儿童生活实景》，《博物馆研究》2013 年第 1 期。

魏女：《陕西出土的宋代儿童体育文物》，《大众考古》2016 年第 1 期。

郝勤、高潇：《宋代彩绘童子抱鞠俑考释》，《成都体育学院学报》2016 年第 1 期。

杨铁男：《辽代银带具上童子娱乐游戏图浅析》，《体育文史》1997 年第 2 期。

孙大伦：《洞耳壁画“童子戏花图”小识》，《文博》2005 年第 2 期。

陈柳晶：《元代儿童生活初探》，《惠州学院学报》2015 年第 4 期。

陈柳晶：《蒙元统治下的儿童境遇——以宗教和奴婢为讨论中心》，《广东农工商职业技术学院学报》2016年第2期。

（五）服饰、艺术与儿童

胡凤英、杨峰涛：《宋代玉雕童子的艺术风格》，《收藏界》2008年第10期。

包铭新、孙颖：《宋代婴戏图中的儿童发式》，《浙江纺织服装职业技术学院学报》2009年第3期。

周海生：《宋代民间女子和儿童蹴鞠服饰管窥》，《美术大观》2012年2月。

周海生：《浅析宋元陶瓷器“婴戏图”中的儿童服饰》，《艺术教育》2012年第1期。

刘亚平：《宋代婴戏图儿童首服特征》，《山东纺织经济》2013年第12期。

王小娟：《宋代〈货郎图〉中的儿童题材表现》，《美术大观》2010年第11期。

陈璐：《两宋婴戏图像与宗教》，《美术大观》2010年第12期。

李娅萌：《宋代儿童题材绘画初探》，《大众文艺》2012年第4期。

宋春艳：《浅析宋代婴戏图盛行的原因》，《大众文艺》2012年第5期。

周海生《浅析宋元陶瓷器“婴戏图”中的儿童服饰》，《设计学》2012年第1期。

俞亚琴：《百物担来群婴戏——昆仑堂美术馆藏〈货郎图〉赏析》，《书画艺术》2012年第2期。

喻明福：《宋代的执荷童子》，《陶瓷学报》2012年第3期。

林海慧：《磁州窑瓷器中的儿童世界》，《文物鉴定与鉴赏》2012年第6期。

孙发成：《宋代的“磨喝乐”信仰及其形象——兼论宋孩儿枕与“磨喝乐”的渊源》，《民俗研究》2014年第1期。

于新国：《开放获取环境中的我国古代儿童绘画历史文献资源——以宋代货郎图为例》，《图书情报论坛》2014年第4期。

高扬：《宋代磁州窑婴戏题材与纸本婴戏图比较研究》，《江苏陶瓷》2014年第4期。

庄程恒：《庆堂与净土——晋南金墓中的婴戏图像及其双重信仰》，《美术学报》2014年第4期。

彭西春：《从两宋婴戏绘画的比较看其繁荣的原因》，《美术研究》2015年第1期。

沙新美：《宋代北方民窑瓷器中童子图像研究》，《美术教育研究》2015年第3期。

赵伟：《神圣与世俗——宋代执莲童子图象研究》，《艺术设计研究》2015年第1期。

王胜泽：《西夏佛教艺术中的童子形象》，《敦煌学辑刊》2015年第4期。

吴珩：《西夏国家中的童子形象》，《西夏研究》2016年第1期。

（六）养育风俗及儿童慈善救助

王德毅：《宋代的养老与慈幼》，《宋史研究集》第6辑，“国立编译馆”1987年版。

吴宝琪：《宋代产育之俗研究》，《河南大学学报（社会科学版）》1989年第1期。

杨果、陆溪：《弄璋弄瓦：宋人产育中的性别选择》，载《宋史研究论丛》第15辑，2014年。

宋采义、豫嵩：《宋代官办的幼儿慈善事业》，《史学月刊》1988年第5期。

屈超立：《宋代收养制度研究》，载四川大学古籍整理研究所编：《宋代文化研究》第2辑，巴蜀书社1992年版。

柳立言：《养儿防老——宋代的法律、家庭与社会》，载汉学研究中心编：《中国家庭及其伦理研讨会论文集》，台北汉学研究中心1999年版。

杜本礼：《北宋开封的慈善收容机构》，《中州今古》2000年第3期。

游彪、刘春悦：《宋代宦官养子及荫补制度》，《中国史研究》2001年第2期。

郭文佳：《宋代幼儿生养与救助述论》，《烟台大学学报（哲学社会科学版）》2003 年第 3 期。

郭文佳：《简论南宋的幼儿生养与救助》，《商丘师范学院学报》2004 年第 1 期。

吴业国：《宋代官办慈善事业述论》，《南教学坛》2015 年第 1 期。

赵英华：《略论宋代皇储的教育与培养》，《兰州学刊》2007 年第 7 期。

黄永昌：《宋代的慈幼事业与社会》，《华中师范大学研究生学报》2008 年第 4 期。

金眉：《唐宋养子制度变动研究——以异姓男的收养为考察对象》，《法制与社会发展》2011 年第 4 期。

王爱兰：《略述两宋对弃婴贫儿的福利救助》，《重庆科技学报（社会科学版）》2009 年第 9 期。

范伟：《试论宋代皇嗣养子制度》，《昆明学院学报》2013 年第 5 期。

黄英：《论宋政府慈幼措施的特点及发达缘由》，《内江师范学院学报》2014 年第 3 期。

刘晓：《元代收养制度研究》，《中国史研究》2000 年第 3 期。

刘寨华、于峥、杨威：《〈幼幼集成〉学术思想研究》，《中国中医基础学杂志》2012 年第 3 期。

王琳：《从宋代“婴戏画”看政府社会对儿童健康的重视》，《南京中医药大学学报（社会科学版）》2012 年第 1 期。

（七）家训

1. 通论

杨华：《简论宋朝家训文献中的道德教育》，《甘肃理论学刊》2005 年第 6 期。

陈志勇：《唐宋家训发展演变模式探析》，《福建师范大学学报（哲学社会科学版）》2007 年第 3 期。

赵振：《唐宋家训的传播与社会功能》，《华北水利水电学院学报（社科版）》2007 年第 4 期。

宋冬霞：《浅析宋代家训的和谐因子》，《青海师范大学学报（哲学社会科学版）》2008 年第 2 期。

刘欣：《略论宋代家训中的“女教”》，《中华女子学院学报》2009 年第 5 期。

许美芳、王炜民：《从家训看宋士大夫对子女的家庭教育》，《船山学刊》2010 年第 4 期。

巴永贵：《论宋代家训对家庭道德教育的影响》，《当代教育论坛（管理研究）》2010 年第 5 期。

姚迪辉：《论宋代家训的治家伦理思想》，《湖南工业大学学报（社会科学版）2011 年第 2 期。

王冀英：《浅析宋代家训文化及其社会影响》，《淮北职业技术学院学报》2014 年第 1 期。

刘欣：《论宋代家训诗中的“情”与“理”》，《云南社会科学》2014 年第 5 期。

2.《温公家范》

陈谷嘉、章启辉：《论〈司马温公家范〉的家庭伦理思想》，《求索》1994 年第 10 期。

熊伶：《评〈温公家范〉的家庭伦理思想》，《西南师范大学学报（人文社会科学版）》1988 年第 2 期。

张晓敏：《〈温公家范〉中的家庭伦理思想》，《枣庄学院学报》2008 年第 3 期。

冯志珣：《试析〈温公家范〉成书的原因》，《西安石油大学学报（社会科学版）》2011 年第 3 期。

冯佼敏：《〈温公家范〉中的传统家庭教育思想》，《新余学院学报》2015 年第 1 期。

张仁玺：《〈温公家范〉中的孝道观述论》，《东方论坛》2016 年第 5 期。

3.《放翁家训》

杨光皎：《〈放翁家训〉祛疑》，《古典文献研究》2005 年第 1 期。

庄桂英、张忠智：《陆游〈放翁家训〉析论》，《应用伦理学刊》2007 年第 1 期。

马泓波：《〈放翁家训〉成书时间、真伪、校勘价值考辨》，《史学月刊》2011 年第 11 期。

4.《朱子家训》

张志雄：《和谐主义的伦理观——从〈朱子家训〉看朱熹的伦理观》，《南平师专学报》2000 年第 3 期。

孔令慧：《弘扬传统精华　建设精神文明——浅谈〈朱子家训〉对精神文明建设的价值》，《运城高等专科学校学报》2000 年第 1 期。

李晓明、王喜伶：《〈朱子家训〉的现代文化教育功能》，《当代教育论坛（学科教育研究）》2008 年第 3 期。

苏文娟、张爱林：《读书　知人　论世——浅析〈朱子家训〉的时代背景及其人文意蕴》，《南京医科大学学报（社会科学版）》2009 年第 4 期。

朱杰人：《朱子家训的普世价值》，《三明日报》2010 年 10 月 17 日第 A03 版。

王晓真：《〈朱子家训〉和〈颜氏家训〉家庭教育思想的比较研究》，《太原学院学报（社会科学版）》2016 年第 1 期。

张蕾：《〈朱子家训〉及其教育价值》，《武夷学院学报》2016 年第 2 期。

5.《袁氏世范》

陈延斌：《〈袁氏世范〉的伦理教化思想及其特色》，《道德与文明》2000 年第 5 期。

赵忠祥、方海茹：《〈袁氏世范〉的家庭教育思想及现代价值》，《河北师范大学学报（教育科学版）》2005 年第 1 期。

高著军：《〈袁氏世范〉关于家庭的内容及其俗训特征》，《大连大学学报》2011 年第 2 期。

张学强、李玉丽：《〈袁氏世范〉家庭教育思想的内容及其特征分析》，《大理学院学报》2013 年第 2 期。

周颖：《试析〈袁氏世范〉道德教育思想》，《江苏第二师范学院学报》2016 年第 2 期。

范国强、张洁：《〈袁氏世范〉的家庭教化与治家之道》，《新西部（理论版)》2016年第19期。

6.《郑氏规范》

常建华:《元明时期义门郑氏及其规范的社会影响》,《河北学刊》2011年第2期。

陈延斌:《〈郑氏规范〉的家庭教化及其对后世的影响》,《齐鲁学刊》2001年第6期。

李洁、何沙:《从〈郑氏规范〉探析元代女性的家庭角色与地位》,《兰台世界》2012年33期。

童亚薇:《浅析〈郑氏规范〉的家庭管理思想》,《湖州师范学院学报》2014年第7期。

宗尧:《浦江郑氏的家族规范》,《寻根》2015年第4期。

童亚薇:《试论〈郑氏规范〉中的女教思想》,《湖州师范学院学报》2015年第7期。

周淑彦:《〈郑氏规范〉的女子道德教育思想》,《山西师范大学学报(自然科学版)》2015年增刊。

沈宏格:《家法族规与乡村"礼治"社会——以浦江〈郑氏规范〉为例》,《中国地方志》2015年第10期。

刘志伟:《"江南第一家"郑氏家族的家训教化制度考究》,《兰台世界》2015年第27期。

(八)童子举

宋采义:《谈宋代神童举》,《史学月刊》1989年第6期。

张邦炜:《宋代的"神童"》,《文史杂志》1991年第6期。

黄启昌:《宋代童试漫话》,《华夏文化》1995年第1期。

许友根:《宋代童子科考述》,《孝感职业技术学院学报》2002年第1期。

汪圣铎:《宋代的童子举》,《文史哲》2002年第6期。

祖慧、周佳:《关于宋代童子科的几个问题》,《中国史研究》2005年第4期。

朱红梅、王凤翔:《童子科考试在唐宋时期的发展与变化》,《邢台学院学报》2008 年第 1 期。

朱红梅：《唐宋时期童子科及第者入仕情况考》，《绥化学院学报》2012 年第 1 期。

周燕：《宋代贡举中神童举对儿童的培养及入仕影响》，《兰台世界》2014 年第 8 期。

张会：《从科举题材文言小说看宋代童子举》，《河南商业高等专科学校学报》2015 年第 3 期。

邹锦良：《区域社会视域下的宋代“童子举”问题新探——以饶州为例》，载《中华炎黄文化研究会童蒙文化专业委员会第二届国际学术研讨会论文集》，2016 年。

（九）学位论文

郅美丽：《宋代蒙学教育研究》，南京师范大学硕士学位论文，2004 年。

李晖：《简论宋代蒙学教育》，华中师范大学硕士学位论文，2005 年。

余家春：《宋代蒙学教育探究》，湖北大学硕士学位论文，2006 年。

程婕：《下学与上达：朱熹蒙学思想的哲学基础》，上海师范大学硕士学位论文，2008 年。

梁巍：《宋代童蒙阶段的行为规范教育研究》，河北大学硕士学位论文，2009 年。

耿小丽：《南宋时期理学家的童蒙教育思想研究》，山西师范大学硕士学位论文，2009 年。

张烨：《社会化视角下的宋代童蒙教育》，上海师范大学硕士学位论文，2010 年。

刘文升：《司马光家庭教育思想研究》，河南大学硕士学位论文，2010 年。

傅文玉：《朱熹德育思想探析》，海南师范大学硕士学位论文，2011 年。

姜凌宇：《宋代蒙学中的历史教育研究》，曲阜师范大学硕士学位论文，2011 年。

郭忠羽：《宋代童蒙教育研究》，福建师范大学硕士学位论文，2012 年。

杨雅男：《朱熹的蒙学与哲学》，天津大学硕士学位论文，2013 年。

李鹏：《吕祖谦童蒙教育思想研究》，河北大学硕士学位论文，2013 年。

朱琳娜：《朱熹家庭教育思想及其意义研究》，扬州大学硕士学位论文，2015 年。

金俏楠：《吕祖谦蒙学思想初探》，中国计量大学硕士学位论文，2016 年。

刘香玉：《元代童蒙教育研究》，中央民族大学硕士学位论文，2014 年。

王彬：《朱熹的蒙学思想与训蒙诗》，曲阜师范大学硕士学位论文，2015 年。

黄宝权：《宋代家庭教育研究》，河南大学硕士学位论文，2009 年。

翁越：《宋代儿童的家庭教育》，上海师范大学硕士学位论文，2013 年。

盛晓文：《宋代眉山苏氏家族家庭教育研究》，东北师范大学硕士学位论文，2014 年。

侯艳兰：《宋代母子关系研究》，兰州大学硕士学位论文，2016 年。

龚文浩：《宋代私塾教育研究》，华东师范大学硕士学位论文，2015 年。

潘伟娜：《宋代新编童蒙读物初探》，四川大学硕士学位论文，2005 年。

张金慧：《宋代道德类蒙学教材的特点研究》，东北师范大学硕士学位论文，2006 年。

王庆：《论宋代蒙养读物及其对当今小学语文教材编写的启示》，河南大学硕士学位论文，2007 年。

张健：《两宋民间劝学文献研究》，东北师范大学硕士学位论文，2011 年。

徐柏文：《宋代理学家童蒙文献研究》，吉林大学硕士学位论文，2012 年。

张盛悦：《儿童文学视野下的宋代童蒙读物研究》，华侨大学硕士学位论文，2013 年。

钱冬梅：《宋代蒙学教材研究》，扬州大学硕士学位论文，2012 年。

杨中华：《宋代蒙学教材研究》，云南师范大学硕士学位论文，2014 年。

谭敏捷：《宋代蒙学教材的当代德育价值研究》，西南大学硕士学位论文，2014 年。

王治华：《宋代儿科文献学术成就研究》，中国中医研究院硕士学位论文，2005 年。

杨树娜：《黑城出土西夏蒙书研究》，江西师范大学硕士学位论文，2012 年。

张红梅：《蒙学读物〈三字经〉述评》，华中师范大学硕士学位论文，2005 年。

廖春华：《〈三字经〉语言研究》，重庆师范大学硕士学位论文，2008 年。

卢永芳：《古代蒙学教材〈三字经〉研究》，四川师范大学硕士学位论文，2010 年。

李卓林：《〈三字经〉研究》，东北师范大学硕士学位论文，2012 年。

王建霞：《〈百家姓〉沿革及其衍生文献研究》，内蒙古师范大学硕士学位论文，2015 年。

伍双林：《〈千家诗〉研究》，东北师范大学硕士学位论文，2009 年。

武成果：《朱熹〈小学〉研究——以儿童的人格塑造为中心》，湖北大学硕士学位论文，2010 年。

李小茹：《王应麟〈急就篇补注〉及相关问题研究》，西南师范大学硕士学位论文，2005 年。

吴清：《王应麟蒙学研究》，兰州大学硕士学位论文，2011 年。

罗秋文：《吕本中原本〈童蒙训〉研究》，江西师范大学硕士学位论文，2011 年。

杨夕：《刘清之及其〈戒子通录〉研究》，南京师范大学硕士学位论文，2008 年。

吴桂真：《〈戒子通录〉与刘清之教育思想研究》，华中科技大学硕士学位论文，2013 年。

刘喜涛：《〈戒子通录〉整理与研究》，河南师范大学硕士学位论文，2016 年。

赵春光：《〈程氏家塾读书分年日程〉语文教学思想及现代意义》，吉林大学硕士学位论文，2007 年。

罗玉梅：《程端礼及其〈程氏家塾读书分年日程〉研究》，西北师范大学硕士学位论文，2009年。

何莹：《〈程氏家塾读书分年日程〉语文教育思想研究》，扬州大学硕士学位论文，2015年。

李明：《浦江“义门郑氏”家庭教育论稿》，华东师范大学硕士学位论文，2005年。

洪棋文：《义门郑氏德育思想研究》，杭州师范大学硕士学位论文，2009年。

董亚薇：《〈郑氏规范〉主体思想研究》，青岛大学硕士学位论文，2015年。

李振聚：《宋元明“杂字”书籍考》，山东大学硕士学位论文，2012年。

陈芳：《宋代儿童诗研究》，福建师范大学硕士学位论文，2009年。

李丹：《宋代童趣诗研究》，西南大学硕士学位论文，2012年。

袁天芬：《宋代亲子诗研究》，西南大学硕士学位论文，2012年。

吴春秋：《宋代洗儿诗与示儿诗研究》，湖南科技大学硕士学位论文，2012年。

杨凯：《宋代劝学诗研究》，沈阳师范大学硕士学位论文，2016年。

胡欢欢：《陆游教育诗研究》，安徽大学硕士学位论文，2014年。

李玉晗：《陆游诗中的儿童形象研究》，云南大学硕士学位论文，2016年。

赵震：《唐宋家训文献研究》，华中师范大学硕士学位论文，2000年。

李俊：《宋代家训中的经济观念》，河北师范大学硕士学位论文，2002年。

陈莉婷：《宋代家训之女子教育观研究》，台湾师范大学硕士学位论文，2002年。

杨华：《论宋朝家训》，西北师范大学硕士学位论文，2006年。

陈志勇：《唐宋家训研究》，福建师范大学博士学位论文，2007年。

陈黎明：《论宋朝家训及其教化特色》，华中师范大学硕士学位论文，2007年。

吴小英：《宋代家训研究》，福建师范大硕士学位论文，2009年。

刘欣：《宋代家训研究》，云南大学博士学位论文，2010年。

吴祖宏：《宋代家训与社会秩序的关系研究》，安徽大学硕士学位论文，2010年。

高著军：《宋代家训类著述考述》，曲阜师范大学硕士学位论文，2011年。

姚迪辉：《宋代家训伦理思想研究》，湖南工业大学硕士学位论文，2011年。

钱娇：《试论宋代家训对我国现代家庭教育的启示——基于教育社会学的视角》，重庆师范大学硕士学位论文，2013年。

刘江山：《宋代家训研究》，青海师范大学硕士学位论文，2015年。

冯志珣：《论〈司马温公家范〉》，陕西师范大学硕士学位论文，2008年。

张晓敏：《〈温公家范〉主体思想研究》，青岛大学硕士学位论文，2008年。

刘文升：《司马光家庭教育思想研究》，河南大学硕士学位论文，2010年。

李丽博：《〈朱子家训〉的伦理意蕴》，河南大学硕士学位论文，2013年。

朱钧灵：《从〈世范〉看袁采的和家兴家观念》，陕西师范大学硕士学位论文，2006年。

封娟：《〈袁氏世范〉家庭伦理思想研究》，河北师范大学硕士学位论文，2009年。

韩安顺：《〈袁氏世范〉主体思想研究》，青岛大学硕士学位论文，2011年。

董菁：《〈袁氏世范〉家庭德育内容探析》，山西师范大学硕士学位论文，2012年。

蒋黎茉：《袁采与〈袁氏世范〉研究》，东北师范大学硕士学位论文，2012年。

焦唤芝：《〈袁氏世范〉家庭伦理思想及其现代价值》，南京大学硕士学位论文，2015年。

刘杰:《〈颜氏家训〉与〈袁氏世范〉家庭教育思想比较研究》,东北师范大学硕士学位论文,2015年。

杜环:《论政和以后宋代宫廷婴戏题材绘画兴盛的原因》,扬州大学硕士学位论文,2010年。

刘宁:《宋代儿童题材绘画研究》,西安美术学院硕士学位论文,2010年。

刘虎:《宋代婴戏图浅析》,山东理工大学硕士学位论文,2010年。

王敏:《宋代婴戏题材绘画研究》,山东大学硕士学位论文,2011年。

于凤:《中国宋代与17世纪西方绘画中儿童形象的比较研究》,哈尔滨师范大学硕士学位论文,2015年。

史阳春:《〈秋庭婴戏图〉研究》,南京师范大学硕士学位论文,2015年。

赵丽敏:《宋金时期磁州窑系婴戏枕研究》,湖南大学硕士学位论文,2016年。

张海燕:《元明清婴戏图艺术研究》,福建师范大学硕士学位论文,2013年。

孙亚晓:《宋代儿童风俗画浅析》,郑州大学硕士学位论文,2016年。

朱红梅:《唐宋童子科研究》,陕西师范大学硕士学位论文,2005年。

刘钰琳:《论童子举》,重庆师范大学硕士学位论文,2011年。

姚海英:《宋元小说中的儿童形象研究》,浙江师范大学硕士学位论文,2006年。

李凯:《宋代收养制度研究》,苏州大学硕士学位论文,2010年。

苏玉美:《宋代玩具研究》,河南大学硕士学位论文,2014年。

李娟娟:《元代慈善活动研究》,西南大学硕士学位论文,2013年。

(十)其他

郭君双、黄汉儒、王立等:《宋代儿科巨著〈幼幼新书〉》,《新中医》1983年第9期。

颜禾:《求实创新结硕果——推荐〈宋代教育〉》,《教育评论》1992年第2期。

何忠礼：《读〈宋代教育〉》，《广东社会科学》1992年第6期。

程民生：《独探深泉见珠光——评〈宋代教育〉》，《学术研究》1993年第3期。

陈雯怡：《评袁征著〈宋代教育〉与苗春德主编的〈宋代教育〉两书》，《新史学》1993年第4期。

草力：《中国教育史研究的新成果：读苗春德教授主编的〈宋代教育〉》，《教育史研究》1994年第4期。

李春英：《评介中医儿科专著〈幼幼集成〉——兼论陈霞飞的学术思想》，《光明中医》1996年第1期。

王章伟：《评〈宋代儿童的生活和教育〉》，《香港社会科学学报》1997年第9期。

谭淑琴：《略谈宋代元符年间一组幼儿墓志》，《史学月刊》1994年第5期。

陈逸平：《唐宋时期敦煌大众的历史知识》，《敦煌研究》2006年第2期。

杨秀清：《社会生活的常识、经验与规则及其思想史意义——以唐宋时期敦煌地区为中心》，《敦煌研究》2006年第4期。

杨秀清：《唐宋时期敦煌大众思想史研究的几个问题》，《敦煌研究》2011年第4期。

盖巍：《从〈夷坚志〉看宋代少年犯罪》，《开封教育学院学报》2012年第3期。

周扬波：《宋人的儿童观——兼论"近世幼教文化两大路线之争"》，《江苏师范大学学报（哲学社会科学版）》2016年第5期。

（十一）国外论文

[日] 斋藤秋男：《〈三字経〉今昔談》，《アジア經濟旬報》1974年第9期。

[日] 吉垣光一：《关于金代的教育——以中央的学校教育为中心》，《亚洲教育史研究》1991年第3期。

顾顺莲、朱淳良：《〈三字経〉の道徳教育における儒教的倫理思想》，

《人文学部紀要》1995年第10期。

［日］本田精一：《宋代庶民の数学教育》，《アジア遊学》2000年第7期。

［日］住吉朋彦：《〈ミュジアム〉（宋末元初）刊〈分門纂類唐宋時賢千家詩選〉残本》，《三田評論》2000年第19期。

［日］绪方贤一：《宋代家訓研究——葉夢得の場合》，《大谷学報》2001年第4期。

［日］片野英一：《〈三字経〉類型本に関する基礎的考察》，《アジア教育史研究》2001年第19期。

［日］玉城要：《〈三字経〉訳注》，《作新国文》2002年第14期。

［日］片野英一：《伝王応麟撰〈三字経〉要訳》，《アジア文化研究》2003年第10期。

［法］谢和耐：《童蒙教育（11—17世纪）》，《法国汉学》第8辑，中华书局2003年版。

［日］小高裕次：《東アジア漢字文化圏における識字教育の一例——〈千字文〉〈百家姓〉と〈新集金砕掌置文〉》，《東アジア言語研究》2003年第6期。

［日］鈴木正弘：《中国前近代における童蒙・初学者向け歴史教材の展開——唐代中期より明末に至る動向》，《東洋史論集》2004年第16期。

［日］白井順：《〈朱子訓蒙絶句〉は如何に讀まれたか——朱子學の普及と傳播の一側面》，《日本中国学会報》2006年第58期。

梁敏儿：《〈千家詩〉に見える伝統的童蒙書（幼学書）の中国語学習：七言絶句詠春詩を例としてアジア》，《学科年報》2007年第1期。

［日］绪方贤一：《〈編集〉という名の思想：劉清之の〈戒子通録〉をめぐって》，《立命館言語文化研究21》2010年第3期。

［日］松野敏之：《宋代訓蒙書と朱熹〈小学〉》，《國學院雜誌》2016年第11期。

二、著　作

（一）通论

［日］寺田刚：《宋代教育史概说》，博文社 1965 年版。

王云五：《宋元教育思想》，（台北）商务印书馆 1971 年版。

李弘祺：《宋代教育散论》，东升出版事业公司 1980 年版。

陈寿：《宋代书院教育》，宏政图书出版有限公司 1984 年版。

伍振鷟：《两宋教育思潮》，伟文图书公司 1988 年版。

刘静贞：《不举子——宋人生育问题》，稻香出版社 1998 年版。

蔡春编：《历代教育笔记资料》第二册《宋辽金元》，中国劳动出版社 1991 年版。

张鸣岐主编：《辽金元教育论著选》，人民教育出版社 1991 版。

袁征：《宋代教育：中国古代教育的历史性转折》，广东高等教育出版社 1991 年版。

赵国权：《南宋教育史》，河南大学出版社 1992 年版。

邱汉生等主编：《南宋教育论著选》，人民教育出版社 1992 年版。

苗春德主编：《南宋教育论著选》，河南大学出版社 1992 年版。

程方平：《辽金元教育史》，重庆出版社 1993 年版。

乔卫平：《中国宋辽金教育史》，人民出版社 1994 年版。

郭齐家等主编：《中国教育思想通史第三卷：宋元》，湖南教育出版社 1994 年版。

欧阳周：《元代教育史》，人民出版社 1994 年版。

周愚文：《宋代儿童的生活与教育》，（台北）师大书苑有限公司 1996 年版。

周愚文：《宋代的州县学》，（台北）“国立编译馆”1996 年版。

马镛：《中国家庭教育史》，湖南教育出版社 1997 年版。

池小芳：《中国古代小学教育研究》，上海教育出版社 1998 年版。

周德昌主编：《北宋教育论著选》，人民教育出版社 1998 年版。

王炳照等主编：《中国教育史研究·宋元分卷》，华东师范大学出版社 2000 年版。

顾宏义：《教育政策与宋代两浙教育》，湖北教育出版社 2003 年版。

王建军：《元代国子监研究》，澳亚周刊出版有限公司 2003 年版。

申万里：《元代教育研究》，武汉大学出版社 2007 年版。

兰婷：《金代教育研究》，吉林大学出版社 2010 年版。

郭齐家、苗春德、吴玉琦主编：《中国教育通史 6：宋辽金元卷（上)》，北京师范大学出版社 2013 年版。

乔卫平：《中国教育通史 7：宋辽金元卷（下)》，北京师范大学出版社 2013 年版。

李宏：《宋代私学发展略论》，中央编译出版社 2014 年版。

张建东：《民间的力量：宋代民间士人的教育活动研究》，华中科技大学出版社 2015 年版。

张延昭：《元代儒学教化研究》，中国社会科学出版社 2015 年版。

（二）蒙书类

（宋）王应麟等著，王友怀等注释：《蒙养书集成》三，三秦出版社 1990 年版。

李逸安、张立敏译注：《三字经·百家姓·千字文·弟子规·千家诗》，中华书局 2011 年版。

马金亮译注：《三字经·百家姓·千字文·弟子规译注》，上海三联书店 2013 年版。

张琼译注：《三字经·百家姓·千字文·弟子规》，商务印书馆 2015 年版。

李逸安译注：《三字经·百家姓》，中华书局 2012 年版。

（宋）王应麟原著，章太炎增订，李牧华注解：《三字经》，甘肃人民出版社 1991 年版。

朱国富：《蒙学之冠——〈三字经〉及其作者王应麟》，宁波出版社

2007 年版。

刘宏毅：《〈三字经〉讲记》，海南出版社 2007 年版。

钱文忠：《钱文忠解读〈三字经〉》，上海三联书店 2013 年版。

杨峰：《〈三字经〉考辩溯源》，山东大学出版社 2016 年版。

钱文忠：《钱文忠解读〈百家姓〉》1，江苏文艺出版社 2013 年版。

钱文忠：《钱文忠解读〈百家姓〉》2，江苏凤凰文艺出版社 2014 年版。

（宋）刘克庄编，李梦生全解：《千家诗全解》，复旦大学出版社 2007 年版。

（宋）刘克庄编，张立敏注译：《千家诗》，中华书局 2012 年版。

（宋）刘克庄编，陈超敏评注：《千家诗评注》，上海三联书店 2013 年版。

王毅力译注：《千家诗・神童诗・名贤集・增广贤文（精编本）》，商务印书馆 2015 年版。

（宋）朱熹撰，孟琢、彭著东译注：《童蒙须知・名贤集》，中华书局 2012 年版。

（宋）朱熹撰，江先忠译注：《小学》，中华书局 2015 年版。

鄢建江：《朱熹〈小学〉道德教育理论研究》，华龄出版社 2006 年版。

（宋）汪洙撰，张玮注译：《神童诗・续神童诗》，中华书局 2013 年版。

（宋）司马光撰，王宗志、王微注释：《温公家范》，天津古籍出版社 2016 年版。

（宋）袁采撰，贺恒祯、杨柳注释：《袁氏世范》，天津古籍出版社 2016 年版。

（宋）袁采撰，李勤璞校注：《袁氏世范》，上海人民出版社 2017 年版。

（宋）朱熹著，朱杰人编注：《朱子家训》，华东师范大学出版社 2014 年版。

时亮编著：《〈朱子家训・朱子家礼〉读本（附〈朱柏庐治家格言〉）》，中国人民大学出版社 2016 年版。

（宋）刘昉撰，幼幼新书点校组点校：《幼幼新书》，人民卫生出版社 1987 年版。

（宋）刘昉撰，白极校注：《幼幼新书》，中国医药科技出版社2011年版。

（宋）刘昉撰：《幼幼新书》，广东科技出版社2012年版。

（宋）钱乙撰，阎孝忠编集，郭君双整理：《小儿药证直诀》，人民卫生出版社2006年版。

（宋）杨士瀛撰，王致谱校注：《仁斋小儿方论》，福建社会科学技术出版社1986年版。

（元）程端礼撰，姜汉椿校注：《程氏家塾读书分年日程》，黄山书社1992年版。

郑文融等：《郑氏规范》，中华书局1985年版。

《童蒙文化研究》征稿启事

《童蒙文化研究》是由中华炎黄文化研究会童蒙文化专业委员会主办的学术性辑刊，与人民出版社合作，于2016年创刊，计划每年出版1卷。本刊致力于研究古今儿童的养育、教育、生活、游戏、劳动、交友、文学、艺术等一切与童蒙文化有关问题，对历史现象、经验和理论进行梳理与挖掘，对当前问题和困惑进行探究与争鸣，既注重理论研究，也注重实践探索，为学界和教育界提供借鉴与启发。现就向学界诚征优秀稿件，有关问题说明如下：

1. 稿件选题要符合本刊宗旨和研究范围，具有较高的学术性和理论深度。本刊征集论文的研究内容包括与童蒙文化有关的儿童的教育、生活和游戏等问题，以中国童蒙文化为主，也关注外国儿童文化研究。

2. 论文要求原创，注重创新，力求在文献资料、研究方法、结论观点等方面有独到之处，避免低水平重复研究。

3. 研究要有针对性，针对比较重要的问题或当前热点问题展开，提出有价值的观点和对策建议。

4. 追求学风严谨，做到资料坚实、论证合理、史论结合、观点稳妥、学术规范、逻辑清晰、文笔流畅，避免空泛之论和简单的经验总结。认真核对引文、注释和文中使用的其他资料，确保准确无误。作者署名、资料引文等没有版权纠纷，杜绝抄袭剽窃。

5. 题目力求简洁，避免不必要的副标题。提供200—300字的中、英文摘要和3—5个中、英文关键词。

6. 须注明作者姓名、职称、单位、通信地址、联系方式。

7. 文章开头部分一般应简要梳理该问题的研究现状，指出本文的切入点，避免与已有研究重复。

8. 字数一般为 8000 字为宜，特别优秀和约稿可至 15000 字左右，在充分论述的基础上，力求简洁清晰。

9. 论文的排版、引文注释等具体要求，参见“童蒙文化研究论文规范”。

10. 文末标明全文总字数。注明作者详细通信地址（包括街道、路名和门牌号码）、邮政编码、联系电话及 E-mail 等。

11. 在不违背作者基本观点的基础上，本刊有权对稿件做必要的技术处理。若不同意，请注明。

12. 要求为未正式出版刊发的稿件。请勿一稿多投。

13. 本刊将设立编辑委员会对来稿进行评审，截稿日期结束后 30 天内将告知作者是否采用。

14. 来稿请发送至邮箱：tmwhwyh@126.com，注明为投稿。

《童蒙文化研究》编委会

2017 年 6 月

责任编辑:宫　共
封面设计:徐　晖
责任校对:吕　飞

图书在版编目(CIP)数据

童蒙文化研究.第二卷/金滢坤 主编. —北京:人民出版社,2017.7
ISBN 978-7-01-017953-7

Ⅰ.①童…　Ⅱ.①金…　Ⅲ.①儿童教育-研究-中国-古代　Ⅳ.①G619.29

中国版本图书馆 CIP 数据核字(2017)第 165686 号

童蒙文化研究

TONGMENG WENHUA YANJIU

第二卷

主编　金滢坤

副主编　施克灿　张平仁

人民出版社 出版发行
(100706　北京市东城区隆福寺街 99 号)

北京市文林印刷有限公司印刷　新华书店经销

2017 年 7 月第 1 版　2017 年 7 月北京第 1 次印刷
开本:710 毫米×1000 毫米 1/16　印张:25.5
字数:388 千字　插页:1

ISBN 978-7-01-017953-7　定价:69.00 元

邮购地址 100706　北京市东城区隆福寺街 99 号
人民东方图书销售中心　电话 (010)65250042　65289539

版权所有 · 侵权必究
凡购买本社图书,如有印制质量问题,我社负责调换。
服务电话:(010)65250042